深圳大学合规研究院合规研究丛书

叶海波　总主编

本 书 获 深 圳 大 学 教 材 出 版 资 助

ENTERPRISE COMPLIANCE RISK MANAGEMENT: PRINCIPLE, PRACTICE AND CASES

企业合规风险管理

原理·实务·案例

乔　远／著

法律出版社 | LAW PRESS

北京

图书在版编目(CIP)数据

企业合规风险管理：原理·实务·案例 / 乔远著
. -- 北京：法律出版社，2023
(深圳大学合规研究院合规研究丛书 / 叶海波总主编)
ISBN 978-7-5197-7488-2

Ⅰ．①企… Ⅱ．①乔… Ⅲ．①企业兼并－风险管理－法规－研究－中国 Ⅳ．①D922.291.914

中国国家版本馆 CIP 数据核字(2023)第005634号

企业合规风险管理:原理·实务·案例
QIYE HEGUI FENGXIAN GUANLI:
YUANLI · SHIWU · ANLI

乔 远 著

策划编辑 陈 妮
责任编辑 陈 妮 刘会泽 刘雪莲
装帧设计 汪奇峰

出版发行 法律出版社
编辑统筹 法治与经济出版分社
责任校对 晁明慧 王 皓
责任印制 吕亚莉
经 销 新华书店

开本 710毫米×1000毫米 1/16
印张 24 **字数** 413千
版本 2023年4月第1版
印次 2023年4月第1次印刷
印刷 固安华明印业有限公司

地址:北京市丰台区莲花池西里7号(100073)
网址:www.lawpress.com.cn
投稿邮箱:info@lawpress.com.cn
举报盗版邮箱:jbwq@lawpress.com.cn

销售电话:010-83938349
客服电话:010-83938350
咨询电话:010-63939796

书号:ISBN 978-7-5197-7488-2
定价:116.00元
凡购买本社图书,如有印装错误,我社负责退换。电话:010-83938349

序

企业合规是当下理论界和实务领域的“热词”,中国企业合规建设在近年来的大推进虽源于中国企业在域外经营中的惨痛遭遇,但其实深深根植于中国国家治理现代化的时代大局。随着法治中国建设的深入,法治国家、法治政府和法治社会一体建设,依法治国、依法执政、依法行政共同推进,而企业合规建设是推进法治企业和法治社会建设的重要路径。

企业合规具有多个面向:于企业而言,企业合规是建立一种基于风险治理的内部控制和治理体系;于监管部门而言,企业合规是建立一种协商合作的共治机制;于法律实施而言,企业合规是建立立足惩罚的预防导向机制。基于其所具有的法治价值,企业建立有效的内部治理机制以遵从法律,履行法律义务,是企业合规的关键。虽然企业要遵守的义务并非仅源于法律的规定,还包括道德、商业惯例及行业规范等,但从企业的视角来看,合规管理主要是对法律风险的管理。

乔远博士在本书集中探讨的正是企业如何管理其可能面临的合规风险。除简述了合规的一般理论与实践演进外,本书非常恰当地将合规义务识别置于首要位置并加以探讨。这一安排极符合企业合规的本质逻辑。本书在此基础上进一步地从治理、运营、财务、知识产权、市场及人事等维度和领域探讨了企业可能面临的风险及如何对其识别。本书的探索并未就此止步,而是以如何管理上述合规风险为续章,从合规管理制度、管理组织、管理机制等方面探讨了合规管理体系的构建问题。更进一步地是,本书还提出一种风控、内控与合规融合的企业治理体系建构路径。这一观点隐藏着三者机制相衔接、功能互补、目标一致的基本判断,回答了实践中一些企业确实将三者嵌套于一体的缘由。

乔远博士是深圳大学合规研究院的研究生导师,开设了“合规风险治理”相关课程。本书是其教学和研究的结晶,内容以风险识别—体系建构—路径选择的逻辑展开,为企业建立合规体系提供了基本指引和方法论,定会帮助企业确立适合自身的合规管理制度。本书也对开展企业合规研究和对企业合规感兴趣的人士大有帮助。期待乔远博士继续潜心研究,深耕细作,不断产出高质量的研究成果。

是为序。

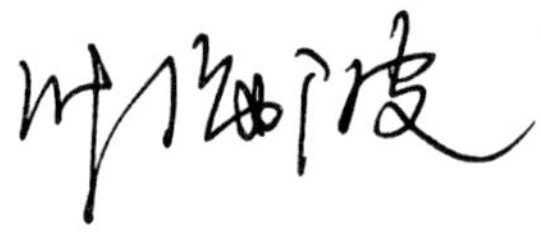*

2023 年 2 月 24 日

* 叶海波,深圳大学合规研究院执行院长,教授、博士生导师。

自　序

认真对待企业合规风险及其治理体系

"企业合规风险及其治理体系"是什么？为什么要"认真对待企业合规风险及其治理体系"？其必要性何在？采用何种途径或方式才可以被称为"认真对待企业合规风险及其治理体系"？以上可能是读者在翻开《企业合规风险管理：原理·实务·案例》前，以及读到此篇自序时会产生的疑问。同时，也是笔者基于在企业合规原理与实务的目光往返之中产生的思考，并以丰富的案例为材料依托，试图回答的问题。

欲回答上述问题，绕不开的是对"企业合规"一词作出实践和学术双重意义上的、简要的源流考证。"企业合规"(corporate compliance)一词源自于对美国银行业的监管，自2005年巴塞尔银行监管委员会发布《合规与银行内部合规部门》文件后，即成为一项从金融机构风险管理中独立出来的专门管理活动，成为国际上企业正常经营管理活动中所必不可少的要素。我国法学界早前对域外企业合规活动有一定程度上的关注和研究，如2006年在陈泽宪教授主编的《刑事法前沿》第3卷中，刊登过由日本学者甲斐克则所著、但见亮翻译的论文《守法计划和企业的刑事责任》。该文指出，在当时的日本，为防止企业的越轨行为，守法计划(compliance program，现译为合规计划)是颇受重视的。但早期的关注呈现出的是碎片化的态势,并未形成较完备的理论体系,且也只是停留在对域外学说与实务的介绍上。而自《中央企业合规管理指引(试行)》(国资发法规〔2018〕106号)和《企业境外经营合规管理指引》(发改外资〔2018〕1916号)发布后,“企业合规”成为学术界和实务界的热门议题,这一现象不止包括一系列相关理论研究著作的问世、核心期刊的专题研究,还包括企业对内部合规业务关注度的提升以及基层检察机关对合规不起诉制度的改革探索,即检察机关对于涉嫌实施犯罪并作出认罪认罚的涉案企业,在其承诺或者实施有效合规管理体系的前提下,对其作出不起诉决定的制度。

以上是对“企业合规”这一概念的解读,围绕此概念已有多种研究和实践成果产生,此处不赘。而当下企业进行经营管理活动的背景是,在积极层面上,国家对民营经济和民营企业予以保护,法院和检察院也将此予以考量并对民营企业以法治保护;但在消极层面上,面对反海外贿赂、反洗钱、知识产权保护、产品出口管制、投资并购以及数据隐私保护诸多领域监管力度的急剧加强,以及企业合规意识普遍不强,企业合规风险逐渐成为企业自如何盈利后的第二个难题,严重时甚至可导致企业的正常经营活动不能继续运转,出现资金链断裂乃至企业破产的问题。基于企业经营难题的现状,有必要认真对待企业合规风险及其治理体系,这对企业而言是提高企业法治保障水平的重要举措,对社会而言也是提高经济发展质量,服务于经济高水平发展,实现社会有效治理的必要手段。

故而,本书所欲解决的问题,是在企业的正常经营管理活动中,基于其内部的控制和治理体系,如何对企业运营、财务、知识产权、市场运作、人事及法务的合规风险进行事先识别,如何对企业风险进行事中监控和管理,以及基于功能上的同类项合并互补以及目标上的一致性,如何使企业风控、内控及合规能够有效融合。本书存在两种维度的展开:在纵向维度上,以“企业合规风险治理”这一命题为脉络层层展开,建立起以合规义务为首要内容的企业合规风险提示识别机制;在横向维度上,因应“企业合规风险治理”的纵向维度,探讨公司治理和运营诸环节上合规机制建立的可能性、必要性以及依托于现有实践的展开,尤其是企业已有的风控、内控与合规实务的有效融合。同时,鉴于公司治理一般以营利为主要价值导向,本书在本章第一节亦提炼出企业合规的基本价值,以期对企业的合规化运行有所裨益。

企业合规风险问题不止于法律,其涉及的问题多是跨学科、多维度、宽领域的。同时，值得深思的是，企业合规风险问题必须深入中国企业内部治理的体系中，结合中国的法律制度进行不懈的思考与尝试。本书在视角的选取上并不局限于企业管理和法律治理等，在行文风格上力图做到简洁明快，在材料选取上"惟陈言之务去"，在篇章布局上尝试做到知识涵盖程度与篇幅的协调，争取为阅读本书的读者带来理论与方法论上的启迪。如能作为实务界人士的他山之石更是本书之幸事。

如有错漏之处，文责自负。

刍荛之见，恭候卓裁。

乔　远

2023 年 3 月 2 日

于深圳

缩略语表

序号	全称	简称
1	《合规管理体系　要求及使用指南》	《合规管理体系指南》
2	《关于建立涉案企业合规第三方监督评估机制的指导意见(试行)》	《企业合规第三方监评机制意见》
3	《中华人民共和国反垄断法》	《反垄断法》
4	《中华人民共和国行政处罚法》	《行政处罚法》
5	《中华人民共和国公司法》	《公司法》
6	《中华人民共和国企业国有资产法》	《企业国有资产法》
7	《中华人民共和国合同法》	《合同法》
8	《中华人民共和国劳动合同法》	《劳动合同法》
9	《中华人民共和国会计法》	《会计法》
10	《中华人民共和国刑法》	《刑法》
11	《企业内部控制基本规范》	《企业内控规范》
12	《中华人民共和国安全生产法》	《安全生产法》
13	《中华人民共和国工会法》	《工会法》
14	《中华人民共和国消防法》	《消防法》
15	《中华人民共和国劳动法》	《劳动法》
16	《中华人民共和国特种设备安全法》	《特种设备安全法》
17	《中华人民共和国突发事件应对法》	《突发事件应对法》
18	《中华人民共和国职业病防治法》	《职业病防治法》

续表

序号	全称	简称
19	《中华人民共和国大气污染防治法》	《大气污染防治法》
20	《中华人民共和国环境保护法》	《环境保护法》
21	《中华人民共和国侵权责任法》	《侵权责任法》
22	《中华人民共和国固体废物污染环境防治法》	《固体废物污染环境防治法》
23	《中华人民共和国土壤污染防治法》	《土壤污染防治法》
24	《中华人民共和国环境影响评价法》	《环境影响评价法》
25	《中华人民共和国噪声污染防治法》	《噪声污染防治法》
26	《中华人民共和国水污染防治法》	《水污染防治法》
27	《中华人民共和国国家赔偿》	《国家赔偿》
28	《中华人民共和国节约能源法》	《节约能源法》
29	《中华人民共和国循环经济促进法》	《循环经济促进法》
30	《中华人民共和国计量法》	《计量法》
31	《中华人民共和国电力法》	《电力法》
32	《中华人民共和国水法》	《水法》
33	《中华人民共和国清洁生产促进法》	《清洁生产促进法》
34	《中华人民共和国统计法》	《统计法》
35	《中华人民共和国统计法实施条例》	《统计法实施条例》
36	《中华人民共和国民法典》	《民法典》
37	《中华人民共和国行政许可法》	《行政许可法》
38	《中华人民共和国产品质量法》	《产品质量法》
39	《中华人民共和国标准化法》	《标准化法》
40	《中华人民共和国消费者权益保护法》	《消费者权益保护法》
41	《中华人民共和国认证认可条例》	《认证认可条例》
42	《中华人民共和国工业产品生产许可证管理条例》	《工业产品生产许可证管理条例》
43	《中华人民共和国民法总则》	《民法总则》
44	《中华人民共和国标准化法实施条例》	《标准化法实施条例》

续表

序号	全称	简称
45	《中华人民共和国工业产品生产许可证管理条例实施办法》	《工业产品生产许可证管理条例实施办法》
46	《中华人民共和国保守国家秘密法》	《保守国家秘密法》
47	《中华人民共和国保守国家秘密法实施条例》	《保守国家秘密法实施条例》
48	《中华人民共和国个人信息保护法》	《个人信息保护法》
49	《中华人民共和国反不正当竞争法》	《反不正当竞争法》
50	《中华人民共和国预算法》	《预算法》
51	《中华人民共和国招标投标法》	《招标投标法》
52	《中华人民共和国招标投标法实施条例》	《招标投标法实施条例》
53	《中华人民共和国消防法》	《消防法》
54	《中华人民共和国民事诉讼法》	《民事诉讼法》
55	《中华人民共和国著作权法》	《著作权法》
56	《中华人民共和国专利法》	《专利法》
57	《中华人民共和国商标法》	《商标法》
58	《中华人民共和国价格法》	《价格法》
59	《中华人民共和国企业所得税法实施条例》	《企业所得税法实施条例》
60	《中华人民共和国增值税暂行条例》	《增值税暂行条例》
61	《中华人民共和国发票管理办法》	《发票管理办法》
62	《最高人民法院关于审理建设工程施工合同纠纷案件适用法律问题的解释(一)》	《建设工程施工合同解释(一)》
63	《中华人民共和国建筑法》	《建筑法》
64	《中华人民共和国城乡规划法》	《城乡规划法》
65	《中华人民共和国证券法》	《证券法》
66	《中华人民共和国增值税暂行条例实施细则》	《增值税暂行条例实施细则》
67	《中华人民共和国保险法》	《保险法》
68	《中华人民共和国企业所得税法》	《企业所得税法》
69	《中华人民共和国票据法》	《票据法》
70	《中华人民共和国行政诉讼法》	《行政诉讼法》

续表

序号	全称	简称
71	《中华人民共和国税收征收管理法》	《税收征收管理法》
72	《中华人民共和国城市房地产管理法》	《城市房地产管理法》
73	《中华人民共和国土地管理法》	《土地管理法》
74	《中华人民共和国城镇国有土地使用权出让和转让暂行条例》	《国有土地使用权出让和转让暂行条例》
75	《中华人民共和国著作权法实施条例》	《著作权法实施条例》
76	《中华人民共和国专利法实施细则》	《专利法实施细则》
77	《中华人民共和国网络安全法》	《网络安全法》
78	《中华人民共和国劳动合同法实施条例》	《劳动合同法实施条例》
79	《中华人民共和国社会保险法》	《社会保险法》

目　录

第一章　企业合规背景

第一节　企业合规的性质

一、合规概述

（一）合规的定义

“合规”（compliance）一词源自对美国银行业的监管。2005 年巴塞尔银行监管委员会发布《合规与银行内部合规部门》文件，指出“合规，一般指银行遵循法律、监管规定、规则、自律性组织制定的有关准则，以及适用于银行自身业务活动的行为准则，通常涉及如下内容：遵守适当的市场行为准则，管理利益冲突，公平对待消费者等”。该文件的发布，使“合规”从金融机构风险管理中独立出来成为一项专门管理活动。在我国，根据《中央企业合规管理办法》（国务院国有资产监督管理委员会令第 42 号）第 3 条第 1 款的规定，“合规，是指企业经营管理行为和员工履职行为符合法律法规、监管规定、行业准则和国际条约、准则，以及公司章程、相关规章制度等要求”。《企业境外经营合规管理指引》（发改外资〔2018〕1916 号）第 3 条将“合规”定义为“企业及其员工的经营管理行为符合有关法律法规、国际条约、监管规定、行业准则、商业惯例、道德规范和企业依法制定的章程及规章制度等要求”。

此外，学术界对合规的定义也各有不同。绝大多数学者都认同，“合规指的是合乎法律规定”这一观点。有学者提出,“合规是服从的含义,‘规’是翻译而来的,当然‘规’的含义是多重的,包括法律和伦理规范两种,并不仅限于法。显然,合法的内涵要小,针对‘硬法’(hard law),而对于是否应当包括‘软法’,后者更多表现为公司社会责任(CSR),有不同理解”①。也有学者认为,法律规定可分为以下几种:(1)国家制定的法律法规,在我国包括全国人大及其常委会通过的法律、国务院通过的行政法规、最高司法机关发布的司法解释、国家部委局办通过的部门规章、地方立法机关通过的地方性法规等;(2)商业惯例和伦理规范,包括各行业协会颁布的成文行为准则以及各种不成文的商业习惯和伦理规范等;(3)企业自行颁布的规章制度,包括公司章程、商业行为准则、员工行为守则等;(4)相关外国法律法规、国际条约或国际惯例,包括那些公司经营地所在国或地区的法律法规、本国参加或者签署的国际公约以及相关国际组织所实施的国际规则等。② 有的学者指出,合规包含三部分内容:(1)遵守法规,即公司总部所在国和经营所在国的法律法规及监管规定;(2)遵守规制,即企业内部规章,特别是响应合规监管以及体现合规承诺的相关制度,包括企业的商业行为准则;(3)遵守规范,即职业操守和道德规范等,要求员工在工作中形成规则意识,做到行为自觉,形成良好的自律。③

从国家出台的相关文件和学者观点来看,结合《合规管理体系指南》第3.26条中“合规是指履行组织的所有合规义务”的标准,可以看出,合规,主要是指企业等组织遵守法律法规等强制性、规范性文件、企业制定的内部规章制度、合规承诺以及职业操守和道德规范。

(二)合规管理

合规概念的提出必然伴随合规管理的实务操作。有的学者从企业的角度认为,“合规管理是指公司建立一系列的制度流程,以确保公司的所有决策、经营、管理行为符合法律法规的规范以及不违背基本的社会伦理道德”④。有的学者在此基础上提出,“合规管理是指对公司遵循外部法律法规以及内部制定的规则或者协定以及市场中的规则的控制活动和流程”。⑤

---

① 邓峰:《公司合规的源流及中国的制度局限》,载《比较法研究》2020年第1期。

② 参见陈瑞华:《论企业合规的性质》,载《浙江工商大学学报》2021年第1期。

③ 参见王志乐:《强化合规经营意识促进企业持续发展》,载《新产经》2018年第9期。

④ 邢娟:《论企业合规管理》,载《企业经济》2010年第4期。

⑤ 黄胜忠、刘清:《企业内部控制与合规管理的整合》,载《财会通讯》2019年第17期。

根据《中央企业合规管理办法》第 3 条第 3 款的规定，“合规管理，是指企业以有效防控合规风险为目的，以提升依法合规经营管理水平为导向，以企业经营管理行为和员工履职行为为对象，开展的包括建立合规制度、完善运行机制、培育合规文化、强化监督问责等有组织、有计划的管理活动”。2018 年 12 月，国家发展和改革委员会（以下简称国家发展改革委）会同其他六个部门发布了《企业境外经营合规管理指引》，对中国企业在境外经营中的合规管理问题，确立了基本的标准和体系。[①] 该文件指出，“企业应以倡导合规经营价值观为导向，明确合规管理工作内容，健全合规管理架构，制定合规管理制度，完善合规运行机制，加强合规风险识别、评估与处置，开展合规评审与改进，培育合规文化，形成重视合规经营的企业氛围”。

根据《企业境外经营合规管理指引》，合规管理应当遵循以下三个原则：（1）独立性原则。企业合规管理应从制度设计、机构设置、岗位安排以及汇报路径等方面保证独立性。合规管理机构及人员承担的其他职责不应与合规职责产生利益冲突。（2）适用性原则。企业合规管理应从经营范围、组织结构和业务规模等实际出发，兼顾成本与效率，强化合规管理制度的可操作性，提高合规管理的有效性。同时，企业应随着内外部环境的变化持续调整和改进合规管理体系。（3）全面性原则。企业合规管理应覆盖所有境外业务领域、部门和员工，贯穿决策、执行、监督、反馈等各个环节，体现在决策机制、内部控制、业务流程等各个方面。

二、企业合规

企业合规是一种以合规风险防控为导向的公司治理体系。[②] 因此企业开展合规管理的首要任务，就是要深入识别、分析、评估企业存在的合规风险。企业合规是为保护企业利益而设置的风险防控机制，针对的是行政处罚风险和刑事法律风险。[③]《企业境外经营合规管理指引》中提到，合规风险，是指企业或其员工因违规行为遭受法律制裁、监管处罚、重大财产损失或声誉损失以及其他负面影响的可能性。根据《中央企业合规管理办法》，合规风险意味着企业及其员工在经营

---

① 参见陈瑞华：《论企业合规的中国化问题》，载《法律科学（西北政法大学学报）》2020 年第 3 期。

② 参见陈瑞华：《论企业合规的基本价值》，载《法学论坛》2021 年第 6 期。

③ 参见陈瑞华：《论企业合规的性质》，载《浙江工商大学学报》2021 年第 1 期。

管理过程中因违规行为引发法律责任、造成经济或者声誉损失以及其他负面影响的可能性。总的来说,合规风险,是指企业及其员工的经营管理行为因违反法律、法规和规则,而受到行政或刑事处罚、造成经济或声誉损失以及导致其他负面影响的可能性。有学者认为,"企业合规风险区别于企业运行过程中'经营风险''财务风险'等一般的'法律风险',而是指企业因为在经营中存在违法违规乃至犯罪行为,而可能遭受行政监管处罚风险、司法机关刑事法律风险以及国际组织制裁这类方面的风险。一旦企业没有控制好合规风险,除了会被追究法律责任以外,可能会给企业带来巨大的经济损失或声誉损失,甚至更为严重的灾难性代价"①。

企业合规管理不仅具有企业依法依规经营的含义,还是企业自我治理、自我监管和自我整改的治理方式,更是一种企业在陷入执法调查时获得宽大处理的激励机制。结合历史来看,企业合规不是"保护企业高管"的管理机制,不是一般意义上的"风险防控",也不等于笼统的"法律风险防控"。②

合规管理的落实依托于合理的合规管理体系。根据《合规管理体系指南》第A.4.4条,企业管理体系是一个框架,该框架包含为实现预期合规效果的基本结构、政策、程序和流程,并在该框架下制定相关预防措施,以识别和应对不合规的情况。"合规治理结构"是构建企业为避免特定的合规风险,所建立的包括防范、识别、应对机制的管理体系或治理体系。③ 由此,识别、分析、评估合规风险是企业合规管理中的关键环节,结合企业的实际需要,企业在进行合规管理时可以适当扩大合规风险的涵盖范围,根据业务流程制定对应合规风险防控计划,以便更好地帮助企业降低合规风险。合规管理作为现代企业管理中的重要部分,其主要目的在于搭建合规管理体系,以防控合规风险为目的,推动企业和员工采取预防、识别、应对合规风险的相关措施,帮助企业减少财产损失和名誉损失。

第二节　企业合规概况

一、国内合规概况

中国企业建立合规体系和合规机制,最早是从金融业开始的。通过学习和

---

① 陈瑞华:《企业合规基本理论》(第2版),法律出版社2021年版,第25页。

② 参见陈瑞华:《论企业合规的性质》,载《浙江工商大学学报》2021年第1期。

③ 参见陈瑞华:《企业合规的基本问题》,载《中国法律评论》2020年第1期。

引进海外金融业的合规监管机制，明确了银行保险等金融企业合规部门的合规管理职责，并对合规风险监管设立了原则性的制度架构。2006 年，原中国银行业监督管理委员会(以下简称银监会)发布《商业银行合规指引》。2007 年，原中国保险监督管理委员会(以下简称保监会)发布了《保险公司合规管理办法》。

2017 ~ 2018 年，国内通信行业第二大厂商中兴两次被美国制裁——两次被罚款总额超过 20 亿美元、董事会及管理层被全面更换，还要接受美国派人监管运营 10 年。

- 2017 年 3 月 6 日，中兴通讯因违反美国政府出口管制规定，受到刑事追诉，最终与美国司法部签署了修订的认罪协议，最终同意支付约 8.9 亿美元的罚金。2018 年 4 月 16 日，美国商务部发布公告，7 年内禁止美国企业与中兴通讯展开任何业务往来。后历经近 2 个月的紧张谈判，最终于 2018 年 6 月 7 日，中兴通讯与美国商务部工业安全局(Bureau of Industry and Security, BIS)达成和解协议。协议内容为：中兴通讯向美国政府支付 10 亿美元罚款，另行支付 4 亿美元的代管资金，如果再次违规，则予以没收；必须在 30 日之内更换董事会，施行最严格的合规管理制度。①

可见，国内大型企业海外经营受阻，会因国外业务违反当地相关法律法规而遭受巨额财产损失。此后，国内政府、监管部门、行业、企业开始全面关注合规管理。2017 年 5 月 23 日，习近平总书记在中央全面深化改革领导小组第三十五次会议上明确要求“加强企业海外经营行为合规制度建设，逐步形成权责明确、放管结合、规范有序、风险控制有力的监管体制机制”。② 2017 年 12 月 29 日，原国家质量监督检验检疫总局与国家标准化管理委员会联合发布了国家标准 GB/T 35770 - 2017/ISO 19600:2014《合规管理体系指南》并于 2018 年 7 月 1 日起施行。这一标准的发布，使合规管理体系建设有了更具体的参考方法，逐步确立合规管理的基本制度框架。

2018 年政府接连发布多项合规法规和政策文件，全面展开国内企业合规管理工作，对中央企业合规管理、企业境外经营管理下发指导文件。国务院国资委

① 参见李本灿：《刑事合规理念的国内法表达——以“中兴通讯事件”为切入点》，载《法律科学(西北政法大学学报)》2018 年第 6 期。

② 参见《习近平主持召开中央全面深化改革领导小组第三十五次会议》，载中华人民共和国中央人民政府网，http://www.gov.cn/xinwen/2017-05/23/content_5196189.htm。

于2022年8月颁布了《中央企业合规管理办法》。国家发展改革委、外交部、商务部、人民银行、国资委、外汇局、全国工商联于2018年12月联合下发了《企业境外经营合规管理指引》。由此,2018年被定义为中国企业的“合规元年”。

同时,中国逐步引入“合规不起诉”制度。企业“合规不起诉”制度在强制企业完善合规体系、及时弥补损失、稳定市场秩序、优化营商环境等方面具有重要意义。① 在当前国内保护民营企业和检察机关角色转变的背景下,企业“合规不起诉”制度逐步在我国兴起,企业“合规不起诉”制度是对已经进行合规或承诺进行合规的涉案企业通过不起诉来激励企业进行合规建设。② 2020年3月,最高人民检察院启动涉案违法犯罪依法不捕、不诉、不判处实刑的企业合规监管试点工作,并将上海浦东区、金山区,江苏张家港市,山东郯城县,广东深圳南山区、宝安区的6家基层检察院设立为试点单位。2021年4月,最高人民检察院发布《关于开展企业合规改革试点工作的方案》,启动了第二期企业刑事合规不起诉改革试点,将试点范围扩大至北京、上海、江苏、浙江、湖北、广东等10个省(直辖市),标志着改革步入新阶段。2021年6月,最高人民检察院、司法部、财政部等部门研究制定并发布《关于建立涉案企业合规第三方监督评估机制的指导意见(试行)》(以下简称《企业合规第三方监评机制意见》),规定检察机关在办理涉企犯罪案件时,对符合企业合规改革试点适用条件的,交由第三方监督评估组织对涉案企业的合规承诺进行调查、评估、监督和考察,考察结果作为检察机关依法处理案件的重要参考。通过建立涉案企业合规第三方监督评估机制,有效协助企业开展合规建设,促进企业合规经营。③《企业合规第三方监评机制意见》在总结前期合规不起诉实践经验的基础上,搭建起了合规不起诉的初步程序和框架,为合规不起诉的司法实践提供了方向指导,从而减少和预防犯罪,助推国家治理体系和治理能力现代化。

在加强合规制度的建设过程中,中国监管部门对企业不合规行为的打击力度进一步加强。2020年至2021年,国家市场监督管理总局反垄断局接连对国内多家大型企业作出行政处罚决定书,要求相关涉事企业成立合规自查及整改小

---

① 参见刘少军:《企业合规不起诉制度本土化的可能及限度》,载《法学杂志》2021年第1期。

② 参见李玉华:《企业合规不起诉制度的适用对象》,载《法学论坛》2021年第6期。

③ 参见邓根保等:《涉案企业合规第三方监督评估机制的建立与运行》,载微信公众号“人民检察”2021年11月7日,https://mp.weixin.qq.com/s/ciPcGLa1jc3xm3vHdcLftw。

组,定期向监管总局提交自查合规报告。以“阿里巴巴”“美团”为例:

• 2020 年 12 月,国家市场监督管理总局依据《反垄断法》对“阿里巴巴”集团控股有限公司(以下简称阿里巴巴集团)在中国境内网络零售平台服务市场滥用市场支配地位行为立案调查,阿里巴巴集团实施“二选一”行为排除、限制了中国境内网络零售平台服务市场的竞争,构成《反垄断法》第 17 条第 1 款第 4 项禁止“没有正当理由,限定交易相对人只能与其进行交易”的滥用市场支配地位行为。根据《反垄断法》第 47 条、第 49 条的规定,综合考虑阿里巴巴集团违法行为的性质、程度和持续时间等因素,2021 年 4 月 10 日,市场监管总局依法作出行政处罚决定,责令阿里巴巴集团停止违法行为,并处以其 2019 年中国境内销售额 4557.12 亿元 4% 的罚款,计 182.28 亿元。同时,按照《行政处罚法》坚持处罚与教育相结合的原则,向阿里巴巴集团发出“行政指导书”,要求其围绕严格落实平台企业主体责任、加强内控合规管理、维护公平竞争、保护平台内商家和消费者合法权益等方面进行全面整改,并连续 3 年向市场监管总局提交自查合规报告。①

• 2021 年 10 月 8 日,国家市场监督管理总局对“美团”在中国境内网络餐饮外卖平台服务市场滥用市场支配地位行为,依法作出行政处罚决定,责令“美团”停止违法行为,全额退还独家合作保证金 12.89 亿元,并处以其 2020 年中国境内销售额 1147.48 亿元 3% 的罚款,计 34.42 亿元。同时,向“美团”发出“行政指导书”,要求其围绕完善平台佣金收费机制和算法规则、维护平台内中小餐饮商家合法利益、加强外卖骑手合法权益保护等方面进行全面整改,并连续 3 年向市场监管总局提交自查合规报告,确保整改到位,实现规范创新健康持续发展。②

此后,2021 年 12 月 16 日,司法部办公厅印发了《关于加强公司律师参与企业合规管理工作的通知》(司办通〔2021〕98 号),对公司律师参与企业合规管理工作提出了更高的标准和要求,引导律师积极参与企业合规管理工作,发挥自身专业优势,推动完善企业合规管理体系。《关于加强公司律师参与企业合规管理

---

① 参见《市场监管总局依法对阿里巴巴集团控股有限公司在中国境内网络零售平台服务市场实施“二选一”垄断行为作出行政处罚》,载国家市场监督管理总局网,https://www.samr.gov.cn/xw/zj/202104/t20210410_327。

② 参见《市场监管总局依法对美团在中国境内网络餐饮外卖平台服务市场实施“二选一”垄断行为作出行政处罚》,载国家市场监督管理总局网,http://www.samr.gov.cn/xw/zj/202110/t20211008_335364.html。

工作的通知》指出，公司律师应当深度参与企业合规管理各项工作，聚焦企业合规管理工作中的重点难点，做好企业内部治理、刑事合规管理、行政合规管理、海外合规管理、反垄断合规管理和知识产权管理等方面合规风险多发领域，增强合规管理针对性、实效性。此外，公司律师应当充分发挥自身专业优势，协助企业搭建合规管理工作架构，完善合规管理制度，健全合规工作机制，在企业内、外部营造合规氛围，加强专职合规工作队伍建设，在企业合规文化建设和合规专业力量培育中发挥公司律师的重要职能作用。《关于加强公司律师参与企业合规管理工作的通知》指出，各级司法行政机关、监管机构、律师协会、企业、公司律师等多方应当通力合作，确保公司律师参与企业合规管理工作有序推进。① 公司律师应当和各相关监管机构、企业、行业协会组织密切协作配合，防范化解企业经营风险，提高企业依法合规经营水平。

可见，我国政府监管部门高度重视企业合规机制的建设问题，从适应进一步对外开放政策和帮助中国企业应对海外监管的角度出发，我国政府监管部门在各个领域都出台了企业合规管理指南或者指引，甚至以行政规章的形式推动强制合规制度，不断推动外向型企业在合规管理方面“与国际接轨”。从微观层面来看，《关于加强公司律师参与企业合规管理工作的通知》的发布，以公司律师这一具体职务切入，进一步表明了我国开展企业合规管理的坚定决心，体现了国家对企业合规发展的重视。在此背景下，很多大型国有企业已经建立了合规团队，并确立了合规管理机制。从形式上看，我国行政监管部门已经确立了企业合规的中国标准，一些大型涉外企业也开始了建立合规计划的尝试。但是，要使这些合规管理体系在中国落地生根，有效发挥防控法律风险的效用，就需要认真对待企业合规的中国化和本土化的问题。②

从国内企业合规的时间和立法过程来看，合规不仅是公司犯罪制度的升级，也是公司治理乃至公司理论在社会实践中演化的结果。③ 当前我国行政监管部门主要采取“行政主导型合规”推进方式，以行政指南、指引或者行政规章的形式

---

① 参见司法部办公厅：《司法部：〈关于加强公司律师参与企业合规管理工作的通知〉》，载微信公众号“企业刑事合规观察”2022 年 2 月 13 日，https://mp. weixin. qq. com/s/1SCiqqFnJgd9Ws46MrC04A。

② 参见陈瑞华：《论企业合规的中国化问题》，载《法律科学（西北政法大学学报）》2020 年第 3 期。

③ 参见邓峰：《公司合规的源流及中国的制度局限》，载《比较法研究》2020 年第 1 期。

要求企业建立合规机制。尽管这种推进合规管理体系建设的方式在短时间内能立竿见影地看见效果,并且对于合规机制的快速普及也会起到积极作用。但从长远来看,如何将行政监管部门的监管压力真正转化为企业建立合规计划的内在动力,会是推动合规管理亟待解决的核心问题。① 对此,有学者提出,国家应在行政监管、刑法和刑事诉讼法等领域建立了企业合规的激励机制,例如:(1)行政监管部门尝试与涉案企业达成行政和解协议,要求其缴纳和解金,甚至在此基础上委派合规监督官员来督促企业完善合规计划;(2)刑法领域下在单位犯罪中引入组织责任理论和严格责任制度,分离企业、员工(包括高管)、第三方在业务开展过程中的责任,将企业合规确立为企业无罪抗辩事由和法定的减轻处罚情节;(3)刑诉法领域下,引入合规不起诉或暂缓起诉协议制度,要求企业缴纳和解金并设置考验期,委派合规监督官员进驻企业帮助监督建立或者完善合规企业管理体系。②

在企业合规中国化的进程中,从政府监督合规到企业主动开展合规披露与自我治理,相关法规政策不断激励企业建立起合规管理体系,体现了在新形势下,国内在立法政策、监管要求、司法实践和商业实践等各方面对防控合规风险、建立合规管理体系的高度重视,企业合规建设已成为时代发展趋势与企业行稳致远的必然要求。

二、国外合规概况

(一)美国

1977 年,美国国会通过《反海外腐败法》(Foreign Corrupt Practices Act, FCPA),在该法案的严厉惩处和长臂管辖下,公司一旦出现海外贿赂,很有可能造成失去商业机会甚至交易资格等难以承受的严重后果。由此,越来越多的美国公司以及与美国有联系的外国公司,为避免相关的法律风险,在公司内部展开合规管理与实施。

1987 年,美国联邦量刑委员会制定并实施《联邦量刑指南》,该指南主要适

---

① 参见陈瑞华:《论企业合规的中国化问题》,载《法律科学(西北政法大学学报)》2020 年第 3 期。

② 参见陈瑞华:《论企业合规的中国化问题》,载《法律科学(西北政法大学学报)》2020 年第 3 期。

用于被宣告有罪的自然人。1991 年,联邦量刑委员会发布《组织量刑指南》,以此作为法院对企业犯罪加以量刑的依据。在这两个指南出台的背景下,检察机关在对企业进行起诉时需要重点考虑"合规"这一因素,且法官在对犯罪企业进行量刑时也需考量企业的合规情况。1999 年,联邦司法部发布了正式的"企业诉讼指南",列出了检察官在对公司提起公诉时需要考虑的 8 个重要问题,其中 3 项属于合规问题:企业违法违规行为的普遍性;企业是否拥有合规计划;企业是否采取补救措施。如果企业拥有有效的合规计划,《联邦量刑指南》允许将罪责指数予以降低。由此,企业应当制订有效的合规计划并设置相应的评估机制,及时做好补救措施,以此降低量刑时的财产损失。①

美国联邦检察官在决定对涉案企业提起公诉时,除了将合规作为是否公诉的考量因素,还可以与企业达成特殊协议:一类是有条件地撤销对企业的指控,称为"不起诉协议"(Non-Prosecution Agreement, NPA);另一类是有条件地延缓对企业的指控,称为"暂缓起诉协议"(Deferred Prosecution Agreement, DPA)。这两种协议的核心内容是检察官在特定期限内要求涉案企业或涉案员工缴纳一定数额的罚金,并承诺在这一期间内建立合理的合规计划;如果制订的合规计划通过了美国联邦司法部的审核,那么检察官就不再对其提起公诉。通过达成上述协议,涉案企业既规避了接受法庭审判的可能,也可以避开被定罪的风险。②"不起诉协议"和"暂缓起诉协议"在美国"合规"相关的案件处理中,有着较好的司法实践效果,以"西门子公司"和"格力公司"为例:

- 2006 年 11 月,西门子公司因涉嫌海外商业贿赂而受到德国慕尼黑检察机关的调查。随后,西门子主动向美国联邦司法部和证券交易委员会报告了在多个国家的行贿行为,并聘请美国德普律师事务所进行了长达 2 年的内部独立调查。在提交内部调查报告后,西门子与美国联邦司法部达成了"不起诉协议"。根据这项协议,司法部放弃对西门子提起刑事指控,条件是以西门子违反美国 FCPA 有关会计条款和内部管制条款为由,对西门子公司处以 44,850 万美元的罚款。与此同时,针对美国证券交易委员会提起的民事起诉,西门子选择了民事和解。最终,西门子对美国证券交易委员会有关其违反反贿赂条款的主张既不

---

① 参见陈瑞华:《企业合规基本理论》(第 2 版),法律出版社 2021 年版,第 431 ~ 432 页。
② 参见陈瑞华:《企业合规基本理论》(第 2 版),法律出版社 2021 年版,第 433 页。

否认也不承认,只是同意向美国证券交易委员会退还3.5亿美元的不正当利益。不仅如此,西门子还与德国检察机关达成和解协议,缴纳了总额达8亿美元的罚款。西门子事件发生后,该公司对管理团队作出了大幅度调整。监事会主席和首席执行官相继辞职,约200名经理被开除,100多名高层人员被责令配合调查。西门子还重新组建了合规团队,任命德国财政部前部长威格尔博士担任独立合规监察官,从2009年开始持续监督西门子在合规方面的改进情况。西门子聘请独立的会计师事务所和律师事务所等外部专业机构进驻,开启了德国历史上的首次公司独立调查。西门子为此付出了高昂的代价,仅外部专业机构的调查费用就高达数亿欧元。由此,西门子建立了独立而权威的合规组织体系。合规组织由首席合规官担任负责人,向西门子公司总法律顾问报告工作,并可以直接向西门子公司管理委员会和监事会提交报告。而总法律顾问则直接向西门子公司总裁兼首席执行官汇报工作。在原来的反腐败合规的基础上,西门子的合规领域已经得到显著扩大。西门子公司的合规体系由两个部分组成:一是商业行为准则;二是三大制度保障,包括三大支柱性制度:防范(prevent)、监控(detect)和应对(respond)。①

- 美国当地时间2021年10月29日,美国联邦司法部宣布,格力公司和美国联邦司法部达成"暂缓起诉协议",就其在2012~2013年在美国销售加湿器故意隐瞒加湿器缺陷一事,达成延期起诉协议,格力公司及其在中国香港特别行政区和美国的子公司就针对他们的刑事指控同意和解并支付9100万美元罚款。②

可见,美国的法规政策对企业合规管理作出严格具体要求的同时,也在实体和程序两方面制定了针对企业合规的激励机制,从而更关注督促企业从自身开展自查自省式的合规管理。

(二)英国

2010年英国通过《反贿赂法》,在"商业组织预防贿赂失职罪"中确立了严格责任原则。"严格责任",是指只要一个商业组织的"关联人员"实施了行贿行为,监控机构就不需要承担证明责任,而可以直接推定该商业组织构成相应的行

① 参见陈瑞华:《论企业合规的性质》,载《浙江工商大学学报》2021年第1期。

② See *Gree Appliance Companies Charged with Failure to Report Dangerous Dehumidifiers and Agree to $91 Million Resolution*, U. S. Department of Justice(Oct. 29,2021),https://www.justice.gov/opa/pr/gree-appliance-companies-charged-failure-report-dangerous-dehumidifiers-and-agree-91-million.

贿犯罪。同时,《反贿赂法》赋予商业组织通过制定预防贿赂的“充分程序”来进行无罪抗辩的义务,商业组织通过自行承担证明责任,来说服司法机关作出其不构成行贿犯罪的决定。该法规的出台使企业被赋予更高的道德要求,将合规体系的构成作为无罪抗辩的重要事由。随后英国国务大臣颁布《反贿赂法指南》(The Bribery Act 2010 Guidance),确立了预防商业贿赂“充分程序”的六大原则,包括:(1)相称程序原则;(2)高层承诺原则;(3)风险评估原则;(4)尽职调查原则;(5)有效沟通原则;(6)监控和评估原则。① 商业组织可根据以上几点在组织内部采取相关的预防程序,法院在案件的事实基础上来分析该商业组织是否确立充分的预防程序并作出是否需要其承担刑事责任的判决。

(三)法国

2016年12月8日,法国国会通过了《关于提高透明度、反腐败以及促进经济生活现代化的2016-1691号法案》。该法案沿袭了法国财政部部长米歇尔-萨宾于1993年提交的第一份反腐败法案,故被称为《萨宾第二法案》。这部法案涉及对法国刑法、刑事诉讼法和货币金融等法律的修订和补充,吸收了美国《反海外腐败法》和英国《反贿赂法》的相关内容,确立了反海外腐败行为的制度。值得关注的是,该项法案首次确立了强制合规制度,要求符合条件的企业承担建立合规机制的义务,并对不建立合规机制的公司确立了法律责任。与此同时,该项法案还吸取了美国和英国的经验,确立了法国式的“暂缓起诉制度”,允许检察机关与涉嫌犯罪的企业签订和解协议,设立3年考验期,涉案企业在此期限内缴纳罚款、赔偿受害者并制订或完善合规计划,期满经审查确认履行了协议内容的,检察机关将撤销起诉。可以说,法国通过实施这部反腐败法律,既对法国公司的海外不法行为实施了更严厉的制裁,也通过强制合规制度和暂缓起诉制度将企业合规机制予以强制推行,大大地推进了法国企业建立和完善合规机制的进程。

根据《萨宾第二法案》,法国建立了一个旨在预防和发现腐败行为的专门国家机构——法国反腐败局(Agence Française Anticorruption,AFA),AFA的主要职能是监督企业按照法案的规定建立合规制度,并对合规的有效性加以评估。此外,该法案建立了强制合规制度并要求那些符合法定条件的企业履行建立合规制度的义务,并将此作为预防腐败行为的重要举措。

---

① 参见陈瑞华:《企业合规基本理论》(第2版),法律出版社2021年版,第439~442页。

从美国、英国、法国等国家合规领域的立法发展和企业实务中不难看出，企业合规是从公司商业实践、政府规制到刑事制裁的分散源头，逐步汇集成为一个完整的制度。① 合规的发展是一个不断升级的过程，最开始是作为一种轻微违规监管处罚的替代工具，要求公司承诺特定行为；②之后合规因素成为考虑减轻处罚的情节，然后逐渐成为监管部门要求采用的一般机制。实践探索为之后的法定合规制度塑造了原型。这些法律上的变化，体现了现代经济规制的特性，被视为回应型法（responsive regulation）的典型制度。③ 而回应型监管也成为监管领域的趋势共识和代表性标签。④ 西门子公司的合规建设表明，在现代经济全球化的国际环境下，合规俨然已经成为企业发展的重要部分。企业想要在全球经济环境下持续稳定地存续发展，必然需要搭建合规管理体系，制定并执行企业合规管理机制，更加积极主动地识别、分析、评估合规风险，对风险作出符合企业利益的合规判断，从而减少企业在国内外的法律纠纷，降低不必要的财产损失和声誉损失。

第三节　企业合规基本价值

一、外部监管层面

通常而言，企业合规是企业在监管部门和执法机关施加压力的情况下，被迫接受的一种自我监管和自我治理的方式。无论是行政监管部门，还是刑事执法部门，通过督促和监督企业建立合规计划，可以从外部督促企业改变治理方式，有效发挥监管职能。⑤

在20世纪美国发生的安然事件和安达信事件中，美国联邦司法部对这两家企业提起刑事诉讼，最终导致两家企业相继破产，数以万计的公司员工失业，当

---

① 参见邓峰：《公司合规的源流及中国的制度局限》，载《比较法研究》2020年第1期。

② See *Growing the Carrot: Encouraging Effective Corporate Compliance*, Harvard Law Review, Vol. 109:1783, p. 1733 – 1784(1996).

③ 参见[美]诺内特·塞尔兹尼克：《转变中的法律与社会》，张志铭译，中国政法大学出版社1994年版，第110～112页。转引自邓峰：《公司合规的源流及中国的制度局限》，载《比较法研究》2020年第1期。

④ 参见邓峰：《公司合规的源流及中国的制度局限》，载《比较法研究》2020年第1期。

⑤ 参见陈瑞华：《企业合规基本理论》（第2版），法律出版社2021年版，第118页。

地经济出现严重震荡。[①] “安然”因财务造假和腐败行为所导致的破产事件,“彻底打击了投资者对资本市场的信心”,直接导致了美国《萨班斯-奥克斯利法案》(Sarbanes-Oxley Act)的出台。该项法案的出台代表了美国治理上市公司基本理念的转变,也就是从简单的信息披露走向实质性的监管。其中,最主要的监管方式就是督促公司建立内部控制体系,要求公司管理层承担其建立、运行、评估、披露内部控制体系的责任。而与之相关的“安达信”事件,更是直接导致了美国对涉案企业的起诉政策大调整。美国联邦最高检察院对“安达信”提出的诉讼使安达信业务大量流失,客户中断业务联系,大量员工失业,在给安达信带来灾难性后果的同时,也给美国经济造成了较大影响。有观点认为,最终对“安达信”的判决既没有导致应承担责任的个人被绳之以法,所判处50万美元罚金对比给美国政府和社会各界带来的经济损失来说更是微乎其微。[②] “安达信”公司的破产事件,导致美国联邦司法部对企业刑事起诉政策的重大调整。由企业不合规而导致的“安然破产”和“安达信破产”,改变了美国治理上市公司的理念和处理法人犯罪的起诉政策,使检察机关大规模使用“暂缓起诉协议”和“不起诉协议”,而行政机关则大规模使用“行政和解协议”,以取代过去长期实行的“严刑峻法”政策,进一步促进改革企业的内控机制和合规管理体系。其最终结果是企业在建立有效合规计划方面具有强大的激励机制,企业以自我监管、自我报告、自我披露和全力配合的方式,换取宽大的行政处理和刑事处罚。企业合规机制逐渐成为美国执法机关普遍使用的激励和惩戒机制。[③] 自2018年以来,我国行政部门在对企业监管过程中全面引入了合规的理念,通过发布合规管理指引、施行行政指导制度、推行强制合规制度、试行行政和解制度,引导企业建立合规管理体系。在行政部门的推动和督促下,几乎所有中央国有企业和从事海外经营业务的中国企业,都建立了成体系的合规管理机制,包括发布合规章程、合规政策和员工手册,建立合规组织体系,确立了针对合规风险的防范、识别和应对机制。[④]

---

① 参见陈瑞华:《企业合规制度的三个维度——比较法视野下的分析》,载《比较法研究》2019年第3期。

② 参见陈瑞华:《企业合规基本理论》(第2版),法律出版社2021年版,第436~439页。

③ 参见陈瑞华:《安然和安达信事件》,载《中国律师》2020年第4期。

④ 参见陈瑞华:《论企业合规的基本价值》,载《法学论坛》2021年第6期。

企业引入并建立合规机制，积极配合检察院等监管部门的调查监督，主动进行自我披露，结合检察院等外部监管机构和部分地区在合规建设中引入的“第三方监督评估机制管理委员会及第三方独立监控人管理制度”等合规监督模式，①更有利于节省外部监管部门的调查成本，同时在预防、监控和应对违法犯罪行为等方面也获得理想效果。区别于传统的起诉、处罚等“严刑峻法”模式，企业主动开展合规管理，使检察院的监督模式和执法行为更加体现“严管厚爱”。

二、公共利益层面

（一）社会利益

合规制度有利于推动企业承担起在保护劳动者权益、保护个人隐私等方面的社会责任。中兴通讯因受到美国巨额罚金等处罚后与美国联邦商务部工业安全局、财政部、司法部达成了和解协议，和解协议中多数条款主要集中于中兴通讯的合规治理体系的改善，由此开启了企业内部合规管理计划。中兴通讯在设立合规管理机制的同时，探索以风险为导向的合规管理体系，在公司每位员工的努力下，经历了从理念层面到具体建设层面的重塑，实现战略恢复期到战略发展期的进阶，合规建设稳步开展并取得了一定成效。中兴通讯提出“合规创造价值”的合规理念，将合规流程嵌入业务，深入做好合规与业务的融合，推动业务与合规的高度结合与创新落地，积极推进与合作伙伴一起共建以安全为前提的商业可持续合规营商环境，共同实现企业的有质量增长，真正践行“合规创造价值”的终极愿景，向社会传递企业社会责任。②

从中兴通讯的案例不难看出，企业重视合规管理体系的制定与执行，需要构建良好的合规文化，将“合规”的理念融入业务各个环节，渗透进企业经营活动和全体员工的日常行为中，虽然可能短时间内会牺牲部分商业利益和商业机会，但从长远来看，更有利于推动企业有序、稳定、长久发展。激励企业制订合规计划

---

① 参见甘晓辉：《企业合规：打造“融合、监督、服务”工作模式》，载《检察日报》2021年8月11日，第3版。

② 参见申楠：《中兴：探索以风险为导向的合规管理体系，助力企业可持续增长》，载微信公众号“中国公司法务研究院”2020年6月22日，https://mp.weixin.qq.com/s/AnMaMnMjFAdZTt-qBKfXUQ。

并建立完善的合规管理体系，有利于推动企业承担起在保护劳动者权益、保护个人隐私、保护环境、尊重知识产权等方面的道德责任和社会责任，推动树立良好的社会形象，体现企业合规的内在价值，从而获得长久的商业信誉，[①]延长企业生命周期。

（二）相关方利益

安然事件和安达信事件的教训表明，不实施有效的合规计划，企业一旦破产或受到监管调查和刑事追究，极有可能给与企业相关的股东、员工、投资方、合作伙伴等无辜相关方造成不同程度上的利益损失。[②] 企业关注保护相关方利益，一方面，有利于推动多方面业务发展，诚信合规经营，打造良好企业形象和社会声誉；另一方面，有利于明晰企业自身与第三方的业务合作关系，规范双方在业务交流过程中的业务责任义务划分，确保双方权益得以有效维护，促进企业稳定持续发展。如果企业在经营管理过程中只关注自身的高速获利，缺乏对利益相关方的认知与管理，不仅很有可能导致自身经营发展受阻，产生相关法律纠纷或财产损失，甚至还会因自身的不合规行为影响相关方业务和利益，破坏整体行业秩序，给市场经济带来巨大损失，损害社会公共利益。

所以，企业应当注重管理过程中的合规经营，提升相关方对企业自身的好感和尊重，维护企业和相关方的长远利益。同时，企业需要不断提升防控风险的能力，与相关方形成命运共同体，减少甚至避免行政处罚和刑事追究，降低利益相关方的损失程度。此外，企业应当加速构建并运行合规管理体系，与外部的相关监管部门达成监管的相关协议，进行自我监管、自我报告、自我披露，全力配合外部监管部门的监督与指导，使企业避免最不利的后果。[③] 总的来说，企业开展合规管理，对企业内部的合规风险开展有效的识别、分析、评估，降低其受到行政处罚或刑事追究风险的可能性，有利于充分避免因自身不合规原因而导致相关方利益受损。

---

① 参见陈瑞华：《企业合规制度的三个维度——比较法视野下的分析》，载《比较法研究》2019年第3期。

② 参见陈瑞华：《企业合规基本理论》（第2版），法律出版社2021年版，第120页。

③ 参见陈瑞华：《企业合规基本理论》（第2版），法律出版社2021年版，第121页。

三、企业层面

"在执法部门的合规机制作用下,企业对内部利益相关方展开自我监管活动,主动实施内部合规治理,可以起到代替法律制度的效果,也就是'超越法律的自我治理'效应。"针对大型企业内部的违法违规行为,正式法律制度的执行存在过程繁杂、难以达成有效实施等问题,企业建立的合规机制,是以一种新的方式达到合规风险防控与治理的效果。① 企业通过与外部监管部门签订和解协议等条约,在追求自身免责的同时,与员工、相关方共同在业务流程中进行风险识别与管控,开展整改手段,跟进评估整改结果,努力实现自我监督、自我整改、自我治理,避免因不合规行为而给企业带来的财产与法律纠纷,造成不必要的损失。建立健全企业合规管理机制,有利于督促员工、相关方依法依规经营,努力实现企业利益的最大化。

可见,企业通过建立有效的合规计划,可以避免企业整体利益的损失。从短期效果来看,企业违法违规开展经营活动,如贿赂政府官员、采用恶性竞争方法、实施欺诈手段等,可能增加企业营业收入,获取暂时的经济利益。但是,这种违法违规经营活动却破坏了企业竞争的公平性,导致企业运营成本大幅度增加,甚至会因为其他企业普遍采取不正当的手段而失去更大的利益。唯有建立有效的合规计划,企业才能在遵守法律法规的前提下开展经营活动,具有一个相对公平的经营环境和秩序,从而获得整体的利益保障,实现可持续的业务增长。在一个法治社会中,企业一旦建立合规计划,不仅可以减少多方面的损失,还可以获得一系列商业回报。企业在合规经营中成长,因合规经营而受益,致力于成为业内的模范企业,从而获得长远健康发展的机会,不断努力实现"百年老店"的目标。②

从一定程度上来看,合规并不能直接创设价值,但企业的可持续发展必然离不开合规经营。企业执行的合规机制可以作为企业不存在主观过错或主观罪过的重要理由,从而免除企业的法律责任,成功将企业责任与员工责任、高管责任

---

① 参见陈瑞华:《企业合规基本理论》(第2版),法律出版社2021年版,第123页。

② 参见陈瑞华:《企业合规制度的三个维度——比较法视野下的分析》,载《比较法研究》2019年第3期。

乃至第三方责任进行有效分离,最大限度避免受到监管处罚和刑事追究的风险。[①] 此外,企业合规让企业得以降低法律纠纷风险,规避法律的制裁,从而专注业务和经营过程中本身的合规,避免造成不必要的财产损失和名誉损失。建立有效的合规计划,有利于促进形成公平竞争的行业氛围,获得长久健康的发展。

重点提示

1. 合规与合规管理是什么?合规管理在企业实务中是怎么定义的?
2. 企业合规的起源和发展是怎样的?其未来趋势如何?
3. 企业合规的价值有哪些?

---

① 参见陈瑞华:《企业合规基本理论》(第2版),法律出版社2021年版,第123页。

第二章　企业合规风险识别与评估

第一节　合规义务

一、合规义务、合规风险及其关系

《合规管理体系指南》第3.25条将合规义务规定为包括强制必须要遵守的要求和组织自愿选择遵守的要求。对企业来说，"强制必须要遵守的要求"可以理解为企业需要遵守国家及相关监管机构发布的法律法规政策等强制性要求，而"组织自愿选择遵守的要求"，是指企业为了提升自身在市场中的竞争力而作出的自愿承诺事项，如生产过程中对产品质量保障的承诺、销售过程中的售后服务承诺等，是企业对自己的一种高标准要求。

《企业境外经营合规管理指引》把"合规风险"定义为企业或其员工因违规行为遭受法律制裁、监管处罚、重大财产损失或声誉损失以及其他负面影响的可能性。① 根据《中央企业合规管理办法》，"合规风险"是指企业及其员工在经营管理过程中因违规行为引发法律责任、造成经济或者声誉损失以及其他负面影响的可能性。② 总的来说，合规风险，是指企业及其员工的经营管理行为因

① 参见《企业境外经营合规管理指引》（发改外资〔2018〕1916号）第22条。

② 参见《中央企业合规管理办法》（国务院国有资产监督管理委员会令第42号）第3条第2款。

违反法律、法规和规则,而受到行政或刑事处罚、造成经济或声誉损失以及导致其他负面影响的可能性。

由此,企业应当充分重视合规义务和合规风险。首先,根据《合规管理体系指南》第 A.4.5 条,企业需要系统地明确合规义务及其对组织活动、产品和服务的影响。在建立、发展、实施、评估、维护及改进合规管理体系的过程中,企业应当根据实际情况,从其整体规模、组织架构复杂性、运行模式等角度记录其合规义务。其次,做好合规风险把控,划分企业风险管理的边界。合规义务是识别和确定具体合规风险的前提,有利于帮助企业更好地预判、认知、规避合规风险;合规风险作为不履行合规义务的可能性结果,具有动态性、可识别性和可管控性等特点,①是制定合规义务过程中需要考虑和完善的重要内容。企业合规的前提是做好合规义务识别和合规风险管控,确保企业在合法合规的前提下开展经营活动。

二、合规义务的识别与维护

(一)合规义务的识别

合规义务的内容包括企业强制必须要遵守的要求和组织自愿选择遵守的要求。首先,企业应当根据其运行发展的实际情况,从规模、组织结构、运营方式等角度总结分析其所处的宏观环境和微观环境。例如,企业所处国家需要遵守的基本法律法规及政策等强制性要求;企业在所处行业为了提升产品市场占有率所需要作出的自愿性经营承诺等。由此,根据《合规管理体系指南》第 A.4.5 条"合规义务的识别"部分,企业合规需要对以下两方面内容作相关的合规义务识别:

1. 组织强制性必须遵守的要求

外部对企业的合规要求包括:(1)法律法规;(2)许可、执照或其他形式的授权;(3)监管机构发布的制度、条例或指导方针;(4)法院或行政法庭的裁决;(5)条约、公约和条款;(6)其他强制性规定和禁止性规定。

2. 组织自愿选择遵守的要求

在激烈的市场竞争下,企业为获得用户、客户等第三方及相关方的信赖,需要对自身生产经营过程和产品品质进行自愿性承诺,以此获得更有竞争力的市

① 参见王志乐主编:《企业合规管理操作指南》,中国法制出版社 2017 年版,第 5 页。

场,主要包括以下几个方面:(1)与社区团体或非政府机构签订协议;(2)与公共权力机构和客户签订的协议;(3)组织要求,如政策和程序;(4)自愿性原则或行为准则;(5)自愿性标记或环境承诺;(6)与组织所签协议产生的义务;(7)相关的组织和行业标准;(8)其他有利于企业提升市场占有率、促进自身发展的自愿性承诺。

由相关组织和行业标准可见,识别合规义务是动态的、发展的过程,企业制定合规义务清单需要时刻关注外部环境是否对企业提出了新要求,作出有利于企业自身发展的合规承诺,做好合规管理的前置性流程把控。

(二)合规义务的维护

合规义务的维护,是指制定相应的流程、选用不同的方式来跟踪记录不断发生变化的合规要求和合规承诺等合规义务内容,以确保合规管理的常态化和持续性。此外,企业应当具备相应的评价程序,在不断识别出新的合规义务的过程中,整合并评析发生了变更的合规义务对企业合规管理的影响。①

根据《合规管理体系指南》第 A.4.5 条“合规义务”部分,组织应按部门、职能和组织活动的不同类型确定合规义务,并分析受到合规义务影响的范围及内容。一般获取关于法律和其他合规义务变更信息的过程有以下几点:(1)确保企业在相关监管机构的收件人列表中;(2)让企业成为专业团体的会员;(3)订阅相关信息服务;(4)参加行业论坛和研讨会;(5)持续跟踪监管机构的网站动态;(6)与监管部门会面;(7)与法律顾问沟通;(8)持续关注合规义务信息来源(如监管机构的公告和法院裁决)。在适当的情况下,组织应建立并维护一个列出所有合规义务的文件(如注册簿或日志),并定期更新该文件。除规定合规义务外,该文件还应包括但不限于:(1)履约义务的影响;(2)遵守义务的管理;(3)与合规义务相关的控制;(4)风险评估。

总的来说,维护合规义务就是应对内部和外部面临的问题,立足企业及其所在的行业、企业的整体结构等内外部环境,在实际情况下提升对“客户、第三方等相关方的需求和期望”的理解,不断识别、增减、完善整理企业合规管理需要的企业合规义务清单。根据《合规管理体系指南》第 4.1 条“了解组织及其背景”,企业应当在组织内外部环境的变动下,及时关注那些与合规风险相关、与组织目标

---

① 参见《合规管理体系指南》第 3.5.2 条“合规义务的维护”。

相关和影响组织实现合规管理体系预期成果能力的问题,其中包括:(1)业务模型,包括战略、性质、组织规模和规模的复杂性以及组织活动和运营的可持续性;(2)与第三方的业务关系的性质和范围;(3)法律和法规环境;(4)经济状况;(5)社会、文化和环境背景;(6)内部结构、政策、流程、程序和资源,包括技术;(7)整体的合规文化。此外,还需要了解企业业务相关方的需求与期望,一般包括:(1)与合规管理系统有关的利害关系方;(2)这些利害关系方的有关要求;(3)这些要求中的哪些将通过合规管理系统解决。了解组织及其背景有利于更好地识别、更新、维护企业合规义务。

维护合规义务的关键实际上在于及时获取企业内外部不断变化的、与合规相关的强制性合规要求,同时,随着市场经济的变化,作出新的符合企业利益的合规承诺。由此,为维护合规义务,首先,企业应当制定"企业合规义务清单",及时跟踪法律、法规、规范和其他合规义务的出台和变更,不断更新完善,确保企业继续遵循强制性法律法规及规章制度,避免出现违法违规行为,引发法律纠纷。其次,合规义务还包括选择遵守的自愿性要求。对企业来说,可以大致分为两类,一类是指基础的社会道德标准和行业基础要求(如保证提供合格的产品和贴心的服务等),作为企业经营根基的自愿性承诺;另一类是指企业为了扩大市场份额、提升企业核心竞争力的承诺,例如,与第三方签订双方互利的合同协议、与监管机构签订确保生产经营过程符合环保要求的协议等为了赢得客户、股东、监管机构等相关方的认可,从而在激烈的市场竞争中占有一席之地而作出的高标准承诺。企业应当从经济的角度出发,满足各项法律法规强制性规定,并依据其组织架构、经营模式等客观实际情况的需求和变化,进行自愿性的合规承诺,最终制定完整的、完善的企业合规义务文件。

第二节　企业合规风险识别与评估

一、企业合规风险识别与评估流程

《合规管理体系指南》第 A.4.6 条"合规风险的识别、分析和评价"指出,合规风险包括固有合规风险和剩余合规风险。固有合规风险,是指组织处于没有任何相应的合规风险处理措施时所面临的所有不受控制的合规风险。剩余合规风险,是指组织现有的合规风险处理措施无法有效控制的合规风险。合规风险识别包括合规风险源的识别和合规风险情况的描述。企业需要根据部门职责、职务职责和不同类型的组织活动,识别各个部门、职能和不同类型的组织活动中的合规风险源。同时,企业应当应定期识别合规风险源,对与每个合规风险源相对应的合规风险情况进行描述,制定并形成《合规风险源列表》和《合规风险情况列表》。另外,企业应通过考虑违规的根本原因和后果,来分析合规风险及发生这些后果的可能性。

合规风险评估是运行合规管理系统过程中管理已识别合规风险的基础。企业基于对合规风险的识别、分析,将企业可以接受的合规风险水平与合规政策中规定的合规风险水平进行比较,以此作为调整企业实施合规风险应对措施的顺序。所以,企业应当定期开展合规风险评估,并在存在以下情况时重新评估合规风险:(1)新的或更改的活动,产品或服务;(2)改变组织的结构或策略;(3)重大的外部变化,如财务经济状况,市场状况,负债和客户关系;(4)变更合规义务;(5)并购;(6)不合规(即使是单个不合规事件也可能构成情况的重大变化)和差错。

由此,合规风险评估的详细程度和水平取决于组织的风险状况、背景、规模和目标,并且对于特定的子领域(如环境、财务、社会等)可能有所不同。从风险识别到风险评估,基于风险的合规管理方法并不意味着组织可以提升对不合规的包容度,如接受低合规风险所对应的事项或业务不合规。恰恰相反,风险评估环节是为了帮助组织将主要注意力和资源集中在较高风险上,并将其作为优先事项,最终逐步覆盖所有合规风险。也就是说,所有经过风险识别和评估的、确定的合规风险都将受到监控和处理。

根据合规风险的相关定义及识别、评估合规风险的内容,下文将会展开介绍识别、分析、评估合规风险的流程。

(一)确认风险评估的主体

建立合规风险管理小组,由合规部门主导,职能部门和各业务部门配合,共同参与企业合规管理工作,负责对企业的合规风险评估工作。合规部门应当沟通联络公司各部门负责人建立并维护《合规义务清单》。风险管理小组应当根据《合规义务清单》,通过多种渠道和方式收集并整理基层一线、中层管理、高层管理等企业员工、企业各领域、各项目可能出现的合规风险,并对合规风险进行分析评估,提出对应的应对措施,做好后续的合规监督和检查工作。

(二)风险识别、分析与评估流程

1. 确定合规风险环境

合规风险环境广义上是指公司内外部合规管理系统变化过程的组织环境。《合规管理体系指南》第4.1条“了解组织及其背景”指出,组织应确定与合规管理目的相关并影响其实现合规管理系统预期结果能力的外部和内部问题,包括但不限于:(1)业务模型,包括战略、性质、规模和规模的复杂性以及组织活动和运营的可持续性;(2)与第三方的业务关系的性质和范围;(3)法律和法规环境;(4)经济状况;(5)社会、文化和环境背景;(6)内部结构、政策、流程、程序和资源,包括技术;(7)组织的合规文化。此外,还需要了解企业业务相关方的需求与期望,一般包括:(1)与合规管理系统有关的利害关系方;(2)这些利害关系方的有关要求;(3)这些要求中的哪些将通过合规管理系统解决。

同理,在确定合规风险环境这一环节时,合规风险管理人员应当密切关注合规义务的变化与合规风险的分布,保持合规风险环境信息的持续更新,将相关信息整合并汇编成对应的工作文档,如“合规风险相关法律法规汇编”“合规风险环境信息”等,以便更好地开展后续的风险识别、评估工作,提出相关的应对措施。公司高层领导人、合规管理部门及相关业务部门需要对内外部合规风险环境进行初步分析,主要分为以下几个部分:

- 外部合规风险环境信息。外部合规风险信息,主要指公司外部与合规相关的法律法规及政策等相关信息,主要有以下几个方面:(1)国家法律法规和相关监管机构指定的方针政策等强制性要求及其变化;(2)国内外与本公司相关的司法情况及其变化;(3)与公司相关的监管体制、机构、规则以及规则的执行等情况;(4)行业的业务模式、相关要求及标准的变动信息和市场竞争情况;(5)与公司关联的股东、客户、第三方等利益相关方对法律、合同、商业道德等的遵从情况;(6)其他与合规风险及其管理相关的外部信息。

- 内部合规风险环境信息。内部合规风险信息主要指公司内部与合规相关的制度及政策等相关信息,主要有以下几个方面:(1)公司战略目标的调整和实现;(2)公司治理结构和组织框架变动;(3)公司运营模式和各项业务的盈利动态;(4)公司的主要经营管理活动和流程,部门职能的分工等相关信息;(5)公司可能出现合规风险的自愿性承诺内容;(6)公司合规风险管理的目标、相关制度和资源整合状况;(7)公司合规文化的建设情况;(8)利益相关者遵守法律法规的情况，以及激励合规、约束违规的方式；(9)本公司重大法律纠纷或合规风险事件的情况；(10)其他与合规风险及其管理相关的内部信息。

随着公司的业务发展变化，公司的合规风险环境绝不是一成不变的。由此，合规风险环境信息的收集范围和内容，要根据公司的合规风险状况变化及公司的管理需要不断进行补充调整，具体分析明确内、外部合规风险环境信息的收集范围和分析方式，为合规风险评估和应对提供充分的信息保障。此外，为确保符合企业运营实际，企业可通过采取座谈、访谈、集体讨论、专家咨询、内部纪检监察、审计等多渠道多种方式进行评估审查，提升相关文件（如“合规风险环境信息”）的可落地性和可操作性。

2. 制订《企业风险评估方案》

首先，企业需要结合企业实际情况，如业务发展模式、自我定位、公司战略目标等风险信息明确合规目标，为合规风险识别评估工作制订对应的方案。《企业风险评估方案》需要包含以下内容：(1)合规风险识别内容与评估范围；(2)公司内部对应责任部门及其分工；(3)合规风险识别评估体系；(4)各部门需配合并完成的工作事项；(5)合规风险识别完成各个阶段的时间安排；(6)其他与风险评估工作相关的内容。企业应当根据“合规风险环境信息”，起草对应的《企业风险评估方案》，经企业内部审核与批准后实施。

3. 列出合规风险表

企业可以根据业务流程（见后面介绍的方法一）和岗位职责（见后面介绍的方法二），结合“合规义务清单”，识别出流程运行或职责行使过程中可能出现的合规风险，并制定与之相对应的《××（业务）合规风险表》。

4. 查找对应的合规风险点

对照《××（业务）合规风险表》，落实到企业实际，识别并判断企业合规风险。在这一过程中，需要合规部门与相关部门相互配合，以发展的、多维度的视角，结合企业和部门业务实际情况，全方位识别、筛选、增补和整理业务实际中可能导致的合规风险，将风险识别做到具体化和精准化。

5. 不合规后果及分析

根据对应的合规风险，合规管理部门与相关部门应当相互配合，推断风险发生的可能后果，找出关键控制点和与其相关的合规文件（如法律法规、内外部政策、相关案例判决等），分析该风险发生的频率及其影响程度，以此评估风险发生的可能性及其可能导致的后果。

6. 评估识别出的风险，确定合规等级

企业通过对风险可能导致的结果进行分析，对比过往案例和风险量化机制，制定合规风险评估体系，以此确定合规风险等级，并确定合规风险应对的优先级排序。

以下为本章未涉及的合规风险管理剩余流程：

7. 做好风险优先级排序，制定风险应对措施

根据评估的合规风险等级，对合规风险的管理优先级进行排序，拟制与之相对应的风险应对措施，相关部门根据评估的合规风险的严重程度作出工作的优先级排序，提前为降低或消除合规风险做好准备，进而有针对性地开展合规风险管理措施。风险应对措施一般包括：风险接受、风险降低、风险规避和风险转移。

8. 执行流程中的风险管控措施并记录评价

根据制定的合规风险应对措施，反馈并执行于流程中可能出现风险的环节，在实践中修改并完善公司的流程制度和工作指引，将合规要求嵌入业务流程与内控管理，做好后期记录与评价。

二、企业合规风险识别与评估的方法

（一）合规风险识别方法

从合规风险识别、分析、评估流程可以看出，公司的合规风险识别方法可大致分为两种，一种是基于工作流程识别合规风险，另一种是基于岗位职责识别合规风险，具体来讲：

- 方法一：基于业务流程。业务流程，是指为达到特定的价值目标而由不同的人分别共同完成的一系列活动，其中包括活动的内容、方式、责任、关键控制点、审批等内容。企业根据不同项目的业务流程及其职责，识别该环节上的合规风险，制定对应的工作步骤、风险名称、风险描述、责任部门、责任岗位等内容，绘制业务流程图，形成对应的《××（业务）合规风险表》。

- 方法二：基于岗位职责。岗位职责，是指各个岗位所要求的完成的工作内容及应当承担的责任范围，其中包括工种、职务、等级、权力范围等内容。企业应当围绕岗位上履行的职责内容识别职责履行过程中可能出现的合规风险，形成每个岗位的《××（岗位）合规风险表》。

(二)合规风险评估方法

合规管理部门联合相关部门完成合规风险识别后,通过对合规风险的发生可能性和影响程度进行评估打分,确定该风险所在的合规等级。合规风险的发生可能性和影响程度构成了合规风险评估体系,表 2 - 1 为合规风险评估体系。

表 2 - 1　合规风险评估体系

<table>
<tr><th colspan="11">合规风险评估体系</th></tr>
<tr><td colspan="11">此次风险评估的方法采用风险坐标图法。
1. 发生可能性:
风险可能性是指某一风险在未来(一般为未来一年)发生的可能性。该列填写 1 ~5 分值,即对每个风险发生的可能性打分。该分值的依据是 GB/T 27921 - 2011《风险评估技术》
1 分——发生的可能性极低(发生的概率在 10% 以下)
2 分——极少数情况下才会发生(发生概率在 10% ~30%)
3 分——某些情况下会发生(发生概率在 30% ~70%)
4 分——较多情况下会发生(发生概率在 70% ~90%)
5 分——常常会发生(发生概率在 90% 以上)
2. 影响程度:
风险影响程度是指风险会对公司经营目标和发展目标产生影响的大小,风险发生对公司造成的影响可能体现在其中的一个或几个方面,影响程度分为 5 个等级,分别赋予 1 分至 5 分,表示影响依次加强。
1 分——影响程度轻微,影响程度低或量小,范围不大或数量不大
2 分——影响程度较小,对于企业在争取完成其策略性计划和目标,只造成较小影响(0.1%)以下的税前利润
3 分——影响程度中等,对于企业在争取完成其策略性计划和目标的过程在一定程度上造成阻碍
4 分——影响程度严重,对于企业争取完成其计划和目标造成重大影响
5 分——影响程度非常严重,令企业失去继续运营的能力</td></tr>
<tr><th rowspan="2">序号</th><th rowspan="2">风险类别</th><th colspan="3">度量指标</th><th rowspan="2">发生可能性打分</th><th colspan="5">影响程度</th><th rowspan="2">影响程度打分</th></tr>
<tr><th>度量指标</th><th>指标的定义</th><th>指标类型</th><th>1(轻微)</th><th>2(较小)</th><th>3(中等)</th><th>4(严重)</th><th>5(非常严重)</th></tr>
<tr><td>1</td><td>合规风险</td><td>行政处罚</td><td>指在不考虑限期不改正或存在加重情节的情况下,因违反相关行政法规而导致的处罚</td><td>定性</td><td></td><td>未按照规定管理和维护,被行政机关责令限期改正、警告或处 2000 元以下罚款</td><td>处 2000 元及以上、5 万元以下的罚款</td><td>处 5 万元及以上、10 万元以下罚款或处行政拘留 10 日以下</td><td>处 10 万元及以上的罚款、暂扣或者吊销许可证、暂扣或者吊销执照或行政拘留 10 日及以上</td><td>责令停产停业</td><td></td></tr>
</table>

此外,我们建立合规风险矩阵(见图2-1),将合规风险等级分为高(重大)、中(重要)、低(一般)三种。把合规风险发生可能性和影响程度的分值在矩阵中一一对应,确定合规风险等级。此后,根据合规风险进行排序,制定对应的合规风险应对措施,记录并评价合规风险管理过程,做好风险持续管理。

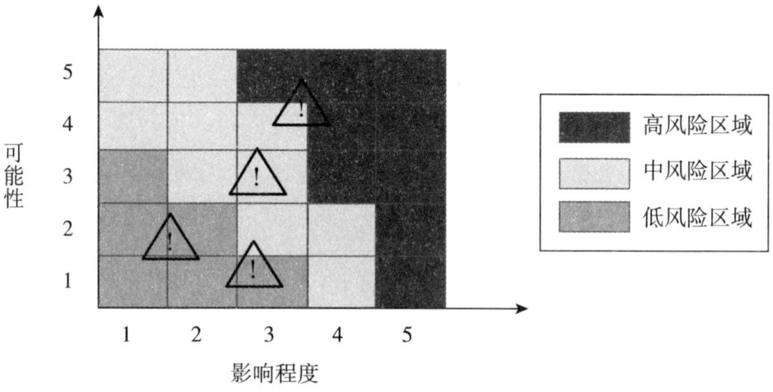

图2-1 合规风险矩阵

重点提示

1. 什么是合规义务与合规风险?

2. 如何在业务流程中识别与评估企业合规风险?

第三章　公司治理相关合规风险识别类型

第一节　公司治理架构管理与合规

一、治理架构设计管理与合规

“公司”作为企业的一种组织形式，其核心在于通过所有权和控制权的分离，达到权力的制衡，使股东会、董事会、监事会各司其事，又相互制约，保证公司顺利运转。公司治理是现代企业制度的核心，如果公司治理结构出现偏离，将在组织架构上为公司持续优良的经营管理埋下风险。

本部分的合规目标，首先，在于科学地设计与配置公司的控制权、经营权和监督权，保证股东会的最终控制权、董事会的独立决策权、监事会的有效监督权、经理层自主经营管理权，保证公司治理架构符合《公司法》等法律法规及公司内部规章制度的要求。其次，明确公司董事会、监事会、经理层等不同层级主体合规管理职责，提高合规效率。

相关案例评析

A公司、B公司确认合同无效纠纷案[①]

1. 案情简介

原告A公司系全民所有制企业,持有C公司40.01%的股权。C公司与另一自然人王某各持有D公司50%的股权。2018年6月10日,王某和C公司召开D公司股东会,同意C公司将其持有的D公司50%的股权转让给被告B公司。2018年6月19日,C公司与B公司签订《股权转让协议》。2018年6月26日,B公司通过银行向C公司支付了股权收购款。2018年7月13日,该股权转让办理了变更登记。

A公司向法院主张认为,根据《企业国有资产法》第33条,《股权转让协议》违反了原《合同法》第50条规定,属于超越权限的无权代理。因此,请求确认C公司与B公司签订的《股权转让协议》无效。

2. 法院观点

法院裁判一审、二审均驳回了原告A公司的诉讼请求。

法院认为,A公司应当依照《企业国有资产法》第21条规定,通过制定或者参与制定所出资企业的章程,维护其出资人权益。故,C公司应当按照其公司章程规定开展经营活动,现C公司章程并未规定其转让案涉持有股权事宜需经公司股东会、股东大会或者董事会决定,法院认定案涉《股权转让协议》合法有效并已实际履行有事实根据和法律依据。

3. 评析

《企业国有资产法》第21条规定:"国家出资企业对其所出资企业依法享有资产收益、参与重大决策和选择管理者等出资人权利。国家出资企业对其所出资企业,应当依照法律、行政法规的规定,通过制定或者参与制定所出资企业的章程,建立权责明确、有效制衡的企业内部监督管理和风险控制制度,维护其出资人权益。"该条明确指出国家出资企业对其所出资的企业,应当通过制定公司章程的方式维护出资人权益,公司章程是国家出资企业履行职责、维护权益的抓

① 参见辽宁省高级人民法院民事判决书,(2019)辽民终1704号。

手和重要依据。

因此，国家出资企业应当重视对其出资公司的章程的制定，明确股东会、董事会、监事会以及经理层的职责范围，明晰各组织机构的运行程序及其衔接，对于需要经董事会、股东会审议决定的事项，作出清晰详细的规定，方能更好地维护其出资人权益。

附录：治理架构设计合规要求

1.《公司法》

2.《企业国有资产法》

3.《国务院办公厅关于进一步完善国有企业法人治理结构的指导意见》（国办发〔2017〕36号）

4.《国务院国资委、财政部关于印发〈国有企业公司章程制定管理办法〉的通知》（国资发改革规〔2020〕86号）

5.《中共中央、国务院关于深化国有企业改革的指导意见》（中发〔2015〕22号）

二、治理架构运行管理与合规

公司治理架构的运行包括三个方面：职责权限、程序和内容。首先，《公司法》规定了股东会、董事会、监事会及经理层的职责权限。一般而言，公司章程亦会对各组织机构的权限作规定。其次，公司作为一个自治机构，其意思表示由公司内部权力机构形成。为了维护公司及股东的合法权利，保障市场交易的正常秩序，《公司法》及相关司法解释将公司决议效力瑕疵分为“公司决议不成立”“公司决议无效”“公司决议可撤销”三种情形。

本部分的合规目标，首先，在于明确董事会、监事会和经理层的职责权限，防止超越职权的风险。保证监事会依照《公司法》等法律法规顺利履行监督职责，保障公司利益和股东权益。其次，应当确保董事会、监事会和经理层的设立及工作程序符合法律法规和公司内部规章制度的要求，防止相关决议被认定为不成立、无效或可撤销。

(一)流程项下合规风险

1. 董事会工作管理与合规

重要合规风险提示:

(1)股东会决议和董事会决议无效、可撤销或不成立的风险。

- 公司股东会、董事会的决议无效情形:决议内容违反法律、行政法规;
- 公司股东会、董事会的决议可撤销情形:股东会、董事会的会议召集程序、表决方式违反法律、行政法规或者公司章程,或者决议内容违反公司章程;
- 公司股东会、董事会的决议不成立情形:①公司未召开会议的,但依据《公司法》第37条第2款或者公司章程规定可以不召开股东会而直接作出决定,并由全体股东在决定文件上签名、盖章的除外;②会议未对决议事项进行表决的;③出席会议的人数或者股东所持表决权不符合《公司法》或者公司章程规定的;④会议的表决结果未达到《公司法》或者公司章程规定的通过比例的;⑤导致决议不成立的其他情形。

(2)董事会召集程序不合规风险。我国《公司法》第47条规定董事会会议由董事长召集和主持;董事长不能履行职务或者不履行职务的,由副董事长召集和主持;副董事长不能履行职务或者不履行职务的,由半数以上董事共同推举一名董事召集和主持。相关具体程序要求可参见具体公司章程。

(3)不符合国有企业重大事项决议程序的要求的风险。国家出资企业合并、分立、改制、上市,增加或者减少注册资本,发行债券,进行重大投资,为他人提供大额担保,转让重大财产,进行大额捐赠,分配利润,以及解散、申请破产等重大事项,依照法律、行政法规以及公司章程的规定,由公司股东会或者董事会决定,否则将承担法律不利后果。

国有资本控股公司、国有资本参股公司与关联方的交易,依照《公司法》和有关行政法规以及公司章程的规定,由公司股东会、董事会决定。违反该规定,不会直接导致关联交易协议无效,但公司会有承担违约责任的风险。违反重大事项的决议程序同理。

(4)董事和高级管理人员违反忠实和勤勉义务的风险。董事、高级管理人员不得有下列行为:①挪用公司资金;②将公司资金以其个人名义或者以其他个人名义开立账户存储;③违反公司章程的规定,未经股东会或者董事会同意,将公司资金借贷给他人或者以公司财产为他人提供担保;④违反公司章程的规定或者未经股东会同意,与本公司订立合同或者进行交易;⑤未经股东会同意,利用职务便利为自己或者他人谋取属于公司的商业机会,自营或者为他人经营与所任职公司同类的业务;⑥接受他人与公司交易的佣金归为己有;⑦擅自披露公司秘密;⑧违反对公司忠实义务的其他行为。

(5)董事长、董事和高级管理人员违反规定兼职的风险。未经股东会同意,国有资本控股公司、国有资本参股公司的董事、高级管理人员不得在经营同类业务的其他企业兼职。未经股东会同意,国有资本控股公司的董事长不得兼任经理。

(6)董事会专门委员会设置不符合规定的风险。董事会应当设立提名委员会、薪酬与考核委员会、审计委员会等专门委员会,为董事会决策提供咨询,其中薪酬与考核委员会、审计委员会应由外部董事组成。

2. 监事会工作管理与合规

重要合规风险提示:

不符合职工监事任职比例要求的风险。监事会应当包括股东代表和适当比例的公司职工代表,其中职工代表的比例不得低于1/3,具体比例由公司章程规定。监事会中的职工代表由公司职工通过职工代表大会、职工大会或者其他形式民主选举产生。董事、高级管理人员不得兼任监事。

(二)合规风险其他提示

1. 公司人格与股东人格混同风险。公司股东应当遵守法律、行政法规和公司章程,依法行使股东权利,不得滥用股东权利损害公司或者其他股东的利益;不得滥用公司法人独立地位和股东有限责任损害公司债权人的利益。公司股东滥用股东权利给公司或者其他股东造成损失的,应当依法承担赔偿责任。公司股东滥用公司法人独立地位和股东有限责任,逃避债务,严重损害公司债权人利益的,应当对公司债务承担连带责任。

认定公司人格与股东人格是否存在混同,最根本的判断标准是公司是否具有独立意思和独立财产,最主要的表现是公司的财产与股东的财产是否混同且无法区分。财务混同,主要关注是否存在以下情形:(1)股东无偿使用公司资金或者财产,不作财务记载的;(2)股东用公司的资金偿还股东的债务,或者将公司的资金供关联公司无偿使用,不作财务记载的;(3)公司账簿与股东账簿不分,致使公司财产与股东财产无法区分的;(4)股东自身收益与公司盈利不加区分,致使双方利益不清的;(5)公司的财产记载于股东名下,由股东占有、使用的。

2.母公司对子公司过度支配与控制风险。公司控制股东对公司过度支配与控制,操纵公司的决策过程,使公司完全丧失独立性,沦为控制股东的工具或躯壳,严重损害公司债权人利益,由滥用控制权的股东对公司债务承担连带责任。实践中常见的情形包括:(1)母子公司之间或者子公司之间进行利益输送的;(2)母子公司或者子公司之间进行交易,收益归一方,损失却由另一方承担的;(3)先从原公司抽走资金,然后再成立经营目的相同或者类似的公司,逃避原公司债务的;(4)先解散公司,再以原公司场所、设备、人员及相同或者相似的经营目的另设公司,逃避原公司债务的。

(三)相关案例评析

上诉人A公司与被上诉人B公司原审C公司、D公司决议撤销纠纷案[①]

1.案情简介

2007年9月9日,原告B公司(甲方)与C公司(乙方)、D公司(丙方)共同签订《公司章程》并新设合作公司,即被告A公司。《公司章程》中对于合作期限约定为,除本章程第十四章对提前解散合作公司另有规定,或合作三方书面一致同意延长合作期限并获得原审批机构批准外,合作公司合作期限为10年。《公司章程》第五章第5.3.2条规定:在每次董事会召开的10日前,书面通知每位董事该次董事会会议的议程。如会议确有必要在通知发出后10日内举行,会议议程通知应与会议通知同时发送各位董事。《公司章程》第五章第5.3.3条规定:以下事项必须经出席董事会会议的全体董事或其授权代表(其中各方至少有一名董事或授权代表出席)一致通过,方可作出决议:(1)合作公司章程的修改;(2)合作公司注册资本的增加或减少、转让;(3)合作公司的终止、解散;(4)合作公司的资产抵押;(5)合作公司合并、分立和变更组织形式;(6)甲乙丙三方约定

① 参见辽宁省沈阳市中级人民法院民事判决书,(2018)辽01民终9881号。

由董事会会议一致通过方可作出决议的其他事项。

被告A公司于2017年1月3日向原告B公司注册地邮寄召开临时董事会通知(会议召开时间为1月5日),但该通知无临时董事会会议通知、会议议程通知等。原告要求被告A公司明确说明,被告A公司未予答复。被告A公司提供的召集人钟某签发的通知亦未在会议召开前送达到原告B公司处。

2017年1月5日上午9:00,被告A公司召开第四届董事会临时会议并作出"关于修改公司章程的决议",将经营年限(合作期限)由10年变更为20年。

原告B公司起诉要求撤销被告A公司的临时董事会决议。

2. 法院观点

法院一审、二审,均支持了原告B公司的诉讼请求。

法院认为,A公司拟于2017年1月5日召开第四届董事会临时会议,研究关于延长合作期限的问题,按《公司章程》的规定,A公司至少应于会议召开前10日书面通知每位董事该次董事会会议的议程。但在明知原告注册地与实际办公地址不一致的情况下,被告A公司却于会议召开前2日,即2017年1月3日才向B公司的注册地址邮寄召开临时董事会的通知,而该邮件于同月5日下午才到达B公司工作人员处,致B公司已无可能参加该临时董事会。

另外,被告A公司作出延长公司经营期限的决议,以及钟某所发通知的内容均违反《公司章程》中关于延长经营期限的规定(除本章程第十四章对提前解散合作公司另有规定,或合作三方书面一致同意延长合作期限并获得原审批机构批准外,合作公司合作期限为10年,于合作公司《企业法人营业执照》签发之日起计算)。

综上所述,被告临时董事会召集程序严重违反公司章程,临时董事会决议内容违反公司章程,B公司要求撤销A公司于2017年1月5日第四届董事会临时会议做出的关于合作期限的决议的诉讼请求应予支持。

3. 评析

根据《公司法》第22条的规定,公司决议内容违反法律、行政法规的无效;公司会议召集程序、表决方式违反法律、行政法规或者公司章程,或者决议内容违反公司章程的,决议可撤销(但会议召集程序或者表决方式仅有轻微瑕疵,且对决议未产生实质影响的除外)。另外,《最高人民法院关于适用〈中华人民共和国公司法〉若干问题的规定(四)》第5条还规定了公司决议不成立的情形。

对于会议程序而言,重点在于保证股东充分知悉会议内容,能够做好充足准备并有效表达自身的意见。在本案中,通知时间严重违反了《公司章程》规定的时间,导致原告无法及时了解会议内容,无法充分准备以有效地表达自己的意见,无法及时参与会议,已经对决议结果产生了实质影响,构成了可撤销的违反会议程序的情形。对于决议内容而言,违反法律法规的决议无效,是因为法律法规规定的内容为强制性规定,任何人均不得违反;决议内容违反章程规定的可撤销,是因为公司章程是股东的自治协议,内容违反章程不具有严重的违法性。本案中,章程已明确规定经营期限为10年,延长经营期限需要合作三方的书面同意;但被告在原告未书面同意的情况下延长经营期限至20年,该内容违反章程规定,该决议构成了可撤销的决议。

因此,公司股东会、董事会在作出决议时,应当谨慎严格遵照法律法规及公司章程对于作出决议的程序及决议内容的规定,避免公司决议被认定为不成立、无效或可撤销的风险。

附录:治理架构运行合规要求

1.《公司法》

2.《企业国有资产法》

3.《国有企业监事会暂行条例》(中华人民共和国国务院令第283号)

4.《国务院办公厅关于进一步完善国有企业法人治理结构的指导意见》(国办发〔2017〕36号)

5.《国务院办公厅关于加强和改进企业国有资产监督防止国有资产流失的意见》(国办发〔2015〕79号)

6.《中央企业合规管理办法》(国务院国有资产监督管理委员会令第42号)

7.《财政部、证监会、审计署、银监会、保监会关于印发〈企业内部控制基本规范〉的通知》(财会〔2008〕7号)

8.《国资委党委、国资委关于建立和完善中央企业职工代表大会制度的指导意见》(国资党委群工〔2007〕120号)

第二节　公司组织架构管理与合规

一、组织机构管理与合规

现代组织管理体系是对传统公司治理体系的继承与修正。高效的组织架构能够最大限度地释放企业的能量,使公司内部组织更好地发挥协同效应。要建立高效、精干的组织架构,其核心在于规范组织架构和岗位职责权限划分,防范潜在经营管理风险。

本部分的合规目标,首先,在于合理设置内部组织机构,规范岗位设置和工作内容、职能界限,制定组织结构、组织管理等内部管理制度和文件,保证公司组织架构符合公司发展理念。其次,加强公司员工对内部组织的认知,使组织机构管理与合规深入全体员工。

流程项下合规风险:部门及科室组织架构、职责设置与调整

重要合规风险提示:

(1)内部机构设置不符合程序的风险。根据《公司法》第 49 条的规定,公司内部机构的设置,应当先由总经理拟定公司内部管理机构的设置方案,再由公司董事会决定公司内部管理机构的设置。

(2)聘任和解聘总经理及其他人员不符合规定的风险。根据《公司法》第 49 条和第 113 条的规定,有限责任公司和股份有限公司总经理的聘任或解聘由董事会决定。公司副经理、财务总监负责人应由总经理提名,董事会决定。除应由股东会、董事会聘任或解聘的其他高级管理人员,由总经理决定聘任或解聘。

附录:组织机构管理合规要求

《中央企业合规管理办法》(国务院国有资产监督管理委员会令第 42 号)

二、职责管理与合规

公司组织机构的高效运行需要明确岗位职责、工作要求和权责划分三个方面。一般而言,公司章程会对各组织机构的职责作出明确规定。通过对企业内部职责的划分,全方位做好岗位职责管理工作,为员工职业生涯发展提供条件,最大限度地激发员工工作积极性。

本部分的合规目标,首先,在于明确企业内部具体岗位的名称、职责和工作要求等,明确各个岗位的权限和相互关系,确保岗位设置及管理符合国家有关法律法规和企业规章制度要求。其次,通过对企业内部职责的划分,有效解决企业职责不明确、做事推脱、效率低下等问题,切实提高员工工作效率,促进员工的合理流动和岗位交流,拓展员工发展空间。

附录:职责管理与合规要求

《财政部、证监会、审计署、银监会、保监会关于印发〈企业内部控制基本规范〉的通知》(财会〔2008〕7 号)

三、制度管理与合规

公司的制度有助于维护工作秩序,提高工作效率。公司制度管理包括制度的修订、发布、执行等方面,经过一定的程序严格制定相应的制度,是公司管理的依据和准则。制度的制定与发布应当使全体员工充分认识和了解其主要内容和要求,促进制度的全面贯彻执行。

本部分的合规目标,在于确保各种规章制度的制定与发布符合法律规定,在制定涉及员工利益的规章制度时要符合法律要求,通过对制度制定、修改等环节的把控,实现制度的制定与实施依法合规。

流程项下合规风险:制度制(修)定与发布

重要合规风险提示:

1. 基本制度制定程序不符合规定或相冲突的风险。根据《公司法》的规定,公司的基本管理制度程序上应当由总经理拟定,董事会决定或制定。建议公司基本制度的制定程序、公司章程的相关规定与《公司法》相衔接。基本制度涉及职工切身利益的,当提交职工代表大会审议。

2. 规章涉及职工切身利益未经职工代表大会讨论、协商平等确定的风险。根据《公司法》第 18 条的规定,公司必须保护职工的合法权益,公司研究决定改制以及经营方面的重大问题、制定重要的规章制度时,应当听取公司工会的意见,并通过职工代表大会或者其他形式听取职工的意见和建议。《劳动合同法》第4条指出,用人单位在制定、修改或者决定有关劳动报酬、工作时间、休息休假、劳动安全卫生、保险福利、职工培训、劳动纪律以及劳动定额管理等直接涉及劳动者切身利益的规章制度或者重大事项时,应当经职工代表大会或者全体职工讨论,提出方案和意见,与工会或者职工代表平等协商确定。

四、标准规程管理与合规

公司标准规程包括从原材料进厂到产品销售等各个环节。因此,标准规程管理与规范在确保生产经营活动的合规协调上发挥着极其重要的价值。

本部分的合规目标,在于依据法律法规及其他国家、行业标准、要求,制定内部相关标准,使公司内部有关标准达到国家标准及相关要求,推动公司各个环节的规程管理与相应技术标准和管理标准相符合。

流程项下合规风险:标准规程管理

重要合规风险提示:

1. 作业标准不符合国家标准的风险。根据国家标准全文公开系统显示,当前我国系统收入的强制性国家标准有2049项,其中包括消防、质量管理等多领域、多方面的作业标准。公司在作业、生产等经营活动中,应当严格遵守各行各业的国家标准,在作业标准这一问题上,全方面地防控风险,做到合规、合法经营。例如,GB 35181 - 201《重大火灾隐患判定方法》指出,安全疏散设施及灭火救援条件中包含按国家工程建设消防技术标准的规定,建筑物应设置独立的安全出口或疏散楼梯。依据这一标准,公司应当在选择办公地点和作业、生产地点时,确保该建筑物在重大火灾隐患判定的标准下不存在对应的隐患。

2. 作业标准未按公司内部规章程序制定的风险。公司在整体的经营运作下,应当合理、合规设置公司内部章程,对岗位设置、工作内容、作业方式等相关内容制定符合国家标准和规定的规章制度,详细具体地厘清工作中可能的危险和防范措施,并在作业过程中严格贯彻执行,确保员工作业标准按照公司制度制定和实施运行,降低作业过程中的职业风险。

3. 作业标准监督管理不完善的风险。为确保作业流程标准化,提升公司生产经营过程中作业的安全性,公司应当设立对应的作业标准监督体系,对相关岗位人员的现场标准化作业进行定期检查和不定期抽查。

第三节　内控管理与合规

一、内控体系建立与合规

内控整体架构主要由控制环境、风险评估、控制活动、信息与沟通、监督五项要素构成。推进并完善公司内控体系建设的工作机制,有利于内控建设有章可循,降低决策风险,促进公司业务处理、重大决策、资金运作等内控流程规范化和标准化。

本部分的合规目标,公司尤其是国有企业应当根据国家法律法规和配套指引的要求,建立规范、完善的内部控制体系,确保按照管理制度化、制度流程化、流程信息化的要求,立足企业实际,以风险管理为导向,明确关键控制节点和控制要求,抓好内部控制建设的基础工作和关键环节。

(一)流程项下合规风险:内控体系建立

重要合规风险提示:

1. 国有企业未落实"三重一大"决策制度的风险。国有控股公司须落实"三重一大"决策制度,"三重一大"事项,指重大决策、重大人事任免、重大项目安排和大额资金运作事项。关于重大决策、重大人事任免、重大项目安排和大额资金运作事项的具体内容可参见《关于进一步推进国有企业贯彻落实"三重一大"决策制度的意见》(中办发〔2010〕17 号)第 3 项至第 6 项。

- "三重一大"决策制度适用于国有企业党委(党组)及董事会等企业内部决策机构,并应遵循集体决策原则。根据《关于进一步推进国有企业贯彻落实"三重一大"决策制度的意见》之规定,决策机构应当以会议的形式作出集体决策,对于"三重一大"事项不得以个别征求意见等方式作出决策。

- 国有企业"三重一大"事项决策应当具备的基本程序主要包括论证征询、听取党委(党组)意见、决策会议前的提前准备、会议决策、会议记录及存档、决策后的报告与实施、回避与纠错。其中,"三重一大"决策制度下"三重一大"事项应先听取党委(党组)意见再进入董事会决策。《关于进一步推进国有企业贯彻落实"三重一大"决策制度的意见》明确要求"三重一大"事项应事先与党委(党组)沟通,听取党委(党组)的意见。因此,“三重一大”事项在进入董事会、经理层讨论前,先由党委(党组)研究讨论,未通过事项不能进入董事会、经理层决策。“三重一大”事项未经听取党委会意见程序,直接进入党政联席会决策可能违反“三重一大”决策制度,若企业未对党委会议和党政联席会议决议“三重一大”事项的先后顺序予以规范,可能导致相关人员不慎违反“三重一大”决策制度。

- 公司有义务根据《关于进一步推进国有企业贯彻落实“三重一大”决策制度的意见》制度具体的实施办法,并报履行国有资产出资人职责的机构审查批准。

- “三重一大”决策制度是纪检监察及人事考核的重点内容。《关于进一步推进国有企业贯彻落实“三重一大”决策制度的意见》明确要求应当将“三重一大”决策制度的执行情况,作为巡视、党风廉政建设责任制考核的重要内容和企业领导人员经济责任审计的重点事项。公司领导人员违反“三重一大”决策制度的,可能被依照《国有企业领导人员廉洁从业若干规定》和相关法律法规受到相应的处理。

2. 未落实内部会计控制的风险。《会计法》专门作出了内部会计控制的要求,该法规定公司有义务保障会计的独立性并建立健全公司内部会计监督制度,第 27 条规定了会计监督制度应达到的要求。未落实内部会计控制,授意、指使、强令会计机构、会计人员伪造、变造会计凭证、会计账簿和其他会计资料,提供虚假财务会计报告,可能被处行政罚款,而授意、指使、强令会计机构、会计人员隐匿、故意销毁依法应当保存的会计凭证、会计账簿或财务会计报告,涉及金额在 50 万元以上或依法负有提交会计凭证、会计账簿或财务会计报告义务的,还可能构成《刑法》第 162 条之一的隐匿、故意销毁会计凭证、会计账簿、财务会计报告罪,构成本罪最高可被判处 5 年有期徒刑并处 20 万元罚金;本罪可成立单位犯罪,构成单位犯罪时,对单位判处罚金并可对直接负责的主管人员和其他责任人员处以前述处罚。

(二)合规风险其他提示

自 2008 年财政部、证监会、审计署、原银监会、原保监会在北京联合发布《企业内控规范》以来,国有资产监督管理委员会陆续发布《关于加快构建中央企业内部控制体系有关事项的通知》(国资发评价〔2012〕68 号)、《关于加强中央企业内部控制体系建设与监督工作的实施意见》(国资发监督规〔2019〕101 号)、《关于加强中央企业资金内部控制管理有关事项的通知》(国资发监督〔2021〕19号)等文件要求在中央企业中建立、健全内部控制。近年来，在国有企业深化改革的大背景下，企业可能面临要求建立符合前述规范内控的要求，内控的具体要求可参见《企业内控规范》第三章至第六章及相关的企业内部控制应用指引。此外，根据《关于加强中央企业内部控制体系建设与监督工作的实施意见》等规范之意旨，应对以下部分予以重视：

1. 实行内部控制的领导责任制。《关于印发〈关于加强中央企业内部控制体系建设与监督工作的实施意见〉的通知》及《关于加快构建中央企业内部控制体系有关事项的通知》均要求企业主要领导人员作为内控工作第一责任人，负责组织领导建立健全覆盖各业务领域、部门、岗位，涵盖各级子企业全面有效的内控体系，对内部控制有效执行负总责。

2. 改进投资管理、资金管理和工程项目、产权(资产)交易流转等业务领域各岗位的职责权限和审批程序。《关于印发〈关于加强中央企业内部控制体系建设与监督工作的实施意见〉的通知》、《关于加快构建中央企业内部控制体系有关事项的通知》及《关于加强中央企业资金内部控制管理有关事项的通知》均要求企业在前述领域重要岗位加强授权管理和权力制衡，形成相互衔接、相互制衡、相互监督的内控体系工作机制。

3. 提高内控流程信息化，减少人为违规操控因素。《关于印发〈关于加强中央企业内部控制体系建设与监督工作的实施意见〉的通知》及《关于加强中央企业资金内部控制管理有关事项的通知》均要求企业提升内控体系信息化水平逐步实现内控体系与业务信息系统互联互通、有机融合，将控制触发条件和控制标准、缺陷认定标准等内控要求嵌入信息系统，减少人为违规操控因素。

4. 加强内部控制的外部审计。《关于加强中央企业内部控制体系建设与监督工作的实施意见》提出发挥外部审计的专业性和独立性，企业可以委托外部审计机构对部分子企业内控体系有效性开展专项审计，并出具内控体系审计报告，并要求内控体系监管不到位、风险事件和合规问题频发的企业，必须聘请具有相应资质的社会中介机构进行审计评价。

附录：内控体系建立合规要求

1.《会计法》

2.《企业国有资产法》

3.《关于进一步推进国有企业贯彻落实“三重一大”决策制度的意见》(中办发〔2010〕17号)

4.《关于加强中央企业资金内部控制管理有关事项的通知》(国资发监督〔2021〕19号)

5.《关于印发〈关于加强中央企业内部控制体系建设与监督工作的实施意见〉的通知》(国资发监督规〔2019〕101号)

6.《关于加快构建中央企业内部控制体系有关事项的通知》(国资发评价〔2012〕68号)

7.《关于印发企业内部控制配套指引的通知》(财会〔2010〕11号)

8.《财政部、证监会、审计署、银监会、保监会关于印发〈企业内部控制基本规范〉的通知》(财会〔2008〕7号)

二、内控体系评价与合规

公司内控评价系统的建立是构建内部控制体系的重要环节。完善推进合规、适当的内控评价工作程序,有利于帮助纠正企业运营中存在的违规行为,及时发现内部控制的缺陷。

本部分的合规目标,首先,应当确保内控测试与评价工作的程序合规、方法合理、评价结果客观、整改建议可行;其次,提升监督内部控制制度设计与执行的有效性,保证内部审计独立性,促进构建完善的内部控制体系。

流程项下合规风险:内控体系评价

重要合规风险提示:

未保障内部审计独立性的风险。国家机关、事业单位、社会团体等单位的内部审计机构或者履行内部审计职责的内设机构应当根据《审计署关于内部审计工作的规定》(中华人民共和国审计署令第11号),公司有义务开展内部审计并保障内部审计的独立性,主要包括:(1)组织结构上的独立性保障,国有企业内部审计机构或者履行内部审计职责的内设机构应当在企业党组织、董事会(或者主要负责人)直接领导下开展内部审计工作,向其负责并报告工作。国有企业应当按照有关规定建立总审计师制度;(2)内部审计人员独立性约束和保护制度,内部审计人员必须遵守内部审计规范和职业道德规范,不得参与可能影响独立、客观履行审计职责的工作,且在遭受打击、报复、陷害时,单位党组织、董事会(或者主要负责人)应当及时采取保护措施,并对相关责任人员进行处理。

附录:内控体系评价合规要求

1.《审计署关于内部审计工作的规定》

2.《关于加强中央企业资金内部控制管理有关事项的通知》(国资发监督〔2021〕19 号)

3.《关于印发〈关于深化中央企业内部审计监督工作的实施意见〉的通知》(国资发监督规〔2020〕60 号)

4.《关于印发〈关于加强中央企业内部控制体系建设与监督工作的实施意见〉的通知》(国资发监督规〔2019〕101 号)

5.《关于加快构建中央企业内部控制体系有关事项的通知》(国资发评价〔2012〕68 号)

6.《关于印发企业内部控制配套指引的通知》(财会〔2010〕11 号)

7.《财政部、证监会、审计署、银监会、保监会关于印发〈企业内部控制基本规范〉的通知》(财会〔2008〕7 号)

第四节　内部监督管理与合规

一、年度监督计划与合规

公司制定合规、合理的年度监督计划,有利于帮助完善公司内部监督体系的独立性和客观性。如果内部监督评价报告未按规定披露,可能会导致公司遭受监管处罚,无法满足报告使用者需求,公司声誉受损。

本部分的合规目标,在于确保制定完善的内部监督计划,设置科学、合理的组织架构,明确职责分工,坚持内部监督的客观公正性,以避免道德风险。

流程项下合规风险：公司监督工作计划

重要合规风险提示：

未建立内部监督制度的风险。企业应当根据《企业内控规范》及其配套办法，制定内部控制监督制度，明确内部审计机构（或经授权的其他监督机构）和其他内部机构在内部监督中的职责权限，规范内部监督的程序、方法和要求。

附录：年度监督计划建立合规要求

1.《刑法》

2.《企业国有资产法》

3.《企业国有资产监督管理暂行条例》

4.《国务院办公厅关于加强和改进企业国有资产监督防止国有资产流失的意见》（国办发〔2015〕79号）

5.《国资委关于印发〈关于深化中央企业内部审计监督工作的实施意见〉的通知》（国资发监督规〔2020〕60号）

6.《国资委关于印发〈关于加强中央企业内部控制体系建设与监督工作的实施意见〉的通知》（国资发监督规〔2019〕101号）

7.《财政部、证监会、审计署、银监会、保监会关于印发〈企业内部控制基本规范〉的通知》（财会〔2008〕7号）

二、监督工作管理与合规

在公司业务发展过程中，完善内部监督管理工作，提升内部监督团队的业务技能和监督质量，有利于对发现的问题针对性地给出准确、合理的监督建议，促进企业经营活动健康发展。如果内部监督机构未能履行监督职能，将会对企业运行造成不利影响。

本部分的合规目标，首先，确保内部监督程序、内部监督方法符合有关行业标准和公司内部规章制度的要求，监督部门充分履行监督职能；其次，保持内部监督部门及其专业判断的独立性和客观性，使监督团队的业务技能和监督质量满足内部监督业务的需求。

(一)流程项下合规风险:监督项目立项及监督项目实施

重要合规风险提示:

(1)未履行内部监督职责,构成国有公司人员失职罪的风险。国家机关工作人员玩忽职守,履行内部监督职责严重失职,致使公共财产、国家和人民利益遭受重大损失的,可能构成国有公司人员失职罪。根据《关于如何认定国有控股、参股股份有限公司中的国有公司、企业人员的解释》(法释〔2005〕10 号)之规定,“国有公司、企业委派到国有控股、参股公司从事公务的人员,以国有公司、企业人员论”。其中,“从事公务”,特指代表国家机关、国有公司等履行组织、领导、监督、管理等职责。通常而言,代表投资主体行使监督、管理职权的人员属前述从事公务的国有公司、企业人员。不过,不具备职权内容的劳务活动、技术服务工作,例如,销售人员、研究人员等所从事的工作,一般不认为是公务。根据《最高人民检察院、公安部关于公安机关管辖的刑事案件立案追诉标准的规定(二)》(公通字〔2010〕23 号)的规定,前述国有公司人员因未履行内部监督职责,造成:①直接经济损失数额在 50 万元以上或②公司破产、停业、停产一年以上,或者被吊销许可证或营业执照、责令关闭、撤销、解散的,即可能构成国有公司人员失职罪,最高可被判处 7 年有期徒刑。

(2)未履行内部监督职责,对职工签订的合同承担民事责任的风险。根据《最高人民法院关于在审理经济纠纷案件中涉及经济犯罪嫌疑若干问题的规定》(2020 年修正)(法释〔2020〕17 号)第 3 条的规定,“单位直接负责的主管人员和其他直接责任人员,以该单位的名义对外签订经济合同,将取得的财物部分或全部占为己有构成犯罪的,除依法追究行为人的刑事责任外,该单位对行为人因签订、履行该经济合同造成的后果,依法应当承担民事责任”。因此,企业未履行内部监督和风险控制职责,职工以单位的名义对外签订经济合同、将取得的财物部分或全部占为己有构成犯罪的,企业(单位)的失职行为与该职工因签订、履行合同造成的后果存在因果关系,企业(单位)可能需要承担民事责任。

（二）相关案例评析

王某国有公司、企业、事业单位人员失职案[①]

1. 案情简介

被告人王某在担任A公司某分公司业务员，于2012年2月至8月，在参与A公司与供方B公司、需方C公司、需方D公司开展非A公司产品贸易过程中，没有严格贯彻落实A公司关于非A公司产品贸易严格控制货权的相关规定；没有严格按照规定履行盘点职责；在收到货物进仓单时没有按照规定核对仓库监管方E公司预留人签字，在签名人不符的情况下确认入库信息；没有严格按照规定进行ERP系统入库操作；在没有核对实物库存的情况下虚报非钢实物库存表，导致A公司控制货权的各项监管规定流于形式，造成A公司人民币5700余万元损失。

2. 法院观点

被告人王某身为国有公司、企业的工作人员，由于严重不负责任，造成国有公司严重损失，致使国家利益遭受特别重大损失，其行为已构成国有公司、企业人员失职罪，应予依法惩处。公诉机关指控被告人王某犯国有公司、企业人员失职罪的罪名成立。

3. 评析

根据《刑法》第168条的规定，“国有公司、企业的工作人员，由于严重不负责任或者滥用职权，造成国有公司、企业破产或者严重损失，致使国家利益遭受重大损失的，处三年以下有期徒刑或者拘役；致使国家利益遭受特别重大损失的，处三年以上七年以下有期徒刑。国有事业单位的工作人员有前款行为，致使国家利益遭受重大损失的，依照前款的规定处罚。国有公司、企业、事业单位的工作人员，徇私舞弊，犯前两款罪的，依照第一款的规定从重处罚”。

本案中，王某作为国有公司、企业的工作人员，在公司采购、仓库监管等内控监督的重要环节，丧失职业道德标准，使公司内控和监督流程形同虚设，给公司造成巨大损失。由此，公司及员工应当重视监督工作管理与合规，严格履行内部

---

① 参见辽宁省本溪市明山区人民法院刑事判决书，（2021）辽0504刑初28号。

监管职责,推动企业健康稳定发展。

附录:监督工作管理合规要求

1.《刑法》

2.《国资委关于印发〈关于深化中央企业内部审计监督工作的实施意见〉的通知》(国资发监督规〔2020〕60号)

3.《国资委关于印发〈关于加强中央企业内部控制体系建设与监督工作的实施意见〉的通知》(国资发监督规〔2019〕101号)

4.《财政部、证监会、审计署、银监会、保监会关于印发〈企业内部控制基本规范〉的通知》(财会〔2008〕7号)

第五节 党群工作管理与合规

一、纪检监察管理与合规

对国有企业来说,纪检监察、效能监察等相关部门是党群工作管理的重要组成部分,纪检监察等部门通过执纪和执法将党内监督和国家监察无缝衔接,对公司对内对外的行为起着不可或缺的监督作用。为确保公司运行工作程序符合党纪、国家法律、法规和企业管理的相关规定,纪检监察部门应对违法违纪等违规行为设立如职代会等监督、监管工作机制,及时遏制舞弊等违法事件,推动企业长期、健康、有序发展。

本部分的合规目标,在于预防和遏制违法违纪违规行为的发生,确保及时查处企业内部违法违规违纪行为,公正、客观地受理和调查违法违纪违规行为,追究相关人员责任,确保案件处理程序符合党纪国法的规定,避免、减少和挽回企业经济损失,维护企业声誉和良好社会形象。

(一)流程项下合规风险

1. 廉洁风险防控管理

重要合规风险提示:

(1)国有企业公务人员违反廉洁规定,构成刑事犯罪的风险。以下几点特别提示:

● 贪污罪量刑的特别提示。贪污数额特别巨大,并使国家和人民利益遭受特别重大损失的,处无期徒刑或者死刑,并处没收财产。被判处死刑缓期执行的,依法减为无期徒刑后,终身监禁,不得减刑、假释。

● 受贿罪中"财物"、"为他人谋取利益"和"故意"认定的特别提示。"财物",包括需要支付货币的其他利益,如会员服务、旅游等。"为他人谋取利益"包括:①实际或者承诺为他人谋取利益的;②明知他人有具体请托事项的;③履职时未被请托,但事后基于该履职事由收受他人财物的。特定关系人索取、收受他人财物,国有企业公务人员知道后未退还或者上交的,应当认定国有企业公务人员具有受贿故意。

● 国有企业公务人员出于贪污、受贿的故意,非法占有公共财物、收受他人财物之后,将赃款赃物用于单位公务支出或者社会捐赠的,不影响贪污罪、受贿罪的认定,但量刑时可以酌情考虑。

(2)国有企业领导班子、领导干部在党风廉政建设中违反或者未能正确履行职责的风险。领导班子、领导干部在党风廉政建设中违反或者未能正确履行职责的,应当追究责任,责任追究从批评教育、诫勉谈话、书面检查到党纪政纪处分,或者给予调整职务、责令辞职、免职和降职等组织处理。

(3)国有企业领导人违反廉洁从业行为规范的风险。国有企业领导人员违反廉洁从业行为规范的,应当承担责任;责任承担从警示谈话、调离岗位到降职、免职处理。如果其中有共产党员的,依照《中国共产党纪律处分条例》给予相应的党纪处分。涉嫌犯罪的,依法移送司法机关处理。

(4)国有企业中的党员违反党风廉政规定的风险。国有企业中的党员违反廉洁纪律的,可能会受到纪律处分和政务处分。

2. 案件管理

重要合规风险提示:

纪委案件处理超过职权和专业范围的风险。纪委职责主要为履行从严治党监督责任,协助党委开展党风廉政建设和反腐败工作,依据《中国共产党纪律处分条例》,对党员涉及违反政治纪律、组织纪律、廉洁纪律、群众纪律、工作纪律和生活纪律的行为进行调查和处分。超出此范围,可能超出其职权范围和能力范围。

(二)相关案例评析

刘某贪污、行贿案①

1. 案情简介

刘某贪污事实:自2008年5月以来,被告人刘某担任A公司副总经理,主管经营部,在使用A公司公路工程施工承包资质开展投标活动过程中,违规向其他公司出借资质并收取资质使用费,并对A公司隐瞒收取的资质使用费的真实收入情况。2009年,刘某伙同闫某、龚某2、李某1共同贪污资质使用费581.5917万元。案发后,被告人刘某家属代为退缴赃款101.73万元。

刘某行贿事实:2008年7月,被告人刘某通过银行卡存、转账方式分3笔共向王某1行贿99.9835万元。2011年1月,刘某为继续谋取贪污资质使用费等不正当利益,通过银行转账方式再次向王某1行贿60万元。共计行贿159.9835万元。

2. 法院观点

法院认为,刘某身为国有公司中从事公务的人员,利用职务便利,伙同他人将本单位财物581.5917万元非法占为己有,数额特别巨大,其行为已构成贪污罪。刘某为达到不让王某1插手A公司经营部经营事务,从而隐瞒经营部真实收入进行非法占有的目的,而向王某1行贿。刘某与王某1签订借条的行为,系为掩盖其行贿的事实,向国家工作人员贿赂159.9835万元,情节严重,故刘某的行为又构成行贿罪。

3. 评析

本案中,王某作为国有企业公务人员,为了一己私利,违反廉洁规定,同时触犯贪污罪和行贿罪,受到法律的处罚。这在一定程度上暴露出权力的运行在某些环节上缺乏规范约束,如果不将纪委等监管部门的监督检查管理常态化,可能导致无法充分保障、监督党和国家的方针政策在公司运行中得到妥善贯彻执行,导致公司腐败无法杜绝,职工合法权益难以保障,影响公司声誉,甚至受到行政或刑事处罚。

---

① 参见河南省许昌市中级人民法院刑事判决书,(2019)豫10刑终256号。

附录：纪检监察管理合规要求

1.《刑法》

2.《企业国有资产监督管理暂行条例》

3.《国务院办公厅关于进一步完善国有企业法人治理结构的指导意见》(国办发〔2017〕36号)

4.《中国共产党纪律处分条例》

5.《中国共产党章程》

6.《中国共产党党内监督条例》

7.《中国共产党廉洁自律准则》

8.《违反〈国有企业领导人员廉洁从业若干规定〉行为适用〈中国共产党纪律处分条例〉的解释》(中纪发〔2012〕3号)

9.《中共中央、国务院印发〈关于实行党风廉政建设责任制的规定〉的通知》(中发〔2010〕19号)

10.《中共中央办公厅、国务院办公厅印发关于进一步推进国有企业贯彻落实"三重一大"决策制度的意见》(中办发〔2010〕17号)

11.《中共中央办公厅、国务院办公厅关于印发〈国有企业领导人员廉洁从业若干规定〉的通知》(中办发〔2009〕26号)

12.《中央组织部、国务院国资委党委关于加强和改进中央企业党建工作的意见》

二、效能监察与合规

通过对公司生产经营管理、服务业务流程全过程效能监察,健全完善生产经营的管理、服务业务流程制度,有利于促进公司各业务部门严格遵循制度,提高制度执行力。如果未按要求开展效能监察管理,可能导致公司生产经营管理的质量、效益、效率及效果难以保障,造成公司经济损失。

本部分的合规目标,在于确保公司特别是国有企业符合效能监察相关规定;定期对各部门开展效能监察实施情况考核并生成报告;相关监察人员应当认真履行监察职责。

流程项下合规风险:效能监察管理

重要合规风险提示:

(1)效能监察对象妨碍效能监察的,存在被给予纪律处分或涉嫌刑事犯罪的风险。被检查的经营管理者及其所在部门(单位)有下列情形之一的,所在企业可能将按人事管理权限对直接责任人和其主管负责人给予相应的纪律处分;涉嫌犯罪的,依法移送司法机关处理:①拒不执行监察决定,或者无正当理由拒不采纳监察建议的;②阻挠、拒绝监察人员依法行使职权的;③拒绝提供相关文件、资料和证明材料的;④隐瞒事实真相、出具伪证,或者隐匿、毁灭证据的;⑤利用职权包庇违法违规违纪行为的。

(2)监察人员不认真履行监察职责的,存在被给予纪律处分或涉嫌刑事犯罪的风险。监察人员有下列情形之一的,由所在企业根据情节给予相应的纪律处分;涉嫌犯罪的,依法移送司法机关处理:①玩忽职守,造成恶劣影响和严重后果的;②利用职权为自己或他人谋取私利的;③利用职权包庇或者陷害他人的;④滥用职权侵犯他人民主权利、人身权利和财产权利的;⑤泄露企业商业秘密的。

(3)违反效能监察相关规定,被给予监察处分决定的风险。以下事项,违反效能监察相关规定,可能会被给予监察处分决定:违反国家法律法规和公司管理制度,按照人事管理权限应当给予相关责任人纪律处分的;不按规定追缴违法所得,或者不按规定退赔不当得利的;已经给公司或员工合法权益造成损害,未采取补救措施的。

附录:效能监察合规要求

1.《国务院国有资产监督管理委员会关于印发〈中央企业效能监察暂行办法〉的通知》(国资发纪检〔2006〕139号)

2.《国务院国有资产监督管理委员会办公厅关于加强中央企业效能监察工作的意见》(国资厅发纪委〔2004〕12号)

三、职代会与合规

完善职代会制度,加强民主管理,有利于充分调动和发挥广大职工的积极性。如果未按要求形成职代会草案、召开会议表决,可能导致公司生产经营违背民主决策、民主管理、民主监督的基本原则,不利于了解与统一职工思想、加强领导班子建设、加快依法治企的进程,甚至可能触发合规风险,受到上级组织问责处理。

本部分的合规目标,首先,在于定期协助相关部门完成“职代会材料草案”的起草与修订工作;其次,定期组织职代会的召开,重视职工代表大会的意见和建议,重大事项需向职代会报告,重大决定应由职代会审议通过后实施。

(一)流程项下合规风险:职代会管理

重要合规风险提示:

(1)有关事项未听取职工代表大会的建议的风险。职工代表大会有权对企业生产经营重大决策进行审议并提出意见和建议。通常而言,这类事项包括:①公司主要负责人关于企业发展规划、年度生产经营管理情况;②公司改革和制定重要规章制度情况;③公司用工、劳动合同和集体合同签订履行情况;④公司安全生产情况;⑤公司缴纳社会保险费和住房公积金情况等报告;⑥企业制定、修改或者决定的有关劳动报酬、工作时间、休息休假、劳动安全卫生、保险福利、职工培训、劳动纪律以及劳动定额管理等直接涉及劳动者切身利益的规章制度或者重大事项方案。在国有控股企业中,职工代表大会有权:①听取和审议公司经营管理主要负责人关于企业投资和重大技术改造、财务预决算、公司业务招待费使用等情况的报告,专业技术职称的评聘、公积金的使用、公司的改制等方案,并提出意见和建议;②审议通过企业合并、分立、改制、解散、破产实施方案中职工的裁减、分流和安置方案。根据《劳动合同法》第 4 条之规定及李某等诉 D 公司劳动合同纠纷案之判旨,[①]用人单位制定和修改重大规章制度需要经过职工代表大会讨论听取意见,否则可能构成程序违法,对劳动者不具约束力。

(2)有关事项未经职工代表大会公开的风险。以下事项应当经职工代表大会公开:企业负责人履职待遇、业务支出管理制度、年度预算及执行情况,此外,根据《安全生产法》之规定,重大事故隐患排查治理情况也应当通过职工代表大会公开。

---

① 参见李某等诉 D 公司劳动合同纠纷案,上海市第一中级人民法院(2014)沪一中民三(民)终字第 329 号民事判决书。

(3)有关事项未向职工代表大会报告的风险。贯彻党中央关于企业重大决策、重要人事任免、重大项目安排和大额度资金运作"三重一大"事项决策制度的执行情况，企业领导人员廉洁从业情况，涉及职工切身利益重大事项的决策及执行情况，重要规章制度的制定及执行情况，实行厂务公开情况等，作为职工代表大会民主评议的重要内容。另外，高技能人才培养规划的制订和实施情况，作为企业经营管理者业绩考核的内容之一，也应当定期向职工代表大会报告。

(4)有关事项未经职工代表大会审议通过的风险。以下事项应当经职工代表大会审议通过：集体合同草案；企业改制涉及重新安置企业职工的，企业所制订的职工安置方案。根据《劳动合同法》第4条之规定及李某等诉D公司劳动合同纠纷案之判旨，①对于前述事项，用人单位可能未经职工代表大会审议即决定可能构成程序违法，对劳动者不具约束力。

(5)妨碍职工代表大会开展工作，受到人民政府责令改正的风险。妨碍工会组织职工通过职工代表大会和其他形式依法行使民主权利的，由县级以上人民政府责令改正。此外，依《企业民主管理规定》(总工发〔2012〕12号)之规定，职工代表在法定工作时间内依法参加职工代表大会及其组织的各项活动，不得阻挠和打击报复，因职工代表正常履行职责而解除劳动合同，可能构成违法解除劳动合同，导致公司须按经济补偿标准的2倍向劳动者支付赔偿金。

(二)相关案例评析

孙某、A公司劳动合同纠纷案②

1. 案情简介

2012年5月31日，原告孙某与被告A公司签订劳动合同，从事驾驶员工作。2014年2月6日，原告孙某驾驶大型客车发生交通事故，致使第三人罗某某受伤，因孙某系职务行为，A公司承担受害人罗某某全部民事赔偿责任。

此后，A公司依据由职工代表大会通过的单位规章制度，每月在孙某工资中进行扣款，于2016年12月30日向原告孙某发出解除劳动合同证明书，记明解除

① 参见李某等诉D公司劳动合同纠纷案，上海市第一中级人民法院(2014)沪一中民三(民)终字第329号民事判决书。

② 参见辽宁省高级人民法院民事裁定书，(2019)辽民申3889号。

劳动合同原因系劳动者严重违反用人单位规章制度。

孙某认为,A公司依据的规章制度未经合法程序,不应作为处罚依据。原审认定的处罚孙某所依据的《A公司安全管理奖惩规定》等公司规章制度是在2011年9月6日第一届职工代表大会第二次联席会议修改的。但该会议参加人员只有71人,签到簿只有17人签字,没有表决签字,真实的表决结果无法确定,且远未符合法定的参会人数、表决人数,所谓的联席会议无权作出修改《A公司安全管理奖惩规定》及《A公司劳动合同规定实施细则》的表决,不能作为处罚孙某的依据,该处罚行为违法。二审判决避开了联席会议无权对规章制度进行修改的事实,而A公司对孙某作出的处罚条款均源于修订条款,不能作为处罚孙某的依据。

2. 法院观点

法院再审认为,根据原审法院查明事实,2006年12月26日,A公司召开职工代表大会,讨论通过了11项规章制度,其中包括《安全管理奖惩规定》。2011年9月6日,A公司召开第一届职工代表大会第二次联席会议(以下简称联席会议),对上述《安全管理奖惩规定》及《劳动合同规定实施细则》等进行了修订。原审期间A公司提交的证据显示,A公司职代会主席团成员、机关部长、分、子公司党政领导、工会主席及部分职工代表参加了联席会议,并以举手表决的方式审议通过了《安全管理奖惩规定》及《劳动合同规定实施细则》的修改意见。因A公司召开的第一届职工代表大会第二次联席会议上有职工代表参加,故可以认定A公司在修订《安全管理奖惩规定》等涉及劳动者切身利益或重大事项的规章制度时,与职工代表进行了平等协商,经过了民主程序。且规章制度的内容亦不违反法律、行政法规的强制性规定,并在孙某入职时对其进行了公示或告知,因此,该规章制度可以作为A公司管理员工的依据。

3. 评析

本案中,A公司依照法律规定,合法、合规开展职工代表大会,制定关乎员工切身利益或重大事项的规章制度,在发生劳动争议时,有证据和职代会记录表明公司与劳动者之间的平等协商,维护了公司的声誉和社会形象。由此表明,公司在制定《安全管理奖惩规定》等涉及劳动者切身利益或重大事项的规章制度时,应当经过民主程序,通过职工代表大会与职工代表进行了平等协商,方可避免劳动合规风险。

附录:职代会合规要求

1.《公司法》

2.《劳动法》

3.《劳动合同法》

4.《工会法》

5.《企业国有资产法》

6.《国务院国有资产监督管理委员会关于印发〈中央企业负责人履职待遇、业务支出管理办法〉的通知》(国资发分配〔2015〕5号)

7.《企业民主管理规定》(总工发〔2012〕12号)

8.《中共中央纪委、中共中央组织部、国务院国有资产监督管理委员会等关于进一步做好职工代表大会民主评议国有企业领导人员工作的意见》

9.《中共中央办公厅、国务院办公厅印发关于进一步推进国有企业贯彻落实"三重一大"决策制度的意见》(中办发〔2010〕17号)

10.《国资委党委、国资委关于建立和完善中央企业职工代表大会制度的指导意见》(国资党委群工〔2007〕120号)

11.《中共中央办公厅、国务院办公厅印发〈关于进一步加强高技能人才工作的意见〉的通知》(中办发〔2006〕15号)

12.《中华全国总工会办公厅关于规范召开企业职工代表大会的意见》(总工办发〔2011〕53号)

第六节 战略管理与合规

一、战略的制定、审议管理与合规

战略作为公司创立、发展、成熟过程中的重要指向标,其设立与完善对公司的成长起着巨大作用。完善的战略管理流程有利于保证战略管理工作的科学性、有效性和及时性,推动公司的持续健康发展。整体战略规划如果不完善、不合理,可能导致公司总体战略规划的可实施性不强,影响公司的长期发展。

本部分的合规目标,首先,在于确保战略规划符合国家法律、法规和公司内部规章制度的要求;其次,对于国企等企业来说,公司设应当置相应部门负责战略信息收集、战略规划和编制,降低战略规划违反国家政策要求的风险。

（一）流程项下合规风险：整体战略规划编制与审批

重要合规风险提示：

1. 公司整体战略规划违反法律规定的风险。根据《中央企业发展战略和规划管理办法（试行）》之规定，由国务院国有资产监督管理委员会（以下简称国资委）履行出资人职责的企业（以下简称企业）要明确负责发展战略和规划编制的工作机构，建立相应的工作制度并报国资委备案。企业发展战略和规划应当包括下列主要内容：（1）现状与发展环境。包括企业基本情况、发展环境分析和竞争力分析等。（2）发展战略与指导思想。（3）发展目标。（4）3年发展、调整重点与实施计划。（5）规划实施的保障措施。（6）需要包括的其他内容。国有独资企业、国有独资公司应当根据国资委的审核意见，对企业发展战略和规划进行修订，国有控股、国有参股企业中国资委派出的股东代表、董事，应当在企业股东会或董事会上充分表述国资委对企业发展战略和规划的审核意见。

2. 国有企业战略的编制与审批违反“三重一大”决策制度的风险。国有企业战略属于《关于进一步推进国有企业贯彻落实“三重一大”决策制度的意见》规定的重大事项，依法应当依照“三重一大”决策制度进行决策。国有企业“三重一大”事项决策应当具备的基本程序主要包括论证征询、听取党委（党组）意见、决策会议前的提前准备、会议决策、会议记录及存档、决策后的报告与实施、回避与纠错。其中，应当注意对于“三重一大”事项不得以个别征求意见等方式作出决策且“三重一大”事项应先听取党委（党组）意见再进入董事会决策。公司领导人员违反“三重一大”决策制度的，属于《国有企业领导人员廉洁从业若干规定》中的违反决策程序决定企业生产经营的重大决策，可能遭警示谈话、调离岗位、降职、免职处理。

（二）职能战略编制与审议管理

重要合规风险提示：

职能战略编制的内容超出权限的风险。如职能战略的内容涉及《公司法》中股东会、董事会的职权范围内的事项，则应依照前述程序依公司股东会、董事会会议决议的方式作出，否则，其行为将构成无权代理。

附录：战略的制定、审议合规要求

1.《公司法》

2.《关于进一步推进国有企业贯彻落实“三重一大”决策制度的意见》(中办发〔2010〕17号)

3.《国有企业领导人员廉洁从业若干规定》(中办发〔2011〕197号)

二、战略的分解、落实管理与合规

通过对公司战略的分解、落实,逐步实现战略规划,确保公司的可持续发展。如果未对战略进行分解,可能导致无法有效落实到责任单位和部门,影响公司战略目标的实现。

本部分的合规目标,首先,在于确保将发展战略分解,制订实施计划,明确责任部门及各项规划目标的完成时间,依据发展规划以及实施计划制订年度经营计划。其次,重视发展战略的宣传工作,通过内部各层级会议和教育培训等方式,将发展战略及其分解落实情况传递至内部各管理层级和全体员工,以实现公司的最终战略目标。

(一)流程项下合规风险:战略规划宣贯与执行分析

重要合规风险提示:

董事、高级管理人员未妥善执行公司战略造成公司损失构成违反勤勉义务的风险。如果公司的董事、高级管理人员在经营管理过程中,未能尽到社会一般的诚实、勤勉而具有相当经验之人所应具备的注意,未妥善执行公司战略,造成公司财产损失,属于违反勤勉义务,公司可依据《公司法》第149条请求董事、高级管理人员赔偿损失。不过,法院不会仅因事后的董事、高级管理人员未妥善执行公司战略造成公司损失这一结果即判定董事、监事、高级管理人员违反勤勉义务。通常而言,在判断董事、监事、高级管理人员是否违反勤勉义务时,司法实践中具体考虑以下四个方面的因素:

- 经营判断是否另有所图,而非出于公司利益。在E公司诉张某等损害公司利益责任纠纷案中,[①]判决指出审查董事的行为是否违反的勤勉义务的重点是

① 参见E公司诉张某等损害公司利益责任纠纷案,湖北省恩施土家族苗族自治州中级人民法院(2015)鄂恩施中民终字第00457号民事判决书。

行为是否出于善意，为了公司的根本利益而非个人利益，且尽到了一般普通人应具有的审慎注意义务。

- 在经营判断的过程中，是否诚实、合理地进行信息收集与调查分析。在C公司等诉施某某损害股东利益责任纠纷案中，[①]法院判决指出，董事、监事、高级管理人员必须像一个正常谨慎之人在类似处境下应有的谨慎那样履行义务，为实现公司的最大利益努力工作。因此，管理者在作出某一经营判断前，应当收集足够的信息，诚实而且有正当的理由相信该判断符合公司的最佳利益。

- 经营判断是否为基于恶意所作出的。在N公司与A公司、H公司侵害股东利益责任纠纷案中，[②]法院认为，董事对公司事务具有独立的决定权，有权依照其对公司经营状况的判断独立作出相应的经营决策选择，只要该经营决策没有故意损害其他人的合法权益，即使该经营决策事后被证明对公司造成了损害，董事的该种基于公司经营状况作出商业决策的权利也应受到法律的保护，而无须承担责任。

- 参与作出决定的人员与经营判断决定是否具有重大利益冲突。在宫某等与孙某等公司利益责任纠纷上诉案中，[③]判决指出，如果作出商业判断的董事与作出判断的内容没有利害关系，有正当理由相信其在当时情形下掌握的有关商业判断信息充分、妥当、可靠，其商业判断符合公司的最佳利益的，就应当认定为忠实、勤勉地履行了义务。

（二）相关案例评析

A公司等诉施某损害股东利益责任纠纷案[④]

1. 案情简介

被告施某与案外人王某、叶某、刘某于1998年4月设立A公司（原告1），施

---

① 参见C公司等诉施某某损害股东利益责任纠纷案，浙江省慈溪市人民法院（2007）慈民二初字第519号民事判决书。

② 参见N公司与A公司、H公司侵害股东利益责任纠纷案，湖南省高级人民法院（2014）湘高法民二终字第73号民事判决书。

③ 参见宫某等与孙某等公司利益责任纠纷上诉案，安徽省合肥市中级人民法院（2017）皖01民终7360号民事判决书。

④ 参见浙江省慈溪市人民法院民事判决书，（2007）慈民二初字第519号。

某担任执行董事兼经理。后4人又于2004年5月设立B公司(原告2),王某担任执行董事,施某担任监事。两原告公司由施某总管生产经营,王某分管空变纱生产。2005年4月28日,公司大客户C公司来函反映纱布质量有严重问题。2006年4月8日,施某未经其他股东同意,代表两原告与C公司订立赔偿协议,承认所供纱布存在质量问题,并约定由两原告无偿补单4.5吨,由C公司与D公司(C公司下家)协商减少赔偿额(C公司反映损失约400万元),200万元内由两原告负担,超出部分由C公司负担。7月18日,C公司起诉要求两原告赔偿损失187万元及利息,后双方达成调解协议,由两原告赔偿140万元。

两原告认为,被告未经两原告调查分析或由权威机构鉴定,擅自以法定代表人身份签订对外赔偿协议,且赔偿数额远高于合同本身的标的额,不但超越了法律和公司章程对执行董事、经理的权限规定,而且违反了董事的勤勉义务,损害了两原告的合法权益,请求法院判令其赔偿经济损失1,415,000元。

2. 法院观点

法院认为,本案被告在作出赔偿行为时已尽到了勤勉义务。首先,相关证据已经证明,被告为赔偿问题多次赴C公司协商,说明被告为解决该问题采取了积极的行动,在多次协商的情况下,被告不可能对产品是否存在质量问题以及损失的大小没有了解。其次,王某和叶某对C公司要求赔偿的事是知情的,股东之间必然也就质量问题商量过。再次,被告基于其对自身业务水平的信任,认为造成质量问题的原因不经过鉴定也能够判断出来,这种自信在无相反证据的情况下应推定为合理。最后,两原告在C公司起诉后,未充分地行使抗辩权利(如行使撤销权等),却自愿与C公司订立调解协议,并部分履行了协议,间接说明两原告已认可被告签订的协议。综上,被告的行为既未超越法律和公司章程所赋予被告的职权,也未违反法律规定的勤勉义务。

3. 评析

《公司法》第148条规定,"董事、监事、高级管理人员应当遵守法律、行政法规和公司章程,对公司负有忠实义务和勤勉义务"。此案中,两原告认为被告擅自以法定代表人身份签订对外赔偿协议,且赔偿数额远高于合同本身的标的额,损害了两原告的合法权益,以此说明其违反了董事的勤勉义务。从法院判决看出,被告作为原告公司的高级管理人员,在作出赔偿承诺时与股东之间就质量问题商讨后,收集了足够的信息以做出符合公司的战略和最佳利益的行为,履行了勤勉义务。

我国《公司法》引入董事勤勉义务的宗旨在于督促董事尽职地为公司利益工作,但不能苛求每个经营判断都产生最佳效益。对于我国勤勉义务案件中的原告而言,主要可以从以下几个方面着手举证:(1)经营判断另有所图,并非为了公司的利益;(2)在经营判断的过程中,没有合理地进行信息收集和调查分析;(3)站在一个通常谨慎的董事的立场上,经营判断的内容在当时的情况下存在明显的不合理。根据以上的举证角度,减少战略分解、管理过程中董事、监事、高级管理人员违反勤勉义务的风险,逐步推进企业战略的完善与实现。该案中的一个争议焦点在于"被告的行为是否违反董事的勤勉义务"。①

附录:战略的分解、落实管理合规要求

《公司法》

三、战略的监控、调整管理与合规

推动对公司战略的监控和调整管理,有利于提高公司核心竞争力,促进公司的可持续发展。如果公司的战略目标和规划滚动调整不及时、不合理,则会影响战略目标和规划的指导作用,导致公司缺乏应变能力,丧失发展机遇和动力,危及公司的生存和发展。

本部分的合规目标,在于定期分析评估公司战略的执行情况,根据外部经济环境以及内部生产经营实际情况进行必要的调整,注重战略调整过程中的程序、权限等合规要求,避免公司发展战略因主观原因频繁变更,导致资源浪费。

流程项下合规风险:战略规划调整

重要合规风险提示:

1. 公司战略的调整违反"三重一大"决策制度的风险。公司战略属于《关于进一步推进国有企业贯彻落实"三重一大"决策制度的意见》规定的重大事项,调整公司战略依法应当依照"三重一大"决策制度进行决策。

2. 职能战略调整内容超出权限的风险。如职能战略调整的内容涉及《公司

① 参见何琼、史久瑜:《董事违反勤勉义务的判断标准及证明责任分配》,载《人民司法》2009年第14期。

法》中股东会、董事会的职权范围内的事项,则应依公司股东会、董事会决议的方式做出,否则,其行为将构成无权代理。

附录:战略的监控、调整管理合规要求

《公司法》

重点提示

1. 公司治理方面存在的合规风险类型有哪些?
2. 公司在组织结构管理方面需要注意哪些具体风险点?

第四章　公司运营相关合规风险识别类型

第一节　社会责任管理与合规

一、职业健康安全管理与合规

职业健康安全主要是针对员工的保护。公司作为一种企业组织形式,有义务保护劳动者在劳动、生产过程中的安全与健康。为此,公司应当按照有关规定做好健康管理工作,预防、控制和消除职业危害,建立严格的安全经营管理体系、操作规范和应急预案,强化安全经营责任追究制度,为员工提供合理、合规的健康监护,切实做到安全经营,保护人员和财产安全,树立良好的公司形象。

本部分的合规目标,首先,应当建立健全安全生产管理机构,加大安全生产投入和经常性维护管理;其次,定期开展员工安全生产教育、实行特殊岗位资格认证制度以及建立安全生产事故应急预警和报告机制;再次,建立严格的安全经营管理体系、操作规范和应急预案,建立重大风险预警机制和突发事件应急处理机制,确保突发事件得到及时妥善处理;最后,按期对员工进行非职业性健康监护,对从事有职业危害作业的员工进行职业性健康监护。通过多种方式注重劳动者在生产、工作过程中的职业健康保护与合规,积极承担社会责任与义务,打造良好的企业形象。

(一)流程项下合规风险

1. 职业健康安全管理体系评审

重要合规风险提示:

(1)劳动安全卫生制度、设施、条件等不符合规定的风险。用人单位应当建立健全劳动安全卫生制度,提供符合国家标准的劳动安全卫生设施。提供符合劳动安全卫生条件和必要的劳动防护用品,对从事有职业危害作业的劳动者应当定期进行健康检查,从事特种作业的劳动者必须经过专门培训并取得特种作业资格。

(2)对女职工特殊保护不符合规定的风险。用人单位应当建立预防和制止对女职工性骚扰的制度。禁止安排女职工从事矿山井下、国家规定的第四级体力劳动强度的劳动和其他禁忌从事的劳动;不得安排女职工在经期从事高处、低温、冷水作业和国家规定的第三级体力劳动强度的劳动;不得安排女职工在怀孕期间从事国家规定的第三级体力劳动强度的劳动和孕期禁忌从事的劳动。对怀孕7个月以上的女职工,不得安排其延长工作时间和夜班劳动;不得安排女职工在哺乳未满1周岁的婴儿期间从事国家规定的第三级体力劳动强度的劳动和哺乳期禁忌从事的其他劳动,不得安排其延长工作时间和夜班劳动。更详细的规定,参见《女职工劳动保护特别规定》。

(3)劳动合同签订时未履行告知义务,劳动合同缺少劳动条件条款。用人单位招用劳动者时,应当如实告知劳动者工作内容、工作条件、职业危害、安全生产状况、劳动报酬,以及劳动者要求了解的其他情况。劳动合同应当具备劳动保护、劳动条件和职业危害防护的条款。

(4)未提供符合规定的劳动条件,劳动者单方解除合同,用人单位需给付经济补偿金。用人单位未按照劳动合同约定提供劳动保护或者劳动条件的,劳动者可以解除劳动合同;劳动者据此解除合同,用人单位应当向劳动者支付经济补偿金。

2. 危险源管理

重要合规风险提示:

有毒物品作业场所不符合防范的特别要求的风险劳动安全卫生制度、设施、条件等不符合规定的风险。用人单位的使用有毒物品作业场所,除应当符合职业病防治法规定的职业卫生要求外，还必须符合下列要求：(1)作业场所与生活场所分开，作业场所不得住人。(2)有害作业与无害作业分开，高毒作业场所与其他作业场所隔离。(3)设置有效的通风装置；可能突然泄漏大量有毒物品或者易造成急性中毒的作业场所，设置自动报警装置和事故通风设施。

3. 安全事故管理

重要合规风险提示：

(1)在生产、作业中违反有关安全管理的规定，可能构成刑事犯罪。

- 在生产、作业中违反有关安全管理的规定，因而发生重大伤亡事故或者造成其他严重后果的，构成重大责任事故罪。

- 在生产、作业中违反有关安全管理的规定，有下列情形之一，具有发生重大伤亡事故或者其他严重后果的现实危险的，构成危险作业罪：①关闭、破坏直接关系生产安全的监控、报警、防护、救生设备、设施，或者篡改、隐瞒、销毁其相关数据、信息的；②因存在重大事故隐患被依法责令停产停业、停止施工、停止使用有关设备、设施、场所或者立即采取排除危险的整改措施，而拒不执行的；③涉及安全生产的事项未经依法批准或者许可，擅自从事矿山开采、金属冶炼、建筑施工，以及危险物品生产、经营、储存等高度危险的生产作业活动的。

- 安全生产设施或者安全生产条件不符合国家规定，因而发生重大伤亡事故或者造成其他严重后果的，直接负责的主管人员和其他直接责任人员构成重大劳动安全事故罪。

- 在安全事故发生后，负有报告职责的人员不报或者谎报事故情况，贻误事故抢救，情节严重的，构成不报、谎报安全事故罪。

(2)生产经营单位的主要负责人未依法履行职责的风险。生产经营单位的主要负责人对本单位安全生产工作负有的职责：①建立、健全本单位安全生产责任制；②组织制定本单位安全生产规章制度和操作规程；③组织制定并实施本单位安全生产教育和培训计划；④保证本单位安全生产投入的有效实施；⑤督促、检查本单位的安全生产工作，及时消除生产安全事故隐患；⑥组织制定并实施本单位的生产安全事故应急救援预案；⑦及时、如实报告生产安全事故。

(3)生产经营单位的安全生产管理机构以及安全生产管理人员未依法履行职责的风险。生产经营单位的安全生产管理机构以及安全生产管理人员履行下列职责:①组织或者参与拟订本单位安全生产规章制度、操作规程和生产安全事故应急救援预案;②组织或者参与本单位安全生产教育和培训,如实记录安全生产教育和培训情况;③组织开展危险源辨识和评估,督促落实本单位重大危险源的安全管理措施;④组织或者参与本单位应急救援演练;⑤检查本单位的安全生产状况,及时排查生产安全事故隐患,提出改进安全生产管理的建议;⑥制止和纠正违章指挥、强令冒险作业、违反操作规程的行为;⑦督促落实本单位安全生产整改措施。生产经营单位可以设置专职安全生产分管负责人,协助本单位主要负责人履行安全生产管理职责。

(4)安全生产必需资金投入不足的风险。生产经营单位应当具备的安全生产条件所必需的资金投入,由生产经营单位的决策机构、主要负责人或者个人经营的投资人予以保证,并对由于安全生产所必需的资金投入不足导致的后果承担责任。

(5)生产经营单位的主要负责人和安全生产管理人员不具备相关知识或未通过考核的风险。《安全生产法》第27条规定,生产经营单位的主要负责人和安全生产管理人员必须具备与本单位所从事的生产经营活动相应的安全生产知识和管理能力。危险物品的生产、经营、储存、装卸单位以及矿山、金属冶炼、建筑施工、运输单位的主要负责人和安全生产管理人员,应当由主管的负有安全生产监督管理职责的部门对其安全生产知识和管理能力考核合格。危险物品的生产、储存、装卸单位以及矿山、金属冶炼单位应当有注册安全工程师从事安全生产管理工作。

(6)未对从业人员进行安全生产教育的风险。《安全生产法》第28条规定,生产经营单位应当对从业人员进行安全生产教育和培训,保证从业人员具备必要的安全生产知识,熟悉有关的安全生产规章制度和安全操作规程,掌握本岗位的安全操作技能,了解事故应急处理措施,知悉自身在安全生产方面的权利和义务。未经安全生产教育和培训合格的从业人员,不得上岗作业。

(7)安全生产培训时长不符合规定的风险。生产经营单位主要负责人和安全生产管理人员初次安全培训时间不得少于32学时。每年再培训时间不得少于12学时。煤矿、非煤矿山、危险化学品、烟花爆竹、金属冶炼等生产经营单位主要负责人和安全生产管理人员初次安全培训时间不得少于48学时,每年再培训时间不得少于16学时。煤矿、非煤矿山、危险化学品、烟花爆竹、金属冶炼等生产经营单位必须对新上岗的临时工、合同工、劳务工、轮换工、协议工等进行强制性安全培训,保证其具备本岗位安全操作、自救互救以及应急处置所需的知识和技能后,方能安排上岗作业。生产经营单位新上岗的从业人员,岗前安全培训时间不得少于24学时。煤矿、非煤矿山、危险化学品、烟花爆竹、金属冶炼等生产经营单位新上岗的从业人员安全培训时间不得少于72学时,每年再培训的时间不得少于20学时。

(8)特种作业人员不具备资质的风险。生产经营单位的特种作业人员必须按照国家有关规定经专门的安全作业培训,取得相应资格,方可上岗作业。

(9)安全设备的使用、维护、检测等不符合规定的风险。安全设备的设计、制造、安装、使用、检测、维修、改造和报废,应当符合国家标准或者行业标准。生产经营单位必须对安全设备进行经常性维护、保养,并定期检测,保证正常运转。维护、保养、检测应当做好记录,并由有关人员签字。生产经营单位不得关闭、破坏直接关系生产安全的监控、报警、防护、救生设备、设施,或者篡改、隐瞒、销毁其相关数据、信息。

(10)将生产项目外包给不具备安全生产资质的单位的风险。生产经营单位不得将生产经营项目、场所、设备发包或者出租给不具备安全生产条件或者相应资质的单位或者个人。生产经营项目、场所发包或者出租给其他单位的,生产经营单位应当与承包单位、承租单位签订专门的安全生产管理协议,或者在承包合同、租赁合同中约定各自的安全生产管理职责;生产经营单位对承包单位、承租单位的安全生产工作统一协调、管理,定期进行安全检查,发现安全问题的,应当及时督促整改。

(11)发生生产安全事故后不报、谎报或迟报的风险。生产经营单位发生生产安全事故后,事故现场有关人员应当立即报告本单位负责人。单位负责人接到事故报告后,应当迅速采取有效措施,组织抢救,防止事故扩大,减少人员伤亡和财产损失,并按照国家有关规定立即如实报告当地负有安全生产监督管理职责的部门,不得隐瞒不报、谎报或者迟报,不得故意破坏事故现场、毁灭有关证据。

(12)特种设备未登记的风险。特种设备使用单位应当在特种设备投入使用前或者投入使用后30日内,向负责特种设备安全监督管理的部门办理使用登记,取得使用登记证书。登记标志应当置于该特种设备的显著位置。

(13)特种设备使用单位未建立安全管理制度的风险。特种设备使用单位应当建立岗位责任、隐患治理、应急救援等安全管理制度,制定操作规程,保证特种设备安全运行。

(14)未配备特种设备安全管理人员的风险。特种设备使用单位,应当根据情况设置特种设备安全管理机构或者配备专职、兼职的特种设备安全管理人员。

(15)特种设备未定期维护和检测的风险。特种设备使用单位应当对其使用的特种设备进行经常性维护保养和定期自行检查,并作出记录。特种设备使用单位应当对其使用的特种设备的安全附件、安全保护装置进行定期校验、检修,并作出记录。特种设备使用单位应当按照安全技术规范的要求,在检验合格有效期届满前1个月向特种设备检验机构提出定期检验要求。特种设备安全管理人员应当对特种设备使用状况进行经常性检查,发现问题应当立即处理;情况紧急时,可以决定停止使用特种设备并及时报告本单位有关负责人。

(16)未依法履行特种设备报废义务的风险。特种设备存在严重事故隐患,无改造、修理价值,或者达到安全技术规范规定的其他报废条件的,特种设备使用单位应当依法履行报废义务,采取必要措施消除该特种设备的使用功能,并向原登记的负责特种设备安全监督管理的部门办理使用登记证书注销手续。

(17)未依法履行消防安全职责的风险。企业应当履行下列消防安全职责:①落实消防安全责任制,制定本单位的消防安全制度、消防安全操作规程,制定灭火和应急疏散预案;②按照国家标准、行业标准配置消防设施、器材,设置消防安全标志,并定期组织检验、维修,确保完好有效;③对建筑消防设施每年至少进行一次全面检测,确保完好有效,检测记录应当完整准确,存档备查;④保障疏散通道、安全出口、消防车通道畅通,保证防火防烟分区、防火间距符合消防技术标准;⑤组织防火检查,及时消除火灾隐患;⑥组织进行有针对性的消防演练;⑦法律、法规规定的其他消防安全职责。单位的主要负责人是本单位的消防安全责任人。

(18)生产、储存、运输、销售、使用、销毁易燃易爆危险品,必须执行消防技术标准和管理规定。

(19)企业安全生产管理人员配置不符合规定的风险。根据《安全生产法》第24条的规定,矿山、金属冶炼、建筑施工、运输单位和危险物品的生产、经营、储存、装卸单位,应当设置安全生产管理机构或者配备专职安全生产管理人员。

前款规定以外的其他生产经营单位,从业人员超过100人的,应当设置安全生产管理机构或者配备专职安全生产管理人员;从业人员在100人以下的,应当配备专职或者兼职的安全生产管理人员。

4.应急预案管理

重要合规风险提示:

(1)未及时修订应急救援预案的风险。有下列情形之一的,生产安全事故应急救援预案制定单位应当及时修订相关预案:①制定预案所依据的法律、法规、规章、标准发生重大变化;②应急指挥机构及其职责发生调整;③安全生产面临的风险发生重大变化;④重要应急资源发生重大变化;⑤在预案演练或者应急救援中发现需要修订预案的重大问题;⑥其他应当修订的情形。

(2)未建立应急救援队伍的风险。《安全生产法》第82条规定,危险物品的生产、经营、储存单位以及矿山、金属冶炼、城市轨道交通运营、建筑施工单位应当建立应急救援组织;生产经营规模较小的,可以不建立应急救援组织,但应当指定兼职的应急救援人员。危险物品的生产、经营、储存、运输单位以及矿山、金属冶炼、城市轨道交通运营、建筑施工单位应当配备必要的应急救援器材、设备和物资,并进行经常性维护、保养,保证正常运转。

(3)应急预案未备案的风险。《生产安全事故应急条例》规定,生产经营单位应当针对本单位可能发生的生产安全事故的特点和危害,进行风险辨识和评估,制定相应的生产安全事故应急救援预案,并向本单位从业人员公布。生产安全事故应急救援预案应当符合有关法律、法规、规章和标准的规定,具有科学性、针对性和可操作性,明确规定应急组织体系、职责分工以及应急救援程序和措施。易燃易爆物品、危险化学品等危险物品的生产、经营、储存、运输单位,矿山、金属冶炼、城市轨道交通运营、建筑施工单位,以及宾馆、商场、娱乐场所、旅游景区等人员密集场所经营单位,应当将其制定的生产安全事故应急救援预案按照国家有关规定报送县级以上人民政府负有安全生产监督管理职责的部门备案,并定期组织演练,依法向社会公布。

(4)生产安全事故应急预案演练不符合要求的风险。易燃易爆物品、危险化学品等危险物品的生产、经营、储存、运输单位,矿山、金属冶炼、城市轨道交通运营、建筑施工单位,以及宾馆、商场、娱乐场所、旅游景区等人员密集场所经营单位,应当至少每半年组织1次生产安全事故应急救援预案演练,并将演练情况报送所在地县级以上地方人民政府负有安全生产监督管理职责的部门。

(5)应急预案未定期评估的风险。《生产安全事故应急预案管理办法》第35条指出,应急预案编制单位应当建立应急预案定期评估制度,对预案内容的针对性和实用性进行分析,并对应急预案是否需要修订作出结论。矿山、金属冶炼、建筑施工企业和易燃易爆物品、危险化学品等危险物品的生产、经营、储存、运输企业、使用危险化学品达到国家规定数量的化工企业、烟花爆竹生产、批发经营企业和中型规模以上的其他生产经营单位,应当每3年进行一次应急预案评估。应急预案评估可以邀请相关专业机构或者有关专家、有实际应急救援工作经验的人员参加,必要时可以委托安全生产技术服务机构实施。

(6)未配备安全事故排查专项资金的风险。生产经营单位应当保证事故隐患排查治理所需的资金,建立资金使用专项制度。

(7)安全事故排查结果未报送有关机关的风险。生产经营单位应当每季、每年对本单位事故隐患排查治理情况进行统计分析,并分别于下一季度15日前和下一年1月31日前向安全监管监察部门和有关部门报送书面统计分析表。统计分析表应当由生产经营单位主要负责人签字。对于重大事故隐患,生产经营单位除依照前款规定报送外,应当及时向安全监管监察部门和有关部门报告。重大事故隐患报告内容应当包括:①隐患的现状及其产生原因;②隐患的危害程度和整改难易程度分析;③隐患的治理方案。

5. 职业健康安全检查及隐患排查治理

重要合规风险提示:

(1)工作场所不符合职业卫生要求的风险。工作场所应当符合下列职业卫生要求:①职业病危害因素的强度或者浓度符合国家职业卫生标准;②有与职业病危害防护相适应的设施;③生产布局合理,符合有害与无害作业分开的原则;④有配套的更衣间、洗浴间、孕妇休息间等卫生设施;⑤设备、工具、用具等设施符合保护劳动者生理、心理健康的要求;⑥法律、行政法规和国务院卫生行政部门关于保护劳动者健康的其他要求。

(2)职业病危害项目未及时申报的风险。用人单位工作场所存在职业病目录所列职业病的危害因素的,应当及时、如实向所在地卫生行政部门申报危害项目,接受监督。

(3)职业病防治管理措施不符合规定的风险。用人单位应当采取下列职业病防治管理措施:①设置或者指定职业卫生管理机构或者组织,配备专职或者兼职的职业卫生管理人员,负责本单位的职业病防治工作;②制订职业病防治计划和实施方案;③建立、健全职业卫生管理制度和操作规程;④建立、健全职业卫生档案和劳动者健康监护档案;⑤建立、健全工作场所职业病危害因素监测及评价制度;⑥建立、健全职业病危害事故应急救援预案。

(4)未提供警示标志和警示说明的风险。对产生严重职业病危害的作业岗位,应当在其醒目位置,设置警示标识和中文警示说明。警示说明应当载明产生职业病危害的种类、后果、预防以及应急救治措施等内容。

(5)职业病防护设备、救援设施和防护用品未配备完善的风险。对可能发生急性职业损伤的有毒、有害工作场所,用人单位应当设置报警装置,配置现场急救用品、冲洗设备、应急撤离通道和必要的泄险区。对放射工作场所和放射性同位素的运输、贮存,用人单位必须配置防护设备和报警装置,保证接触放射线的工作人员佩戴个人剂量计。对职业病防护设备、应急救援设施和个人使用的职业病防护用品,用人单位应当进行经常性的维护、检修,定期检测其性能和效果,确保其处于正常状态,不得擅自拆除或者停止使用。

(6)未进行职业病危害因素日常和定期监测的风险。用人单位应当实施由专人负责的职业病危害因素日常监测,并确保监测系统处于正常运行状态。用人单位应当按照国务院卫生行政部门的规定,定期对工作场所进行职业病危害因素检测、评价。检测、评价结果存入用人单位职业卫生档案,定期向所在地卫生行政部门报告并向劳动者公布。

(7)职业卫生培训不符合规定的风险。用人单位的主要负责人和职业卫生管理人员应当接受职业卫生培训,遵守职业病防治法律、法规,依法组织本单位的职业病防治工作。用人单位应当对劳动者进行上岗前的职业卫生培训和在岗期间的定期职业卫生培训,普及职业卫生知识,督促劳动者遵守职业病防治法律、法规、规章和操作规程,指导劳动者正确使用职业病防护设备和个人使用的职业病防护用品。

(8)职工工伤时用人单位的责任和义务。职工因工作遭受事故伤害或者患职业病需要暂停工作接受工伤医疗的,在停工留薪期内,原工资福利待遇不变,由所在单位按月支付。职工因工致残被鉴定为五级、六级伤残的,保留与用人单位的劳动关系,由用人单位安排适当工作。难以安排工作的,由用人单位按月发给伤残津贴,标准为:五级伤残为本人工资的70%,六级伤残为本人工资的60%,并由用人单位按照规定为其缴纳应缴纳的各项社会保险费。伤残津贴实际金额低于当地最低工资标准的,由用人单位补足差额。

(9)粉尘浓度超过国家卫生标准的风险。凡有粉尘作业的企业应采取综合防尘措施和无尘或低尘的新技术、新工艺、新设备,使作业场所的粉尘浓度不超过国家卫生标准。

(10)对可能产生职业病危害的建设项目未按要求进行评估和预防等的风险。企业对可能产生职业病危害的建设项目,应当进行职业病危害预评价、职业病防护设施设计、职业病危害控制效果评价及相应的评审,组织职业病防护设施验收,建立健全建设项目职业卫生管理制度与档案。

(11)防暑降温措施不符合规定的风险。具体参见《国家安全生产监督管理总局、卫生部、人力资源和社会保障部、中华全国总工会关于印发〈防暑降温措施管理办法〉的通知》(2012年修订)。

(12)职工听力保护不符合规定的风险。企业应根据《关于发布〈工业企业职工听力保护规范〉的通知》(卫法监发〔1999〕第620号)的要求,结合自身实际情况制订本单位职工听力保护计划,并指定接受过专门培训的人员负责组织和实施。

6.体检管理

重要合规风险提示:

(1)职业健康检查不符合规定的风险。对从事接触职业病危害的作业的劳动者,用人单位应当按照国务院卫生行政部门的规定组织上岗前、在岗期间和离岗时的职业健康检查,并将检查结果书面告知劳动者。职业健康检查费用由用人单位承担。用人单位不得安排未经上岗前职业健康检查的劳动者从事接触职业病危害的作业;不得安排有职业禁忌的劳动者从事其所禁忌的作业;对在职业健康检查中发现有与所从事的职业相关的健康损害的劳动者,应当调离原工作岗位,并妥善安置;对未进行离岗前职业健康检查的劳动者不得解除或者终止与其订立的劳动合同。

(2)未建立职业健康监护档案的风险。用人单位应当为劳动者建立职业健康监护档案,并按照规定的期限妥善保存。职业健康监护档案应当包括劳动者的职业史、职业病危害接触史、职业健康检查结果和职业病诊疗等有关个人健康资料。

(二)合规风险其他提示

2021年6月10日,中华人民共和国第十三届全国人民代表大会常务委员会第二十九次会议通过《全国人民代表大会常务委员会关于修改〈中华人民共和国安全生产法〉的决定》,修改后的《安全生产法》于2021年9月1日起施行。这次修正扩张了生产单位的安全生产保障义务范围,而该等义务之履行措施可能未为现有社会责任管理制度所涵盖,下文所提述之内容为新《安全生产法》可能引起的合规风险:

1.遗漏必须依法进行安全评价的建设项目的风险。修改前的《安全生产法》仅规定矿山项目以及用于生产、储存危险物品的建设项目须进行安全评价,修改后的《安全生产法》增加规定金属冶炼项目以及用于装卸危险物品的建设项目同样需依法进行安全评价,此外,上述建设项目投入生产或者使用前,应当由建设单位负责组织对安全设施进行验收;待验收合格后,方可投入生产和使用。

是故,务必确保固定资产投资管理规范清楚明确规定必须依法进行安全评价的建设项目的范围,并对相关人员进行培训令其确知新近的安全评价的建设项目的范围变更。

2.生产安全责任险的强制投保义务。修改前的《安全生产法》规定,国家鼓励生产经营单位投保安全生产责任保险,修改后的《安全生产法》规定高危行业领域生产经营单位必须投保安全生产责任保险。据此,高危行业领域生产经营单位负有生产安全责任险的强制投保义务。修改后的《安全生产法》规定高危行业领域的具体范围和实施办法由国务院应急管理部门会同国务院财政部门、国务院保险监督管理机构和相关行业主管部门制定。尽管目前应急管理部门尚未制定关于高危行业领域的具体范围和实施办法的规范,但依据《中共中央　国务院关于推进安全生产领域改革发展的意见》,在金属冶炼等高危行业领域将强制实施安全生产责任保险制度。此外,根据《安全生产责任保险实施办法》第12条的规定,生产经营单位投保安全生产责任保险的保障范围应当覆盖全体从业人员。

因此,相关公司应当及时更新应急管理部门关于高危行业领域的具体范围和实施办法的规范制定状况,确保及时投保安全生产责任保险。此外,应确保安全生产责任保险的保障范围包括生产经营单位的本单位从业人员、被派遣劳动者及实习生在内的全体从业人员,并涵盖第三者人身伤亡和财产损失赔偿,事故抢险救援、医疗救护、事故鉴定、法律诉讼等费用。

3. 安全生产领域违法行为的责任大幅加重。修改后的《安全生产法》提高了不履行或不完全履行安全生产保障义务的罚款金额上限,并新增了多种处罚方式。具体如下:

根据修改后的《安全生产法》的规定,对生产安全事故负有责任的生产经营单位,除要求其依法承担相应的赔偿等责任外,根据事故等级不同,应急管理部门可以处以30万元以上2000万元以下的罚款;对于情节特别严重、影响特别恶劣的,可以按照前述罚款数额的2倍以上5倍以下处以罚款,据此,罚款最高可达1亿元。对主要责任人的罚款力度明显加大,根据一般事故、较大事故、重大事故和特别重大事故的不同,分别从上一年度年收入的30%、40%、60%、80%提升至40%、60%、80%、100%。

修改后的《安全生产法》新设按日连续处罚制度。生产经营单位被责令改正且受到罚款处罚,拒不改正的,安全生产监管部门可以自作出责令改正之日的次日起,按照原处罚数额按日连续处罚。

修改后的《安全生产法》增加规定负有安全生产监督管理职责的部门有权依法提请地方人民政府关闭存在严重违法行为的生产经营单位,吊销相关证照,对其主要负责人实行行业禁入。

此外,修改后的《安全生产法》新设安全生产违法行为信息通报制度。有关部门和机构对存在失信行为的生产经营单位及其有关从业人员采取加大执法检查频次、暂停项目审批、上调有关保险费率、行业或者职业禁入等联合惩戒措施,并向社会公示,对生产经营单位作出处罚决定后7个工作日内在监督管理部门公示系统予以公开曝光等。

鉴于此,修正后的《安全生产法》大幅提高了安全生产领域的违法成本,建议相关公司应当确保所有单位及个人严格遵守安全生产管理制度,并及时对安全生产负责人及安全生产管理人员进行培训,令其确知违法行为可能招致严重的法律后果。

(三)相关案例评析

张某某诉A公司劳动合同纠纷案[①]

1. 案情简介

2010年1月,张某某与A公司建立劳动关系后,被派遣至B公司担任电焊工。

2014年1月13日,A公司与张某某签订协商解除劳动合同协议书,双方一致同意劳动关系于2014年1月13日解除,A公司向张某某一次性支付人民币48,160元。

2014年4月,张某某经C医院诊断为电焊工尘肺一期。

2014年12月10日,张某某经上海市劳动能力鉴定委员会鉴定为职业病致残程度七级。

张某某称,签订协议期间要求进行离职前职业健康检查,A公司承诺签订后安排张某某体检,但第二天即反悔。经向有关部门投诉后,A公司才安排进行体检。张某某认为与A公司签订的协商解除劳动合同协议书系A公司提供的格式合同,协议书虽称系张某某提出解除劳动关系,实则是A公司提出解除劳动关系,也未给张某某做离职体检。故提起仲裁、诉讼,要求张某某与A公司自2014年1月13日起恢复劳动关系。

2. 法院观点

上海市第二中级人民法院二审认为,根据《职业病防治法》第36条的规定,"对从事接触职业病危害的作业的劳动者,用人单位应当按照国务院安全生产监督管理部门、卫生行政部门的规定组织上岗前、在岗期间和离岗时的职业健康检查,并将检查结果书面告知劳动者……对未进行离岗前职业健康检查的劳动者不得解除或者终止与其订立的劳动合同"。因此,用人单位安排从事接触职业病危害的作业的劳动者进行离岗职业健康检查是其法定义务,该项义务并不因劳动者与用人单位协商一致解除劳动合同而当然免除。

本案中,双方签订的《协商解除劳动合同协议书》并未明确张某某已经知晓并放弃了进行离岗前职业健康检查的权利,且张某某于事后亦通过各种途径积极要求A公司为其安排离岗职业健康检查。因此,张某某并未放弃对该项权利

---

① 参见上海市第二中级人民法院民事判决书,(2015)沪二中民三(民)终字第962号。

的主张,A 公司应当为其安排离岗职业健康检查。在张某某的职业病鉴定意见未出之前,双方的劳动关系不能当然解除。2014 年 12 月 10 日,张某某被鉴定为"职业病致残程度七级"。根据《工伤保险条例》第 37 条的规定,职工因工致残被鉴定为七级至十级伤残的,劳动、聘用合同期满终止,或者职工本人提出解除劳动、聘用合同的,由工伤保险基金支付一次性工伤医疗补助金,由用人单位支付一次性伤残就业补助金。因此,鉴于双方签订的劳动合同原应于 2014 年 6 月 30 日到期,而张某某 2014 年 12 月 10 日被鉴定为"职业病致残程度七级",依据《职业病防治法》《工伤保险条例》的规定,张某某与 A 公司的劳动关系应于 2014 年 12 月 10 日终止。故法院判决:张某某与 A 公司自 2014 年 1 月 13 日起恢复劳动关系至 2014 年 12 月 10 日止。

3. 评析

本案的争议焦点为从事接触职业病危害作业的劳动者未进行离岗前职业健康检查的,用人单位与劳动者协商一致解除劳动合同是否当然有效。根据《劳动合同法》第 42 条第 1 款的规定,从事解除职业病危害作业的劳动者未进行离岗前职业健康检查的,用人单位不得依照该法第 40 条、第 41 条的规定解除劳动合同。此款规定虽然没有排除用人单位与劳动者协商一致解除劳动合同的情形,但根据《职业病防治法》第 36 条的规定,用人单位安排从事接触职业病危害的作业的劳动者进行离岗职业健康检查是其法定义务,劳动者未明确表示已经知晓并放弃离岗前职业健康检查的权利的,该项义务并不因劳动者与用人单位协商一致解除劳动合同而当然免除。即使用人单位与劳动者已协商一致解除劳动合同,解除协议也应认定无效。①

此外,本案的判决表明,在劳动者职业病鉴定意见未作出之前,双方的劳动关系并不因协议而解除或劳动合同到期而当然终止,在经过职业病认定及劳动能力鉴定两项结论之后,妨碍双方劳动合同解除或终止的情形均已消失,而公司亦无继续履行或续订的意思表示,故双方的劳动关系可于劳动者职业病致残程度鉴定结果出具之日依法终止。

可见,对公司来说,关注员工职业发展,做好职业健康管理具有尤为重要的价值意义。定期实施职业健康安全检查和事故隐患排查,对接触职业病危害因

---

① 参见张某某诉 A 公司等劳动合同纠纷案,载《最高人民法院公报》2017 年第 5 期。

素的劳动者、普通员工按照相关标准安排体检，制订高效的事故应急预案和处理方案，不仅有利于保障员工职业健康，提升人效，更有利于促进公司良性发展，树立良好社会形象。

附录：职业健康安全管理合规要求

1.《安全生产法》

2.《消防法》

3.《刑法》

4.《劳动法》

5.《职业病防治法》

6.《特种设备安全法》

7.《劳动合同法》

8.《突发事件应对法》

9.《生产安全事故应急条例》

10.《危险化学品安全管理条例》

11.《女职工劳动保护特别规定》

12.《工伤保险条例》

13.《特种设备安全监察条例》

14.《生产安全事故报告和调查处理条例》

15.《劳动保障监察条例》

16.《使用有毒物品作业场所劳动保护条例》

17.《职业病诊断与鉴定管理办法》

18.《工作场所职业卫生管理规定》

19.《职业健康检查管理办法》

20.《生产安全事故应急预案管理办法》

21.《建设项目职业病防护设施“三同时”监督管理办法》

22.《生产经营单位安全培训规定》

23.《建设项目安全设施“三同时”监督管理办法》

24.《用人单位职业健康监护监督管理办法》

25.《工伤认定办法》

26.《生产安全事故信息报告和处置办法》

27.《安全生产事故隐患排查治理暂行规定》

28.《国家安全监管总局办公厅关于印发〈用人单位职业病危害因素定期检测管理规范〉的通知》(安监总厅安健〔2015〕16号)

29.《国家安全监管总局办公厅关于印发〈用人单位职业病危害告知与警示标识管理规范〉的通知》(安监总厅安健〔2014〕111号)

30.《国家安全生产监督管理总局、卫生部、人力资源和社会保障部、中华全国总工会关于印发〈防暑降温措施管理办法〉的通知》(安监总安健〔2012〕89号)

31.《国家经济贸易委员会关于印发〈劳动防护用品配备标准(试行)〉的通知》(国经贸安全〔2000〕189号)

32.《卫生部关于发布〈工业企业职工听力保护规范〉的通知》(卫法监发〔1999〕第620号)

二、环保管理与合规

公司作为当代社会的重要组成部分,有义务积极响应国家对环境保护的政策。宣传和执行环境保护法律法规及有关规定,充分、合理地利用各种资源、能源,控制和消除污染,促进本企业生产发展,创造良好的工作生活环境,使公司的经济活动能尽量减少对周围生态环境的污染,积极承担相应的社会责任,营造良好的社会声誉。

本部分的合规目标,首先,应当按照国家有关环境保护与资源节约的规定,结合公司实际情况,认真落实节能减排责任。其次,努力提升依靠科学技术,依靠技术创新,着力开发利用资源以及建立环境保护和资源节约监测考核体系;建立环境保护和资源节约的监控机制,定期开展监督检查,发现问题,及时采取措施予以纠正。最后,通过宣传教育等有效形式,不断提高员工的环境保护和资源节约意识,最终实现清洁生产和循环经济。

(一)流程项下合规风险

1. 环境管理体系评审

重要合规风险提示:

(1)构成污染环境罪、非法处置进口的固体废物罪和擅自进口固体废物罪的风险。违反国家规定，排放、倾倒或者处置有放射性的废物、含传染病病原体的废物、有毒物质或者其他有害物质，严重污染环境的，构成污染环境罪。违反国家规定，将境外的固体废物进境倾倒、堆放、处置的，处5年以下有期徒刑或者拘役，并处罚金；造成重大环境污染事故，致使公私财产遭受重大损失或者严重危害人体健康的，构成非法处置进口的固体废物罪。未经国务院有关主管部门许可，擅自进口固体废物用作原料，造成重大环境污染事故，致使公私财产遭受重大损失或者严重危害人体健康的，构成擅自进口固体废物罪。

(2)违法排放污染物、污染物排放超过标准的风险。实行排污许可管理的企业事业单位和其他生产经营者应当按照排污许可证的要求排放污染物；未取得排污许可证的，不得排放污染物。

(3)工业噪声污染的生产单位未申报造成环境噪声污染的设备信息的风险。在工业生产中因使用固定的设备造成环境噪声污染的工业企业，必须按照国务院生态环境主管部门的规定，向所在地的县级以上地方人民政府生态环境主管部门申报拥有的造成环境噪声污染的设备的种类、数量以及在正常作业条件下所发出的噪声值和防治环境噪声污染的设施情况，并提供防治噪声污染的技术资料。造成环境噪声污染的设备的种类、数量、噪声值和防治设施有重大改变的，必须及时申报，并采取应有的防治措施。

(4)排放禁止排放的水污染物的风险。禁止向水体排放油类、酸液、碱液或者剧毒废液。禁止在水体清洗装贮过油类或者有毒污染物的车辆和容器。禁止向水体排放、倾倒放射性固体废物或者含有高放射性和中放射性物质的废水。向水体排放含低放射性物质的废水，应当符合国家有关放射性污染防治的规定和标准。禁止向水体排放、倾倒工业废渣、城镇垃圾和其他废弃物。禁止将含有汞、镉、砷、铬、铅、氰化物、黄磷等的可溶性剧毒废渣向水体排放、倾倒或者直接埋入地下等。

2. 危险废弃物管理

重要合规风险提示：

(1)工业固体废物的生产单位未建立污染环境防治责任制度的风险。产生工业固体废物的单位应当建立健全工业固体废物产生、收集、贮存、运输、利用、处置全过程的污染环境防治责任制度，建立工业固体废物管理台账，如实记录产生工业固体废物的种类、数量、流向、贮存、利用、处置等信息,实现工业固体废物可追溯、可查询,并采取防治工业固体废物污染环境的措施。

(2)转移工业固体废物的,应当核实受托方的资质。产生工业固体废物的单位委托他人运输、利用、处置工业固体废物的,应当对受托方的主体资格和技术能力进行核实,依法签订书面合同,在合同中约定污染防治要求。

(3)危险废物的生产单位未制订危险废物管理计划的风险。产生危险废物的单位,应当按照国家有关规定制订危险废物管理计划;建立危险废物管理台账,如实记录有关信息,并通过国家危险废物信息管理系统向所在地生态环境主管部门申报危险废物的种类、产生量、流向、贮存、处置等有关资料。产生危险废物的单位已经取得排污许可证的,执行排污许可管理制度的规定。

(4)危险废物的生产单位未制订意外事故的防范措施和应急预案的风险。产生、收集、贮存、运输、利用、处置危险废物的单位,应当依法制订意外事故的防范措施和应急预案,并向所在地生态环境主管部门和其他负有固体废物污染环境防治监督管理职责的部门备案。

(5)转移危险废物未报批并按要求填写转移联单的风险。转移危险废物的,应当按照国家有关规定填写、运行危险废物电子或者纸质转移联单。具体参见《危险废物转移联单管理办法》(中华人民共和国国家环境保护总局令第5号)。

3. 环保数据管理

重要合规风险提示:

(1)未按照规定检测水污染物的风险。实行排污许可管理的企业事业单位和其他生产经营者应当按照国家有关规定和监测规范,对所排放的水污染物自行监测,并保存原始监测记录。重点排污单位还应当安装水污染物排放自动监测设备,与生态环境主管部门的监控设备联网,并保证监测设备正常运行。

(2)重点排污单位污染物检测和信息披露不符合规定的风险。重点排污单位应当按照国家有关规定和监测规范安装使用监测设备,保证监测设备正常运行,保存原始监测记录。重点排污单位应当如实向社会公开其主要污染物的名称、排放方式、排放浓度和总量、超标排放情况以及防治污染设施的建设和运行情况,接受社会监督。

(3)未按照规定对大气污染物进行检测的风险。《大气污染防治法》第24条指出，企业事业单位和其他生产经营者应当按照国家有关规定和监测规范，对其排放的工业废气和该法第78条规定名录中所列有毒有害大气污染物进行监测，并保存原始监测记录。其中，重点排污单位应当安装、使用大气污染物排放自动监测设备，与生态环境主管部门的监控设备联网，保证监测设备正常运行并依法公开排放信息。

4. 突发环保事件管理

重要合规风险提示：

突发环境事件应急不符合规定的风险。企业事业单位应当按照国家有关规定制订突发环境事件应急预案，报环境保护主管部门和有关部门备案。在发生或者可能发生突发环境事件时，企业事业单位应当立即采取措施处理，及时通报可能受到危害的单位和居民，并向生态环境主管部门和有关部门报告。

（二）相关案例评析

A公司与江苏省人民政府环境污染责任纠纷案①

1. 案情简介

2014年4月28日，A公司营销部经理杨某将该公司在生产过程中产生的29.1吨废碱液，交给无危险废物处置资质的李某某等人处置，处置费用为每吨1300元。李某某等人将上述废碱液交给无危险废物处置资质孙某某处置。2014年4月30日夜间，孙某某与朱某等人在B码头将废碱液倾倒进长江，造成了严重的环境污染。

2014年5月7日，杨某将A公司的20吨废碱液交给李某某等人处置，李某某等人将上述废碱液交给孙某某处置。孙某某与朱某等人于2014年5月7日夜间及同年6月17日凌晨，在B码头分两次将废碱液倾倒进长江，造成江苏省C市城区5月9日9时20分至11日2时集中式饮用水源中断取水40多个小时。其间，C市有关部门采取了添加活性炭吸附、调用内河备用水源稀释等应急处置措施。

① 参见江苏省高级人民法院民事判决书，(2018)苏民终1316号。

2014年5月8日至9日,杨某将53.34吨废碱液交给李某某等人处置,李某某等人将上述废碱液交给丁某处置。丁某等人于2014年5月14日将该废碱液倾倒进D运河,致E市城区集中式饮水源于2014年5月16日7时35分至22时中断取水超过14小时。其间,E市自来水厂、E市F镇自来水厂、E市G镇自来水厂等分别采取了停止供水、投放活性炭吸附、加高锰酸钾处理等应急处置措施。

上述污染事件发生后,C市环境保护局和C市人民检察院于2015年3月24日联合委托江苏省环境科学学会对污染损害进行评估。江苏省环境科学学会经调查、评估,于2015年6月作出评估报告,认定上述C市长江段发生的三次水污染事件共造成环境损害1731.26万元。对此,江苏省人民政府提起诉讼并请求:(1)A公司赔偿生态环境修复费用3637.90万元;(2)A公司赔偿生态环境服务功能损失费用1818.95万元;(3)A公司承担本案评估费用26万元和诉讼费。

2. 法院观点

江苏省泰州市中级人民法院一审认为,A公司作为化工企业,对其生产经营中产生的危险废物负有法定防治责任,其营销部负责人杨某违法处置危险废物的行为系职务行为,应由A公司对此造成的损害承担赔偿责任。案涉长江靖江段生态环境损害修复费用,系经江苏省环境科学学会依法评估得出;D运河生态环境损害修复费用,系经类比得出,亦经出庭专家辅助人认可。A公司污染行为必然对两地及下游生态环境服务功能造成巨大损失,江苏省人民政府主张以生态环境损害修复费用的50%计算,具有合理性。江苏省人民政府原诉讼请求所主张数额明显偏低,经释明后予以增加,应予支持。故一审法院判决A公司赔偿环境修复费用3637.90万元、生态环境服务功能损失1818.95万元、评估鉴定费26万元,上述费用合计5482.85万元,支付至泰州市环境公益诉讼资金账户。

江苏省高级人民法院二审驳回A公司上诉请求,维持一审判决的基础上,判决A公司可在提供有效担保后分期履行赔偿款支付义务,负担二审案件受理费。

3. 评析

《环境保护法》第64条规定,因污染环境和破坏生态造成损害的,应当依照原《侵权责任法》的有关规定承担侵权责任。原《侵权责任法》第65条规定,因污染环境造成损害的,污染者应当承担侵权责任。原《侵权责任法》第15条将恢复原状、赔偿损失确定为承担责任的方式。环境修复费用、生态环境服务功能损失、评估费等均为恢复原状、赔偿损失等法律责任的具体表现形式。

本案中，A公司应当将公司经营中的废弃物交给具有相关处置资质的单位，严格按照相关程序合规处理有会危害环境的废弃物，减少或避免对环境的污染，推动企业合法、合规、绿色经营。对于公司而言，应当积极响应国家对环境保护的号召，宣传和执行环境保护法律法规及有关规定，珍惜现有环境资源，积极发展绿色、健康、环保的循环经济。

因此，公司作为市场经济活动的主要参加者，有义务积极响应国家对环境保护的政策。“金山银山不如绿水青山”，公司应当建立健全环境管理体系，认真落实节能减排政策，合规经营，控制和消除污染，积极承担相应的社会责任，营造良好的社会声誉。

附录：环保管理合规要求

1.《刑法》

2.《固体废物污染环境防治法》

3.《土壤污染防治法》

4.《大气污染防治法》

5.《环境影响评价法》

6.《噪声污染防治法》

7.《水污染防治法》

8.《环境保护法》

9.《环境影响评价公众参与办法》

10.《环境保护主管部门实施按日连续处罚办法》

11.《企业事业单位环境信息公开办法》

12.《突发环境事件应急管理办法》

13.《危险废物转移联单管理办法》

14.《环境保护部关于印发〈建设项目环境保护事中事后监督管理办法（试行）〉的通知》（环发〔2015〕163号）

15.《财政部、国家发展和改革委员会、住房和城乡建设部关于印发〈污水处理费征收使用管理办法〉的通知》（财税〔2014〕151号）

三、能源管理与合规

公司的能源管理流程主要分为三部分:能源管理目标设置、分析和计划、执行和控制。公司要想更好地完成资源调配、组织生产等一系列公司运营程序,就需要及时掌握能源状况,加强对能源的管理和控制,积极推动能源管理、计划、使用等活动的科学化、规范化和法治化,实现公司的绿色经营和可持续发展。

本部分的合规目标,首先,在于制定符合国家规定的能源管理制度,依据公司发展情况,做好能源管理的规划,严格把控公司运行过程中能耗使用情况,实现有序生产;其次,积极开发和使用节能产品,加强对能源的调配和管理,推动实施能源管理自动化、合规化,发展循环经济。

(一)流程项下合规风险

1. 能源管理体系建设及规划、计划管理

重要合规风险提示:

(1)单位产品超过能耗限额标准的风险。生产过程中耗能高的产品的生产单位,应当执行单位产品能耗限额标准。对超过单位产品能耗限额标准用能的生产单位,由管理节能工作的部门按照国务院规定的权限责令限期治理。

(2)重点用能单位未按时报告能源利用状况的风险。重点用能单位应当每年向管理节能工作的部门报送上年度的能源利用状况报告。能源利用状况包括能源消费情况、能源利用效率、节能目标完成情况和节能效益分析、节能措施等内容。

(3)能源岗位从业人员不具备相关知识的风险。重点用能单位应当设立能源管理岗位,在具有节能专业知识、实际经验以及中级以上技术职称的人员中聘任能源管理负责人,并报管理节能工作的部门和有关部门备案。

(4)使用国家明令淘汰的用能设备、生产工艺的风险。使用列入淘汰名录的技术、工艺、设备、材料的,由县级以上地方人民政府循环经济发展综合管理部门责令停止使用,没收违法使用的设备、材料,并处5万元以上20万元以下的罚款;情节严重的,由县级以上人民政府循环经济发展综合管理部门提出意见,报请本级人民政府按照国务院规定的权限责令停业或者关闭。

(5)固定资产投资项目未进行节能审查的风险。未按规定进行节能审查,或节能审查未获通过,擅自开工建设或擅自投入生产、使用的固定资产投资项目,存在停止建设或停止生产、使用,限期改造的法律后果;不能改造或逾期不改造的生产性项目可能会被责令关闭,同时有关责任人将受到法律追责。

(6)高耗能特种设备使用单位未进行节能培训的风险。高耗能特种设备使用单位应当开展节能教育和培训,提高作业人员的节能意识和操作水平,确保特种设备安全、经济运行。高耗能特种设备的作业人员应当严格执行操作规程和节能管理制度。

(7)重点用能单位未建立健全能源管理制度、未落实节能措施、能源利用效率低的风险。重点用能单位应当每年制订并实施节能计划和节能措施,确保完成能耗总量控制和节能目标。节能措施应当技术上可行、经济上合理。重点用能单位应当建立健全能源管理制度,明确能源管理职责,制定能源利用全过程的管理要求或规范,确立淘汰落后、实施节能技术改造及奖惩等各方面管理机制,加强节能管理,减少能源损失,提高能源利用效率。

2. 能源计量、统计管理

重要合规风险提示:

重点用能单位未配备专业人员从事能源计量工作的风险。重点用能单位的能源计量工作人员应当具有能源计量专业知识,定期接受能源计量专业知识培训产品超过能耗限额标准的风险。

(二)相关案例评析

A厂、D市L区经济和信息化局环境保护行政管理(环保)案[①]

1. 案情简介

原告A厂系个人独资企业,经营范围为:制造、销售包装纸、瓦楞纸、再生纸。A厂《建设项目环境影响登记表》载明,其项目内容及规模为:再生纸年产1000多吨;原辅材料为废旧纸板1000~2000吨,燃煤500~800吨,电能20万~30万

① 参见四川省高级人民法院行政裁定书,(2019)川行申952号。

度。A 厂排放污染物许可证有效期截至 2012 年 3 月。

2015 年 5 月 4 日,原 L 县人民政府印发《L 县 2015 年度大气污染防治行为计划实施细则》,A 厂因被列入淘汰落后产能企业整厂关闭,由原罗江区经济商务和科技局(现罗江经济和信息化局)等相关部门负责推进。

原罗江区经济商务和科技局于 2017 年 12 月 27 日作出《德阳市罗江区经济商务和科技局关于对 A 厂实施强制停电措施的通知》,并与原罗江区环境保护局(现罗江生态资源局)于当日对 A 厂实施了强制停电措施。

2. 法院观点

一审法院认为,尽管二被告实施的强制停电措施已经被生效行政判决确认违法,但生效行政判决确认强制停电措施违法的理由是违反法定程序,并未否定 A 厂系国家明令淘汰的严重污染环境的造纸生产线的事实。本案中,对 A 厂实施强制停电措施,是为了阻止其违法生产经营污染环境,并未造成其合法权益的损失。A 厂请求赔偿每天 5000 元的生产经营损失,因其生产经营活动本身不具有合法性,因此,不存在可保护的合法权益。因此,对原告该请求不予支持。

二审法院认为,《国家赔偿法》第 2 条第 1 款规定:"国家机关和国家机关工作人员违法行使职权侵犯公民、法人和其他组织的合法权益造成损害的,受害人有依照本法取得国家赔偿的权利。"该款规定了获得国家赔偿的前提是合法权益受到侵害,如果公民、法人或其他组织受到的损害是不法利益,即使是具体行政行为违法,国家也不承担赔偿责任。本案中,A 厂的生产设备作为应淘汰的落后产能,本不应当再进行生产,否则便会违反法律法规的禁止性规定,因而不存在合法利益。故,被上诉人的强制停电行政行为虽已被生效判决确认违法,但并不能因此当然地认定上诉人 A 厂行为和利益的合法性,故,二审法院驳回原告上诉请求维持原判。

3. 评析

本案中,A 厂系年产 1000 多吨的造纸企业,系国务院《关于进一步加强淘汰落后产能工作的通知》中明令淘汰的落后产能。且 A 厂在 2015 年 5 月被列入原 L 县淘汰落后产能企业,要求整厂关闭,A 厂法定代表人参加了相关会议,知晓整厂关闭的事情。L 县经信局和 L 县生态环境局作出的强制停电措施虽然程序上违反法律规定,但根据《环境保护法》第 46 条第 1 款"国家对严重污染环境的工艺、设备和产品实行淘汰制度。任何单位和个人不得生产、销售或者转移、使用严重污染环境的工艺、设备和产品”和《节约能源法》第17条“禁止使用国家明令淘汰的用能设备、生产工艺”的规定,A厂不得以此为由请求赔偿。

由此可以看出,公司在运营过程中应当重视能源的调配和管理,积极发展科学技术,创新使用绿色、环保的新能源,降低公司经营过程中能耗的排放,及时更新升级落后产能,使公司运行符合国家对节能减排的法律要求,避免生产经营耗能不合理,动力成本过高,管控指标异常无法及时识别等问题,减少触犯合规风险的可能性,推动实现公司经营的可持续发展。

附录：能源管理合规要求

1.《节约能源法》

2.《循环经济促进法》

3.《计量法》

4.《电力法》

5.《水法》

6.《清洁生产促进法》

7.《统计法》

8.《统计法实施条例》

9.《能源计量监督管理办法》

10.《高耗能特种设备节能监督管理办法》

11.《重点用能单位节能管理办法》

12.《固定资产投资项目节能审查办法》

13.《节能监察办法》

14.《工业节能管理办法》

15.《节约用电管理办法》

四、质量管理与合规

产品质量是企业赖以生存和发展的基石。产品质量管理,是指公司运用科学的方法,对产品质量进行直接或间接的测定或事先加以控制,保证为用户提供所要求的产品质量而进行的一系列活动。公司从事经营活动,应当切实提高产品质量和售后服务水平,最大限度地满足消费者的需求,承担社会责任。如果企业质量体系管理不完善,容易导致产品质量存在问题,侵害消费者利益,受到行政或刑事处罚,造成公司商誉受损。

本部分的合规目标,应当确保公司产品质量符合国家相关质量法律、法规和公司相关制度的要求;确保产品质量管理水平符合公司战略发展的需要;建立健全产品质量标准体系,严格质量控制和检验制度,加强产品售后服务;在保证产品质量的前提下,降低产品的加工生产成本,满足产品定位要求,提高企业经营效率与效果。

(一)流程项下合规风险:质量体系方针与目标管理

重要合规风险提示:

(1)生产者、销售者在产品中掺杂,以次充好或者以不合格产品冒充合格产品,可能构成生产、销售伪劣产品罪的风险。

(2)生产国家明令淘汰的产品的风险。生产国家明令淘汰的产品的,销售国家明令淘汰并停止销售的产品的,责令停止生产、销售,没收违法生产、销售的产品,并处违法生产、销售产品货值金额等值以下的罚款;有违法所得的,并处没收违法所得;情节严重的,吊销营业执照。

(3)产品质量不符合合同要求,可能承担违约责任的风险。产品质量存在缺陷,可能承担侵权责任的风险。

(4)产品质量不符合要求和标准的风险。产品质量应当符合下列要求:①不存在危及财产安全的不合理的危险,有保障人体健康和财产安全的国家标准、行业标准的,应当符合该标准;②具备产品应当具备的使用性能,但是,对产品存在使用性能的瑕疵作出说明的除外;③符合在产品或者其包装上注明采用的产品标准,符合以产品说明、实物样品等方式表明的质量状况。

(5)产品或者其包装上的标识不符合规定的风险。产品或者其包装上的标识必须真实,并符合下列要求:①有产品质量检验合格证明;②有中文标明的产品名称、生产厂厂名和厂址;③根据产品的特点和使用要求,需要标明产品规格、等级、所含主要成分的名称和含量的,用中文相应予以标明;需要事先让消费者知晓的,应当在外包装上标明,或者预先向消费者提供有关资料。

(6)未建立质量保证体系的风险。产品的生产企业必须建立严密、协调、有效的质量保证体系,要明确规定产品的质量责任。企业必须保证质量检验机构能独立行使监督、检验的职权；严禁对质量检验人员进行打击报复。

（二）相关案例评析

张某某诉A公司侵犯消费者权益纠纷案[①]

1. 案情简介

2004年1月1日，原告张某某在被告A公司以1600元的价格购买一台伊莱克斯BCD－170K型冰箱，机号为34600150（以下简称第一台冰箱）。后因该机出现质量问题，A公司两次上门进行维修仍未修复，遂于2004年7月24日为张某某更换一台同品牌同型号的冰箱（以下简称第二台冰箱）。当日，A公司的工作人员将第二台冰箱送至张某某住宅楼下，在张某某及其家人不在场的情况下自行拆除外包装后，将第二台冰箱抬上楼交给张某某的家人。A公司的工作人员未经张某某及其家人验货，未收回第一台冰箱的三包凭证、说明书等资料，同时也未将第二台冰箱的三包凭证等资料留下，未办理必要的交接手续，即带第一台冰箱离开。后张某某发现第二台冰箱上有污渍、霉斑等，认为该冰箱系使用过的旧冰箱，遂与A公司进行交涉，双方协商未果。

2. 法院观点

徐州市泉山区人民法院一审认为，经营者为消费者提供商品或服务时，应当遵循诚实信用原则，消费者亦有权知悉其所购买、使用的商品或接受的服务的真实情况。本案被告A公司是长期专门从事家用电器经营的商家，在避免纠纷、解决纠纷方面，较普通消费者具有更为丰富的经验，应当具备足够的能力来证实交付原告张某某的第二台冰箱为新机。因此，证明第二台冰箱为新机的举证责任应由被告承担。现被告无证据证实第二台冰箱为新机，应当承担举证不能的法律后果。被告不能证明其提供的第二台冰箱是新机，且在为原告提供商品的过程中存在服务瑕疵，给原告享受售后服务带来困难，具有过错。被告的行为违反了诚实信用原则，构成欺诈，应当承担相应的民事责任。

徐州市中级人民法院再审认为，再审申请人张某某主张被申请人A公司的行为构成欺诈、应当承担惩罚性赔偿责任，并提交了相应的证据，A公司如有异

---

① 参见张某某诉A公司侵犯消费者权益纠纷案，载《最高人民法院公报》2006年第10期。

议，应就其行为不构成欺诈承担举证责任。A公司提供的第二台冰箱的储存单、提货单及送货人的证言，仅表明其送货的过程，并不能证明第二台冰箱为全新的机器，其提交的证据缺乏证明力，应承担举证不能的不利后果。故维持徐州市泉山区人民法院一审原判。

3. 评析

《产品质量法》第27条规定，“产品或者包装上的标识必须真实，并应当有产品质量检验合格证明；需要事先让消费者知晓的，也应当在外包装上标明，或者预先向消费者提供有关资料”。此规定为强制性规定，它表明对于商品及服务的真实情况消费者享有知情权。同时，商家在为消费者提供商品或服务时，应当遵循诚实信用原则，向消费者提供商品的相关单证。如果商家在向消费者供货时违反了强制性规定，未提供随机单证，使消费者在收货时做出了错误意思表示的，商家需为其过错行为承担相应的惩罚性赔偿责任。

本案表明，消费者主张商品经营者提供的商品存在品质问题，并提供了相应证据的，商品经营者如主张该商品不存在品质问题，应对其主张承担举证责任，如无法举证产品质量符合要求，则应承担举证不能的不利后果。

可见，商品经营者为消费者提供商品或服务时，应当遵循诚实信用原则，保证产品质量和售后服务水平。同时，商品经营者应当做好经营销售中的过程管理，确保举证材料能切实有效地证明产品质量，避免承担举证不能的不利后果。消费者有权知悉其所购买、使用的商品或接受的服务的真实情况。如果企业质量体系管理不完善，容易导致产品质量存在合规风险，侵害消费者利益，造成公司巨额赔偿、商誉受损。

附录：质量管理合规要求

1.《民法典》

2.《刑法》

3.《行政许可法》

4.《产品质量法》

5.《标准化法》

6.《消费者权益保护法》

7.《认证认可条例》

8.《产品质量监督试行办法》

9.《工业产品生产许可证管理条例》

10.《标准化法实施条例》

11.《产品质量监督抽查管理暂行办法》

12.《计量违法行为处罚细则》

13.《认证证书和认证标志管理办法》

14.《工业产品生产许可证管理条例实施办法》

第二节　内部信息传递管理与合规

一、信息收集传递与合规

信息的处理程序涉及多个生产经营环节，是公司发展的重要组成部分。信息收集和传递是信息处理程序的源头和过程，内部信息系统如果缺失或功能不健全，可能会影响生产经营的有序运行。因此，建立完善的内外部信息收集传递流程，确保相关部门及管理层能及时获知信息并处理，贯彻落实工作部署和要求，以便更好地促进公司运行发展。

本部分的合规目标，首先，确保文件的印发、管理及内容符合国家法律、法规和公司内部规章制度的要求。其次，建立健全内部报告体系，要制定内部报告传递制度，根据信息的重要性、内容等特征，确保公文流转的效率和质量，为公司发展战略的实现提供资料支持。

（一）合规风险其他提示

尽管内部信息传递控制管理仅涉及内部文书的传递，但如果公司员工违反信息传递规定，作为信息载体的公文包含设立、变更、终止法律关系的意思，即可能属民法上的意思表示时，可能存在以下风险：

1. 公司印章被盗用并做出意思表示构成表见代理的风险。使用假章以公司名义对外做出意思表示，有可能因构成表见代理而令公司承担相应法律后果。《民法典》第 172 条规定，行为人没有代理权、超越代理权或者代理权终止后，仍然实施代理行为，相对人有理由相信行为人有代理权的，代理行为有效。此外，依照《关于当前形势下审理民商事合同纠纷案件若干问题的指导意见》（法发〔2009〕40 号）第 13 条之规定，合同相对人主张构成表见代理的，应当举证证明代理行为存在诸如合同书、公章、印鉴等有权代理的客观表象形式要素,而且应当证明其善意且无过失地相信行为人具有代理权。换言之,使用假章发出的文书也可能因为构成表见代理而有效。司法实践中,表见代理包含三项要件:第一,行为人是具有表征代理权存在的外观,包括行为人的职务、公司的决议或其他授权文书;第二,相对人对相关的权利外观的信赖合理,包括考虑双方的交易历史、相对人的专业判断能力等要素;第三,权利外观的存在可归责于被代理人,包括被代理人是否明知或应知伪造公章的行为,是否采取补救措施等。当公司印章被盗用、私刻并用于发出意思表示且构成表见代理时,公司仍应承担使用假章的行为人所实施的法律行为的法律后果。例如,在盗用公司印章与他人订立合同的情况下,如符合表见代理的构成要件,则公司负有义务履行该合同,拒不履行合同将承担违约责任。

2. 公司印章被盗用并做出意思表示构成侵权的风险。使用假章以公司名义对外做出意思表示,即使不构成表见代理,或使用假章的行为人的行为构成犯罪,公司仍可能因未尽注意义务而承担侵权责任。根据《最高人民法院关于在审理经济纠纷案件中涉及经济犯罪嫌疑若干问题的规定》(法释〔2020〕17 号)之规定,行为人盗窃、盗用单位的公章、业务介绍信、盖有公章的空白合同书,或者私刻单位的公章签订经济合同,骗取财物归个人占有、使用、处分或者进行其他犯罪活动构成犯罪的,单位对行为人该犯罪行为所造成的经济损失不承担民事责任。但是,行为人私刻单位公章或者擅自使用单位公章、业务介绍信、盖有公章的空白合同书以签订经济合同的方法进行的犯罪行为,公司有明显过错,且该过错行为与被害人的经济损失之间具有因果关系的,则公司对该犯罪行为所造成的经济损失,仍应当承担赔偿责任。例如,在 R 公司与 X 中行财产损害赔偿纠纷案中,[①]法院判决指出,管理不慎公章被盗用出具文书,企业具有过错的应承担责任。

3. 公司法定代表人、董事、监事、高级管理人员违反公司章程、超越职权发出意思表示的风险。公司法定代表人或负责人违反公司章程、超越职权发出的公文可能产生两方面的风险:(1)意思表示无效。根据《公司法》第 11 条的规定,公司章程对公司、股东、董事、监事、高级管理人员具有约束力,据此,公司法定代表

---

① 参见 R 公司与 X 中行财产损害赔偿纠纷案,最高人民法院(2004)民二终字第 34 号民事判决书。

人、董事、监事、高级管理人员违反公司章程、超越职权发出的公文可能因违反章程而无效。(2)对善意第三人意思表示有效。《民法典》第61条规定,法人章程或者法人权力机构对法定代表人代表权的限制,不得对抗善意相对人。据此,法定代表人、董事、监事、高级管理人员违反公司章程、超越职权发出的公文在对公司内部人等知情相对人无效的同时,可能对公司外部的善意第三人有效,公司仍应承担法定代表人、董事、监事、高级管理人员违反公司章程、超越职权对善意第三人做出的法律行为的法律后果。

(二)相关案例评析

A公司与B公司展览合同纠纷案[①]

1. 案情简介

2019年2月12日,被告B公司员工徐某通过了原告A公司员工高某双方在微信中就被告为原告提供展位等事宜进行磋商。同日,被告公司员工徐某向原告公司员工高某发送了"展览会合同书"(该版本文件无原告方签章)和"付款通知"两个PDF格式文件,双方在微信聊天中就徐某发送的"展览会合同书"内容进行商谈,双方同意确认并共同遵守合同的各项条款后签订合同。该份"展览会合同书"甲方签署处加盖了B公司印章,被告公司员工徐某在授权代表人处签名,乙方签署处加盖了A公司印章,原告公司员工高某在授权代表人处签字,落款日期为2019年2月12日。

2019年2月13日,原告员工高某通过微信向被告员工徐某发送了一个PDF格式文件,内容为对相应条款修改后的"展览会合同书",收到该文件后,双方再次通过微信对合同文本内容进行了协商,最终原告公司员工高某通过微信向被告公司员工徐某发送了两页图片格式的"展览会合同书"(以下简称13日合同),该版本的合同中甲方签章处无甲方(被告方B公司)的签章。

原告A公司认为,双方达成一致的合同应以"2019年2月13日原告与被告通过微信发送电子文件的形式签订了'展览会合同书'"为准。原告因被告知所租展位已经出租给他人,于2019年6月13日向被告发函请求退还先前已支付的

---

① 参见上海市宝山区人民法院民事判决书,(2019)沪0113民初18342号。

16 万元定金,并终止支付尾款,但被告未退还定金。原告多次催讨未果遂起诉。

2. 法院观点

上海市宝山区人民法院认为,13 日合同依法成立并生效,双方均应恪守该合同条款。具体理由如下:其一,根据原《民法总则》第 137 条第 2 款①的规定,以非对话方式作出的采用数据电文形式的意思表示,相对人指定特定系统接收数据电文的,该数据电文进入该特定系统时生效。本案中,原、被告人员系通过微信软件进行磋商并签订合同,双方对此亦予以认可,双方人员在微信聊天中的内容应作为各自的意思表示,在通过微信聊天软件发送至对方账号时生效。被告公司员工徐某的回复应视为其作出了同意 13 日合同内容的意思表示。其二,13 日合同中注明"原 2019 年 2 月 12 日所签合同作废",而且即使是被告认可的 12 日合同中也有上述内容,由此可知双方对于解除 12 日合同履行新合同也已形成合意。故,法院认定原告主张 13 日合同已成立并生效,合法有据。

3. 评析

本案中,主要的争议焦点在于双方意思表示是否成立。根据《民法典》第 137 条的规定,"以对话方式作出的意思表示,相对人知道其内容时生效。以非对话方式作出的意思表示,到达相对人时生效"。所谓对话方式和非对话方式,并不是看能不能即时交流为主要区别的。对话方式就是指当面交流和电话交流,或者外观和效果是等同于当面交流和电话交流的视频聊天或音频聊天;其他的方式都属于非对话方式。本案中,双方的微信沟通记录作为各自的意思表示,在通过微信聊天软件发送至对方账号时生效。该判例表明,使用即时通信软件收发信息,属于"非对话方式"的意思表示。

从本案可以看出,公司在经营活动中,应当遵守《民法典》等法律规定,在合同制定、履行等信息传输过程中,注意信息内容在法律上的意义。对内对外的信息传递上,关注日常使用即时通信软件收发信息时的意思表达方式,确保信息的表达和传递符合真实意思表示,提高信息传递的权威性和严肃性,提升公文流转的效率和质量。

---

① 2020 年 5 月 28 日,第十三届全国人民代表大会第三次会议表决通过了《民法典》,自 2021 年 1 月 1 日起施行。《民法总则》同时废止。此案例发生于 2019 年,故判决时法院文书采用的裁判依据为《民法总则》。而评析为笔者从合规角度对案例所作出的分析,是以采用 2020 年后通过的《民法典》作为法条依据。

附录：信息收集传递合规要求

1.《民法典》

2.《公司法》

3.《党政机关公文处理工作条例》（中办发〔2012〕14 号）

二、信息保密与合规

公司的保密信息是公司经营过程中的核心竞争力。做好信息保密工作，有利于防范和杜绝泄密事件的发生，保护和合理利用公司秘密，确保公司信息披露的公平、公正，保障国家、公司、股东及其他利益相关者的合法权益不受侵犯。

本部分的合规目标，首先，在于建立健全严格的信息保密管理机制，从内部信息传递的时间、空间、节点、流程等方面建立控制，通过职责分离、授权接触、监督和检查等手段防止商业秘密泄露。其次，国有企业在信息保密方面应当重视和加强反舞弊机制建设，明确保密内容、保密措施、密级程度和传递范围，防止泄露国家及商业秘密。

（一）流程项下合规风险：秘密文件及事项管理

重要合规风险提示：

1. 违反《保守国家秘密法》及刑法构成刑事犯罪的风险。公文内容如涉及国家秘密，即可能构成国家秘密载体。在信息传递过程中违反保守国家秘密法，故意或过失泄露国家秘密或国家秘密载体，可能构成故意或过失泄露国家秘密罪，触犯该罪最高可被判处 7 年有期徒刑。

- 根据《保守国家秘密法》，国家秘密，是指关系国家安全和利益，依照法定程序确定，在一定时间内只限一定范围的人员知悉的事项。《保守国家秘密法》第 9 条列举了 7 项国家秘密。此外，国有企业在传递关于职工信息中可能涉及劳动和社会保障工作中的国家秘密（具体内容见《劳动和社会保障工作中国家秘密及其密级具体范围的规定》），在传递关于国有企业投融资或国有企业混改等事项的信息过程中可能涉国有资产管理类的国家秘密（具体内容见《国有资产管理工作中国家秘密及其密级具体范围的规定》）。

- 行为人认识到自身负有保密义务或者信息的内容可能属于国家秘密的情况下，泄露相关信息即可能构成犯罪。尽管根据《国家秘密定密管理暂行规定》,国家秘密标志形式为“密级★保密期限”、“密级★解密时间”或者“密级★解密条件”,其中,对于纸介质和电子文件,国家秘密标志一般标注在封面左上角或者标题下方的显著位置(或符合国家标准的其他位置)、对于光介质、电磁介质等国家秘密载体和属于国家秘密的设备、产品,国家秘密标志一般标注在壳体及封面、外包装的显著位置,但根据赵某某、徐某某等人玩忽职守、泄露国家秘密案之判旨,[①]行为人认识到标识存在或确知相关信息属于国家秘密并不是成立泄露国家秘密罪的必要条件,在行为人认识到自身负有保密义务或者信息的内容可能属于国家秘密的情况下,泄露相关信息依然可能构成犯罪。

- 构成泄露国家秘密的行为包括口头或书面形式使国家秘密被不应知悉者知悉或使国家秘密超出了限定的接触范围;违反保密规定,将涉国家秘密的计算机或计算机信息系统与互联网相连接、遗失国家秘密载体不如实提供有关情况或不采取补救措施的,亦可能构成犯罪。

2. 未落实国家秘密保密制度的风险。公文内容如涉及国家秘密,即可能构成国家秘密载体,根据《保守国家秘密法》及《保守国家秘密法实施条例》,单位有义务落实保密制度保护国家秘密,具体内容可参见《保守国家秘密法实施条例》第 21 条至第 28 条之规定。此外,在保密检查或者泄露国家秘密案件查处中,有关机关、单位及其工作人员负有义务配合工作,不得弄虚作假,隐匿、销毁证据,或者以其他方式逃避、妨碍保密检查或者泄露国家秘密案件查处,亦不得委托未经保密审查的单位从事涉密业务。

3. 侵害他人商业秘密的风险。《关于禁止侵犯商业秘密行为的若干规定》第 2 条及《中央企业商业秘密保护暂行规定》第 10 条中列举了可能构成商业秘密的信息类型,公司传递他人的该类信息时可能构成侵犯商业秘密。根据《反不正当竞争法》第 9 条的规定,侵犯商业秘密的行为主要有四类:(1)以盗窃、贿赂、欺诈、胁迫或者其他不正当手段获取商业秘密;(2)披露、使用或者允许他人使用以不正当手段获取的商业秘密;(3)违反约定或者保密要求,披露、使用或允许他人使用其掌握的商业秘密;(4)明知或者应知商业秘密权利人的员工、前员工或者其他单位、个人实施前述违法行为,仍获取、披露、使用或者允许他人使用该商业

---

① 参见赵某某、徐某某、赵某某、刘某某玩忽职守、泄露国家秘密案,载《最高人民检察院公报》1994 年第 4 期。

秘密。因而,应谨慎处理负有保密义务的信息或权利人要求保守商业秘密的信息,以免构成不正当竞争;此外,侵犯他人商业秘密,情节严重的,亦可能构成侵犯商业秘密罪。

4. 保护的信息不构成商业秘密的风险。公司如欲将自身的某些信息作为商业秘密获反不正当竞争法保护,则该信息应具备一定要件,具体而言,包括:(1)不为公众所知悉,《最高人民法院关于审理侵犯商业秘密民事案件适用法律若干问题的规定》第4条规定了有关信息为公众所知悉的具体要件;此外,应予注意的是,构成商业秘密的客户名单,一般是指客户的名称、地址、联系方式以及交易的习惯、意向、内容等构成的区别于相关公知信息的特殊客户信息。(2)具有商业价值,即商业秘密通过现在的或者将来的使用,能够给权利人带来现实的或者潜在的竞争优势。(3)采取相应保密措施,《最高人民法院关于审理侵犯商业秘密民事案件适用法律若干问题的规定》第6条列举了属于采取保密措施的情形,不过,根据Z公司清算组与G公司等侵犯商业秘密纠纷再审案之判旨,[①]派生于诚实信用原则的合同的附随义务,不能体现商业秘密权利人对信息采取保密措施的主观愿望以及客观措施,合同的附随义务不能构成反不正当竞争法规定的保密措施,因而,如欲构成保密措施,合同中应包含清楚明白的保密条款,并在现实中采取诸如出入权限管理等物理措施。

5. 竞业禁止合同或约定无效的风险。公司与负有保守商业秘密义务的劳动者,可以在劳动合同或者保密协议中同时约定竞业禁止条款,但同时应约定在解除或者终止劳动合同后,给予劳动者相应的竞业禁止经济补偿。根据王某某诉S公司某分公司劳动争议纠纷案之判旨,[②]未约定给予劳动者竞业禁止经济补偿,或者约定的竞业禁止经济补偿数额过低,该竞业禁止条款对劳动者不具有约束力。

(二)合规风险其他提示

2021年4月,第十三届全国人大常委会第二十八次会议对《个人信息保护法(草案二次审议稿)》进行了审议。《个人信息保护法(草案二次审议稿)》规定以电子或者其他方式记录的与已识别或者可识别的自然人有关的各种信息均属个

---

① 参见Z公司清算组与G公司等侵犯商业秘密纠纷再审案,最高人民法院(2012)民监字第253号再审裁定书。

② 参见王某某诉S公司某分公司劳动争议纠纷案,载《最高人民法院公报》2009年第11期。

人信息,同时个人信息的收集、存储、使用、加工、传输、提供、公开等均属处理个人信息。因而,公司信息传递的过程中如涉个人信息,尤其是劳动者的个人信息,即属个人信息保护法上的信息处理者,负有保护个人信息的义务,因此公司应注意以下风险:

1. 未经同意处理个人信息的风险。尽管《劳动合同法》第8条规定,用人单位有权了解劳动者与劳动合同直接相关的基本情况,劳动者应当如实说明,因此,公司一般情况下有权取得包括劳动者姓名、性别、公民身份证号码、户籍地址及现住址、联系方式等为履行劳动合同所必需的个人信息;但是,对于尚未进入劳动合同的订立或者履行阶段的求职者而言,公司在未获同意的情况下主动收集并传递包含个人信息的简历、背景调查报告等信息,仍属未经同意处理个人信息。

2. 处理信息不符合必要性原则。个人信息保护法要求信息处理者在收集信息时遵循最小必要原则。其中,个人信息保护法特别规定个人信息处理者具有特定的目的和充分的必要性,方可处理敏感个人信息。因此,公司如欲收集或传递的信息中涵盖劳动者的敏感个人信息,如个人生物识别信息(面部信息、指纹信息)、通信记录和内容、账号密码、财产信息、征信信息、行踪轨迹、住宿信息、健康生理信息、交易信息等,应确保具有特定的目的且出于必要。

3. 未落实个人信息保护义务的风险。公司传递的信息中如包含个人信息,即构成个人信息处理者,须履行保护个人信息的义务,包括采取措施防止未经授权的访问以及个人信息泄露或者被窃取、篡改、删除、指定个人信息保护负责人、进行合规审计、进行风险评估等。

(三)相关案例评析

美国A公司、A(中国)研发有限公司与黄某行为保全纠纷申请案[①]

1. 案情简介

2012年5月,A(中国)公司与黄某签订劳动合同书,聘用黄某从事化学主任

① 参见上海市第一中级人民法院民事判决书,(2013)沪一中民五(知)初字第119号。

研究员工作。2013 年 1 月，黄某违反公司规章制度，从 A(中国)公司的服务器上下载了 48 个 A 公司所拥有的文件(其中 21 个为原告核心机密商业文件)，并将上述文件私自存储至黄某所拥有的设备中。经交涉，黄某承认从公司服务器上下载了上述保密文件，并同意公司检查其个人装置，以确定保密文件的信息没有对外泄露或使用，还授权公司删除该些信息。但此后黄某却未履行承诺的事项。

此后，A(中国)公司曾数次派员联系被申请人，但被申请人拒绝履行同意函约定的事项。A(中国)公司于 2013 年 2 月 27 日致信被申请人宣布解除双方劳动关系。2013 年 7 月，美国 A 公司、A(中国)公司以黄某侵害技术秘密为由诉至上海市第一中级人民法院，同时提出行为保全的申请，请求法院责令被申请人黄某不得披露、使用或者允许他人使用从申请人处盗取的 21 个商业秘密文件。为此，A 公司向法院提供了涉案 21 个商业秘密文件的名称及内容、承诺书等证据材料，并就上述申请提供了担保金。

2. 法院观点

上海市第一中级人民法院经审理认为，裁定禁止被告黄某披露、使用或允许他人使用两原告主张作为商业秘密保护的 21 个文件。被告黄某违反公司规章制度，擅自将原告的技术秘密文件下载及转存于其个人所有的电子设备之中，且未履行承诺，配合原告删除上述技术秘密文件，使原告的技术秘密存在着失控的风险，构成商业秘密侵权行为，依法应当承担相应的民事责任。[①] 鉴于原告未能提供证据证明其因被告的侵权行为而遭受实际损失，故对原告赔偿损失的主张不予支持。据此判决被告黄某于判决生效之日起停止侵害原告的技术秘密，即删除其所获取的 21 个信息文件，并不得披露、使用或者允许他人使用直至该技术秘密为公众知悉时止。

3. 评析

根据《反不正当竞争法》第 10 条第 1 款第 1 项的规定，行为人违反公司规章制度将公司技术秘密文件擅自下载并转存于个人电子设备中的行为具有不正当性，属于侵犯商业秘密的行为。本案的判决表明，黄某在明知应当负有保密义务的前提下，私自下载公司保密文档的行为侵害了原告 A 公司的商业秘密，使原告

---

① 参见申请人美国 A 公司、A(中国)公司与被申请人黄某行为保全申请案，载《最高人民法院公报》2014 年第 5 期。

的核心竞争力存在被泄露的风险,行为人应当对此承担相应的民事责任。

由此,公司应当充分重视信息保密管理的工作,构建严格的保密制度并配备必要的保密设备,强化商业秘密保护流程和机制,防止国家秘密或商业秘密等信息外泄,造成公司经济损失。

附录:信息保密合规要求

1.《个人信息保护法》

2.《民法典》

3.《刑法》

4.《反不正当竞争法》

5.《公司法》

6.《劳动法》

7.《劳动合同法》

8.《保守国家秘密法》

9.《保守国家秘密法实施条例》

10.《国家秘密载体印制资质管理办法》(国家保密局、国家市场监督管理总局令 2020 年第 2 号)

11.《国家秘密定密管理暂行规定》(国家保密局令 2014 年第 1 号)

12.《中央企业商业秘密保护暂行规定》(国资发〔2010〕41 号)

13.《劳动和社会保障工作中国家秘密及其密级具体范围的规定》(劳社部发〔2000〕4 号)

14.《国有资产管理工作中国家秘密及其秘密具体范围的规定》(国资办发〔1996〕27 号)

15.《关于禁止侵犯商业秘密行为的若干规定》(国家工商行政管理局令第 41 号)

16.《党政机关公文处理工作条例》(中办发〔2012〕14 号)

17.《关于转发〈中共中央保密委员会办公室、国家保密局关于国家秘密载体保密管理的规定〉的通知》(厅字〔2000〕58 号)

18.《最高人民法院关于审理侵犯商业秘密民事案件适用法律若干问题的规定》

19.《最高人民法院、最高人民检察院关于办理侵犯知识产权刑事案件具体应用法律若干问题的解释(三)》(法释〔2020〕10号)

20.《最高人民法院关于审理侵犯商业秘密民事案件适用法律若干问题的规定》(法释〔2020〕7号)

21.《关于修改侵犯商业秘密刑事案件立案追诉标准的决定》(高检发〔2020〕15号)

第三节　采购管理与合规

一、大宗原材料采购与合规

大宗原料,是指可进入流通领域而非零售环节、具有商品属性并用于工农业生产与消费使用的大批量买卖的物质商品。设定合理的大宗原材料采购计划安排,有利于提升对市场变化趋势预测的准确度,使采购进度与实际物资需求匹配。强化大宗原材料采购过程管理,关注采购计划中的审批、招投标等环节的合规要求,确保采购物资的数量、质量符合企业生产需要,促进企业实现发展战略。

本部分的合规目标,首先,应当明确大宗原材料采购计划流程,对采购计划进行恰当的审批。其次,对采购和付款过程的职责分工、权限范围和审批程序作出明确规定,避免在招投标、采购等环节出现商业贿赂腐败等违规行为。最后,大宗采购应当采用招标方式,合理确定招投标的范围、标准、实施程序和评标规则,严肃处理采购合同过程中的违约结果,确保大宗原材料采购活动符合国家法律、法规和企业内部规章制度的要求。

(一)流程项下合规风险

1.年度采购计划管理

重要合规风险提示:

(1)必须招标的采购项目未进行招标的风险。

- 以下采购项目必须进行招标。全部或者部分使用国有资金投资或者国家融资的工程建设项目中,项目的勘察、设计、施工、监理以及与工程建设有关的重要设备、材料等的采购。其中,“全部或者部分使用国有资金投资或者国家融资”,是指使用预算资金200万元人民币以上,并且该资金占投资额10%以上,或者,使用国有企业事业单位资金,并且该资金占控股或者主导地位。

- 上述“预算资金”,是指《预算法》(2018 年修正)规定的预算资金,包括一般公共预算资金、政府性基金预算资金、国有资本经营预算资金、社会保险基金预算资金。“占控股或者主导地位”参照《公司法》第 216 条关于控股股东和实际控制人的理解。此外,国有企业事业单位通过投资关系、协议或者其他安排,能够实际支配项目建设的,也属于占控股或者主导地位。项目中国有资金的比例,应当按照项目资金来源中所有国有资金之和计算。对于上述必须进行招标的项目而不招标的,或者将必须进行招标的项目化整为零或者以其他任何方式规避招标的,且需要承担责任;责任承担从责令限期改正、罚款,到对单位直接负责的主管人员和其他直接责任人员依法给予处分。对全部或者部分使用国有资金的项目,可以暂停项目执行或者暂停资金拨付。值得注意的是,必须进行招标的项目而不招标的,双方签订的合同是否有效,在司法实践中认定不一。有的法院认为《招标投标法》第 3 条是管理性强制性规定,违反该规定不必然导致合同无效,可参见 A 医院与 B 公司承揽合同纠纷上诉案;①有的法院认为《招标投标法》第 3 条是效力性强制性规定,违反该规定的合同无效,可参见 M 公司、J 庄粮食种植专业合作社建设工程施工合同纠纷案。②

- 对于不属于依法必须进行招标的项目,或不属于工程建设项目的其他项目,如果约定采用招标投标程序,即适用《招标投标法》之规定。在 T 公司诉 C 公司合资、合作开发房地产合同纠纷案中,③判决指出,《招标投标法》不仅适用于工程建设项目的招标投标活动,也适用于其他项目的招标投标。此外,根据 L 集团股份有限公司与 Z 公司建设工程施工合同纠纷案之判旨,④即便不属于依法必须进行招标的项目,双方当事人约定适用招标投标程序的,则应当受到《招标投标法》约束。

---

① 参见 A 医院与 B 公司承揽合同纠纷上诉案,山东省滨州市中级人民法院(2018)鲁 16 民终 297 号民事判决书。

② 参见 M 有限公司、J 庄粮食种植专业合作社建设工程施工合同纠纷案,河南省漯河市中级人民法院(2020)豫 11 民终 1330 号民事判决书。

③ 参见 T 公司诉 C 公司合资、合作开发房地产合同纠纷案,最高人民法院(2016)最高法民申 2446 号再审裁定书。

④ 参见 L 集团股份有限公司与 Z 公司建设工程施工合同纠纷案,最高人民法院(2018)最高法民申 5322 号再审裁定书。

• 不当选择招标方式的风险。①原则上,国有资金占控股或者主导地位的依法必须进行招标的项目,应当公开招标,不得任意进行邀请招标。根据《招标投标法实施条例》第 8 条之规定,仅在技术复杂、有特殊要求或者受自然环境限制,只有少量潜在投标人可供选择,或者采用公开招标方式的费用占项目合同金额的比例过大的情况下,经项目审批、核准部门认定或申请有关行政监督部门作出认定,才能适用邀请招标。②如涉及进口机械设备、电气设备、仪表仪器等机电产品的采购,则可能须采取国际招标。根据《机电产品国际招标投标实施办法(试行)》(中华人民共和国商务部令 2014 年第 1 号)之规定,通过招标方式采购原产地为中国关境外的机电产品,属于全部或者部分使用国有资金投资项目、国家融资项目中进行国际采购的机电产品,必须进行国际招标。其中,机电产品,指机械设备、电气设备、交通运输工具、电子产品、电器产品、仪器仪表、金属制品等及其零部件、元器件,《机电产品国际招标投标实施办法(试行)》附件 1 中列举了机电产品的范围。

(2)招标过程中涉嫌犯罪的风险。①投标人与招标人串通投标,损害国家、集体、公民的合法利益的,可能构成串通投标罪。②招标人接受投标人的行贿以帮助投标人中标的,可能构成受贿罪。③必须进行招标的项目的招标人向他人透露已获取招标文件的潜在投标人的名称、数量或者可能影响公平竞争的有关招标投标的其他情况的,或者泄露标底的,可能构成国有公司、企业、事业单位人员滥用职权罪。

(3)不得以不合理的条件限制或者排斥潜在投标人。公司在招标公告、投标邀请书中,不得以不合理的条件限制或者排斥潜在投标人;在编写招标采购文件的过程中,不得含有倾向性或者排斥潜在投标人的内容。否则,一方面,投标人可提出异议,从而影响招标活动的进度;另一方面,根据《招标投标法》第 51 条之规定,公司可能被行政监督部门责令改正及罚款。

(4)以招标方式进行采购项目变更、终止的风险。如果采购项目通过招标方式进行,一旦发出招标公告、招标邀请书,应尽量避免修改招标文件,如确实需要修改,且修改的内容可能影响资格预审申请文件或者投标文件编制的,则公司应当在提交资格预审申请文件截止时间至少 3 日前,或者投标截止时间至少 15 日前,以书面形式通知所有获取资格预审文件或者招标文件的潜在投标人。此外,如公司需终止招标项目,则应当:①发布终止招标公告,或者以书面形式通知受邀请的或已获取资格的所有潜在投标人;②退还潜在投标人购买资格预审文件或者招标文件的费用、退还收取的投标保证金及银行同期存款利息。如未履行前述义务,确保时限符合规定,造成投标人损失的,投标人得请求公司承担缔约过失责任,并且可能被行政监督部门罚款,直接责任人遭受处分。

(5)未依照招标文件和中标人的投标文件与中标人订立采购合同的风险。确定中标人后,公司不得无理由改变中标结果、拒绝与中标人订立合同或者提出附加条件,如果①发出中标通知书后无正当理由改变中标结果;②无正当理由不与中标人订立合同;或者③在订立合同时向中标人提出附加条件,造成投标人损失的,投标人得请求公司赔偿损失,此外,公司可能遭到行政监督部门的罚款,直接责任人遭受处分;④如果双方不按照招标文件和中标人的投标文件订立合同或者订立背离合同实质性内容的协议的,则可能受到行政监督部门的罚款处罚。

(6)标的物的交付和风险转移。一般而言,标的物的所有权自交付时转移,标的物毁损灭失的风险也随之转移;因此,在相关交易中,应当对交付及交付地点进行具体约定。其次,风险转移的以下几点需特别留意:①如因买方过错导致迟延交付的,买方应当自其违反合同约定之日起承担标的物毁损灭失的风险;②买方迟延收取标的物的,标的物毁损灭失的风险自买方违反约定之日起由买方承担;③卖方不交付标的物单证和资料的,不影响标的物风险转移;④卖方因质量问题根本违约致使不能实现合同目的,买方拒绝接受标的物或者解除合同的,标的物风险不转移;⑤买方即便承担风险,也不影响买方要求卖方承担相关违约责任的权利。

(7)采购过程中发生商业贿赂的风险。在采购过程中,采购管理人员可能接受供应商的礼品、佣金、捐赠、赞助或者招待、会务、旅游等,此类行为可能构成非国家工作人员受贿罪,如采购管理人员同时受委托负有监督、管理国有资产的职权,则可能构成受贿罪。

(8)采购过程中发生商业腐败的风险。在采购过程中,采购管理人员可能利用职务便利实施关联交易,或者违反忠实义务侵害公司利益。例如,自行从供应商处低价购买原材料后加价转售公司,此等行为可能构成职务侵占罪。在任某某、刘某职务侵占案中,[①]法院判决指出,行为人利用负责公司原材料采购的职务

---

① 参见任某某、刘某职务侵占案,上海市虹口区人民法院(2008)虹刑初字第923号刑事判决书。

便利,开设公司自行采购原材料,加价后销售给所任职公司从中牟取差价,构成职务侵占罪。同时,如采购管理人员同时受委托负有监督、管理国有资产的职权,则可能构成贪污罪。

2. 大宗原材料质量异议处理

重要合规风险提示:

(1)标的物的质量和验收。公司应当特别注意采购合同中质量及验收条款。首先,建议公司在采购合同中对标的物的质量作尽可能具体的约定。其次,应重视对标的物质量、数量、包装、规格等情况的查验、测试或者鉴定。采购合同中应当尽可能明确检验的时间、地点、标准、方法、买方发现质量问题提出异议的时间以及卖方答复的时间等。根据《民法典》第621条之规定:①买卖合同约定检验期限的,买方应当在检验期间内将标的物的数量或者质量不符合约定的情形通知卖方。买方怠于通知的,视为标的物的数量或者质量符合约定;②买卖合同没有约定检验期限的,买方应当在发现或者应当发现标的物的数量或者质量不符合约定的合理期间内通知卖方;③买方在合理期间内未通知或者自标的物收到之日起2年内未通知卖方的,视为标的物的数量或者质量符合约定,但对标的物有质量保证期的,适用质量保证期,不适用该2年的规定。同时,根据《最高人民法院关于审理买卖合同纠纷案件适用法律问题的解释》(法释〔2020〕17号)第13条的规定,即便买受人已经支付了货款甚至已经开始使用标的物,买方仍可在规定期间提出异议,但是买卖合同对此另有约定的除外。

(2)采购合同违约的处理。以下几点需特别留意:

- 违约责任。首先,卖方不履行合同义务或者履行合同义务不符合约定的,应当承担继续履行、采取补救措施或者赔偿损失等违约责任。其次,应当注意的是,采购合同中应当对赔偿损失的具体数额或计算方式作具体约定,避免后续证明损失时证据提供上的困难;同时,约定的赔偿损失以产生了具体损失为前提。

- 约定的惩罚性违约金。建议公司在采购合同中对惩罚性违约金的具体数额或计算方式作具体约定;在诉讼中,约定的违约金低于实际损失的,可以请求增加。该违约金具有惩罚性质,应当在合同中具体约定。

- 合同解除。合同解除的分为法定解除和约定解除。首先,法定解除包括:①因不可抗力致使不能实现合同目的;②在履行期限届满前,当事人一方明确表示或者以自己的行为表明不履行主要债务;③当事人一方迟延履行主要债务,经催告后在合理期限内仍未履行;④当事人一方迟延履行债务或者有其他违约行为致使不能实现合同目的。满足法定合同解除条件的,当事人可以解除合同。其次,公司还可以在采购合同中约定合同解除的其他情形。最后,合同解除后,尚未履行的,终止履行;已经履行的,当事人可以请求恢复原状或者采取其他补救措施,并有权请求赔偿损失。

- 约定的赔偿损失、惩罚性违约金与合同解除的适用。首先,约定的赔偿损失的目的在于填补受损失方的损失,而约定的惩罚性违约金的目的在于担保合同履行,因此二者可以共同适用。其次,当违约方违约行为达到合同解除的标准时,守约方有权解除合同;合同解除后,可以采取恢复原状、采取补救措施或赔偿损失(可根据合同约定的损失赔偿条款进行赔偿)等方式,恢复到双方尚未签订合同时的状态。再次,合同解除不影响约定的惩罚性违约金的适用;约定的违约金低于实际损失的,可以请求增加。但应当注意的是,合同解除后,不得再请求继续履行。最后,需要注意的是,赔偿损失和违约金的总额,如果过分高于实际损失,在司法实践中法院会根据案件的具体情况、当事人的违约程度、违约造成的后果以及诚信原则等因素进行酌减。

(二)相关案例评析

A 医院与 B 公司承揽合同纠纷上诉案①

1. 案情简介

2013 年 4 月 15 日,原告 B 公司与被告 A 医院签订“绿化施工合同”,甲方为 A 医院,乙方为 B 公司。该合同约定:原告 B 公司受 A 医院委托,承接 A 医院的绿化提升工程,工程概算总额约 2,726,239 元(附概算表),概算内苗木价格及其他增加报价项目,待双方根据现场实际情况确定执行,竣工验收合格按实际发生工程量结算。该合同由原告 B 公司加盖其合同专用章,被告 A 医院加盖其公章。

2015 年 5 月 30 日,原告 B 公司与被告 A 医院就涉案绿化工程进行了验收及

① 参见山东省滨州市中级人民法院民事判决书,(2018)鲁 16 民终 297 号。

交接,并出具了“工程终验验收及交接单”,合同造价为 2,726,239 元,核验及交接意见为验收合格、同意交接。原告在该交接单的施工单位处加盖公司印章,被告在建设单位处加盖其单位印章。该交接单中载明的合同造价金额与原被告双方签订的“绿化施工合同”中载明的工程概算总额一致,涉案合同中的金额系在工程验收、交接后所填写的。

2015 年 10 月 30 日,A 医院审计科对涉案工程进行了审计,审计金额为 2,843,915 元。该审计报告中包含了 2013 年 4 月 19 日至 2014 年 11 月 30 日的工程量签证单。涉案工程审计完毕后,被告 A 医院未向原告支付工程款。

2. 法院观点

二审法院认为,涉案“绿化施工合同”为有效合同。根据《招标投标法》第 49 条的规定可以确认,该法第 3 条应为管理性强制性规定,而原《最高人民法院关于适用〈中华人民共和国合同法〉若干问题的解释(二)》第 14 条中明确规定引起合同无效的“强制性规定”是指效力性强制性规定,因此,涉案“绿化施工合同”即使违反了《招标投标法》第 3 条的规定,行为人应当受到行政处罚,但并不当然影响民事行为的效力,不能作为合同无效的法律依据。故一审、二审法院均支持原告请求,要求被告 A 医院于给付原告 B 公司工程款 2,843,915 元并支付逾期付款违约金 152,149.5 元,且需承担自 2016 年 6 月 1 日起至实际给付之日止的逾期付款违约金。

3. 评析

由本案的判决可以看出,即便被告辩称其系事业单位,涉案工程系全部使用国有资金投资的项目,必须进行招标,因未进行招标,涉案合同应为无效。但在实践过程发现,虽然《招标投标法》第 3 条是管理性强制性规定,违反该规定必须招标的项目而没有进行招标的,相关单位的行为人应当受到惩罚,但其双方所签订的合同若为当事人真实的意思表示且不违反法律法规的强制性规定,则所签订的合同仍然可能被认定为有效。由此,公司应当注重招投标的流程和审批,明确当事人双方真实的意思表示,确保采购、审批过程中的民事合同有效。

附录:大宗原料采购合规要求

1.《民法典》

2.《招标投标法》

3.《招标投标法实施条例》

4.《必须招标的工程项目规定》(中华人民共和国国家发展和改革委员会令第16号)

5.《最高人民法院关于审理买卖合同纠纷案件适用法律问题的解释》(法释〔2020〕17号)

6.《企业内部控制应用指引第7号——采购业务》(财会〔2010〕11号)

7.《国有企业采购操作规范》(T/CFLP 0016——2019)

二、辅材及备件采购与合规

公司应当根据市场情况和采购计划合理选择辅材及备件采购方式。公司设定合理的辅材及备件采购计划安排,有利于提升对市场变化趋势预测的准确度,使采购进度与实际物资需求匹配,提高企业辅材及备件采购的效率,有利于在降低成本的同时采购到满意的用品。

本部分的合规目标,首先,应确保辅材及备件的采购工作符合国家法律、法规和公司内部规章制度的要求。其次,明确辅材及备件采购计划流程,对采购计划进行恰当的审批,对采购和付款过程的职责分工、权限范围和审批程序作出明确规定,确保机构设置和人员配备科学合理、授权明确,避免在采购过程中出现商业贿赂或商业腐败等不合规行为。

附录:辅材及设备采购合规要求

1.《民法典》

2.《招标投标法》

3.《招标投标法实施条例》

4.《必须招标的工程项目规定》(中华人民共和国国家发展和改革委员会令第16号)

5.《最高人民法院关于审理买卖合同纠纷案件适用法律问题的解释》(法释〔2020〕17号)

6.《企业内部控制应用指引第7号——采购业务》(财会〔2010〕11号)

7.《国有企业采购操作规范》(T/CFLP 0016——2019)

三、零购固定资产与合规

公司应当根据市场情况和采购计划合理选择零购固定资产采购方式。明确零购固定资产采购计划流程，强化零购固定资产采购过程管理，确保采购物资的数量、质量符合企业生产需要，促进企业实现发展战略。

本部分的合规目标，首先，在于确保零购固定资产采购活动符合国家法律、法规和企业内部规章制度的要求；其次，保证零购固定资产采购资料及数据记录的真实、准确、完整；最后，合理设置供应商审核程序与审核权限，提高企业的决策效益与效率。

流程项下合规风险

本业务流程涉及“标的物的交付和风险转移”、“标的物的质量和验收”以及“采购合同违约的处理”方面的重要合规风险提示，可参见“大宗原材料采购与合规”流程项下合规风险的相关部分，此处不再赘述。

附录：零购固定资产合规要求

1.《民法典》

2.《招标投标法》

3.《招标投标法实施条例》

4.《必须招标的工程项目规定》（中华人民共和国国家发展和改革委员会令第16号）

5.《最高人民法院关于审理买卖合同纠纷案件适用法律问题的解释》（法释〔2020〕17号）

6.《企业内部控制应用指引第7号——采购业务》（财会〔2010〕11号）

7.《国有企业采购操作规范》（T/CFLP　0016——2019）

四、采购业务结算、付款与合规

采购业务结算、付款是直接与财务相关的重要环节。及时、准确地做好应付账款核算，确保公司财务信息真实完整，有利于完善公司资金的管理。如果资金结算、支付违反国家法律法规和公司内部规章制度，可能导致公司受到处罚，造成资产和名誉损失。

本部分的合规目标,首先,应当确保应付账款与付款管理满足国家法律法规规定及公司内部规章制度的要求。其次,加强采购验收管理,确定验收方式,由专门的验收机构或验收人员对采购项目进行验收,出具验收证明。最后,正确核算应付账款,注意区分定金和预付款,保证采购业务全流程账实相符。

(一)流程项下合规风险

1. 采购结算管理

重要合规风险提示:

(1)未严格审核付款依据的风险。严格审核采购预算、合同、相关单据凭证、审批程序等相关内容,并严格审查采购发票的真实性、合法性和有效性,否则可能付款与收货不一致,导致经济损失。

(2)未及时支付价款导致合同违约的风险。公司不仅应当按照采购合同约定数额足额付款,还应当按照合同约定的方式和期限支付价款;违反合同约定的,构成违约,将承担违约责任。

(3)普通发票对付款行为具有证明力。根据《最高人民法院关于审理买卖合同纠纷案件适用法律问题的解释》(法释〔2020〕17号)第5条规定:"合同约定或者当事人之间习惯以普通发票作为付款凭证,买受人以普通发票证明已经履行付款义务的,人民法院应予支持,但有相反证据足以推翻的除外。"因此,普通发票可以作为公司已付款的证据,在相关交易中应注意留存。

2. 大宗原材料预付款管理

重要合规风险提示:

定金与预付款的区别。(1)定金。采购合同中约定了定金,则构成了独立于采购合同的定金合同;定金合同适用定金罚则,自交付定金时成立。定金合同成立后,给付定金的一方不履行债务或者履行债务不符合约定,致使不能实现合同目的的,无权请求返还定金;收受定金的一方不履行债务或者履行债务不符合约定,致使不能实现合同目的的,应当双倍返还定金。在合同得到履行时,定金是收回还是抵作价款,要根据双方当事人的约定来确定。(2)预付款是履行采购合同支付价款义务的一部分。预付款在合同正常履行的情况下,成为价款的一部分;在合同没有得到履行的情况下,预付款应当原数返回。

(二)相关案例评析

A公司与金某买卖合同纠纷案①

1.案情简介

2009年3月12日、3月24日、3月27日,原告金某分3次向被告A公司送售废铁6.05吨、41.56吨、39.9吨,按照双方约定价格为每吨2650元。双方约定2009年3月24日的货款,1个月内支付;3月27日的货款当月付清,逾期均按月息2分计息;3月12日的货款未约定付款期限及利息,以上货款总计231,901.5元。被告A公司于2009年4月2日付给原告5万元货款,对于剩余货款,被告因未收到原告提供的货物销售发票拒绝支付货款,双方遂引起诉争。②

2.法院观点

一审法院认为,原告金某向被告A公司送废铁,被告公司工作人员给原告出具加盖被告财务专用章的收条,双方形成事实上的货物买卖合同关系。作为买受人,被告A公司有义务在规定期限内支付货款,故原告要求被告清偿货款的诉讼请求,应予支持。

二审法院认为,针对被告因原告未出具发票而拒绝支付剩余付款之行为,买卖合同中形成对价关系的债务是出卖人的货物供给义务和买受人的支付货款义务,出卖人向买受人开具销售发票是附随义务。在出卖人已经履行了向买受人提供货物的主要义务以后,买受人不能以出卖人单纯违反出具发票这一附随义务为由主张行使先履行抗辩权而拒绝支付货款。本案被告作为买受方要求行使先履行抗辩权违背一般交易习惯和诚实信用原则,故被告的辩称意见不予采纳。

3.评析

本案判决结果表明,首先,出卖人向买受人开具销售发票是附随义务。合同附随义务不构成行使先履行抗辩权的先决条件,买受人不能以出卖人单纯违反出具发票这一合同附随义务为由,从而拒绝支付货款。其次,在一般交易习惯当中,销售发票均是在对方付款之后再根据所付款项的具体数额予以开具,除非合

---

① 参见河南省洛阳市中级人民法院民事判决书,(2010)洛民终字第222号。

② 参见杨书方、马旭升:《合同附随义务不构成行使先履行抗辩权的先决条件》,载《人民司法》2011年第16期。

同有明确约定。买受方要求出卖方先出具发票再付款的请求不符合交易习惯和诚信原则。因此,出卖人交付销售发票义务与买受人支付货款义务之间不具有履行时间上的先后顺序。①

由此,公司应当重视采购业务过程中结算、付款的合规要求,确保采购流程依法合规,以促进公司的良性健康发展。

附录:采购业务结算、付款合规要求

1.《民法典》

2.《最高人民法院关于审理买卖合同纠纷案件适用法律问题的解释》(法释〔2020〕17 号)

3.《企业内部控制应用指引第 7 号——采购业务》(财会〔2010〕11 号)

第四节　生产计划管理与合规

一、生产计划管理与合规

编制科学合理的生产计划,是公司完善业务生产与发展的重要部分。确保生产计划符合国家产业政策,提升生产计划的可行性、科学性和落地性,有利于维护公司的持续生产运营。公司需要根据实际情况,编制合规、合理的生产计划,高效使用公司现有资源,使生产满足销售需求,促进公司业务发展。

本部分的合规目标,首先,在于确保生产计划符合国家产业政策。其次,根据公司内部产能,科学、合理地编制年度生产计划和月度生产计划。关注计划管理过程中的生产安全问题,以便打造合规、安全的公司运行模式。

(一)流程项下合规风险:年度生产计划管理

重要合规风险提示:

生产计划不符合国家产业政策的风险。公司应注意生产计划中,尤其是关于扩充产能或新生产设备安装、新生产线建设等生产项目的内容是否符合现有产业政策。以金属行业的公司为例,根据《促进产业结构调整暂行规定》(国发

① 参见杨书方、马旭升:《合同附随义务不构成行使先履行抗辩权的先决条件》,载《人民司法》2011 年第 16 期。

〔2005〕40 号）之规定，对属于限制类的新建项目，禁止投资。违反该规定将可能导致公司在办理建设项目核准、土地管理、城市规划和建设、环境保护、质检、消防、金融贷款授信等手续时将面临不予批准的法律风险。

（二）相关案例评析

A 公司诉 S 市 M 区安全生产监督管理局安全行政处罚案①

1. 案情简介

2015 年 2 月 6 日，M 区安全生产监督管理局（以下简称 M 区安监局）会同 M 区公安分局等单位对“韩某坠亡”事故②进行调查，并于同年 4 月 13 日出具《A 公司“2.5”高处坠落死亡事故调查报告》。经听证，M 区安监局于同年 7 月 10 日作出被诉行政处罚决定，认定 A 公司于 2015 年 2 月 5 日，在涉案厂房内，因未建立安全生产责任制，安全生产规章制度缺乏，对于危险性较大的高处作业，聘请不具有安全生产条件的流动作业人员实施，未安排安全管理人员进行现场监管，未对现场作业过程中可能存在的危险因素采取有效的防范措施，导致高处坠落死亡事故的发生，违反了《安全生产法》第 4 条之规定，依据《安全生产法》第 109 条第 1 项之规定，作出罚款 20 万元的行政处罚。

M 区安监局于 2015 年 6 月 24 日作出另一行政处罚决定（171 号行政处罚决定），认定 A 公司于 2015 年 5 月 28 日在涉案厂房内，因未如实记录安全生产教育和培训情况、未建立事故隐患排查治理制度的行为，违反了《安全生产法》第 25 条第 4 款和第 38 条第 1 款之规定，依据《安全生产法》第 94 条第 4 项和第 98 条第 4 项之规定，对 A 公司作出罚款 3 万元的行政处罚。A 公司不服被诉行政处罚决定，诉至法院。

---

① 参见上海市第一中级人民法院行政判决书，（2016）沪 01 行终 198 号。

② “韩某坠亡”事故：A 公司与 B 公司于 2014 年签订了房屋租赁合同，合同约定 A 公司将某厂房（以下简称涉案厂房）出租给 B 公司，租赁合同约定：租赁期间 A 公司保证涉案厂房处于正常的可使用和安全状态，房屋的自然损坏及屋顶渗漏由 A 公司负责修复。经 A 公司介绍，B 公司与章某签订《房屋维修合同书》，由章某组织施工人员对烧毁的屋顶进行修缮。同年 2 月 4 日，章某安排韩某等对涉案厂房进行维修。次日，章某与 A 公司物业经理陈某一同察看涉案厂房屋顶后，又再次安排韩某等修理屋顶自然损坏的部位。维修过程中，韩某因屋顶发生石棉瓦碎裂坠落地面，经送医抢救无效死亡。

2. 法院观点

法院认为,被上诉人M区安监局作为S市M区人民政府安全生产监督管理部门,有作出被诉行政处罚决定的职权。《安全生产法》第109条第1项规定:“发生生产安全事故,对负有责任的生产经营单位除要求其依法承担相应的赔偿等责任外,由安全生产监督管理部门依照下列规定处以罚款:发生一般事故的,处二十万元以上五十万元以下的罚款。”本案中,首先,上诉人在租赁经营活动中未建立安全生产责任制,亦未建立相关的安全生产规章制度,其在整个修理房屋自然老化部位的过程中,未督促施工人员采取安全措施,未对房屋修理现场进行安全监管,未对房屋修理过程中可能存在危险因素采取有效的防范措施,从而导致韩某高处坠落死亡事故,故由此产生的事故责任应由上诉人承担。其次,被诉行政处罚决定针对的违法行为系上诉人因未建立安全生产责任制,未对现场作业过程中可能存在的危险因素采取有效的防范措施,发生高处坠落死亡事故的行为;而171号行政处罚决定针对的是上诉人因未如实记录安全生产教育和培训情况、未建立事故隐患排查治理制度的行为。两个行政处罚决定针对的违法行为不同,故被诉行政处罚决定并不违反一事不再罚的原则。

3. 评析

本案中,由于案涉公司未建立、健全本单位安全生产责任制,对于危险性较大的高处作业,聘请不具有安全生产条件的流动作业人员实施;同时未安排安全管理人员进行现场监管,对现场作业过程中可能存在的危险因素没有采取有效的防范措施,由此导致发生高处坠落死亡事故,违反相关生产安全规定,故受到相应的行政处罚。此外,公司如未如实记录安全生产教育和培训情况、未建立事故隐患排查治理制度,也应当承担相应的行政责任。

由此,公司应当充分重视生产过程中的合规与安全问题。在制订合法合理的生产计划后,配套制定安全生产规章制度,建立安全生产责任制,关注生产计划落实环节的安全问题,促进公司生产业务健康发展。

附录:生产计划管理合规要求

1.《安全生产法》

2.《消防法》

3.《刑法》

4.《特种设备安全法》

5.《危险化学品安全管理条例》

6.《特种设备安全监察条例》

7.《冶金企业和有色金属企业安全生产规定》(国家安全生产监督管理总局令第91号)

8.《生产经营单位安全培训规定》(国家安全生产监督管理总局令第80号)

9.《建设项目安全设施“三同时”监督管理办法》(国家安全生产监督管理总局令第77号)

二、生产运行监督与合规

生产运行监督包括生产进度通报、规范生产流程、明确作业操作规范等环节,做好生产流程中的监督检查工作有利于提高公司生产管理效率,增加产品合格率,促进公司持续健康发展。

本部分的合规目标,首先在于做好定期的生产进度通报,合理规划生产线建设,满足生产管理需求,提升公司生产效率。

流程项下合规风险:生产日报、进度通报

重要合规风险提示:

设备运行情况、生产情况和异常现象未及时汇报的风险。各级生产人员应及时、准确地将设备运行情况、生产情况和异常现象向公司有关部门汇报。否则,可能导致设备未能及时维修、发生安全生产事故或生产情况滞后于生产计划、生产环节衔接不畅等风险。

第五节　存货管理与合规

一、大宗原材料出入库管理与合规

大宗原材料出入库管理包括入库验收、领用出库等程序。如果大宗原材料验收程序或领用手续不规范,可能会导致原材料不符合标准要求,成本结转不准确,影响最终产品质量和成本控制,破坏公司声誉,不利于公司长久经营。

本部分的合规目标,首先,在于保证大宗原材料入库货品的质量符合国家及公司制定的标准;确保大宗原材料存货仓库账目能为公司存货管理提供必要的信息资料。其次,针对大宗原材料的领用应当严格把控审核流程,避免在公司内部出现管理人员侵占公司财产的风险。

(一)流程项下合规风险

1. 大宗原材料入库验收管理

重要合规风险提示:

(1)大宗原材料货物风险转移的风险。在货物入库前的运输过程中,可能因不可归属于供应商及公司的原因发生损坏或灭失,如自然灾害导致货物灭失、承运人损坏货物等。依《民法典》之规定,除非当事人之间有特别约定,货物在交付前发生意外损毁、灭失风险的,风险由出卖人承担,即供应商在交付原材料前由供应商承担原材料意外灭失的风险;标的物在交付之后发生意外灭失风险的,风险由买受人承担,即供应商交付原材料后由公司承担原材料意外灭失的风险。不过,该规定尚有一系列例外情形:

- 如标的物需要运输,且双方约定由出卖人将货物运送至买受人指定的地点,交由承运人运送的,则出卖人一方按照约定,将标的物运送至买受人指定地点,并且一经交付给承运人后,标的物的毁损、灭失风险就由买受人承担。即公司与供应商如在采购合同中已约定货物交由指定地点的承运人运送,则供应商将原材料交由指定地点的承运人时,由公司承担原材料意外损毁、灭失的风险。

- 如标的物需要运输,但双方没有约定交付地点或者约定不明确的,自出卖人将标的物交付第一承运人之后,标的物毁损、灭失的风险即由买受人承担。即公司与供应商如在采购合同中未明确约定交付地点且货物需要运输时,则无论货物经由几次联合运输,供应商将原材料交由第一位承运人时,由公司承担原材料意外损毁、灭失的风险。

- 除非当事人之间有特别约定,出卖人出卖交由承运人运输的在途标的物,自该合同成立之时,标的物发生毁损、灭失的风险由买受人承担。在途标的物是指,在买卖合同签订之时,标的物已经交由承运人运输,处于运输途中。除非公司与供应商间有特别约定,供应商向公司出卖交由承运人运输的在途标的物,自买卖合同成立之时,原材料意外发生毁损、灭失的风险由公司承担。

此外,在动产买卖合同中,出卖人交付了买卖合同的标的物,在交付标的物的同时，还应当一并交付标的物的单证和资料。不过，交付单证和资料仅仅是从义务，而不是主义务。换句话说，动产交易中，只要完成交付标的物的主义务，标的物的所有权就发生转移。因此，不能因为有关单证和资料没有交付而认为交付没有完成，同理，既然标的物的所有权已经发生转移，标的物意外灭失风险当然也就由买受人负担，承担标的物意外灭失风险的后果。即公司通常不得以供应商未交付单证和资料，提出原材料意外毁坏、灭失的风险未移转至公司。即使是拟制交付的情况下，根据H公司与K公司买卖合同纠纷申请案之判旨①，出卖人履行向买受人办理货权转移手续的拟制交付行为应当满足买受人可以自行提货的全部必要条件或合同约定的条件，方属于完成交付货物的合同义务。因此，发送《货权转移证明》传真件不属于交付，不引起风险转移的效果。

（2）怠于受领的风险。买卖合同的买受人负有按照约定及时受领货物的义务，如果因买受人的原因导致的标的物未按照约定的期限交付的，买受人应当自违反约定之日起承担标的物毁损、灭失的风险。此外，根据《民法典》第589条及T公司诉C公司买卖合同纠纷案之判旨②，如出卖人因买受人未及时受领支出额外费用，如仓储、运输等费用，亦可请求买受人赔偿。同时，迟延受领属违约，可能导致公司承担违约责任。

（3）怠于检验与通知的风险。买卖合同约定检验期限的，买受人应当在检验期间内将标的物的数量或者质量不符合约定的情形通知出卖人。买受人怠于通知的，视为标的物的数量或者质量符合约定。买卖合同没有约定检验期间的，买受人应当在发现或者应当发现标的物的数量或者质量不符合约定的合理期限内通知出卖人。买受人在合理期间内未通知或者自标的物收到之日起2年内未通知出卖人的，视为标的物的数量或者质量符合约定，但对标的物有质量保证期的，适用质量保证期，不适用该2年的规定。此外，出卖人多运、多交标的物亦属质量不符，公司可以接收，也可以拒绝接收。如果公司决定接收，需按照买卖合同约定的单价支付价款，如果拒绝接收多交部分的，亦应当及时通知出卖人。此外，根据《最高人民法院关于审理买卖合同纠纷案件适用法律问题的解释》之规

---

① 参见H公司与K公司买卖合同纠纷申请案，最高人民法院(2013)民提字第138号民事判决书。

② 参见T公司诉C公司买卖合同纠纷案，广东省高级人民法院(2017)粤民申7804号民事判决书。

定,买受人拒绝接收出卖人多交部分标的物的,买受人可以代为保管并向出卖人主张代为保管期间的合理费用,买受人还可主张出卖人承担代为保管期间非因买受人故意或者重大过失造成的损失。应当注意,拒收标的物的通知义务属于合同的附随义务,如公司因未履行通知义务导致供应商遭受损失的,对方可请求赔偿损失。

此外,如果出卖人和买受人约定的检验期限过短,根据标的物的性质和交易习惯,买受人在检验期限内难以完成全面检验的,则该期间仅视为买受人对外观瑕疵提出异议的期间。如果约定的检验期限短于质保期间、短于法律、行政法规规定的期限的,则应当按后者确定检验期限。根据A公司与陆某买卖合同标的物质量异议纠纷案之判旨①,隐蔽(内在)质量瑕疵提出异议的合理期限,应当综合产品的性质、瑕疵检验方法的难易程度等因素进行认定。

(4)签收送货单被推定无数量和外观瑕疵的风险。根据《民法典》第623条之规定,虽然买受人对标的物的数量、质量未进行检验,但是在满足①对标的物的检验期间未作规定;②出卖人已经将买卖标的物交付买受人;③买受人对出卖人送交的标的物签收了送货单、确认单,这些单据载明了标的物数量、型号、规格等内容三项条件的情况下,推定买受人对标的物的数量和外观瑕疵进行了检验,并认为其符合要求。

(5)未履行买受人拒收时保管义务的风险。如果货物已经交付,即使检验发现质量瑕疵而可主张拒绝接收,但因出卖人无法及时管领货物或双方的争议尚未最终解决,则买受人仍可能因诚信信用原则,而负有义务在合理期间内保管货物,该保管义务属于合同附随义务,如公司因未履行保管义务导致供应商遭受损失的,对方可请求赔偿损失;同理,公司为履行保管义务而额外支出的费用,亦可请求对方赔偿。

(6)未采取措施致使损失扩大无法求偿的风险。当事人一方违约后,另一方应当采取适当措施防止损失的扩大;如果另一方没有采取适当措施致使损失扩大的,不得就扩大的损失要求赔偿。因此,如果因供应商提供的原材料存在质量瑕疵或权利瑕疵而造成损失时,公司应采取措施避免损失扩大,如未采取适当措

---

① 参见A公司与陆某买卖合同标的物质量异议纠纷案,江苏省连云港市中级人民法院(2015)连商终字第00278号民事判决书。

施，将无法就扩大的损失要求赔偿。

2. 大宗原材料领用管理

重要合规风险提示：

管理人员侵占公司财产的风险。在入库和出库管理人员由同一人兼任、缺乏明确的入库要求、出库定额管理不善的情况下，可能发生管理人员侵占公司财产的行为，如与供应商通谋超额入库致使公司须额外支付原材料费用，或诈领原材料等行为。管理人员侵占公司的财产，数额或情节达到一定标准时可能触犯职务侵占罪，根据《刑法》第 271 条及《最高人民检察院、公安部关于公安机关管辖的刑事案件立案追诉标准的规定（二）》之规定，公司工作人员，利用职务上的便利，将本单位财物非法占为己有的，数额在 5000 元至 1 万元以上的，即可能构成本罪，最高法定刑为无期徒刑并可判处罚金。其中，利用职务便利指的是具有实际上占有、保管或主管、管理财务的权力，而不是指具备特定的职务身份。

（二）相关案例评析

A 公司与陆某买卖合同标的物质量异议纠纷案[①]

1. 案情简介

自 2013 年 4 月 6 日始，原告 A 公司和被告陆某双方当事人前后签订了 3 份买卖合同，共涉 16 台机器，货款 171.4 万元，双方合同约定出卖人负责安装调试，保修期一年。

上述 3 份合同均是 A 公司与陆某事后补签，从 2013 年 4 月 6 日至 7 月 28 日，陆某陆续收到了 A 公司交付并安装的 16 台机器，并支付了 105 万元货款。然而在后续的使用过程中，部分机器多次出现生产问题，致使部分生产产品不合格。陆某多次原告催告 A 公司修理，A 公司经多次修理、更换零部件，仍然不能正常生产出合格产品，造成陆某巨大损失。由此，陆某认为 A 公司销售的产品，不具备应当具备的使用性能，且 A 公司未履行安装和调试义务，拒绝支付剩余的 664，000 元货款，并要求退回不合格产品、由原告返还购货款 105 万元以及返还

① 参见江苏省连云港市中级人民法院民事判决书，（2015）连商终字第 00278 号。

垫付的安装费等其他费用。原告A公司提起诉讼,要求陆某给付货款664,000元及违约金,并以“陆某未能在质量异议期内提出异议,标的物应当视为合格”为由拒绝返还货款及作出相关赔偿。

2. 法院观点

一审法院认为,A公司与陆某签订的买卖合同是双方当事人的真实意思表示,合法成立且有效,双方应当按照合同约定履行各自义务。本案中双方当事人在合同中约定了10天的检验期间。但是,依据《最高人民法院关于审理买卖合同纠纷案件适用法律问题的解释》第18条第1款的规定,“约定的检验期间过短,依照标的物的性质和交易习惯,买受人在检验期间内难以完成全面检验的,人民法院应当认定该期间为买受人对外观瑕疵提出异议的期间,并根据本解释第十七条第一款的规定确定买受人对隐蔽瑕疵提出异议的合理期间”。本案中,因双方买卖的物品是纺织机械,其性质和安装程序决定了买方是无法在10日内验收纺织机械的内在质量,故合同中约定的“10天”应属于外观瑕疵异议期间。双方在买卖合同中约定,A公司所售产品的保修期为自产品交付之日起一年。在保修期内,属陆某正常使用而出现的质量问题,由A公司负责免费维修并免费更换损坏的零部件(易损件除外)。此处约定的一年期间,可以作为认定陆某对隐蔽瑕疵提出异议的合理期间的参照期间。陆某在2013年8月就对机械的运转问题提出异议,双方当事人也对此进行了沟通交流,A公司也派人进行了维修。应当认定,陆某是在合理期间内对隐蔽瑕疵提出质量异议。

此外,法院委托B检测公司进行司法鉴定,根据鉴定机构的鉴定意见,A公司高毛机1台、大圆机9台的质量不符合合同约定,A公司存在违约行为。原《合同法》第148条规定,因标的物的质量不符合质量要求,致使不能实现合同目的,买受人可以拒绝接受标的物或解除合同。① 据此,对于陆某要求退回不合格机器的诉讼请求,应予支持。故陆某应当支付合格产品的相关机器共计货款53.6万元,而陆某实际付款105万元,A公司应当退还其多付货款51.4万元及垫付的安装费等其他费用。

法院二审认为,一审中的涉案鉴定报告根据双方当事人确认的鉴定事项对涉案机器作出鉴定意见,该结论系对涉案机器的整体质量问题的评价,可以作为

① 现为《民法典》第610条。

认定相关机器存在质量问题的依据。此外，涉案机器存在的问题系隐蔽瑕疵，并非因涉案机器的使用造成，也并非售后服务所能解决，一审法院对涉案机器质量提出异议合理期间的认定并无不当。最终判令A公司一次性返还陆某货款51.4万元及垫付的安装费等其他费用，自行取回陆某处的不合格机器。

3.评析

本案表明，虽然双方当事人虽然在买卖合同中约定了检验期间，但根据产品的性质，买受人显然无法在约定期间内完成全面检验的，该期间应视为买受人对外观瑕疵提出异议的期间。对隐蔽质量瑕疵提出异议的合理期间，应当综合产品的性质、瑕疵检验方法的难易程度等因素进行认定。购买的机器在安装调试、投入使用后频繁出现故障，无法生产出合格产品，出卖人根据买受人的反映，虽多次进行维修、调试，该机器仍无法正常稳定地生产产品，应当认定买受人已经在合理期间内提出了质量异议。本案中，A公司和陆某达成有效合同后，陆某是在合同约定中的合理期间内对隐蔽瑕疵提出质量异议，其要求退回不合格机器的诉讼请求合法合理。

由此，公司应当注重大宗原材料及相关机械器材的验收核查，如果出现物资未经验收就入库领用，很可能影响最终产品质量，浪费公司资源。相关部门应当做好原材料出入库的合规管理，确保原材料质量符合公司要求，满足生产作业的需要，推动公司持续健康发展。

附录：大宗原材料出入库管理合规要求

1.《民法典》

2.《刑法》

3.《企业内部控制应用指引第8号——资产管理》(财会〔2010〕11号)

二、生产用辅材及备品备件出入库管理与合规

生产用辅材及备品备件出入库管理也同样包括入库验收、领用出库等程序。如果辅材及备品备件验收程序或领用手续不规范，可能会导致供应商多送货或者少送货、以次充好，成本结转不准确，影响最终产品质量和成本控制，破坏公司声誉，不利于公司长久经营。

本部分的合规目标，首先，在于保证生产用辅材及备品备件入库货品的质量

符合国家及公司制定的标准;保证生产用辅材及备品备件存货仓库账目能为公司存货管理提供必要的信息资料。其次,针对生产用辅材及备品备件的领用应当严格把控审核流程,避免在公司内部出现管理人员侵占公司财产的风险。

流程项下有以下合规风险。

1. 辅材及备品备件入库验收管理

重要合规风险提示:

(1)辅材及备品备件风险转移的风险。在辅材及备品备件入库前的运输过程中,可能因不可归属于供应商及公司的原因发生损坏或灭失,如自然灾害导致货物灭失、承运人损坏货物等。关于辅材及备品备件运输过程中意外损毁、灭失的风险承担,可参见“大宗原材料入库验收管理”下的“重要合规风险提示(1)”。

(2)怠于受领辅材及备品备件的风险。公司负有按照采购合同的约定及时受领辅材及备品备件。具体内容,可参见“大宗原材料入库验收管理”下的“重要合规风险提示(2)”。

(3)怠于检验与通知的风险。公司应当及时对辅材及备品备件进行检验,并在期间内将辅材及备品备件的数量或者质量不符合约定的情形通知供应商。具体内容,可参见“大宗原材料入库验收管理”下的“重要合规风险提示(3)”。

(4)签收送货单被推定无数量和外观瑕疵的风险。公司对供应商送交的辅材及备品备件签收了送货单、确认单的情况,可能被推定为对标的物的数量和外观瑕疵进行了检验,并认为其符合要求。具体内容,可参见“大宗原材料入库验收管理”下的“重要合规风险提示(4)”。

(5)未履行买受人拒收时保管义务的风险。即使公司拒收供应商送交的辅材及备品备件,仍可能须根据诚信原则而承担合理期限内的保管义务。具体内容,可参见“大宗原材料入库验收管理”下的“重要合规风险提示(5)”。

(6)未采取措施致使损失扩大无法求偿的风险。当供应商违约时,公司仍应采取措施避免损失扩大,如未采取适当措施,可能无法就扩大的损失要求赔偿。具体内容,可参见“大宗原材料入库验收管理”下的“重要合规风险提示(6)”。

2. 辅材及备品备件领用管理

重要合规风险提示：

管理人员侵占公司财产的风险。在入库和出库管理人员由同一人兼任、缺乏明确的入库要求、出库定额管理不善的情况下，可能出现管理人员侵占公司财产的行为。

附录：生产用辅材及备品备件出入库管理合规要求

1.《民法典》

2.《刑法》

3.《企业内部控制应用指引第8号——资产管理》(财会〔2010〕11号)

三、检修项目、技改项目物资出入库管理与合规

检修项目、技改项目物资出入库管理包括入库验收、领用出库等程序。如果检修项目、技改项目物资出入库验收程序或领用手续不规范，可能会导致项目材料用途不清、在建工程或者维修项目核算不准确、相关材料无法正常核算等问题，影响企业利益。

本部分的合规目标，首先，在于保证检修项目、技改项目物资入库货品的质量符合国家及公司制定的标准；保证检修项目、技改项目物资入库货品存货仓库账目能为公司存货管理提供必要的信息资料。其次，针对检修项目、技改项目物资入库货品的领用应当严格把控审核流程，避免在公司内部出现管理人员侵占公司财产的风险。

（一）流程项下合规风险：检修项目、技改项目物资验收及领用管理

重要合规风险提示：

1. 检修项目、技改项目物资风险转移的风险。在检修项目、技改项目物资入库前的运输过程中，可能因不可归属于供应商及公司的原因发生损坏或灭失，如自然灾害导致货物灭失、承运人损坏货物等。关于检修项目、技改项目物资运输过程中意外损毁、灭失的风险承担，可参见“大宗原材料入库验收管理”下的“重要合规风险提示(1)”。

2. 怠于受领检修项目、技改项目物资的风险。公司负有按照采购合同的约

定及时受领检修项目、技改项目物资的义务。具体内容,可参见“大宗原材料入库验收管理”下的“重要合规风险提示(2)”。

3. 怠于检验与通知的风险。公司应当及时对检修项目、技改项目物资进行检验,并在期间内将检修项目、技改项目物资的数量或者质量不符合约定的情形通知供应商。具体内容,可参见“大宗原材料入库验收管理”下的“重要合规风险提示(3)”。

4. 签收送货单被推定无数量和外观瑕疵的风险。公司对供应商送交的检修项目、技改项目物资签收了送货单、确认单的情况下,可能被推定为对标的物的数量和外观瑕疵进行了检验,并认为其符合要求。具体内容,可参见“大宗原材料入库验收管理”下的“重要合规风险提示(4)”。

5. 未履行买受人拒收时保管义务的风险。即使公司拒收供应商送交的检修项目、技改项目物资,仍可能须根据诚信原则而承担合理期限内的保管义务。具体内容,可参见“大宗原材料入库验收管理”下的“重要合规风险提示(5)”。

6. 未采取措施致使损失扩大无法求偿的风险。当供应商违约时,公司仍应采取措施避免损失扩大,如未采取适当措施,可能无法就扩大的损失要求赔偿。具体内容,可参见“大宗原材料入库验收管理”下的“重要合规风险提示(6)”。

7. 管理人员侵占公司财产的风险。在入库和出库管理人员由同一人兼任、缺乏明确的入库要求、出库定额管理不善的情况下,可能出现管理人员侵占公司财产的行为。

8. 发包人违反协助义务承担违约责任的风险。根据《民法典》第803条之规定,在建设工程施工合同中,发包人负有协助义务,保证建设工程承包合同得以顺利履行。发包人必须履行的协助义务包括按照约定提供相关材料、设备等。在承包人包工不包料、包工半包料的情形下,发包人应当负责材料和设备的全部或者部分的供应。未按照约定的时间和要求提供原材料、设备的,即构成违约。换言之,公司如在外委①设备检修项目或技术改造项目中承诺由公司提供物资的,即负有义务按照约定的时间和质量要求提供物资。违反前述协助义务,如果影响建设工程进度的,应当承担违约责任。对此,承包人既可以要求发包人顺延工期,也可以请求赔偿停工、窝工给自己造成的实际损失。此外,如公司不提供或

① “外委”指企业将部分业务或项目委托给其他具有相关资质的外单位实施。

迟延提供物资,致使承包人无法施工,且经催告仍不提供的,承包人得解除合同。

(二)相关案例评析

W 公司与 D 公司建设工程施工合同纠纷案①

1. 案情简介

2013 年 7 月 15 日,D 公司与 W 公司签订了《F 苑 A、B 楼建设工程施工合同》。原告与被告两公司及其法定代表人双方在合同上盖章。合同签订当日,双方又签订《补充协议》一份。施工合同及补充协议签订后,D 公司入场进行施工,W 公司未能按照补充协议约定的进度给付工程款,导致工程停工。

2014 年 7 月 3 日双方签订《F 苑工程复工合同书》,约定 W 公司自愿将工程的 B 楼 1 ~6 层(除已销售的两户),按照建筑面积,以 2000 元每平方米的价格折抵给 D 公司所有,W 公司负责办理房屋产权证书等,D 公司保证于 2014 年 9 月 1 日前完成全部工程并交付验收使用。复工协议签订后,D 公司继续进场施工。2014 年 12 月 12 日,双方签订了《某村 F 苑零星工程合同》一份,约定零星工程的具体施工内容为水泥路面、地坪、下水管道以及绿化地面等项目。

2014 年 12 月 26 日,D 公司制作完成并向 W 公司递交了书面的《建设工程报验材料》等竣工验收材料。W 公司派驻工程师张某某在上述《建设工程报验材料》签字。同日,X 公司审查后,在上述验收材料上盖章予以确认。2014 年 12 月 28 日,D 公司取得房村 F 苑小区 A 某、B 某楼附属工程签证单,写明相关工程于 2014 年 12 月 24 日竣工,并验收合格交付使用。监理公司 X 公司在签证单上签字认可。

原告 D 公司向一审法院起诉请求,要求 W 公司支付工程款 5,073,008 元、质保金 300,000 元及相关利息损失;确认 D 公司对 W 公司开发的 F 苑 A 某、B 某楼房屋在欠付工程款本金 5,073,008 元的限额内享有优先受偿权。

2. 法院观点

一审法院认为,D 公司与 W 公司签订的《建设工程施工合同》等合同系双方当事人的真实意思表示,应认定为合法有效,合同双方应按照合同约定履行相关义务。

① 参见江苏省徐州市中级人民法院民事判决书,(2017)苏 03 民终 5963 号。

本案中,W公司未能根据合同中的约定如期支付工程款或其他相关义务,应当承担工期顺延的违约责任。由于双方在合同中明确约定"发包人不按合同约定支付工程款(进度款),双方又未达成延期付款协议,导致施工无法进行,承包人可停止施工,由发包人承担违约责任",结合双方在合同中约定F苑小区工程的竣工日期为2013年11月26日,故W公司未能按照双方《补充协议》中约定的付款计划支付工程款,D公司有权依据合同约定停止施工。2014年7月3日经协商后双方签订《F苑工程复工合同书》,但是W公司仍未能按照该合同约定交付房屋并办理相关手续的义务,导致施工工期顺延,应当承担工期顺延的违约责任。因此,D公司对工期顺延的问题无过错,不应当承担违约责任。

此外,建设工程经发包人验收合格或者未经验收,但发包人擅自投入使用的,后又以工程质量存在瑕疵为由,拒绝支付或要求少支付工程价款的,该主张不能成立。该案中,涉案工程已经施工完毕,各个分部工程已经经过W公司派驻现场施工的工程师张某某和W公司委托的监理单位验收,认可其质量合格,应视为涉案工程全部质量合格。因此,W公司以涉案工程存在质量问题,拒绝支付工程价款,无事实和法律依据。

二审法院认为,W公司实际销售的涉案工程的部分房屋已经交付业主使用,故能够认定其对D公司无须就剩余工程继续施工予以认可;同时,张某某作为受W公司委派对D公司施工进行监督管理的工作人员,其签字行为能够证明W公司不再要求D公司继续施工,故涉案工程虽未按照合同约定内容完工,但由于系经W公司同意且W公司已接受交付,上诉人以"D公司未完成合同约定的工程量,且其存在工期延误、工程存在质量问题等违约行为"为由拒绝支付工程款,不应支持。最终判令W公司向D公司支付工程款本金4,777,151.67元及利息,D公司在W公司欠付工程款4,777,151.67元范围内,有权对W公司开发的某村镇F苑小区A某、B某楼的房屋折价或拍卖后所得价款优先受偿。

3. 评析

根据本案判罚可见,在建造项目管理过程中,公司应重视发包人违反协助义务承担违约责任的风险,发包人应做好建造项目的过程管理,承包人按照发包人的要求及合同约定全面履行了合同义务,发包人未能按照该合同约定支付工程款、交付房屋并办理相关手续,导致施工工期顺延的,应当承担工期顺延的违约责任。

附录：检修项目、技改项目物资出入库管理合规要求

1.《民法典》

2.《刑法》

3.《企业内部控制应用指引第8号——资产管理》(财会〔2010〕11号)

四、产成品与半成品入库管理与合规

产成品和半成品作为公司生产产品的重要组成部分,其出入库管理对上、下环节的生产经营都会产生较大的影响。如果产成品与半成品未经验收,导致入库手续不规范,可能会导致以次充好,引发客户投诉,破坏公司声誉。

本部分的合规目标,确保成品与半成品入库货品的质量符合国家及公司制定的标准;保证成品与半成品存货仓库账目能为公司存货管理提供必要的信息资料;对成品与半成品的入库手续应当严格把控审核流程,避免影响上、下环节的生产与经营。

(一)流程项下合规风险:入库验收管理

重要合规风险提示:

入库产成品、半成品不符合质量要求的风险。如其未经妥善验收,质量不符合相关要求,可能存在以下风险:

- 构成生产伪劣产品罪未遂的风险。根据《最高人民法院、最高人民检察院关于办理生产、销售伪劣商品刑事案件具体应用法律若干问题的解释》(法释〔2001〕10号)及仙桃市李某某生产、销售伪劣产品案之判旨①,即使伪劣产品尚未销售的,其货值达到《刑法》第140条规定的销售金额3倍以上的,仍以生产、销售伪劣产品罪(未遂)定罪处罚。

- 构成生产、销售不符合标准遭行政处罚的风险。根据《产品质量法》第49条之规定,即使生产产品尚未销售,生产不符合保障人体健康和人身、财产安全的国家标准、行业标准的产品的,仍可能被处以没收违法生产的产品,并被处违法生产产品货值金额等值以上3倍以下的罚款;情节严重的,吊销营业执照。

---

① 参见刘怡廷:《湖北省检察院发布首批十个打击涉疫情防控犯罪典型案例》,载微信公众号“鄂检在线”2020年2月25日,https://mp.weixin.qq.com/s/D6jJi3Xm8BzX6hvhni17QQ。

• 构成预期违约的风险。根据《民法典》第578条之规定,在合同履行期届满之前,一方当事人无正当理由而明确表示其在履行期届满之前将不履行合同或者以其行为表明其在履行期届满以后也不可能履行合同,应当承担的合同责任。将不符合合同约定的质量要求的产成品入库,可能构成其中的以行为表示不再履行合同债务,构成预期违约的情况下,合同相对人得在履行期届满之前请求承担违约责任。此外,根据D集团有限公司与Y超市有限公司租赁合同纠纷抗诉案之判旨①,当事人预期违约单方解除合同,应对守约方承担相应的违约责任,守约方因防止损失扩大而支出的合理费用,由违约方承担。

更多关于产品责任的风险,参见“质量体系方针与目标管理”下的“重要合规风险提示”。

(二)相关案例评析

李某某生产、销售伪劣产品案②

1.案情简介

2020年1月20日至27日,被告人李某某发现疫情防控期间口罩稀缺涨价,为谋取非法利益,组织他人对自己生产的以及购进的劣质口罩(其中部分为2003年非典期间生产)加以分拣,重新包装后进行销售。期间,李某某出售劣质口罩6万只,获款1.5万元。

1月27日,A市市场监督管理局依法对李某某尚未销售价值18万元的36万只口罩予以扣押。经检验,上述尚未销售的36万只口罩均为不合格产品。

2月3日,A市公安局对李某某立案侦查。2月4日A市人民检察院派员提前介入,对案件定性、适用认罪认罚从宽制度、追回已销售的口罩等提出意见建议,引导公安机关侦查取证。

---

① 参见D集团有限公司与Y超市有限公司租赁合同纠纷抗诉案,最高人民法院(2011)民抗字第86号民事判决书。

② 参见本案为湖北省检察院首批十个打击涉疫情防控犯罪典型案例(2020年2月)。刘怡廷:《湖北省检察院发布:首批十个打击涉疫情防控犯罪典型案例》,载微信公众号“鄂检在线”2020年2月25日,https://mp.weixin.qq.com/s/D6jJi3Xm8BzX6hvhni17QQ。

2. 法院观点

法院采纳检察机关量刑建议,该案适用认罪认罚从宽制度办理,以生产、销售伪劣产品罪当庭判处李某某有期徒刑10个月,并处罚金人民币2万元,对扣押的36万只口罩予以没收。

3. 评析

可见,公司在入库产成品、半成品时,应当需要确保其符合国家法律法规的质量要求。伪劣产品尚未销售的,其货值达到《刑法》第140条规定的销售金额3倍以上的,以生产、销售伪劣产品罪(未遂)定罪处罚。

附录:产成品与半成品入库管理合规要求

1.《民法典》

2.《刑法》

3.《产品质量法》

4.《企业内部控制应用指引第8号——资产管理》(财会〔2010〕11号)

五、产成品与半成品出库管理与合规

产成品和半成品作为公司生产产品的重要组成部分,其出入库管理对上、下环节的生产经营都会产生较大的影响。如果产成品与半成品领用出库未及时结转成本,将导致资产安全风险,影响企业决策。

本部分的合规目标,保证产成品与半成品货物的安全与完整;确保产成品与半成品货物正确发出,符合法律法规和公司内部规章的规定,保障公司利益;保证产成品与半成品货物发出的信息及时、完整反馈给相关管理部门。

(一)流程项下合规风险

本业务流程的重要合规风险提示与第四章第五节“大宗原材料采购与合规”相应业务流程的重要合规风险提示相同,此处不再赘述,具体内容可参见“大宗原材料领用管理”下的“重要合规风险提示”。

(二)相关案例评析

上海市长宁区人民检察院诉李某职务侵占案①

1. 案情简介

A公司成立于2002年3月,公司类型为有限责任公司(国内合资)。被告人李某系该公司驾驶员,朱某、熊某系搬运工。

2008年1月12日下午,被告人李某与朱某、熊某三人按照A公司的指令将一批货物从公司仓库运至上海浦东国际机场。李某负责驾驶车辆、清点货物、按单交接并办理空运托运手续,熊某、朱某负责搬运货物。当日下午4时许,在运输途中,三人经合谋共同从李某驾驶的货车内取出一箱品名为“纪念品”的货物,从该封存箱内窃得30枚梅花鼠年纪念金币(价值共计人民币16万余元)予以瓜分。后在A公司的追问下,李某和朱某、熊某将窃得的30枚梅花鼠年纪念金币退至A公司,由A公司退还给托运人。李某以非法占有为目的,伙同他人秘密窃取公私财物,数额特别巨大,其行为已构成盗窃罪,上海市长宁区人民检察院提请依法予以惩处。

2. 法院观点

法院一审、二审均认为,被告人李某在实施犯罪行为时利用了自身职务上的便利。李某系A公司的驾驶员,在完成运输任务过程中,不仅负有安全及时地将货物运至目的地的职责,还负责清点货物、按单交接及办理空运托运手续。因此,李某对其运输途中的货物负有保管职责。根据本案事实,李某作为涉案货物承运人A公司的驾驶人员,在运输涉案货物途中,对涉案货物负有直接、具体的运输、保管职责。李某利用这种自身职务上的便利,伙同他人将本单位承运的货物非法占有。李某身为公司工作人员,伙同他人利用其控制、保管运输途中的货物的职务便利,将本单位承运的货物非法占为己有,其行为符合职务侵占罪的犯罪构成,且数额巨大,应以职务侵占罪予以惩处。

3. 评析

《刑法》第271条规定:“公司、企业或者其他单位的人员,利用职务上的便

---

① 参见上海市长宁区人民检察院诉李某职务侵占案,载《最高人民法院公报》2009年第8期。

利，将本单位财物非法占为已有，数额较大的，处五年以下有期徒刑或者拘役；数额巨大的，处五年以上有期徒刑，可以并处没收财产。国有公司、企业或者其他国有单位中从事公务的人员和国有公司、企业或者其他国有单位委派到非国有公司、企业以及其他单位从事公务的人员有前款行为的，依照本法第三百八十二条、第三百八十三条的规定定罪处罚。”

本案的判罚表明，普通货物运输的承运人不仅负有将货物安全及时地送达目的地的职责，同时对该货物负有直接保管的义务。货运驾驶员在运输途中，利用其运输、保管货物的职务便利窃取货物的行为，构成职务侵占罪。

由此，企业应当严格管控产成品与半成品的出入库流程及手续，制定相应的规章制度，建立健全企业内部出入库管理规则。相关工作人员应当恪守职能，遵守相关法律法规及企业规章制度，不得利用职务之便违规获取个人利益，给个人及企业造成不利影响。

附录：产成品与半成品出库管理合规要求

1.《刑法》

2.《企业内部控制应用指引第 8 号——资产管理》(财会〔2010〕11 号)

六、仓储管理与合规

公司仓储管理作为产品流转的重要环节，能有效确保公司及时了解存货状况。如果仓储条件未达到各种物资的仓储要求，未及时对仓储情况进行检查，可能导致物资在仓储过程中损毁，造成财产安全风险。

本部分的合规目标，在于落实国家对仓储的强制性规范，编制存货盘点计划，保证存货的盘点能顺利完成；保证存货的安全，避免各种非正常损失。

(一)流程项下合规风险

1. 仓储物资安全检查

重要合规风险提示：

未落实国家对仓储的强制性规范的风险。仓储用于研发或生产的易燃易爆、易腐蚀或一些焊接的工业原料或物资时，必须遵守国家对仓储的强制性规定，如有违反，即便未产生严重后果，但是依然有可能承担相关刑事或行政责任，

具体而言:

- 构成危险作业罪。未经依法批准或者许可,擅自开展危险物品生产、储存等高度危险的生产作业活动的,具有发生重大伤亡事故或者其他严重后果的现实危险的,可能构成危险作业罪。

- 遭受行政处罚。依据《消防法》之规定,储存易燃易爆危险品的仓库等应当符合消防技术标准,储存可燃物资仓库的管理,必须执行消防技术标准和管理规定。此外,《安全生产法》及《危险化学品安全管理条例》相关条款规定,储存危险物品的仓库选址不得与员工宿舍在同一座建筑物内,并应当与员工宿舍保持安全距离;危险化学品生产、储存企业要有符合国家标准的生产工艺、设备或者储存方式和设施;仓库的周边防护距离符合国家标准或者国家有关规定;具有危险物品管理资质管理人员和技术人员;应当在专用仓库内进行仓储,并由专人管理;储存数量必须符合国家标准,出入库必须进行核查登记;实行双人收发、双人保管制度;在当地公安部门和负责危险化学品安全监督管理综合工作的部门备案;危险化学品专用仓库,设置明显标志;危险化学品专用仓库的储存设备和安全设施应当定期检测。违反前述规定可能遭到行政处罚。

2. 仓储物资安全检查

重要合规风险提示:

存货舞弊的风险。存货盘点操纵是存货舞弊的主要方式,公司管理人员与财务人员私自将本单位存货对外销售谋取利益的情况下,为达到账面平衡,可能通过变造、伪造近日存货盘点表或将临时借入产品等方式实施存货舞弊。实施存货舞弊违反忠实义务的行为,造成公司财产损失的,对于董事、监事、高级管理人员可依《公司法》请求归入收益并赔偿损失,对于公司雇员,可依《劳动合同法》解除劳动合同并请求赔偿损失。

(二)合规风险其他提示

有些公司可能采取代储物资模式以缩减物资积压风险,在代储采购模式下,供应商将物资存放于双方约定的地方存储,公司在一定期限内采购使用。代储采购模式下应注意以下风险:

1. 代储物资所有权归属。采取代储采购时应当尽可能明确代储物资的所有权归属。在代储采购模式下,如约定物资所有权归属于供应商,则物资交付前仍为供应商所有，则供应商应承担物资因意外毁坏、灭失的风险，公司只能依照合同约定采购和使用物资，不得擅自对代储物资进行任何处分，包括但不限于出借、出租、转让、抵押等，否则即可能构成侵权。如约定物资所有权归属于公司，则公司有权对代储物资进行处分，但同时也由公司承担物资因意外毁坏、灭失的风险。

2. 供应商的保管义务。代储采购合同本质上可能属于买卖合同和保管合同，或买卖合同与仓储合同二者之一：保管合同与仓储合同下，供应商的保管时应尽的注意义务存在显著区别。根据《民法典》之规定，保管合同以无偿为原则，除当事人另有约定外，保管合同自保管物交付时成立；仓储合同为有偿合同，自保管人和存货人意思表示一致时成立。保管合同中，在无偿保管的情况下，如发生保管物毁损、灭失的，保管人证明自己没有故意或重大过失的，不承担赔偿责任。但是，在仓储合同中，保管人则需承担危险催告义务、保管不善的损害赔偿责任。因而，公司应当尽可能在代储采购合同中明确供应商得承担何种保管义务。

附录：仓储管理合规要求

1.《安全生产法》

2.《消防法》

3.《刑法》

4.《危险化学品安全管理条例》

5.《企业内部控制应用指引第 8 号——资产管理》(财会〔2010〕11 号)

七、低值易耗品管理与合规

低值易耗品是指不能作为固定资产的各种用具物品，如工具、管理用具、玻璃器皿，以及在经营活动过程中周转使用的包装容器等。做好低值易耗品领用及维修管理，有利于降低工器具损毁率，减少企业运营费用或者产品成本。

本部分的合规目标，在于建立低值易耗品定期维护和保养的制度，确保低值易耗品的领用符合公司的规定，保障公司利益；保证低值易耗品领用的信息及时、完整反馈给相关管理部门。

流程项下合规风险:工器具管理

重要合规风险提示:

(1)工器具风险转移的风险。在工器具入库前的运输过程中,可能因不可归属于供应商及公司的原因发生损坏或灭失,如自然灾害导致货物灭失、承运人损坏货物等。关于工器具运输过程中意外损毁、灭失的风险承担,可参见“大宗原材料入库验收管理”下的“重要合规风险提示(1)”。

(2)怠于受领工器具的风险。公司负有按照采购合同的约定及时受领工器具。具体内容,可参见“大宗原材料入库验收管理”下的“重要合规风险提示(2)”。

(3)怠于检验与通知的风险。公司应当及时对工器具进行检验,并在期间内将工器具的数量或者质量不符合约定的情形通知供应商。具体内容,可参见“大宗原材料入库验收管理”下的“重要合规风险提示(3)”。

(4)签收送货单被推定无数量和外观瑕疵的风险。公司对供应商送交的工器具签收了送货单、确认单的情况下,可能被推定为对标的物的数量和外观瑕疵进行了检验,并认为其符合要求。具体内容,可参见“大宗原材料入库验收管理”下的“重要合规风险提示(4)”。

(5)未履行买受人拒收时保管义务的风险。即使公司拒收供应商送交的工器具,仍可能须根据诚信原则而承担合理期限内的保管义务。具体内容,可参见“大宗原材料入库验收管理”下的“重要合规风险提示(5)”。

附录:低值易耗品管理合规要求

《企业内部控制应用指引第8号——资产管理》(财会〔2010〕11号)

八、废旧物资管理与合规

编制科学合理的废旧物资管理制度,做好废旧物资的报废、收集、处理,充分地利用废旧物资,降低消耗。如果废旧物资未经过合理处置,可能导致不该报废的报废,增加生产成本与管理费用,进而提升企业生产成本和管理费用,导致企业利益受损。

本部分的合规目标,确保废旧物资的处置符合国家法律法规与公司规章制度的要求;保证废旧物资处置之前已经过多部门鉴定,从而避免不该报废的报废,产生额外的生产成本;针对积压物资建立监督处置机制,避免物资长期积压占用资金。

流程项下合规风险

1. 废旧物资鉴定管理

重要合规风险提示:

存货舞弊的风险。公司管理人员与财务人员私自将本单位存货对外销售谋取利益的情况下,为达到账面平衡,可能通过将合格品报废的方式实施存货舞弊。更多内容,可参见“存货年度清查盘点”下的“重要合规风险提示(1)”。

2. 废旧物资处置管理

重要合规风险提示:

(1)管理人员侵占公司财产的风险。在废旧物资鉴定、销售程序控制不足的情况下,可能出现管理人员侵占公司财产的行为。

(2)危险废物处置不当的风险。对于危险废弃物,应当按照国家有关规定和环境保护标准要求贮存、利用、处置,不得擅自倾倒、堆放可参见“危险废弃物管理”下的“重要合规风险提示”。

附录:废旧物资管理合规要求

1.《刑法》

2.《固体废物污染环境防治法》

3.《企业内部控制应用指引第8号——资产管理》(财会〔2010〕11号)

第六节　销售管理与合规

一、销售计划管理与合规

销售是公司运营和发展过程中与公司收益最密切的环节。根据公司生产能力与市场行情制订合理的销售计划,有利于公司立足宏观市场和微观环境做好自身定位。如果没有做好适合公司的销售计划管理,可能导致经营失败,难以实现发展战略。

本部分的合规目标,在于选择符合法律规定、科学合理的销售政策和策略,根据市场行情与公司发展情况确保定期及时修订公司月度、年度销售计划,管理销售渠道,避免出现横、纵向垄断等不正当交易。

(一)流程项下合规风险:年度销售计划管理

重要合规风险提示:

销售计划中的商业安排构成垄断协议的风险。根据《反垄断法》的相关规定,垄断行为主要包括垄断协议、滥用市场支配地位和具有限制竞争效果的经营者集中三种类型。其中,依《禁止垄断协议暂行规定》第6条之规定,垄断协议不仅包括经营者之间的正式书面协议,经营者之间进行过意思联络或信息交流,各自通过内部的生产、销售计划或安排达成实质上具有一致性的市场行为亦属于达成垄断协议。因此,公司内部制订的销售计划中如包含联合销售、独家采购不存在等商业安排内容,也可能构成垄断协议。当达成并实施垄断协议时,行政监督部门可没收违法所得,并处以企业上一年度销售额1%以上10%以下的罚款,造成损失的,亦可请求赔偿损失,具体而言:

- 公司与集团内部其他公司或企业、公司与子公司或控制公司之间为进行市场协调而做出的销售安排,仍可能构成垄断协议。此外,根据深圳中理外轮理货有限公司实施垄断协议案之意旨,反垄断机关不会仅因为公司之间存在关联关系而否定垄断行为存在,如果关联企业间无直接或间接的控制关系或被控制关系,各自的生产经营具有独立性的,仍可能被认定为具有竞争关系,因而不得达成与实施垄断协议。

- 联合销售安排可能构成横向垄断。横向垄断协议是指具有竞争关系的经营者之间达成的垄断协议,如与同业公司达成的协议。如果公司欲与其他公司或企业(包括子公司、控制公司或集团内的其他公司)进行联合销售而制订相应销售计划,应注意联合销售安排是否包含统一销售价格、划分销售客户或地域范围、交换销售信息等可能产生排除、限制竞争效果的内容,当联合销售安排包含前述内容时,可能构成分割销售市场的横向垄断协议。

- 独家采购、地域或客户限制安排可能构成纵向垄断协议。纵向垄断协议指与交易相对人达成的垄断协议,如客户达成的协议。构成纵向垄断协议的情形包括:(1)公司的商业安排中如果包含要求客户(包括子公司、控制公司或集团内的其他公司)仅从公司采购特定商品,或设定最低采购目标以致使客户从公司购买的商品占到其所需的全部或绝大部分等，即可能属于独家采购；(2)如果公司通过经销商进行销售，同时，公司的商业安排中如包含在特定经销区域对一个或若干经销商供货，且该经销商也承诺不向其他经销区域销售，或者，公司限定经销商只能将商品售予或不得售予特定客户，即可能构成地域或客户限制。其中，客户限制可进一步分为主动销售限制与被动销售限制，主动销售指经销商向特定受众发出广告或促销信息，从而促成交易；被动销售指客户主动接洽某个经销商而产生一笔销售交易，限制被动销售，通常作为价格固定的方式之一，很可能构成国务院反垄断执法机构认定的其他垄断协议。因此，如果公司的销售计划中包含独家采购、地域或客户的被动销售限制，可能构成纵向垄断协议。

• 其他形式的垄断协议。除前述的联合销售、独家采购、地域或客户限制外，《反垄断法》第13条与第14条还规定了不同形式的垄断协议，其中横向垄断协议包括：(1)固定或者变更商品价格；(2)限制商品的生产数量或者销售数量；(3)分割销售市场或者原材料采购市场；(4)限制购买新技术、新设备或者限制开发新技术、新产品；(5)联合抵制交易；以及(6)反垄断执法机构认定的其他垄断协议。纵向垄断协议包括：(1)固定向第三人转售商品的价格；(2)限定向第三人转售商品的最低价格；(3)反垄断执法机构认定的其他垄断协议。

除联合销售、独家采购、地域或客户限制安排外，尚有交换客户敏感信息、限定转售价格(渠道限价)可能构成垄断协议，具体内容，参见“客户档案管理”下的“重要合规风险提示(1)”及“销售长单合同签订”下的“重要合规风险提示(1)”。

受反垄断法规制的垄断行为尚包括滥用市场支配地位与经营者集中两类，关于滥用市场支配地位的更多内容，参见“销售定价管理”下的“重要合规风险提示(1)”与“销售长单合同签订”下的“重要合规风险提示(1)”。

(二)相关案例评析

A公司实施垄断协议案①

1. 案情简介

A公司(以下简称当事人)和B公司属于具有竞争关系的经营者，双方共同

① 参见国家市场监督管理总局行政处罚决定书，国市监价监处罚〔2018〕6号。

划分市场份额并共同抬高S港西部港区理货价格,由此实现市场垄断。

当事人于2013年5月至2016年8月,与B公司将S港西部港区市场份额进行"五五划分",并常态化沟通理货费率,联合抬高理货市场价格。具体如下:

(1)达成并实施划分市场份额的协议。2013年5月,当事人与B公司达成S港西部港区理货市场"五五划分"的协议。之后,当事人与B公司通过以下方式实施了上述协议:一是通过价格协调转移客户,根据有关电子邮件显示,经过价格的沟通协调,至少有8家客户由B公司转移至当事人;二是对理货收入差额进行直接划转,对于超出"五五划分"的理货收入,由B公司将超出50%市场份额的部分收入划转至当事人,共划转金额972.4万元。

(2)联合抬高S港西部港区理货价格。2013年以来,当事人与B公司多次通过电子邮件等方式,相互沟通理货价格,与客户签署逐年涨价的理货合同,将理货价格推高。从实际执行价格来看,2013年以来当事人与B公司的理货价格均呈逐年上涨态势。

2. 国家市场监督管理总局观点

国家市场监督管理总局认定,当事人与B公司作为具有竞争关系的经营者,于2013年5月至2016年8月通过价格协调的方式进行客户转移,并每年对超出市场划分部分收入进行划转,排除和限制了当事人与B公司之间的竞争,违反《反垄断法》第13条第1款第3项的规定,属于达成并实施"分割销售市场"垄断协议的行为;当事人与B公司相互交换理货价格信息,共同抬高S港西部港区理货市场价格,违反了经营者自主定价的有关要求,限制了当事人与B公司之间的价格竞争,违反《反垄断法》第13条第1款第1项的规定,属于达成并实施"固定或者变更商品价格"垄断协议的行为。考虑到当事人已于2016年8月主动停止了有关违法行为,依据《反垄断法》第46条第1款和第49条的规定,本机关决定对当事人处上一年度相关销售额4%的罚款,计1,149,052元。

3. 评析

根据2014年12月7日,交通运输部作出的《关于废止37件交通运输规章的决定》,理货价格即属于市场调节价。经营者均应当按照公平、合法和诚实信用的原则,依据自身生产经营成本和市场供求状况,自主制定收费标准。本案中,作为竞争关系的当事人双方,通过协议划分市场份额,联合抬高市场价格的做法显然违背了正常的行业发展规律,不利于塑造良好的市场竞争环境。

可见,公司应当依据国家相关法律政策的规定制订销售计划,合理布局销售渠道,避免在销售计划中的商业安排过程中达成分割销售市场、固定或者变更商品价格承担垄断协议,建立良好的市场秩序。

附录:销售计划管理要求

1.《反垄断法》

2.《企业内部控制应用指引第9号——销售业务》(财会〔2010〕11号)

二、客户管理与合规

客户的维护和管理对公司的持续生产和经营起着重要作用。销售部门应当构建合规的客户管理体系,对客户的档案进行维护和更新,形成售前、售中、售后的全方位链条,完善客户的回访和满意度调查工作,树立良好的公司品牌服务形象,提升客户黏性,推动企业长期稳定发展。

本部分的合规目标,在于建立符合国家和公司政策要求的客户档案,采用科学合理的客户信用管理,制定恰当的信用金额和结算方式以符合公司的信用政策,能真实、及时地反映该客户的信用状况;对所有销售订单的交付能够进行监控,避免出现销售过程中的商业贿赂行为等违法行为,保障公司利益。

(一)流程项下合规风险

1. 客户信用管理

重要合规风险提示:

未及时、准确核查客户账面余额、预付货款的风险。为防范客户信用风险,公司的商品销售业务可遵循相关规定中原则,如"先款后货"等。其中,对于商品的销售,各业务单位提货金额应与账面余额相符或有结余;对于产品的销售,客户应于提货前支付足额货款或货款预估金额。未及时核查客户账面余额、预付货款可能造成客户实际提领货物金额超出账面金额或预付货款,在事实上构成赊销,产生应收账款风险。

2. 客户档案管理

重要合规风险提示:

(1)交换客户信息构成垄断协议的风险。根据《反垄断法》的相关规定,垄断行为主要包括垄断协议、滥用市场支配地位和具有限制竞争效果的经营者集中三种类型。其中,垄断协议不仅包括排除、限制竞争的协议或决定,也包括其他协同行为。具体而言:

- 交换客户敏感信息可能构成横向垄断协议。在公司与其他企业(包括子公司、控制公司或集团内的其他公司)之间存在竞争关系的情况下,如果交换包含客户清单、客户采购内容、客户采购数量、客户采购价格等可能属于或用以推断现行的或者将来的价格信息或数量信息的敏感内容的策略性信息,可能构成非价格横向垄断协议。因此公司应当注意,尽量避免对于具体的价格、数量、成本、客户、商业计划等竞争性敏感信息的交换。

除交换客户敏感信息外,尚有联合销售、独家采购、地域或客户限制安排、限定转售价格(渠道限价)可能构成垄断协议。更多内容,参见“年度销售计划管理”下的“重要合规风险提示”及“销售长单合同签订”下的“重要合规风险提示(1)”。

受反垄断法规管的垄断行为尚包括滥用市场支配地位与经营者集中两类。关于滥用市场支配地位的更多内容,参见“销售定价管理”下的“重要合规风险提示”与“销售长单合同签订”下的“重要合规风险提示(1)”。

(2)证据保全风险。当公司与客户产生纠纷,需要通过诉讼程序解决纠纷时,可能因未妥善保存相关客户信息导致缺少明确的被告信息或管辖权证据造成无法立案或者因缺少证据证明公司提出的主张导致诉讼请求被驳回。具体而言:

- 未妥善保存相关客户档案导致缺少明确的被告信息或法院管辖权证据造成无法立案或被驳回起诉。依《民事诉讼法》第122条之规定,公司如欲通过提起诉讼,至少须提供:(1)被告的基本信息,基本信息包括但不限于名称、住所、法定代表人或主要负责人的姓名、职务、联系方式,如被告属自然人或个体工商户,则须提供姓名、性别、年龄、民族、职业、工作单位、住所、联系方式及字号等信息。(2)公司至少应提供法院具有管辖权之证据,例如,如果依据被告住所地确定管辖法院的,则须提供被告住所的证明,如果依据合同履行地确定管辖法院的,则须提供相应合同作为证明。当公司无法提供上诉信息时,可能造成无法立案或被驳回起诉。

- 未妥善保存相关客户档案导致缺少证据证明公司提出的主张,导致公司的诉讼请求被驳回。在许多情况下，交易过程中的合同、谈判记录；双方签订或履行合同的往来电报、电传、信函、电话记录等书面材料和视听材料；货物的验收记录、交接、收付货物或款项的原始凭证及复印件；合同正本、副本及变更、解除合同的书面协议等材料可能作为诉讼过程中用以证明公司主张的证据，如果公司在诉讼中因前述材料遗失无法提出相应证据证明公司提出的主张，或因前述材料被篡改等导致不具证据能力，可能造成公司败诉。

除此之外，即使在替代性纠纷解决程序中，特别是仲裁等裁判式纠纷解决程序中，可能准用民事诉讼法的相应原则或其仲裁规则中具有同样要求，公司未能妥善保全上述材料也可能承担相应风险。

（二）合规风险其他提示

公司或公司员工与交易相对方（客户）或对客户有影响力的第三人交易、接触的过程中，为谋取交易机会或竞争优势所实施的不当行为可能构成商业贿赂。典型的可能构成商业贿赂行为包括账外暗中支付回扣、赠送礼品或提供招待、举办会议或组织旅游等，具体而言：

1. 可能成为商业贿赂对象的交易对象

首先，《反不正当竞争法》第 7 条明确将禁止商业贿赂的对象定为三类：客户的工作人员、受客户委托办理相关事务的单位或者个人、利用职权或者影响力影响交易的单位或者个人。其次，根据《刑法》第 164 条、第 389 条至第 390 条的规定，国家机关工作人员、对国家工作人员有影响力的人员及国家机关以及国有公司、企业、事业单位、人民团体可成为行贿罪的对象。

- 客户的工作人员。目前对于未明示入账向不属于国家机关、国有公司、企业、事业单位、人民团体的客户本身违规支付折扣、佣金是否构成商业贿赂尚存在争议。原则上，公司直接向客户，即采购方公司或企业本身提供折扣、优惠、返利等，在符合明示及如实入账的条件下，不属于商业贿赂，但向客户的工作人员等个人给予财物则很可能构成商业贿赂。《反不正当竞争法》第 7 条明确将客户的工作人员列为商业贿赂的行为对象，《刑法》第 164 条亦规定为谋取不正当利益，给予公司、企业或者其他单位的工作人员以财物构成对非国家工作人员行贿罪。

- 受客户委托办理相关事务的单位或者个人。在通常情况下，除客户的中介人、行纪人外，受客户委托办理相关事务的单位或者个人尚可能包括为客户提供商业调查、法律咨询服务的机构或个人等临时的受托人,这类受委托处理相关事项的单位或个人被称为“中间人”。尽管《反不正当竞争法》允许向中间人提供佣金,但要求必须以明示方式向中间人支付佣金,且双方都必须如实入账。

- 利用职权或者影响力影响交易的单位或者个人。除客户的工作人员及中间人外,交易之外的第三方,亦可能构成商业贿赂的对象。其中,第三方主要可以分为利用职权的第三方和利用影响力的第三方。利用职权的第三方既包括承担公共事务管理职能的单位及其工作人员等公权力行使人,也包括客户公司内部具有职权的管理人员。利用影响力的第三方一般包括与客户具有特殊的人际关系的对象,如客户或客户工作人员、中间人的近亲属、朋友、校友等;同时,客户具有重大信赖的对象也可能属于利用影响力的第三方,典型的具有重大信赖的对象包括行业协会、专家、医生、律师等,如在L公司商业贿赂案中[①],L公司通过向参加某国际学术会议的授课专家给付讲课费、帮助制作PPT等影响专家授课内容的方式,以影响参会医生宣传产品、影响参会医生专业判断为目的,从而获得竞争优势,该行为被认定为向利用影响力影响交易的第三方进行商业贿赂。

- 国家工作人员或对国家工作人员有影响力的人员。国家机关工作人员应从行使公权力的角度实质理解。一方面,国家机关中从事劳务性工作的人员,如司机、清洁员,不属于国家机关工作人员;另一方面,除国家机关中从事公务的人员外,国家机关、国有公司、企业、事业单位委派到非国有公司、企业、事业单位、社会团体从事公务的人员,或者临时受委托或受权处理公务的人员,如协助行政管理的村委会、居委会成员、履行职责中的人大代表等,均可能属于国家工作人员。对国家工作人员有影响力的人员包括国家工作人员的近亲属或者其他与该国家工作人员关系密切的人,以及离职的国家工作人员或者其近亲属以及其他与其关系密切的人。根据《关于办理受贿刑事案件适用法律若干问题的意见》(法发〔2007〕22号),“特定关系人”,是指与国家工作人员有近亲属、情妇(夫)以及其他共同利益关系的人。不过应当注意,即使不具备近亲属关系或共同利益关系,某些具有职务便利的人员的也可能属于对国家工作人员有影响力的人员,如在薛某对有影响力的人行贿罪上诉案中,薛某对担任市委书记专职司

---

① 参见L公司商业贿赂案,上海市青浦区市场监督管理局沪监管青处字(2018)第292018000076号行政处罚决定书。

机的段某行贿，被认为构成对有影响力的行贿罪。

• 国家机关、国有公司、企业、事业单位、人民团体。通常而言，在交易活动中以明示方式向客户支付折扣不构成商业贿赂，但是根据《刑法》第391条的规定，为谋取不正当利益，给予国家机关、国有公司、企业、事业单位、人民团体以财物的，或者在经济往来中，违反国家规定，给予各种名义的回扣、手续费，构成对单位行贿罪。

2. 典型的商业贿赂行为

• 未明示入账支付折扣、佣金

根据《反不正当竞争法》第7条之规定，公司在交易活动中，可以以明示方式向客户支付折扣，或者向中间人支付佣金。公司向客户支付折扣、向中间人支付佣金的，应当如实入账。接受折扣、佣金的客户或中间人也应当如实入账。支付折扣，公司必须在原始凭证（包括发票、验收凭证、资金结算凭证、合同协议、其他有效文字说明材料等），记账凭证，法定明细账，科目汇总表，总账按规定会计科目对折扣或折让予以及时正确地反映，并按规定如实明确表述。

应当注意，支付折扣时一些不恰当的会计处理仍存在法律风险，例如，通过虚构销货退回或折让虚开红字发票，或者将折扣记入成本或销售费用、管理费用等处理方式，均属于未如实入账。尽管《反不正当竞争法》删改了过去“在账外暗中给予对方单位或者个人回扣的，以行贿论处”的规定，但《关于禁止商业贿赂行为的暂行规定》（国家工商行政管理局令〔1996〕第60号）中的第5条第1款“在账外暗中给予对方单位或者个人回扣的，以行贿论处”及第3款“本规定所称账外暗中，是指未在依法设立的反映其生产经营活动或者行政事业经费收支的财务账上按照财务会计制度规定明确如实记载，包括不记入财务账、转入其他财务账或者做假账等”之规定仍未被执法机构修订，依然有可能被作为商业贿赂处罚。此外，即使执法机构不认定为商业贿赂，不恰当的会计处理亦可能构成税法违法或违反会计准则的行为。

执法机构要求支付折扣必须符合商业实质，即令购买主体获得利益，亦不得混淆支付给中间人的佣金与支付给实际购买人的折扣。例如，在X公司T分公司商业贿赂案中①，执法机构认为当事人向W中学给付“折扣”，作为实际购买主

① 参见X公司T分公司商业贿赂案，湖南省常德市工商行政管理局常工商行处字〔2018〕4号行政处罚决定书。

体的学生并没有实际得利,不属于法律意义上和商业惯例上的折扣。

因此,任何费用均应当明示、如实入账,正确列入名目,取得对应相符的发票、收据等有效凭证,不得进行账外暗中的“暗箱操作”或“现金支付”。

- 赞助

以个人为赞助对象的赞助行为存在重大风险。对个人的赞助通常表现为赞助官员等国家工作人员或交易相对方领导或普通员工出国考察、旅游、参加培训、会议或继续教育。《反不正当竞争法》明确禁止为谋取竞争优势而向客户的工作人员提供财物,同时,国家工作人员很可能具有一定管理公共事实的职权,而构成利用职权影响交易的个人。因此,对个人的赞助很可能被认定为商业贿赂。在K公司商业贿赂案中①,K公司为提高药品在中国市场的销量,邀请医院相关医生开展学术会议的过程中外出旅游被认定为商业贿赂。

以单位为赞助对象的赞助行为存在构成未明示入账支付折扣、对利用影响力的第三方行贿的可能。如果直接以客户为赞助对象,则赞助行为可能被认定为支付折扣,公司应当明示并如实入账。如果是赞助行业协会、学术会议等第三方机构,那么应当进一步检视赞助附带的商业推介条款或者第三方机构的真实性、中立性、无不正当目的;否则可能构成对利用影响力的第三方的贿赂。

- 捆绑销售

捆绑销售指在向顾客供应一种商品或服务的同时,又要求其购买另一种商品或服务。捆绑销售除可能构成垄断行为外,还可能构成未明示入账支付折扣。例如,免费或者以不合理的低价出售一种产品,但同时又捆绑销售另一种产品,且捆绑销售行为具有排除竞争的效果,即可能属于支付折扣,应当遵循明示且如实入账的原则。例如,在X公司诉X市工商行政和质量技术监督管理局行政处罚决定上诉案中②,判决认为X公司与J县人民医院签订销售协议,并向该医院免费投放一台YD-600尿液分析仪,而该分析仪不属于在销售商品时附赠的小额广告礼品。X公司投放YD-600尿液分析仪的目的系销售该仪器的配套试纸,构成商业贿赂。

---

① 参见K公司不正当竞争案,上海市普陀区市场监督管理局普市监案处字〔2017〕第070201710624号行政处罚决定书。

② 参见X公司与X市工商行政和质量技术监督管理局处罚决定上诉案,安徽省宣城市中级人民法院(2016)皖18行终97号行政判决书。

• 其他形式的商业贿赂行为

根据《关于禁止商业贿赂行为的暂行规定》第 2 条及《关于办理受贿刑事案件适用法律若干问题的意见》第 2 条至第 8 条之规定，原则上提供任何利益都可以构成贿赂。因此，实践中可能存在的提供干股、承诺代为理财但支付显然高于合理水平的收益、挂名领薪、长期无偿使用权，或者以明显低于市场的价格出售或以明显高于市场的价格购买等行为均可能构成商业贿赂。

3. 商业贿赂的法律责任

• 民事责任

《反不正当竞争法》第 17 条规定经营者的合法权益受到不正当竞争行为损害的，可以向人民法院提起诉讼。因此，如果公司因商业贿赂行为对其他企业或个人造成损失的，应当承担民事赔偿责任。民事赔偿的数额按照受侵害方因被侵权所受到的实际损失确定；如果实际损失难以计算，将按照侵权人因侵权所获得的利益确定。赔偿数额还应当包括经营者为制止侵权行为所支付的合理开支。

此外，一些特定活动中的商业贿赂可能专门规定，如根据《招标投标法》相关规定，投标人以向招标人或者评标委员会成员行贿的手段谋取中标的，中标无效。给他人造成损失的，依法承担赔偿责任。

• 行政责任

《反不正当竞争法》设有法律推定条款，依据《反不正当竞争法》第 7 条第 3 款之规定，公司的员工进行贿赂的，应当认定为公司的行为；但是，公司有证据证明该员工的行为与公司为谋取交易机会或者竞争优势无关的除外。为推翻推定公司不仅需要证明对工作人员的贿赂行为不知情，还要证明未从中获得交易机会或竞争优势，或其获得交易机会或竞争优势与工作人员的贿赂行为无关。因此，公司应当加强内控，积极进行诸如内部培训、不定期抽查等反商业贿赂合规建设，勉力收集员工“个人实施”商业贿赂的证据，以降低员工的个人行为可能带来的法律风险。

根据《反不正当竞争法》第 19 条之规定，公司进行商业贿赂的，最高可处 300 万元罚款，情节严重的，吊销营业执照。

• 刑事责任

对于员工个人而言，为谋取不正当利益，给予国家工作人员以财物，或者在经济往来中,违反国家规定,给予国家工作人员以财物,数额较大的,或者违反国家规定,给予国家工作人员以各种名义的回扣、手续费,可能构成行贿罪,行贿罪最高可判处无期徒刑,并处罚金或者没收财产。为谋取不正当利益,给予国家机关、国有公司、企业、事业单位、人民团体以财物的,或者在经济往来中,违反国家规定,给予各种名义的回扣、手续费,可能构成对单位行贿罪,对单位行贿罪可处处3年以下有期徒刑或者拘役,并处罚金。为谋取不正当利益,给予公司、企业或者其他单位的工作人员以财物,则可能构成对非国家工作人员行贿罪,构成对非国家工作人员行贿罪最高可判处10年有期徒刑,并处罚金。为谋取不正当利益,向国家工作人员的近亲属或者其他与该国家工作人员关系密切的人,或者向离职的国家工作人员或者其近亲属以及其他与其关系密切的人行贿的,可能构成对有影响力的人行贿罪,最高可判处10年有期徒刑,并处罚金。

其中,"谋取不正当利益"不仅包括违反法律法规谋取不法利益,根据《最高人民法院、最高人民检察院关于办理商业贿赂刑事案件适用法律若干问题的意见》第9条之规定,在招标投标、政府采购等商业活动中,违背公平原则,给予相关人员财物以谋取竞争优势的,也属于"谋取不正当利益"。

对于公司而言,行贿罪、对单位行贿罪、对非国家工作人员行贿罪、对有影响力的人行贿罪均可成立单位犯罪,构成单位行贿罪的,对单位判处罚金,并对其直接负责的主管人员和其他直接责任人员,处5年以下有期徒刑或者拘役,并处罚金;构成对单位行贿罪、对非国家工作人员行贿罪的单位犯罪的,对单位判处罚金,并对其直接负责的主管人员和其他直接责任人员依照对单位行贿罪处罚。构成对有影响力的人行贿罪的单位犯罪的,对单位判处罚金,并对其直接负责的主管人员和其他直接责任人员,处3年以下有期徒刑或者拘役,并处罚金。

《刑法》上的单位犯罪本质上属于一种代位责任,因而成立单位犯罪应证明公司成员或雇员所实施之行为构成对法人行为的代理,具体而言,除相应罪名明文规定可成立单位犯罪外,尚须实现3项要件:

(1)公司名义,即公司之成员或雇员以公司之名义实行的行为,或代表公司实行的行为。

(2)公司利益,即公司之成员或雇员所实行之行为乃为实现公司之利益,或其至少认识到实现公司利益是一种可能的附随结果。

(3)公司意思,唯公司之成员或雇员本于公司之意思所实行之行为方构成单位犯罪,因此,依照公司决策机构或负责人决定而实行的行为或职务权限、劳动合同范围内之行为方构成单位犯罪。

因此,公司应当建立适当的合规计划,设立完善的职权管理制度,确保反商业贿赂程序被认真善意地应用,持续改进定期测试及审查反商业贿赂机制等行为,可作为员工不具公司名义或不出于公司意思的证据。

(三)相关案例评析

K公司不正当竞争案[①]

1.案情简介

当事人K公司系意大利K集团在中国投资设立的公司,为意大利K集团在中国境内销售固尔苏和倍优诺药品提供市场推广、咨询等服务,并以此向意大利K集团收取市场推广和咨询费用。

当事人为提高固尔苏和倍优诺药品在中国市场的销量,在邀请医院相关医生开展学术会议的过程中外出旅游。2014~2016年,当事人邀请各医院相关科室的医生开会旅游,共计花费503,859.02元。

当事人组织上述会议共计向K集团取得收入803,117.08元,扣除成本之后违法所得为299,258.06元。

2.上海市普陀区市场监督管理局观点

市监局认为,当事人行为违反了《反不正当竞争法》第8条第1款的规定,根据《行政处罚法》第23条的规定,责令当事人改正违法行为,并依照《反不正当竞争法》第22条的规定,决定处罚如下:(1)罚款人民币15万元;(2)没收违法所得人民币29万余元。

3.评析

本案中,医药公司为提升药品销量,对医院相关医生以"开展学术会议"的形式进行商业贿赂,违反了《反不正当竞争法》第7条第1款规定,即经营者不得采用财物或者其他手段贿赂下列单位或者个人,以谋取交易机会或者竞争优势:

---

① 参见上海市普陀区市场监督管理局行政处罚决定书,普市监案处字〔2017〕第070201710508号。

(1)交易相对方的工作人员;(2)受交易相对方委托办理相关事务的单位或者个人;(3)利用职权或者影响力影响交易的单位或者个人。经营者在交易活动中,可以以明示方式向交易相对方支付折扣,或者向中间人支付佣金。经营者向交易相对方支付折扣、向中间人支付佣金的,应当如实入账。接受折扣、佣金的经营者也应当如实入账。经营者的工作人员进行贿赂的,应当认定为经营者的行为;但是,经营者有证据证明该工作人员的行为与为经营者谋取交易机会或者竞争优势无关的除外。

由此,公司应当注重与客户的关系,严格遵守相关法律法规,制定合法合规的客户关系管理体系制度,与客户建立良好、有序的社会关系,在销售这一环节重点关注降低垄断定价、商业贿赂等不正当竞争行为发生的可能性,为客户维护、公司运行和行业发展提供更好的环境。

附录：客户管理合规要求

1.《著作权法》

2.《专利法》

3.《民法典》

4.《刑法》

5.《商标法》

6.《反不正当竞争法》

7.《民事诉讼法》

8.《反垄断法》

9.《企业内部控制应用指引第 9 号——销售业务》(财会〔2010〕11 号)

三、销售定价管理与合规

产品售价与公司运营情况有着密切联系。公司应当根据有关价格政策,综合考虑公司财务目标、营销目标、产品成本及竞争对手情况等多方面因素,确定销售价格。如果销售部门未建立销售管理机制,导致定价或调价不符合价格政策,未能结合市场供需状况,将会导致公司经济利益受损,损害公司形象。

本部分的合规目标,在于确保价格的制定符合法律法规以及公司内部规章的规定;确保制定的一般价格符合公司实际的生产及销售情况,与公司经营目标相一致,避免出现定价不当导致滥用市场支配地位的情况;保证制定的价格公平合理,及时、真实地反映市场实际供求关系。

(一)流程项下合规风险:销售定价管理

重要合规风险提示:

1. 定价管理不当构成滥用市场支配地位的风险。根据《反垄断法》的相关规定,垄断行为主要包括垄断协议、滥用市场支配地位和具有限制竞争效果的经营者集中三种类型。如果经营者在相关市场内具有支配地位,且实施包括限定交易、拒绝交易、附加不合理交易条件在内的具有排除竞争效果的行为,则可能构成滥用市场支配地位。因此,公司的定价管理中包含忠诚折扣等内容时,可能构成滥用市场支配地位。对于滥用市场支配地位的经营者,行政监督部门可没收违法所得,并处以企业上一年度销售额1%以上10%以下的罚款,造成损失的,亦可请求赔偿损失,具体而言:

- 市场支配地位指经营者在相关市场内具有能够控制商品价格、数量或者其他交易条件,或者能够阻碍、影响其他经营者进入相关市场能力。构成滥用市场支配地位的前提是经营者在相关市场尚具有支配地位,《国务院反垄断委员会关于相关市场界定的指南》(国反垄发〔2009〕3号)提供了相关市场的界定,包括相关地域市场和相关产品市场两方面;《反垄断法》第24条则规定了三种关键指标:(1)一个经营者在相关市场的市场份额达到1/2的;(2)两个经营者在相关市场的市场份额合计达到2/3的;(3)三个经营者在相关市场的市场份额合计达到3/4的。应当注意,不应仅凭借全国市场上某一大类产品存在产能过剩等情况简单排除公司不具市场支配地位,相关地域市场的范围可能受到运输成本和特征、特定区域的需求者偏好等影响而缩小,相关产品市场范围可能因细分产品的特异性较大而缩小,在相关市场范围较小的情况下,公司仍有可能达到前述市场份额标准,从而具备市场支配地位。

- 定价管理时滥用忠诚折扣(最惠国待遇)可能被视为滥用市场支配地位。《反垄断法》禁止具有市场支配地位的经营者在没有正当理由的情况下,限定交易相对人只能与其或其指定的特定对象进行交易。实践中,限定交易的表现更为多样,在利乐滥用市场支配地位案中,忠诚折扣包括追溯性累计销量折扣和个性化目标折扣。前者是指当客户采购量达到或超过阈值时,会出现采购量增多而总支付却减少的情况,或者是将两种类型的产品放在一起计算销量折扣;个性化目标折扣则是以特定客户一定时期内采购产品达到或超过目标比例或个别固定的数量为条件给予的折扣,在实际操作中,利乐一般根据具体客户的情况单独制定采购比例要求,利乐的行为被反垄断执法机构认定为其他滥用市场支配地位的行为。因此,通过给予折扣设置诱导性的采购比例指标的安排,产生客户的锁定效应和对竞争对手的排挤效应,也可能被认定为滥用市场支配地位。

- 其他形式的滥用市场支配地位行为。除前述的滥用忠诚折扣外,《反垄断法》第22条规定了不同形式的滥用市场支配地位的行为:(1)以不公平的高价销售商品或者以不公平的低价购买商品;(2)没有正当理由,以低于成本的价格销售商品;(3)没有正当理由,拒绝与交易相对人进行交易;(4)没有正当理由,限定交易相对人只能与其进行交易或者只能与其指定的经营者进行交易;(5)没有正当理由搭售商品,或者在交易时附加其他不合理的交易条件;(6)没有正当理由,对条件相同的交易相对人在交易价格等交易条件上实行差别待遇;(7)国务院反垄断执法机构认定的其他滥用市场支配地位的行为。

除忠诚折扣外,尚有最低采购定量采购限制(照付不议)条款可能构成滥用市场支配地位,具体内容,参见"销售长单合同签订"下的"重要合规风险提示(1)"。受反垄断法规管的垄断行为尚包括垄断协议与经营者集中两类,关于垄断协议的更多内容,参见"年度销售计划管理"下的"重要合规风险提示"。

此外,定价管理中采取限定转售价格(渠道限价)可能构成纵向垄断协议。根据《反垄断法》,固定交易相对方向第三人转售商品的价格,以及限定交易相对方向第三人转售商品的最低价格属纵向垄断协议。不仅如此,如果公司采取固定毛利率或折扣率等对价格具有影响的间接行为,也可能构成纵向垄断协议。

2. 定价管理构成价格违法行为的风险。即使经营者不具有市场支配地位或者与其他经营者达成垄断协议,某些不正当的定价行为仍可能构成价格违法行为。依《价格法》第14条之规定,价格违法行为包括:(1)串通操纵市场价格;(2)低价倾销,即除依法降价处理鲜活商品、季节性商品、积压商品等商品外,为了排挤竞争对手或者独占市场,以低于成本的价格销售;(3)哄抬价格,即捏造、散布涨价信息,推动商品价格过高上涨的;(4)价格欺骗,即利用虚假的或者使人误解的标价形式或者价格手段,欺骗、诱导消费者或者其他经营者与其进行交易;(5)价格歧视,即提供相同商品或者服务,对具有同等交易条件的其他经营者实行不公平的待遇；(6)变相压抬价格，即在销售商品的过程中，采取了抬高等级或者压低等级等不正当的手段，变相提高或者压低价格；(7)违反法律、法规的规定牟取暴利。其中，“违反法律、法规的规定牟取暴利”的行为由《制止牟取暴利的暂行规定》进一步规定。具体包括：(1)不按照规定明码标价或者在明码标示的价格之外索要高价；(2)谎称削价让利，或者以虚假的优惠价、折扣价、处理价、最低价以及其他虚假的价格信息，进行价格欺诈；(3)违反公平、自愿原则，强迫交易对方接受高价等行为。

价格欺骗是最主要的价格违法行为，在实践中主要包括通过价格标识与通过价格手段进行价格欺骗两类：

- 通过价格标识进行价格欺骗包括：(1)标价签、价目表等所标示商品的价格、收费标准等有关内容与实际不符，并以此为手段诱骗他人购买；(2)对同一商品，在同一交易场所同时使用两种标价签或者价目表，以低价招徕顾客并以高价进行结算；(3)使用欺骗性或者误导性的语言、文字、图片、计量单位等标价，诱导他人与其交易；(4)标示的市场最低价、出厂价、批发价、特价、极品价等价格表示无依据或者无从比较；(5)降价销售所标示的折扣商品，其折扣幅度与实际不符；(6)销售处理商品时，不标示处理品和处理品价格；(7)采取价外馈赠方式销售商品时，不如实标示馈赠物品的品名、数量或者馈赠物品为假劣商品；(8)销售商品带有价格附加条件时，不标示或者含糊标示附加条件。

- 通过价格手段进行价格欺骗包括：(1)虚构原价，虚构降价原因，虚假优惠折价，谎称降价或者将要提价，诱骗他人购买；(2)销售商品前有价格承诺，不履行或者不完全履行；(3)谎称销售价格高于或者低于其他经营者的收购、销售价格，诱骗消费者或者经营者与其进行交易；(4)采取掺杂、掺假，以假充真，以次充好，短缺数量等手段，使数量或者质量与价格不符；以及(5)对实行市场调节价的商品和服务价格，谎称为政府定价或者政府指导价。

依《价格违法行为行政处罚规定》之规定，违反前述《价格法》第 14 条之规定实施价格违法行为，除可能遭行政监督部门罚款、责令停业整顿、吊销营业执照外，还可能被公告价格违法行为。

(二)相关案例评析

A公司涉嫌违反物价管理规定案①

1. 案情简介

2021年3月10日至5月21日,当事人A公司(以下简称当事人)开展宣传促销活动,称"留美硕士带你环游世界学英语"培训课程团购价1元原价199元(5节课)和"四至六年级英语语法线上课程"培训课程1元原价199元(10节课)。经查实,当事人销售商品时标示的划线价未标示准确含义,未以划线价格实际销售过,无法提供真实的依据。

2021年5月20日,当事人"名师风采"栏中公开宣传教师的有关履历。经查实,当事人的103名教师教龄,其中76名教师的公司宣传教龄与事实不符。如"周某某3年教龄",按教师资格证颁发时间计算,周某某真实教龄为1年6个月;"张某某3年教龄",按教师资格证颁发时间计算,张某某真实教龄为5个月;"廖某6年教龄",按教师资格证颁发时间计算,廖某某真实教龄为2年。

2. 杭州市市场监督管理局观点

杭州市监局认为,A公司于2021年3月10日至5月21日开展宣传促销活动,称"留美硕士带你环游世界学英语"培训课程团购价1元原价199元(5节课)和"四至六年级英语语法线上课程"培训课程1元原价199元(10节课)等内容经查实,该促销活动7日前公司未以划线价格实际销售过,构成价格欺诈。此外,A公司旗下教师宣传教龄与事实实际不符,构成欺骗消费者的行为。由此,建议对当事人作出合计罚款人民币250万元整的行政处罚。

3. 评析

《价格法》第14条第4项规定,经营者不得利用虚假的或者使人误解的价格手段,诱骗消费者或者其他经营者与其进行交易。这种价格违法行为通常称作价格欺诈行为,又称欺骗性价格表示,是指经营者利用虚假或者使人误解的价格条件,诱骗消费者或者其他经营者与其进行交易的行为。依据《国家发展改革委关于〈禁止价格欺诈行为的规定〉有关条款解释的通知》(该规定已失效):"《规

---

① 参见浙江省杭州市市场监督管理局行政处罚决定书,杭市监罚处〔2021〕8号。

定》第七条第(一)项所称'虚构原价',是指经营者在促销活动中,标示的原价属于虚假、捏造,并不存在或者从未有过交易记录。所称'虚假优惠折价',是指经营者在促销活动中,标示的打折前价格或者通过实际成交价及折扣幅度计算出的打折前价格高于原价。前款所称'原价'是指经营者在本次促销活动前七日内在本交易场所成交,有交易票据的最低交易价格;如果前七日内没有交易,以本次促销活动前最后一次交易价格作为原价。"

本案中,A公司"虚构教龄""促销活动七日前公司未以划线价格实际销售过"等行为违反了物价管理规定,造成价格欺诈。由此,公司应当注意销售定价管理,保证制定的价格公平合理,符合法律法规的规定。

附录：销售定价管理合规要求

1.《著作权法》

2.《专利法》

3.《民法典》

4.《刑法》

5.《商标法》

6.《反不正当竞争法》

7.《民事诉讼法》

8.《反垄断法》

9.《企业内部控制应用指引第9号——销售业务》(财会〔2010〕11号)

四、销售合同管理与合规

在充满风险的市场经济下,企业的经营成败与合同管理有密切关系。对企业来说,企业合同管理一方面使企业的生产经营与市场接轨,满足市场的需要,提高企业适应市场和参与市场竞争的能力;另一方面使企业在履约过程中维护自身合法权益,提高企业经济效益。由此,企业合同管理是市场经济条件下企业管理的一项核心内容。

本部分的合规目标,在于明确客户的选择和合同的签订符合法律法规和公司的相关要求与程序;保证签订的销售合同符合公司销售计划及价格标准;确保所有销售都有合同保障,保证合同的签订及条款遵循相关法律法规及公司规定。

(一)流程项下合规风险

1. 销售长单合同签订

重要合规风险提示:

(1)合同条款涉及滥用市场支配地位内容的风险。根据《反垄断法》相关规定,垄断行为主要包括垄断协议、滥用市场支配地位和具有限制竞争效果的经营者集中三种类型。如果经营者在相关市场内具有支配地位,而实施包括限定交易、拒绝交易、附加不合理交易条件在内的具有排除竞争效果的行为,则可能构成滥用市场支配地位。因此,公司的销售合同中包含长期最低定量采购限制条款时,可能构成滥用市场支配地位。对于滥用市场支配地位的经营者,行政监督部门可没收违法所得,并处以企业上一年度销售额1%以上10%以下的罚款,造成损失的,亦可请求赔偿损失,具体而言:

- 长期最低定量采购限制(照付不议)条款可能构成滥用市场支配地位。如果公司在合同中规定了含有限制最低采购数量条款,应注意其是否具有限定交易的效果。在Y公司滥用市场支配地位案中①,Y公司与下游企业签订并实施了含有限制最低采购数量条款,根据合同条款,客户在任何情况下都应按照约定的年度最低采购量付款,而这些长期定量采购的采购量设定在客户实际需求量的六成至八成,反垄断执法机构认为Y公司的排他性协议中均设置了过高的最低采购要求,所产生的长期数量强制义务较重,使交易相对方在转换供应商方面存在明显困难,带来了明显的限定交易结果,构成"没有正当理由,限定交易相对人只能与其进行交易或者只能与其指定的经营者进行交易"。因此,公司应当注意,含有限制最低采购数量条款的销售合同,应谨慎对待设置过高的最低采购要求或者保证采购量条款,因其可能产生限定交易的效果,构成滥用市场支配地位。

除长期最低定量采购限制(照付不议)条款外,尚有滥用忠诚折扣(最惠国待遇)可能构成滥用市场支配地位,关于滥用市场支配地位的更多内容,参见"销售定价管理"下的"重要合规风险提示"。

(2)怠于受领辅材及备品备件的风险。公司作为销售合同(买卖合同)下出

---

① 参见Y公司滥用市场支配地位案,上海市市场监督管理局沪市监案处字〔2019〕第000201710047号行政处罚决定书。

卖人的主要义务。在通常情况下,公司作为销售合同(买卖合同)下的出卖人负有交付标的物并转移所有权、权利瑕疵担保义务及质量瑕疵担保义务三项主要义务。具体而言:

- 交付标的物并转移所有权。公司在销售合同中的主要义务,就是交付产品和转移产品的所有权。交付产品,是将产品交付给客户,如果产品是用提取标的物的单证形态表现的,交付提取产品的单证也构成交付,如交付仓单。通常而言,在交付标的物的同时,公司负有转移产品所有权的义务,除非公司与客户有特别约定,产品所有权转移的原则是产品所有权自产品交付时起转移。

- 权利瑕疵担保义务。权利瑕疵担保又称追夺担保,是指公司担保其出卖的产品的所有权完全转移于客户,第三人不能对产品享有任何权利的担保义务,例如第三人的抵押权、法定优先权、知识产权等。因此,公司就交付的产品负有保证第三人不得向客户主张任何权利的义务。

- 质量瑕疵担保义务。履行买卖合同债务,公司应当按照约定的质量要求交付产品。除此之外,如果公司在合同的附件中提供有关产品的质量说明的,该买卖产品质量说明是合同的组成部分,应当作为产品质量的约定。公司交付的产品不符约定的,属于违约;如果公司交付的产品不仅不符合质量要求,而且还致使不能实现合同目的,即构成产品质量的根本违约,客户享有拒绝受领权和合同解除权,可以行使拒绝受领权,且并不构成违约;也可以直接行使解除权而解除合同。

2. 销售单项合同签订

重要合规风险提示:

(1)合同条款涉及滥用市场支配地位内容的风险。公司的销售合同中包含最低定量采购限制条款时,可能构成滥用市场支配地位。关于合同包含滥用市场支配地位内容的风险的具体内容,参见“销售长单合同签订”下的“重要风险提示(1)”。

(2)公司作为销售合同(买卖合同)中出卖人的主要义务。通常情况下,公司作为销售合同(买卖合同)下的出卖人负有交付标的物并转移所有权、权利瑕疵担保义务及质量瑕疵担保义务3项主要义务。公司作为销售合同(买卖合同)

中出卖人的主要义务的具体内容,参见“销售长单合同签订”下的“重要风险提示(2)”。

(二)相关案例评析

Y公司滥用市场支配地位案①

1. 案情简介

2013~2015年,当事人Y公司(以下简称当事人)实施了没有正当理由限定交易的滥用市场支配地位行为。

当事人与国内相关涂料企业签订并实施了含有限制最低采购数量条款和照付不议条款的排他性协议。经查,当事人主要以订单销售模式向其直销客户及经销代理商销售醇酯十二。2013年至2015年,当事人在原有订单销售方式的基础上,以A公司化工公司的名义与6家直销客户增加签订了由其提供的长期格式条款合同,约定了未来2年至3年内醇酯十二成膜助剂的销售单价及每一合同年度的最低采购量(以下简称“最低采购数量条款”)。为保证最低采购数量条款实施,当事人还在合同中对上述6家客户附加了关于在任何情况下都应当按照合同约定之年度最小采购量付款的格式条款(以下简称“照付不议条款”)。据统计,上述6份协议约定的年度最低采购量均达到签约客户醇酯十二成膜助剂实际年需求量的60%以上,其中有五份协议约定的年度最低采购量达到签约客户醇酯十二商品实际年需求量的80%以上。

当事人以最低采购数量为生效条件,签订并实施了含有“最惠国待遇”等条款的排他性协议。A公司化工公司与A公司于2013年签订了全球框架采购协议《成膜助剂合作与佣金协议》。协议内容显示,2013年7月至2016年12月,若A公司及其全球关联公司通过A公司化工公司采购的成膜助剂总量达到其全球总需求量的N%以上,则可在A公司全球销售区域内享受最惠国待遇。2013~2016年,当事人在上述框架协议基础上,以齐鲁A公司名义与A公司签订并实施了附属销售激励协议。该协议约定,若A公司及其在中国境内各关联公司采购醇酯十二及醇酯十六达到约定数量,则给予A公司约定比例的销售折扣。经

① 参见上海市市场监督管理局行政处罚决定书,沪市监案处字〔2019〕第000201710047号。

查证，当事人通过该协议锁定了A公司在中国地区至少75%以上醇酯十二产品需求量。

虽然上述两类排他性协议约定产品包括醇酯十二、醇酯十六及其他成膜助剂，但综合签约客户的采购需求和实际采购情况，上述最低采购数量条款主要指向醇酯十二。

2. 上海市市场监督管理局观点

上海市市场监督管理局认为，当事人的行为含有最低采购数量条款、照付不议条款的长期协议及《成膜助剂合作与佣金协议》均属于排他性协议，其主要内容是要求或诱导购买商主要从一个供应商处购买某特定类型的产品。本案中，当事人在相关市场内实施的排他性协议促使交易相对方向当事人及其关联公司购买大部分甚至全部醇酯十二成膜助剂，限制了交易相对方与其他竞争对手的交易，进而损害了相关市场的竞争。

当事人通过排他性协议锁定了相关市场内具有一定影响力客户的大部分需求，对相关市场产生了明显的排除、限制竞争效果，构成了2007年《反垄断法》第17条第1款第4项"禁止具有市场支配地位的经营者从事下列滥用市场支配地位的行为……(四)没有正当理由，限定交易相对人只能与其进行交易或者只能与其指定的经营者进行交易"规定的违法行为①，应当予以行政处罚，责令其停止违法行为，并处以24,378,711.35元人民币的罚款。

3. 评析

本案中，A公司与下游企业签订并实施了含有限制性"最低采购数量条款"的合同，并通过签署"照付不议条款"要求客户支付不得低于约定的年度最低采购量的货款。由于A公司与客户约定的最低采购数量占客户总需求的绝大部分，其所产生的长期数量强制义务使得交易相对方在转换供应商方面存在明显困难，带来了明显的限定交易结果。在特定市场条件下，A公司实施的限定交易行为在相关市场内产生了严重的市场封锁效果，具有极强的反竞争效果，由此受到了市场监督管理局的严厉处罚。

可见，公司应当制定合法合规的销售合同管理系统，结合实际销售业务情况对范围、程序、权限和管理要点进行明确，无论作为合同的甲方还是乙方，都应针

---

① 现为2022年《反垄断法》第22条第1款第4项。

对合同条款仔细审核,识别关键信息,避免出现签订的合同存在重大遗漏、欺诈和不正当竞争条款,导致法律纠纷或行政处罚,造成公司经济利益受损。

附录:销售合同管理合规要求

1.《民法典》

2.《反垄断法》

3.《企业内部控制应用指引第9号——销售业务》(财会〔2010〕11号)

五、收入确认核算与合规

收入确认是指收入入账的时间。收入的确认应解决两个问题:一是定时;二是计量。定时是指收入在什么时候记入账册,计量则指以什么金额登记。如果收入确认违反国家有关法律法规以及公司规章制度,财务部门和销售管理部门未能密切协作联系,可能导致应收账款和收入的错报,给公司造成经济损失和信誉损失。

本部分的合规目标,首先,在于收入确认应当符合国家相关法律法规以及公司的有关规定,销售的确认、计量和报告应当符合国家统一的会计准则制度的规定。其次,保证公司的收入的确认及时、准确地得到记录并恰当体现在财务报告中;确保应收账款明细表反映的信息准确、完整。

流程项下合规风险:产品销售发运与收入确认

重要合规风险提示:

1. 会计准则、不同税法下收入确认时点不同的风险。现行会计准则、企业所得税法及增值税法下收入确认时点不同,导致纳税义务产生时点不同。如果未准确确认收入时点,即使在相应纳税期末已及时申报,亦可能招致税收执法机不必要的调查。具体而言:

- 《企业会计准则第14号——收入》(财会〔2017〕22号)规定以客户取得相关商品控制权为原则作为确认收入的时点。通常而言,控制权移转规则类似于买卖合同中的风险移转规则,在无特别约定的情况下,货物交第三方的承运人运输,则交由第一承运人时发生控制权移转,即交由承运人时客户取得控制权,如公司自行配送,则货物直至交付客户时发生控制权移转;如客户自行提货,则交付客户指定的运输地点及人员时发生控制权移转。

- 《企业所得税法实施条例》规定以权责发生制为原则确认收入时点,权责发生制原则下与会计准则下的客户取得相关商品控制权为原则处理类似。
- 《增值税暂行条例》规定纳税义务产生时点为开票时点,因此,公司只要开具了发票的就需要确认货物销售收入。

2. 遗漏视同销售收入确认的风险。根据《企业所得税法实施条例》及《增值税暂行条例》之规定,某些关于货物的收入可能被视同销售,公司应注意查核企业发生非货币性资产交换,以及将货物用于捐赠、偿债、赞助、集资、广告、样品、职工福利或者利润分配等用途的,或者将货物分配给股东或者投资者的,是否按税法规定视同销售货物确认收入。

3. 遗漏货物移送的风险。由于公司可能设立分公司,应当注意,公司分支机构之间需要自其他机构调货时,可能构成视同销售的货物移送。根据《增值税暂行条例》之规定,公司设有两个以上机构并实行统一核算的,除相关机构设在同一县(市)的外,将货物从一个机构移送其他机构未作视同销售收入缴纳增值税的,如果是将货物从一个机构移送其他机构用于销售的,应作视同销售收入补征增值税。

附录:收入确认核算合规要求

1.《企业所得税法实施条例》

2.《增值税暂行条例》

3.《企业会计准则第 14 号——收入》(财会〔2017〕22 号)

4.《国家税务总局关于确认企业所得税收入若干问题的通知》(国税函〔2008〕875 号)

5.《企业内部控制应用指引第 9 号——销售业务》(财会〔2010〕11 号)

六、售后管理与合规

公司售后服务是企业保持或扩大市场份额的要件。售后服务是企业维护老客户的重要步骤之一,只有建立完善的售后服务才能和客户维持长久的商务关系。如果没有做好售后服务管理,那么将会导致品牌影响力下降、客户对品牌的负面情绪增大,进而导致市场占有率降低,企业整体经济利益受损。

本部分的合规目标,在于确保售后管理需遵循公司的相关规定;保证销售退回理由的真实性、合理性及合法性,保障公司的利益;保证销售退回货物的安全与完整,售后处理结果应当重视客户满意度,维护品牌影响力。

流程项下合规风险:产品质量、计量异议处理

重要合规风险提示:

(1)质量、计量要求不明确的风险。发生产品质量、计量异议时,应当按照合同约定的质量、计量要求处理异议,如果合同未约定质量、计量要求,依照《民法典》,合同约定的质量、计量要求不明确,公司可与客户达成补充协议,如不能达成补充协议的,则依照交易习惯确定,如果质量要求仍然不明确的,则按照强制性国家标准履行;没有强制性国家标准的,按照推荐性国家标准履行;没有推荐性国家标准的,按照行业标准履行;没有国家标准、行业标准的,按照通常标准或者符合合同目的的特定标准履行。

(2)保全证据的风险。发生产品质量、计量异议时,需要通过诉讼程序解决纠纷时,原物、原始计量数据、双方确认单据等材料可能作为诉讼过程中用以证明公司主张的证据,如果公司在诉讼中因前述材料遗失无法提出相应证据证明公司提出的主张,或因前述材料被篡改等导致不具证据能力,可能造成公司败诉。

除此之外,即使在替代性纠纷解决程序中,特别是仲裁等裁判式纠纷解决程序中,可能准用民事诉讼法的相应原则或其仲裁规则中具有同样要求,公司未能妥善保全上述材料也可能承担相应风险。

(3)构成违约的风险。如产品质量不符合合同约定或者公司做出的说明,属于违约,如果公司交付的产品不仅不符合质量要求,而且致使不能实现合同目的,即构成产品质量的根本违约,客户享有拒绝受领权和合同解除权,可以行使拒绝受领权,且并不构成违约;也可以直接行使解除权而解除合同。

(4)及时向上游供应商追偿。产品质量不符约定造成违约或对他人造成损害时,无论缺陷责任是否是生产企业造成,都会被要求承担赔偿责任,但如果产品质量瑕疵由供应商造成,那么公司仍可依合同的约定向最终责任方追偿。

附录:售后管理合规要求

1.《民法典》

2.《产品质量法》

3.《民事诉讼法》

七、开票和收款管理与合规

开票和收款管理的目的主要在于保障公司应收款能按时全额收回，明确不同主体责任。如果销售发票的开立依据不明确，致使发票信息与实际销售信息不一致，那么可能导致应收账款错报，甚至引发税务风险。如果结算方式选择不当，票据管理不善，那么可能导致销售款项不能收回或遭受欺诈。

本部分的合规目标，在于保证发票的开具合规合法，发票内容准确、与合同相符；保证发票及时开具，并准确传递至客户处；保证收款符合财务法规和公司规章的要求，对应收账款实行有效管理，及时催收，保证货款能及时、准确回收。

（一）流程项下合规风险：开票与收款管理

重要合规风险提示：

（1）开具发票事宜未约定、约定不当的风险。在未约定相应发票开具和税费承担事宜的情况下，买卖双方承担税负成本根据不同的情况会有不同的结果。如果公司与客户未约定开票事宜，则通常而言，因开具发票系买卖合同的附随义务，公司应向客户提供相应的税务发票，即由公司承担相应成本。不过，在浙江省建工集团有限责任公司与武汉兴达智勇物资有限公司买卖合同纠纷上诉案中，法院考虑到买卖双方之间的交易习惯，认定双方约定的价款为不含税价格，开票成本应由买方负担。为避免承担不必要的风险，在签订销售合同时应当明确约定增值税发票开票义务和税费承担情况，避免出现争议。

（2）未开具发票、开具发票形式不符规定的风险。依《发票管理办法》之规定，公司销售商品对外发生经营业务收取款项，公司原则上即应当向客户开具发票，此外，开具发票时，应当照规定的时限、顺序、栏目，全部联次一次性开具发票并加盖发票专用章，应未开具发票而不开具，开具发票形式不符规定属于行政违法，可能被没收违法所得并处 1 万元以下罚款。

（3）虚开发票的风险。《发票管理办法》第 22 条禁止为客户开具与实际经营业务情况不符的发票。此外，由于公司采取先款后货销售，应尽量避免先收款即开票最后再发货，因可能造成增值税申报销售额高于会计确认收入，引起执法机构不必要的调查。除没收违法所得外,虚开发票金额在 1 万元以下的,行政机关可并处 5 万元以下的罚款;虚开金额超过 1 万元的,可并处 5 万元以上 50 万元以下的罚款。

(4)构成虚开增值税专用发票罪的风险。根据《刑法》之规定,虚开增值税专用发票,最高可判处无期徒刑,并处 50 万元以下罚金或者没收财产;同时本罪可成立单位犯罪,构成单位犯罪时,对单位处罚金,对单位直接负责的主管人员和其他直接责任人员最高可判处无期徒刑。虚开发票包括没有实际经营活动而开具发票,有实际经营活动但以少开多。

(二)相关案例评析

张某某虚开增值税专用发票案①

1. 案情简介

2004 年,被告人张某某与他人合伙成立个体企业某龙骨厂,张某某负责生产经营活动。因某龙骨厂系小规模纳税人,无法为购货单位开具增值税专用发票,张某某遂以他人开办的 Y 公司名义对外签订销售合同。2006 年至 2007 年,张某某先后与六家公司签订轻钢龙骨销售合同,购货单位均将货款汇入 Y 公司账户,Y 公司并为上述六家公司开具增值税专用发票共计 53 张,价税合计 4,457,701.36 元,税额 647,700.18 元。基于以上事实,某州市人民检察院指控被告人张某某犯虚开增值税专用发票罪。

2. 法院观点

法院一审认定被告人张某某构成虚开增值税专用发票罪,在法定刑以下判处张某某有期徒刑 3 年,缓刑 5 年,并处罚金人民币 5 万元。张某某在法定期限内没有上诉,检察院未抗诉。某州市人民法院依法逐级报请最高人民法院核准。

最高人民法院经复核认为,被告人张某某以其他单位名义对外签订销售合同,由该单位收取货款、开具增值税专用发票,不具有骗取国家税款的目的,未造成国家税款损失,其行为不构成虚开增值税专用发票罪,某州市人民法院认定张某某构成虚开增值税专用发票罪属适用法律错误。据此,最高人民法院裁定:不

① 参见最高人民法院刑事裁定书,(2016)最高法刑核 51732773 号。

核准并撤销某州市人民法院一审刑事判决，将本案发回重审。该案经某州市人民法院重审后，依法宣告张某某无罪。

3. 评析

《刑法》第205条规定："虚开增值税专用发票或者虚开用于骗取出口退税、抵扣税款的其他发票的，处三年以下有期徒刑或者拘役，并处二万元以上二十万元以下罚金；虚开的税款数额较大或者有其他严重情节的，处三年以上十年以下有期徒刑，并处五万元以上五十万元以下罚金；虚开的税款数额巨大或者有其他特别严重情节的，处十年以上有期徒刑或者无期徒刑，并处五万元以上五十万元以下罚金或者没收财产。……虚开增值税专用发票或者虚开用于骗取出口退税、抵扣税款的其他发票，是指有为他人虚开、为自己虚开、让他人为自己虚开、介绍他人虚开行为之一的。"

虚开增值税专用发票罪的行为主体既包括自然人，也包括单位，其中根据司法实践主要分为三类：开票者、买票者、介绍者；该罪行为内容分为客观和主观两方面，客观方面参照《最高人民法院关于适用〈全国人民代表大会常务委员会关于惩治虚开、伪造和非法出售增值税专用发票犯罪的决定〉的若干问题的解释》第1条，具有下列行为之一的，属于"虚开增值税专用发票"：(1)没有货物购销或者没有提供或接受应税劳务而为他人、为自己、让他人为自己、介绍他人开具增值税专用发票；(2)有货物购销或者提供或接受了应税劳务但为他人、为自己、让他人为自己、介绍他人开具数量或者金额不实的增值税专用发票；(3)进行了实际经营活动，但让他人为自己代开增值税专用发票。该罪的责任形式体现为主观上要有逃税、骗税、谋取私利等直接或间接故意。

由本案最高人民法院判罚可知，虽然张某某的经营行为是以其他公司名义对外签订合同、开具发票，但其主观上没有骗取国家税款和逃税的目的，没有给国家造成税款损失，所以其行为不构成虚开增值税专用发票罪。

由此，公司应当重视开票和收款的手续，保证开票的真实性，确保开票和收款内容和流程符合国家和公司的相关规定，公司业务人员应当对往来款项定期核对，如有差错及时改正，避免给公司造成重大财产损失及负面影响。

附录：开票和收款管理合规要求

1.《刑法》

2.《发票管理办法》

3.《企业内部控制应用指引第9号——销售业务》(财会〔2010〕11号)

八、期货交易管理与合规

期货交易是以现货交易为基础,以远期合同交易为雏形而发展起来的一种高级的交易方式。如果期货交易投资决策未经集中决策,未经风险分析,可能导致企业遭受重大经济损失。

本部分的合规目标,确保期货交易符合行业规范,国家法律法规要求以及公司制度要求;确保期货交易符合公司的经营利益;建立与公司业务规模、风险承受能力相匹配的资本约束机制和资本补充机制。

(一)流程项下合规风险:期货交易管理

重要合规风险提示:

1.强制平仓的风险。《期货交易管理条例》禁止信用交易,因此,(1)如果公司的保证金不足,又未能按照规定追加保证金或自行平仓,期货公司可以予以强制平仓的。对于追加保证金预留合理时间,在应某某与H期货有限公司期货强行平仓纠纷上诉案中①,法院判决指出"应当以通知的时间为基准点,结合是否具备追加保证金的客观条件以及客户是否具有入金的意愿等事实予以认定",为避免不必要的风险,公司应当根据自身实际情况在期货经纪合同中约定合理的追加保证金的时间及通知方式。此外,根据《上海期货交易所套期保值交易管理办法》之规定;(2)公司持有套期保值持仓超过获批(或者设定的额度标准)套期保值额度(持仓)的,应当在下一交易日第一节交易结束前自行调整;逾期未进行调整或者调整后仍不符合要求的,交易所可以采取强行平仓措施。

2.不符合套期保值原则的风险。《期货交易管理条例》明确规定国有控股企业进行境内外期货交易,应当遵循套期保值的原则,具体而言,国有控股企业应确保期货交易符合:(1)交易方向相反原则;(2)商品种类相同原则;(3)数量相等或相近原则;(4)月份相同或相近原则。违反套期保值原则,行政监督部门可给予警告,没收违法所得,并处违法所得1倍以上5倍以下的罚款;没有违法所得

① 参见应某某与H期货有限公司期货强行平仓纠纷上诉案,上海市高级人民法院(2016)沪民终392号民事判决书。

或者违法所得不满10万元的，并处10万元以上50万元以下的罚款，并对直接负责的主管人员和其他直接责任人员给予降级直至开除的纪律处分。

（二）相关案例评析

应某某与H公司期货强行平仓案①

1. 案情简介

2013年4月3日，原告应某某与被告H公司签订系争期货经纪合同，合同约定："在交易过程中，因发生交易行情急剧变化，导致客户权益低于甲方规定的乙方所需的持仓保证金时，甲方将在乙方的网上交易系统中及时发布追加保证金或强行平仓通知书，或通过电话、短信等方式向乙方发出追加保证金或强行平仓的通知。乙方应立即补足保证金或自行平仓，否则甲方有权对乙方的部分或全部未平仓合约强行平仓，直至乙方可用资金≥0……收市后，当乙方的风险率大于100%时，甲方将于当日交易结算报告中向乙方发出追加保证金通知。乙方应当在下一交易日开市前及时追加保证金或者在开市后立即自行平仓。否则，甲方有权对乙方的部分或全部未平仓合约强行平仓，直至乙方可用资金≥0。当甲方依法或依约定强行平仓时，乙方应承担强行平仓的手续费及由此产生的结果。"合同落款甲方处加盖H公司的公章，乙方处有应某某签字。

原告应某某于2015年7月13日买入中证500指数合约IC1507，成交价7890元，成交额1,578,000元。当日13时43分26秒，交易系统向应某某发送通知，告知其交易保证金已不足，请尽快采取追加保证金或减仓措施，若未能及时追加保证金或减仓，H公司将依据市场状况对交易持仓进行强平处理。当日13时46分11秒，交易系统向应某某发送通知，告知其风险级别提升为强平，保证金为173,580元，总权益为157,279.26元。当日14时52分，应某某所持IC1507合约进入涨停阶段，持续至15时4分涨停板打开。15时6分，被告H公司工作人员致电原告应某某，告知其保证金严重不足须马上平仓或入金，否则将在收盘前强平，应某某询问能否明天再平掉，明天可能补足保证金。在通话过程中，H公司工作人员又告知应某某因跌得太快，已经强平。15时8分，H公司将应某某所持

① 参见上海市高级人民法院民事判决书，(2016)沪民终392号。

IC1507 合约卖出,手数 1 手,成交价 7308 元,成交额 1,461,720 元。

原告应某某认为 H 公司的强行平仓行为违反合同约定和法律规定,存在明显过错,故提起上诉,要求 H 公司赔偿其被强行平仓的损失人民币 123,880 元及利息损失。

2. 法院观点

一审、二审法院均认为被告 H 公司强行平仓具有合同依据,于法无悖。且被告平仓前履行了通知义务,并给予原告应某某追加保证金或自行平仓的合理时间,其行使强行平仓的权利符合法定要件,并无不当。

关于被告 H 公司在强行平仓之前是否履行了通知义务。被告 H 公司于当日 13 时 43 分和 13 时 46 分,按照原告应某某所处的不同风险等级通过交易系统分别发送了追加保证金的通知和强行平仓的通知,本案中原告应某某的持仓合约 IC1507,在其收到被告 H 公司发送的不同风险等级的两次通知后,应某某在被告 H 公司强行平仓的时间点风险率高达 200% 以上,符合强行平仓条件的风险等级,故应认定被告 H 公司在 13 时 43 分和 13 时 46 分通过交易系统发送的两次通知符合合同约定且有效。此外,被告 H 公司于当日 15 时 6 分致电原告应某某告知追加保证金的通知行为,其中并无体现取代、撤销此前两次交易系统通知的意思表示。由此,应当认定被告 H 公司已经在强行平仓前向原告应某某履行了通知义务。

关于给予原告应某某追加保证金的合理时间。原审法院认为,被告 H 公司通过交易系统分别于当日 13 时 43 分和 13 时 46 分向原告应某某发送的两次通知均有效,而强行平仓的时间为 15 时 8 分,在此期间原告应某某有足够充分的时间追加保证金或自行减仓,也具备入金的相应客观条件。且在当日 15 时 6 分被告 H 公司又再次电话通知,在电话通知中,原告应某某表示次日可能会补充保证金,与被告 H 公司协商能否次日再强平。该行为表明原告应某某不会自行在当日收盘前追加保证金。故应当认定被告 H 公司已经给予原告应某某追加保证金或自行平仓的合理时间。

综上所述,原告应某某认为通过交易系统发送的通知已经失效,被告 H 公司在向其致电的过程中强行平仓,未给予其追加保证金合理时间的主张,缺乏事实和合同依据,法院不予支持。

3. 评析

本案中,原告应某持有的期货品种当日出现大幅波动,被告 H 公司在上诉人账户风险达到一定程度后,多次及时发出了追加保证金和强行平仓的通知,并给予客户合理地追加保证金的时间,故不能认为期货经纪公司的平仓行为违法。

从判决可以看出,法院是从通知行为是否实施、原告的风险承受能力和控制情况反馈等角度判断期货经纪公司是否已切实履行通知义务;此外,法院指出,期货经纪公司给予客户追加保证金的时间是否合理,应当根据客户是否具备追加保证金的客观条件以及客户是否具有追加保证金的意愿等具体情况作出判断。①

可见,公司在经营过程中,应当确保期货交易符合行业规范、国家法律法规和公司相关制度的规定要求,避免出现强制平仓等合规风险,严格控制期货和现货的净头寸风险敞口,防止风险过度集中,保持财务稳健。

附录：期货交易管理合规要求

1.《期货交易管理条例》

2.《上海期货交易所交割细则》

3.《上海期货交易所套利交易管理办法》

第七节　工程管理与合规

工程管理是对工程全生命期的管理,包括对工程的前期决策的管理、设计和计划的管理、施工的管理、运营维护管理等。如果工程项目管理过程中发生未履行施工设计、预算编制与审查不严等合规风险,可能导致难以实现预期效益或项目失败,进而造成公司经营管理效益和效率低下。

本节的合规目标,首先,在于确保工程项目的决策与实施符合法律法规与公司规章制度的要求。其次,严格把控工程设计和施工过程中的招投标环节,审核相关方的对应资质,对工程进度质量进行严密监督,确保资金的使用与工程进度协调一致,以便顺利推进工程。

---

① 参见上海市高级人民法院民事判决书,(2016)沪民终392号。

一、初步设计概算管理与合规

(一)流程项下合规风险

1. 初步设计概算管理

重要合规风险提示:

(1)工程初步设计及概算编制未进行招标的风险。根据《建设工程勘察设计管理条例》及《招标投标法》,如建设工程初步设计构成依法必须招标的工程项目,则必须进行招标。

(2)初步设计前未进行项目核准或备案的风险。根据《企业投资项目核准和备案管理条例》的规定,如建设项目属于《政府核准的投资项目目录》(国发〔2016〕72号),则在立项阶段应经项目核准机关审批核准;如属于前述目录外的项目,则应至项目备案机关备案。未经核准可能被项目核准机关依照总投资额比例处以行政罚款,未经备案则可能被项目备案机关处5万元以下的罚款。此外,根据《企业投资项目核准和备案管理办法》之规定,如涉及以划拨方式提供国有土地使用权的项目,须取得选址意见书;需审批和需核准的项目须依照《建设项目用地预审管理办法》提出预审申请并取得建设用地预审意见(需备案的项目应在备案后提出用地预审申请);如属于《固定资产投资项目节能审查办法》应进行节能审查的,则应编制节能报告并取得节能审查意见。

(3)设计单位不具相应资质的风险。根据《建设工程勘察设计管理条例》之规定,建设工程设计单位应当在其资质等级许可的范围内承揽建设工程设计业务。未取得相应资质或超越设工程设计单位资质的建设工程设计合同违反了法律、行政法规的强制性规定,属于无效合同。

《民法典》第793条仅对建设工程施工合同无效合同的处理作出了规定,依照其规定:①建设工程施工合同无效,但是建设工程经验收合格的,可以参照合同关于工程价款的约定折价补偿承包人;②建设工程施工合同无效,且建设工程经验收不合格的,修复后的建设工程经验收合格的,发包人可以请求承包人承担修复费用;③建设工程施工合同无效,且建设工程经验收不合格的,修复后的建设工程经验收不合格的,承包人无权请求参照合同关于工程价款的约定折价补偿;④根据《建设工程施工合同解释(一)》(法释〔2020〕25号),承包人超越资质等级许可的业务范围签订建设工程施工合同,在建设工程竣工前取得相应资质等级,建设施工合同有效。

另外,根据S公司诉T公司建设工程设计合同案之判旨①,设计单位在建设工程合同履行中取得资质的,合同仍然有效。

(4)初步设计投资概算超过项目启动批复确定的投资额的风险。根据《企业投资项目核准和备案管理办法》之规定,如建设项目投资规模发生投资规模较大变化的,应向项目核准机关或项目备案机关提出变更申请或变更备案信息,否则可能构成未按照核准的建设规模等进行建设或未将已备案项目的信息变更情况告知备案机关。

(5)初步设计未经审批或备案的风险。如建设项目属于相关政策中规定的需申请获得审批的项目,则依法应先取得初步设计审批,初步设计未经批准,不得提交施工图设计、不得进行施工招标和采购。

2. 施工设计预算管理

重要合规风险提示:

(1)建设工程施工设计图未经审查的风险。根据《房屋建筑和市政基础设施工程施工图设计文件审查管理办法》的规定,如建设项目涉及房屋建筑工程,则应由具有相应资质的审查机构进行审查,施工图未经审查合格的,不得使用,建设行政主管部门不得颁发施工许可证。

(2)未保障施工设计图审查机构独立性的风险。根据《房屋建筑和市政基础设施工程施工图设计文件审查管理办法》的规定,建设单位有义务保障施工设计图审查机构的独立性,包括:①审查机构不得与所审查项目的建设单位、设计企业有隶属关系或者其他利害关系;②建设单位不得明示或者暗示审查机构违反法律法规和工程建设强制性标准进行施工图审查;③提供真实送审资料;④建设单位不得压缩合理审查周期;⑤建设单位不得压低合理审查费用。建设单位如违反前述要求压缩合理审查周期、提供不真实送审资料的或者对审查机构提出不符合法律、法规和工程建设强制性标准要求的,可能被城乡建设主管部门责令改正并处行政罚款。

---

① 参见S公司诉T公司建设工程设计合同案,江苏省无锡市中级人民法院(2010)锡商再终字第0003号民事判决书。

(3)设计单位不具相应资质的风险。根据《建设工程勘察设计管理条例》之规定,建设工程设计单位应当在其资质等级许可的范围内承揽建设工程设计业务,超越工程设计单位资质的建设工程设计合同违反了法律、行政法规的强制性规定,属无效合同。

(二)相关案例评析

S公司诉T公司建设工程设计合同案[①]

1.案情简介

2005年6月,S公司与T公司签订了一份建设工程设计合同,合同约定:T公司委托S公司承担Y花园工程设计;S公司交付设计资料及文件后,按规定参加有关的设计审查,并根据审查结论负责对不超出原定范围的内容做必要调整补充,S公司对设计资料及文件出现的遗漏或错误负责修改或补充,以及其他双方权利义务和违约责任等。合同签订后,T公司向S公司支付了定金20万元。S公司在签订合同及设计图纸时其公司工程设计等级为乙级,其于2006年3月取得甲级工程设计证书。2006年4月,T公司职员蒋某在工程设计联系签收单上确认:Y花园3~7号楼和地下车库的建筑、水电、消防施工图共六份以及桩位图已于2006年1月底交于T公司。后T公司在建造Y花园时实际未采用S公司设计的图纸进行施工,其于2006年另委托某大学建筑规划设计研究院承担Y花园的工程设计,并按该研究院的图纸进行施工建造。

2007年1月23日,S公司向无锡市滨湖区人民法院起诉称,其与T公司签订建设工程设计合同,S公司按约完成了设计工作,T公司仅支付了部分设计费,要求T公司支付尚欠的设计费1,190,222.6元,并承担违约金60万元。

被告T公司答辩及反诉称,S公司只具有乙级设计资质,双方合同约定的设计面积超出了S公司的资质等级,S公司参与设计人员资质标准也不符合要求,因此双方签订的设计合同无效。即使合同有效,S公司设计的图纸也与合同约定不符,无法按照设计图纸进行施工,S公司的行为已构成根本违约。T公司在知悉S公司的上述情况后,已通知S公司解除合同,与其他设计单位另行签订设计

① 参见江苏省无锡市中级人民法院民事判决书,(2010)锡商再终字第0003号。

合同，并已按该公司的图纸进行施工。T公司依据合同无效及履行合同时违约的相关法律规定，要求法院判令S公司返还定金20万元，并赔偿因错误财产保全造成T公司的经济损失。

2. 法院观点

江苏省无锡市中级人民法院二审认为，S公司在签订设计合同时，仅具有乙级设计资质，对地下工程仅具有10,000平方米以下的设计资格。T公司虽称其于2005年12月底到2006年1月初由蒋某(T公司签收图纸的经办人)电话通知S公司解除了合同，但蒋某仍于2006年1月底签收了S公司交付的设计图纸，这表明双方签订的合同并未解除。因S公司于2006年3月取得工程设计甲级资质证书，其对地下工程已具备11,000平方米的设计资格，故双方签订的合同可认定为有效合同，T公司应支付相应的设计费用694,966.2元。

江苏省无锡市中级人民法院再审认为，2004年《最高人民法院关于审理建设工程施工合同纠纷案件适用法律问题的解释》第5条规定："承包人超越资质等级许可的业务范围签订建设工程施工合同，在建设工程竣工前取得相应资质等级，当事人请求按照无效合同处理的，不予支持。"①这表明，签订建设工程施工合同时承揽人不符合相应资质等级要求，但在一定时期内取得相应资质等级的，司法解释认定此种合同效力可以补正。因此，2004年《最高人民法院关于审理建设工程施工合同纠纷案件适用法律问题的解释》第5条所采取的法律适用规则，可以在本案中类推适用。按该司法解释第5条的规定，取得相应资质应"在建设工程竣工前"，即应在合同履行过程中，主要工作成果交付之前。本案中，S公司于2006年3月取得了工程设计甲级资质证书，在全部主要工作成果交付前，S公司即已达到法律规定的相应资质等级。T公司再以S公司超越资质等级为由主张本案按无效合同处理，不应予以支持。

3. 评析

根据2004年《最高人民法院关于审理建设工程施工合同纠纷案件适用法律问题的解释》第5条规定的类推适用，取得相应资质应"在建设工程竣工前"，即应在合同履行过程中，主要工作成果交付之前。本案中，虽然S公司在签订合同时仅拥有乙级资质证书，但其在全部主要工作成果交付前，已于2006年3月取得

---

① 现为2020年《建设工程施工合同解释(一)》(法释〔2020〕25号)第4条。

了工程设计甲级资质证书,达到法律规定的相应资质等级,故双方的建设工程设计合同有效。本案的判罚表明,虽然合同成立时设计单位不具相应资质,但在建设工程合同履行中取得资质后,该合同仍然有效。

可见,在建设工程施工合同和建设工程设计合同纠纷案件中,有关资质问题能对合同效力产生一定的影响。公司在实行工程管理时,应当在设计、立项、造价审批、成本控制等流程上严格审核相关方的资质,避免给项目的后续发展造成法律纠纷或财产损失。关注工程各环节所涉及单位的资质,有利于避免在项目施工过程中因前期资质审核不清晰等不合规风险,进而导致最后难以实现预期效益。

附录:初步设计概算管理合规要求

1.《招标投标法》

2.《招标投标法实施条例》

3.《建设工程勘察设计管理条例》

4.《企业投资项目核准和备案管理条例》

5.《房屋建筑和市政基础设施工程施工图设计文件审查管理办法》

6.《必须招标的工程项目规定》

7.《企业投资项目核准和备案管理办法》

8.《政府核准的投资项目目录(2016年本)》(国发〔2016〕72号)

9.《企业内部控制应用指引第11号——工程项目》(财会〔2010〕11号)

二、工程建设管理与合规

建设工程项目的全寿命周期包括项目的决策阶段、实施阶段和使用阶段。工程建设作为实施阶段,是工程管理最核心环节之一。如果工程建设环节在设计、开工、施工、质量管理等环节不符合法律法规的规定,可能导致项目无法开工、被责令停工、安全事故频发等合规风险,无法正常交付或投用后影响正常运营,给公司带来经济损失、信誉损失甚至刑事责任的风险。

本部分的合规目标,首先,在于确保工程建设取得法律法规要求的行政审批或备案手续。其次,明确相关的招标程序和合同协议的签订,严格进行招投标管理。最后,防范项目推进过程中的设计变更风险,关注施工过程中现场安全、签证管理及项目质量管理，确保建筑工程的项目质量达到国家工程质量验收合格标准。

(一)流程项下合规风险

1. 开工报审及安全备案管理

重要合规风险提示：

(1)未取得建设工程规划许可证的风险。以出让方式取得国有土地使用权的建设项目，建设单位在取得建设项目的批准、核准、备案文件和签订国有土地使用权出让合同后，向城市、县人民政府城乡规划主管部门领取建设用地规划许可证。未取得规划许可证的，公司可能将遭受行政处罚。此外，在未取得建设工程规划许可证等规划审批手续的情况下，承包人得依据《建设工程施工合同解释(一)》之规定请求确认建设施工合同无效。

(2)未取得建设施工许可证(或取得开工报告批准)的风险。根据《建筑法》规定，建设单位应当按照国家规定向工程所在地县级以上人民政府住房和城乡建设主管部门申领施工许可证。因未能取得施工许可证(或取得开工报告)，公司可能被建设行政主管机关责令停止施工，限期改正，处工程合同价款1%以上2%以下的罚款。

(3)未进行专项审核或备案的风险。至迟在建设工程开工前，建设单位应完成建设项目环境影响评价文件审批、取得节能审查意见、建设工程消防设计审核或备案、项目安全条件审查、职业病危害预评价报告审核、人防工程设计文件审核、取得地震安全性评价审定结果、洪水影响评价审批、取水许可、完成地震安全性、气候可行性论证、完成地质灾害危险性评估、雷电防护装置设计审核、招标文件备案等相关专项审核或备案程序。

(4)施工单位不具相应资质的风险。根据《建设工程质量管理条例》之规定，建设工程施工单位应当在其资质等级许可的范围内承揽建设工程施工业务，建设单位将建设工程发包给不具相应资质的施工单位，行政监督管理部门可责令改正，并处50万元以上100万元以下的罚款。

(5)未取得相应资质或超越建设工程施工单位资质的建设工程施工合同违反了法律、行政法规的强制性规定，属于无效合同。关于建设施工合同无效的法律后果，可参见“初步设计概算管理”下的“重要合规风险提示(3)”。此外，根据

X 公司与牛某某、L 公司建设工程施工合同纠纷案之要旨①,挂靠施工的情况下应区分发包人是否善意来认定建设工程施工合同的效力。

2. 工程现场安全、质量管理

重要合规风险提示:

(1)未提供建设工程安全作业环境及安全施工措施所需费用的风险。建设单位在编制工程概算时,应当确定建设工程安全作业环境及安全施工措施所需费用,如建设单位未提供建设工程安全作业环境及安全施工措施所需费用,行政监督部门可责令限期整改,逾期未改正的,可责令该建设工程停止施工。

(2)保证安全施工的措施未备案的风险。依法批准开工报告的建设工程,建设单位应当自开工报告批准之日起 15 日内进行备案,未及时将保证安全施工的措施备案的,行政监督部门可责令限期整改,逾期未改正的,可责令该建设工程停止施工。

(3)限制不合理干预行为。建设单位不得:①提出不符合安全生产法律、法规和强制性标准规定的要求;②要求施工单位压缩合同约定的工期;或者③明示或者暗示施工单位使用不合格的建筑材料、建筑构配件和设备。如违反前述规定,行政监督部门可责令限期整改,并处 20 万元以上 50 万元以下的罚款。

(4)未委托具有相应资质的监理单位进行监理的风险。《建设工程质量管理条例》第 12 条规定,①国家重点建设工程;②大中型公用事业工程;③国家规定必须实行监理的其他工程,必须委托具有相应资质等级的工程监理单位进行监理或者委托具有工程监理相应资质等级并与被监理工程的施工承包单位没有隶属关系或者其他利害关系的该工程的设计单位进行监理。对于必须实行工程监理的项目,如果未委托具有相应资质的监理单位进行监理,行政监督部门可处责令改正,并处 20 万元以上 50 万元以下的罚款。

(5)未办理工程质量监督手续的风险。建设单位在开工前,应当办理工程质量监督手续,据此,建设单位在开工之前,应当依法到建设行政主管部门或铁路、交通、水利等有关管理部门,或其委托的工程质量监督机构办理工程质量监督手续,如未履行上述义务,行政监督部门可处责令改正,并处 20 万元以上 50 万元以

① 参见 X 公司与牛某某、L 公司建设工程施工合同纠纷案,最高人民法院(2019)最高法民申 1245 号民事裁定书。

下的罚款。

3. 设计变更管理

重要合规风险提示：

（1）建设单位不得自行修改设计文件。依据《建设工程勘察设计管理条例》第28条之规定：①建设单位不得修改建设工程设计文件，确需修改的，应当由原建设工程设计单位修改或经原建设工程设计单位书面同意，委托其他具有相应资质的建设工程设计单位修改；②建设工程设计文件不符合工程建设强制性标准、合同约定的质量要求的，建设单位有权要求建设工程设计单位对建设工程设计文件进行补充、修改。此外，如建设工程设计文件内容需要作重大修改的，建设单位应当报经原审批机关批准后，方可修改。

（2）因设计变更导致工程价款不能协商一致的风险。设计变更可能导致建设工程的工程量或者质量标准发生变化，从而使双方对该部分建设工程的计价标准或者计价方法产生分歧。目前，依照《建设工程施工合同解释（一）》之规定，因设计变更导致工程价款不能协商一致的，可以参照签订建设工程施工合同时当地建设行政主管部门发布的计价方法或者计价标准结算工程价款。

4. 现场签证管理

重要合规风险提示：

（1）签证文档证据保全的风险。《建设工程施工合同解释（一）》第10条、第20条规定分别规定“当事人约定顺延工期应当经发包人或者监理人签证等方式确认”“当事人对工程量有争议的，按照施工过程中形成的签证等书面文件确认”。因此，签证文档是证明工期顺延、工程量的重要证据，公司应谨慎保存。

（2）监理盖章的签证对于建设单位具有约束力。通常而言，签证由发包方现场代表与施工方代表共同签署方具效力，不过，在R公司某分公司与R市住房和城乡建设局建设工程施工合同纠纷案中①，判决指出在施工合同未约定建设单位印章才能作为计算工程量的依据的情况下，监理单位具有确认工程中发生的停窝工损失、增加的施工项目等职能，其在提交的工程签证加盖印章并签字，即认

① 参见R公司某分公司与R市住房和城乡建设局建设工程施工合同纠纷案，最高人民法院（2017）最高法民终475号民事判决书。

可工程签证记载事项,对建设单位有约束力。因此,如公司不欲监理单位代理签证事项,应在施工合同中清楚明白载明。

(二)相关案例评析

X公司、牛某某建设工程施工合同纠纷案[①]

1.案情简介

2012年9月10日L公司与牛某某签订的《内部承包协议书》,内容为:牛某某作为L公司案涉投资大厦项目工程部部门经理,就牛某某承包该项目工程达成本协议,本工程为牛某某自己承揽,对外为L公司承揽,由L公司与建设单位签署《建设工程施工合同》。对外L公司结算的,结算后再与牛某某进行结算,将款项支付给牛某某,对外L公司支付的,须有牛某某签名书面支付书方可支付。承包范围为案涉投资大厦中L公司承揽并负责施工的全部土建及安装工程的施工。承包方式为按照1%上缴管理费,自主聘用工作人员、自筹资金、自主施工、自担风险。

2012年9月12日,X公司与L公司通过协商签订了《建设工程施工合同》。2012年12月25日建设单位X公司、监理单位H公司、施工单位L公司在《开工报告》上签章,确定案涉投资大厦开工日期为2012年12月25日。

此后,牛某某在没有资质的情况下,借用有资质的建筑施工企业名义,作为实际施工人对相关工程进行了施工。2012年12月28日至2013年4月22日,因客观原因停工30天。案涉投资大厦正负零以下工程补充决算价格为4,171,103.52元。案涉投资大厦地下室有渗水现象。

故X公司向一审法院起诉请求:(1)解除X公司与L公司签订的《建设工程施工合同》及补充合同;(2)要求L公司、牛某某修复案涉投资大厦项目地下室部分渗漏墙体,使其达到合格质量标准;(3)要求L公司、牛某某承担工程延期交工违约责任,连带支付工程延期违约金3000万元(2016年12月31日以后按合同约定另计)。

---

① 参见最高人民法院民事裁定书,(2019)最高法民申1245号。

2. 法院观点

最高人民法院再审认为,在处理无资质的企业或个人挂靠有资质的建筑企业承揽工程时,应区分内部关系和外部关系。挂靠人与被挂靠人之间的协议因违反法律的禁止性规定,属于无效协议。而挂靠人以被挂靠人名义对外签订合同的效力,应根据合同相对人是否善意、在签订协议时是否知道挂靠事实来作出认定。如果相对人不知道挂靠事实,有理由相信承包人就是被挂靠人,则应优先保护善意相对人的利益,双方所签订协议直接约束善意相对人和被挂靠人,该协议并不仅因存在挂靠关系就属于无效协议。如果相对人在签订协议知道挂靠事实,即相对人与挂靠人、被挂靠人通谋作出虚假意思表示,则当事人签订的建设工程施工合同属于无效合同。本案中,X 公司与 L 公司签订《建设工程施工合同》,L 公司为承包方,该合同上加盖了 L 公司公章和 L 公司法定代表人马某某的私人印章。该合同及附属合同亦未将牛某某列为当事人。L 公司与牛某某之间签订《内部承包协议书》,只能证明 L 公司与牛某某之间的借用资质或者转包关系。X 公司明确表示,其与 L 公司在签订《建设工程施工合同》及附属合同时不知道 L 公司与牛某某之间的关系。本案无证据证明 X 公司在签订《建设工程施工合同》及附属合同时知道系牛某某借用 L 公司的名义与其签订合同,故 X 公司在签订上述合同时有理由相信承包人为 L 公司是善意的。本案应优先保护作为善意相对人的 X 公司的利益。X 公司主张案涉《建设工程施工合同》及附属合同有效,有法律依据,可以直接约束 X 公司和 L 公司。

故判决:(1)X 公司于本判决生效后 15 日内,支付牛某某工程款 13,601,972 元(已扣除质量保修金 3,373,788 元)及利息(从 2016 年 5 月 3 日起按中国人民银行规定的同期同类贷款利率计算至付清之日止);(2)X 公司于本判决生效后 15 日内,返还牛某某履约保证金 2,000,000 元及该款的利息(从 2016 年 5 月 3 日起按中国人民银行规定的同期同类贷款利率计至付清之日止);(3)牛某某于本判决生效后 15 日内,将其在案涉投资大厦项目施工期间保管和持有的施工资料全部移交给 X 公司保管。

3. 评析

最高人民检察院关于本案的判决表明,在处理无资质的企业或个人挂靠有资质的建筑企业承揽工程时,应区分内部关系和外部关系。挂靠人与被挂靠人之间的协议因违反法律的禁止性规定,属于无效协议。而挂靠人以被挂靠人名义对外签订合同的效力,应根据合同相对人是否善意、在签订协议时是否知道挂靠事实来作出认定。如果相对人不知道挂靠事实,有理由相信承包人就是被挂靠人,那么应优先保护善意相对人的利益,双方所签订协议直接约束善意相对人和被挂靠人,该协议并不仅因存在挂靠关系就属于无效协议。如果相对人在签订协议知道挂靠事实,即相对人与挂靠人、被挂靠人通谋作出虚假意思表示,那么当事人签订的建设工程施工合同属于无效合同。①

可见,公司在工程建设管理流程中应当注重工程项目合同效力,在开工报审及安全备案、项目现场施工、验收等环节严格审核相关方的资质,确保项目合同签订和建设过程中有专业的组织计划和安全措施,保障公司利益的同时避免造成信誉损失。

附录:工程建设管理合规要求

1.《建筑法》

2.《城乡规划法》

3.《建设工程质量管理条例》

4.《建设工程勘察设计管理条例》

5.《建设工程安全生产管理条例》

6.《建筑工程施工许可管理办法》

三、工程验收管理与合规

工程竣工验收管理制度作为工程建设的重要程序之一,其目的在于将公司工程项目在确保质量、安全的前提下,合法地交付使用。公司应当从严把关工程建设质量和档案资料,避免出现因为竣工验收不规范等合规风险而导致公司遭受财产和信誉损失的情况。

本部分的合规目标,首先,在于确保工程竣工验收和结算符合国家法律、法规和公司内部规章制度的要求。其次,及时组织工程项目竣工验收,科学严密地制定竣工决算环节的控制流程。最后,关注工程项目结算环节的审计与核查,确保工程造价咨询企业具有相应的专业资质,避免出现财务纠纷。

① 参见最高人民法院民事裁定书,(2019)最高法民申1245号。

流程项下合规风险包括以下 4 点。

1. 交工验收

重要合规风险提示：

怠于检验与通知的风险。设备采购及安装合同中的设备采购部分仍适用《民法典》中买卖合同之规定，因此，公司应在设备交付后及时进行验收，并将质量不符的情形通知出卖人，以免错过合同约定的检验期限。关于买卖合同检验与通知的更多相关内容，可参见“大宗原材料入库验收管理”下的“重要合规风险提示(3)”。

2. 竣工验收

重要合规风险提示：

(1)核查已完工建设工程是否已满足进行竣工验收的条件。依照《建设工程质量管理条例》之规定，建设单位是组织设计、施工、工程监理单位进行竣工验收的主体，建设工程竣工验收应当符合法定的条件：①完成建设工程设计和合同约定的各项内容；②有完整的技术档案和施工管理资料；③有工程使用的主要建筑材料、建筑构配件和设备的进场试验报告；④有勘察、设计、施工、工程监理等单位分别签署的质量合格文件；⑤有施工单位签署的工程保修书。

建设工程经验收合格的，方可交付使用；未经验收或验收不合格的，不得交付使用。未组织竣工验收、验收不合格擅自交付使用的或者对不合格的建设工程按照合格工程验收的，行政监督部门可责令改正，并处工程合同价款 2% 以上 4% 以下的罚款。

此外，根据《建设工程施工合同解释(一)》，建设工程未经竣工验收，发包人擅自使用后，承包人不再负有施工中或者经验收不合格的质量责任，仅在建设工程的合理使用寿命内对地基基础工程和主体结构质量承担责任。

(2)规划、消防、环保、节能专项验收及备案。依照《建设工程质量管理条例》，建设单位应当自建设工程竣工验收合格之日起 15 日内，将建设工程竣工验收报告和规划、公安消防、环保等部门出具的认可文件或者准许使用文件报建设行政主管部门或者其他有关部门备案。此外，建设工程尚须进行专项验收，具体而言：

- 《城乡规划法》规定建设工程竣工后，建设单位应向城乡规划行政主管部门提出竣工规划验收申请,城乡规划行政主管部门依据选址意见书、建设用地规划许可证、建设工程规划许可证、乡村建设规划许可证及有关规划要求,核实建设工程是否符合规划条件。

- 根据《消防法》的规定,应当申请消防验收的建设工程竣工,依法应当进行消防验收,未经消防验收或者消防验收不合格的,禁止投入使用;其他建设工程,建设单位在验收后应当报住房和城乡建设主管部门备案,住房和城乡建设主管部门会进行抽查,经依法抽查不合格的,应当停止使用。

- 根据《建设项目环境保护管理条例》的规定,编制环境影响报告书、环境影响报告表的建设项目竣工后,建设单位应当按照国务院环境保护行政主管部门规定的标准和程序,对配套建设的环境保护设施进行验收,编制验收报告书;未经验收或者验收不合格的,不得投入生产或者使用。

- 根据《节约能源法》的规定,国家实行固定资产投资项目节能评估和审查制度。不符合强制性节能标准的项目,已经建成的,不得投入生产、使用。建筑节能分部工程验收,首先由施工单位对节能分部工程质量进行检查,检查合格的,由监理单位对节能各分项工程进行质量评估,并由总监理工程师主持会议,组织施工单位的相关人员、设计单位节能设计人员对节能分部工程质量进行检查验收并提出整改意见,施工单位整改完成后进行复查,通过节能分部工程质量验收后,验收资料归档。工程竣工,建设单位组织竣工验收,对民用建筑是否符合民用建筑节能强制性标准进行查验,对不符合民用建筑节能强制性标准的,不得出具竣工验收合格报告。

3.结算审计

重要合规风险提示:

(1)委托不具有相应资质的工程造价咨询企业对竣工结算文件进行审核的风险。依据《建筑工程施工发包与承包计价管理办法》之规定,如建设项目使用国有资金投资,则应当委托具有相应资质的工程造价咨询企业对竣工结算文件进行审核。

(2)未及时审查竣工结算报告的风险。根据《建设工程施工合同解释(一)》,如合同约定发包人收到竣工结算文件后,在约定期限内不予答复,视为认可竣工结算文件的,按照约定处理。

4. 工程项目财务决算

重要合规风险提示：

未进行项目竣工财务决算的风险。依据《基本建设财务规则》及《基本建设项目竣工财务决算管理暂行办法》（财建〔2016〕503号）之规定，国有控股公司使用财政资金进行的新增工程效益或者扩大生产能力为主要目的的新建、续建、改扩建、迁建、大型维修改造工程及相关工作应进行项目竣工财务决算。项目竣工财务决算的内容主要包括：项目竣工财务决算报表、竣工财务决算说明书、竣工财务决（结）算审核情况及相关资料。

此外，基本建设项目竣工财务决算未经审核前，项目建设单位一般不得撤销，项目负责人及财务、重大项目的相关工程技术、概（预）算主管人员一般不得调离。

附录：工程验收管理合规要求

1.《消防法》

2.《民法典》

3.《城乡规划法》

4.《节约能源法》

5.《建设工程质量管理条例》

6.《建设项目环境保护管理条例》

7.《民用建筑节能条例》

8.《基本建设财务规则》

9.《建筑工程施工发包与承包计价管理办法》

10.《基本建设项目竣工财务决算管理暂行办法》（财建〔2016〕503号）

11.《建设工程价款结算暂行办法》（财建〔2004〕369号）

四、工程项目后评价管理与合规

工程项目后的评价管理是工程管理过程中的闭环行为。如果工程项目未履行后评价机制，无法确认前期固定资产投资是否达到目标产值，达到目标效益。可能导致工程项目过程中发生的问题无法被有效发现和改进。

本部分的合规目标,首先,应当按照法规规定及时展开有关专项的后评价。其次,建立健全完工项目的后评估机制,建立完整的工程项目档案,对完工工程项目预期目标的实现情况和项目投资效益等进行综合分析与评估。最后,该评估结果应当作为绩效考核和责任追究的依据,以此促进公司项目高效推进。

流程项下合规风险:工程项目后评价

重要合规风险提示:

未依法开展环境影响后评价的风险。依照《建设项目环境影响后评价管理办法(试行)》之规定,冶金行业中有重大环境风险、建设地点敏感,且持续排放重金属的建设项目,如在建设项目运行过程中产生不符合经审批的环境影响报告书情形的,应当开展环境影响后评价。建设项目环境影响后评价应当在建设项目正式投入生产或者运营后3年至5年内开展。如未依法开展环境影响后评价,生态环境主管部门可责令其限期改正并向社会公开。

附录:工程项目后评价管理合规要求

《建设项目环境影响后评价管理办法(试行)》

第八节　业务外包管理与合规

一、业务外包前期管理与合规

业务外包是指企业整合外部的专业化资源,从而达到降低成本、提高效率、增强企业对环境的迅速应变能力的一种管理模式。如果业务外包前期方案制定不合理、不符合公司生产经营特点或内容不完整,可能导致业务外包不经济或外包业务失败。

本部分的合规目标,首先,应当明确规定业务外包的方式、条件、程序和实施等相关内容,避免将核心业务外包。其次,确保根据各类业务与核心主业的关联度、对外包业务的控制程度以及外部市场成熟度等标准,合理确定业务外包的范围。最后,建立和完善业务外包的审核批准制度。

流程项下合规风险：业务外包方案制订与审批

重要合规风险提示：

（1）主要业务或盈利业务外包决定程序不符规范的风险。主营业务属董事会拟定、股东会决定之事项，主要业务或盈利业务外包决定可能被视为关于资产处置的公司战略的一部分，因此可能需要分别由董事会会议、股东会会议决议之方式做成，超越公司章程所规定的权限做出的重大固定资产交易决定将构成无权代理。

此外，公司受委托负有监管国有资产职责的公司人员如将公司的盈利业务交由自己的亲友承包经营，可能构成《刑法》第166条的为亲友非法牟利罪。

（2）国有企业业务外包方案的制定与审批违反“三重一大”决策制度的风险。业务外包可能属于《关于进一步推进国有企业贯彻落实“三重一大”决策制度的意见》（中办发〔2010〕17号）规定的重大事项，依法应当依照“三重一大”决策制度进行决策。国有企业领导人员违反“三重一大”决策制度的，可能受到行政处分。

附录：业务外包前期管理合规要求

《刑法》

二、业务外包过程管理与合规

外包业务的过程管理是外包管理中的核心环节之一。业务外包过程管理是指采取承包方动态管理方式，对承包方开展日常绩效评价和定期考核，建立即时监控机制并输出外包商过程表现指标，加强业务外包过程中形成的商业信息资料的管理。如果出现外包业务偏离合同目标，合同对承办方的违约责任界定不够清晰等情况，可能导致外包业务中断，公司利益受损。

本部分的合规目标，首先，在于确保引入竞争机制，按照法律法规，采用招标等适当方式，选择合格的业务外包项目承包方，避免利益输送等合规风险。其次，加强与承包方的沟通与协调，及时发现和解决外包业务日常管理中存在的问题，履行安全保障义务。最后，对于重大业务外包，企业应当密切关注承包方的履约能力，建立相应的应急机制。

流程项下合规风险包括以下 4 点。

1. 承包方招投标管理

重要合规风险提示:

(1)未进行公开招标的风险。根据《招标投标法》之规定,外包项目如属于依法必须招标的工程项目,则必须进行招标;否则公司可能受到罚款,合同可能被确认无效。

(2)招标过程中的其他风险。应当注意,即使外包业务不属于建设工程,如约定适用招投标程序,公司即受到《招标投标法》等相关规范约束,负有义务在招标过程中不得以不合理的方式排斥潜在投标人,不得订立背离招标文件和投标文件实质性内容的协议等,关于招投标过程管理的更多内容,“重要合规风险提示”(2)至(5)。

2. 外包业务合同审核与签署

重要合规风险提示:

(1)委托代理(授权)条款的风险。鉴于外包活动中由承包人向公司提供部分生产经营服务,如相关合同内容涉及委托承包人以公司名义实施法律行为,或者授权承包人代表公司对外作出意思表示等,即属委托代理条款。根据《民法典》的相关规定,被代理人应承担代理人所实施的法律行为之效果,因此,公司如委托或授权承包人以公司名义实施法律行为,即须承担承包人在授权范围内代表公司实施的法律行为的相应后果。

即使承包人未获公司授权或超越授权范围代理公司实施法律行为,但公司所实施的某些行为可能被视为授权或追认。例如,在 J 公司诉 G 公司等承包经营合同、侵权责任纠纷上诉案中①,判决即认为由于在承包期间内发包人董事会对承包人实施领导,对承包人的重大决策进行了审批,因此承包人在承包期间内以发包人名义实施的法律行为的后果应由发包人承担,发包人与承包人在承包合同中关于经营期间债务承担的约定不得对抗第三人。

此外,根据《民法典》第 172 条之规定,即使承包人属无权代理或越权代理,

① 参见 J 公司与 G 公司等承包经营合同、侵权责任纠纷上诉案,最高人民法院(2016)最高法民终 245 号民事判决书。

如相对人有理由相信行为人有代理权的，代理行为依然有效，因此公司如授权承包人代理法律行为，应在授权书中明确规定授权范围，并在承包期间结束后及时回收相关文书。否则，可能因构成表见代理导致公司仍须承担承包人实施法律行为的后果。

（2）劳务外包构成劳务派遣或直接用工的风险。根据《劳务派遣暂行规定》用人单位以承揽、外包等名义，按劳务派遣用工形式使用劳动者的，将适用劳务派遣相关规范。劳务外包与劳务派遣主要区别在于发生侵权损害时的法律后果不同：在劳务外包下，承包方雇佣的劳动者在完成外包业务时发生人身损害，在承揽合同无特别约定的情况下，通常由承包方承担工伤赔偿责任，发包方一般无需对劳动者承担侵权责任，如劳动者对第三人侵权，则也应由承包方向第三人承担雇主的侵权责任。相反，在劳务派遣中如果劳动者自身受到侵害，除适用《劳动合同法》及《工伤保险条例》相关规定外，用工单位还存在需按《民法典》之规定对劳动者遭受的损害承担相应的赔偿责任的可能；如因劳动者履职对第三人侵权，用工单位应承担赔偿责任，派遣单位仅在有过错时，承担相应的补充责任。

目前尚无相关规范澄清“按劳务派遣用工形式使用劳动者”的具体含义，司法实践中，可能从劳务外包合同的条款、费用结算方式、用工管理方式等方面考虑。例如，在L饭店有限公司与许某某劳动争议二审案中①，判决指出因劳动者接受发包人的直接管理，因而属于劳务派遣。因此如果公司直接对劳动者进行管理、直接向劳动者支付费用或承包方无劳务派遣资质或劳务外包业务范围，即可能被法院认定为劳务派遣。

（3）定作人的主要义务。外包合同属承揽合同的一种，在没有特别约定的情况下，根据《民法典》的相关规定，公司应承担定作人的主要义务。这类主要义务包括按约定提供材料、及时答复、提供必要协助、不得因监督检验妨碍承揽人正常工作及按约定支付报酬的义务等。

（4）未签订安全生产协议的风险。根据《安全生产法》第49条之规定，生产经营项目、场所发包或者出租给其他单位的，生产经营单位应当与承包单位、承租单位签订专门的安全生产管理协议，或者在承包合同、租赁合同中约定各自的

① 参见L饭店有限公司等与许某某劳动争议上诉案，北京市第三中级人民法院（2014）三中民终字第15106号民事判决书。

安全生产管理职责,违反前述规定,公司可能被责令改正并处以罚款。

3. 业务外包日常管理

重要合规风险提示:

未对承包人的安全生产统一协调、管理的风险。根据《安全生产法》第 49 条之规定,生产经营项目、场所发包给其他单位的,生产经营单位应当对承包单位的安全生产工作统一协调、管理,定期进行安全检查,发现安全问题的,应当及时督促整改。违反前述规定,公司可能被责令改正并处以罚款。

4. 业务外包违约与终止

重要合规风险提示:

不当行使任意解除权的风险。因外包合同属承揽合同,根据《民法典》第 787 条之规定,如无特别约定,公司享有任意解除权,可在承包人完成工作前随时解除合同,但因此造成承包人损失的,公司可能须承担相应赔偿责任。因此,公司如有调整外包工作量的需求,应在合同中清楚明白地做出相应约定,尽量避免行使第 787 条的任意解除权。

附录:业务外包过程管理合规要求

1.《安全生产法》

2.《民法典》

3.《招标投标法》

4.《劳务派遣暂行规定》

三、业务外包验收与结算管理与合规

业务外包验收作为外包管理的闭环之一,对外包业务的评价和结果起着重要作用。如果验收方式与业务外包成果交付方式不匹配,验收标准不明确,验收程序不规范,使验收工作流于形式,不能及时发现业务外包质量低劣等情况,可能导致公司遭受损失。

本部分的合规目标,首先,在于确保建立外包业务产品验收制度,依据验收证明,严格按照合同约定的结算条件、方式和标准办理支付外包费用。其次,业务外包归口管理部门应对所有产品差异予以确认,确保承包方最终提供的产品

(或服务)应与外包合同协议约定一致。

流程项下合规风险包括以下 2 点。

1. 业务外包验收管理

重要合规风险提示:

验收标准和方法约定不明的风险。鉴于业务外包合同通常以相应劳务为对价,因此,公司应当在业务外包合同中对工作量、工作质量等要素予以清楚且可量化的约定;否则,公司可能在面临纠纷时缺乏主张相应标准的依据。但公司应当注意,验收标准和方法应当尽量根据工作成果制定而非劳动量制定,如以后者为依据,可能导致业务外包被认定为劳务派遣。

2. 业务外包结算管理

重要合规风险提示:

公司内部结算规范对承包人不具约束力的风险。除非在与承包人的合同中明确作出约定;否则,公司直接依据内部规范拒绝向承包人结算费用可能构成违约。

四、承包方管理与合规

承包商是为项目提供劳务的组织者。做好承包商管理,有利于在外包业务整体流程中做好严格把控与监督,确保外包业务符合公司预期,提高公司收益。如果未严密审慎地甄选业务承包方,缺少对承包商的定期考评,容易导致公司外包业务质量不达标从而无法满足销售合同成功交付的条件,导致企业遭受损失甚至陷入法律纠纷。

本部分的合规目标,首先,应当制定承包方准入制度,充分调查候选承包方的合法性和相关专业资质。其次,建立严格的回避制度和监督处罚制度,避免相关人员在选择承包方过程中出现受贿和舞弊行为。最后,确保合理确定外包价格,严格控制业务外包成本。

流程项下合规风险包括以下 2 点。

1. 承包方准入

重要合规风险提示:

(1)承包人不具相应资质的风险。根据《安全生产法》第 49 条之规定,生产经营单位应当将生产经营项目、场所、设备发包给具有相应资质的承包单位,如违反前述规定,公司及相关负责人可能被责令整改并处以罚款,如导致发生生产安全事故给他人造成损害的,公司还须与承包方承担连带赔偿责任。

(2)承包人属特殊目的实体(项目公司、中介实体)的风险。为便利项目管理或隔离风险,承包人可能通过设立一个有限责任的特殊目的实体,如有限责任公司,向公司提供劳务,在此等安排下,实际承包人通常会专门设立一个项目公司或利用既存的子公司,并通过合同的方式安排劳动指挥与利益归集问题。公司应当注意,从法律角度来说,特殊目的实体属于独立的法律实体,以其全部财产独立承担民事责任,即如果实际承包人未加入业务外包合同,则实际承包人造成公司损失时,公司只能向实际承包人设立的项目公司请求赔偿损失,鉴于通常项目公司资本有限,公司很可能无法得到足额赔偿,因此,公司应避免将特殊目的实体作为业务外包合同中的相对人/承包人。

2. 承包方评价管理

重要合规风险提示:

未保全证据的风险。如果公司通过招标确定承包人,则应当受《招标投标法》约束,不得以不合理的方式排斥潜在投标人。因此,对公司应妥善保全不合格承包人的相关证据,避免被认定为以不合理的方式排斥潜在投标人,否则,公司可能受到罚款,相应合同可能被确认无效。

附录:承包方管理合规要求

《安全生产法》

重点提示

1. 公司运营管理领域存在的合规风险类型有哪些?

2. 公司"内部信息传递"和"销售管理"两方面需要注意哪些具体风险点?

第五章　公司财务相关合规风险识别类型

第一节　固定资产管理与合规

一、固定资产新增管理与合规

新增固定资产是一定时期内通过投资活动所形成的新的固定资产价值，包括已经建成投入生产或交付使用的工程价值和其他达到标准的相关费用。公司需要记录固定资产取得的信息，做好固定资产的验收与登记管理，防范固定资产管理过程中的舞弊行为，避免使企业遭受外部监管处罚或法律纠纷。

本部分的合规目标，首先，在于购建合格固定资产，满足企业生产运营的需求。其次，固定资产的取得应当做好权属登记，避免发生权属纠纷。最后，严格把控固定资产在建及验收过程，避免出现舞弊等不合规行为，推动企业建立健全完善的固定资产管理体系。

（一）流程项下合规风险：在建工程转固定资产管理

重要合规风险提示：

（1）取得、受让固定资产或建设工程交付后未及时进行权属登记的风险。固定资产包括了使用寿命超过12个月的有形资产，其中，依自然性或者法律的规定在空间上占有固定位置，移动后会影响其经济价值的物，包括土地、海域以及房屋、林木等定着物以及因自然或者人力添附于土地并且不能分离的其他物,如厂房、难以与车间分离的生产设备等均属于不动产。此外,船舶、航空器和机动车等交通工具属特殊动产。根据《民法典》相关规定,不动产及特殊动产的物权登记可能对物权变动效果产生影响,因此公司取得或转让固定资产或工程交付后应及时进行权属登记,避免因此导致不发生物权变动效果或引起权属纠纷,具体而言:

- 对于不动产,根据《民法典》第 214 条及第 216 条之规定,不动产登记簿是物权归属和内容的根据,不动产物权的设立、变更、转让和消灭,依照法律规定应当登记的,自记载于不动产登记簿时发生效力。由于不动产登记簿是物权归属和内容的根据,因而一旦在不动产登记簿上记载某人享有某项物权时,就直接推定该人享有该项物权,其物权的内容也以不动产登记簿上的记载为准,即不动产登记与权属确认之间直接关联,公司在取得、受让不动产或建设工程交付后应及时进行权属登记,登记完成后方属权利人。

- 对于特殊动产,根据《民法典》第 225 条之规定,船舶、航空器和机动车等的物权的设立、变更、转让和消灭,未经登记,不得对抗善意第三人。船舶、航空器和机动车等物权的设立和转让,原则上是自交付时发生效力,但是在出卖人就同一船舶、航空器、机动车等特殊动产订立多重买卖合同,且买卖合同均有效的情况下,如果①买受人均未受领交付,先行办理所有权转移登记手续的买受人可优先请求出卖人履行交付标的物的合同义务;如果②出卖人将标的物交付给买受人之一,又为其他买受人办理所有权转移登记,已受领交付的买受人也可请求将标的物所有权登记在自己名下。换言之,除非特殊动产已交付,否则在未办理特殊动产所有权转移登记的情况下可能导致其他已办理登记的第三人可优先取得特殊动产。此外,在未登记的情况下,第三人亦可能借由《民法典》第 311 条善意取得特殊动产。

(2)取得固定资产怠于验收及通知的风险。根据《民法典》及《建设工程质量管理条例》之规定,公司取得固定资产时应及时验收,并将质量不符的情形通知出卖人,否则可能导致被视为对质量无异议;对于建设工程,公司应当及时组织设计、施工、工程监理单位进行竣工验收,否则应承担相应违约责任或对擅自使用部分出现的质量问题自行承担责任。

(3)在建工程舞弊的风险。对在建工程项目进行操纵是实施财务舞弊的主要方式之一,公司管理人员为操纵利润、成本或虚增资产而可能对在建工程项目进行会计操纵。在建工程舞弊的主要方式包括:①延迟在建工程转固定资产的时间以调节利润,如延长试生产时间,使在建工程周期延长,从而将利息费用资本化降低财务费用,或者延迟已竣工交付的工程避免计提折旧;②利用停工在建工程继续费用资本化,如将借款费用计入已实际停工的在建工程成本中降低当期成本;③利用在建工程转移资金实施关联交易,例如通过编制虚假的工程项目,将虚增的在建工程所需要支付的资金通过关联方转移出公司,然后重新以销售款或增资款的名义进入公司从而虚增资产。例如,在H公司信息披露违规案中①,H公司董事长、(法人代表)、董事(总经理)等虚增在建工程转出资金至关联公司并通过虚构应收款项收回。根据《企业财务会计报告条例》(国务院令〔2000〕287号)第40条的规定,编制、对外提供虚假的或者隐瞒重要事实的财务会计报告,构成犯罪的,依法追究刑事责任;不构成犯罪的,公司、直接负责的主管人员和其他责任人员可能受到罚款,属于国家工作人员的可能受到行政处分或纪律处分,情节严重的,将会被限制从业。

(二)相关案例评析

H公司信息披露违规案②

1.案情简介

2015年11月、12月,H公司以支付合同工程款名义向L公司转出资金7941.76万元,向Y公司转出资金1000万元;2016年11月,H公司再次以支付合同工程款名义向L公司转出资金200万元,前述款项支出均以在建工程名义核算。经查,H公司转出的上述资金实际与工程建设无关,H公司由此虚增2015年在建工程8941.76万元,虚增2016年在建工程200万元。

H公司以支付合同工程款为名转出的上述款项中,4640.54万元经有关主体中转后回流至H公司,H公司收回上述款项后,将4440.54万元记为应收账款收回,200万元记为其他应收款收回。经查,相关款项与H公司正常业务形成的应

① 参见H公司信息披露违规案,中国证券监督管理委员会深圳监管局行政处罚决定书(2021)1号。

② 参见中国证券监督管理委员会深圳监管局行政处罚决定书〔2021〕1号。

收款回款无关,H公司由此虚构2015年应收账款4440.54万元,虚构2016年其他应收款200万元。

H公司以支付合同工程款为名转出的上述款项中,另有4120万元经有关主体中转后回流至H公司,H公司收回款项后,作为其他应付款核算,以此虚增2015年其他应付款4120万元。

综上所述,H公司2015年虚增在建工程8941.76万元,占其公开披露当期总资产的15.15%,虚增其他应付款4120万元,虚构应收账款收回4440.54万元;2016年虚增在建工程200万元,虚构其他应收款收回200万元。上述行为导致H公司披露的2015年、2016年年度报告存在虚假记载。

2. 中国证券监督管理委员会深圳监管局观点

H公司上述行为违反了《非上市公众公司监督管理办法》第20条第1款①的规定,构成《非上市公众公司监督管理办法》第60条所述"未按照规定披露信息,或者所披露的信息有虚假记载、误导性陈述或者重大遗漏"的行为。H公司时任董事长、法定代表人杨某某,时任董事、总经理李某某实施了公司信息披露违法违规行为,是H公司信息披露违法违规行为直接负责的主管人员。时任财务总监祁某某,时任董事会秘书王某,时任董事卢某某是公司信息披露违法违规行为的其他直接责任人员。根据当事人违法违规行为的事实、性质、情节与社会危害程度,依据《国务院关于全国中小企业股份转让系统有关问题的决定》第5条、《非上市公众公司监督管理办法》第60条和2005年《证券法》第193条第1款的规定②,深圳监管局决定:(1)对H公司责令改正,给予警告,并处以40万元罚款;(2)对杨某某给予警告,并处以30万元罚款;(3)对李某某给予警告,并处以20万元罚款;(4)对祁某某给予警告,并处以5万元罚款;(5)对卢某某、王某给予警告,并分别处以3万元罚款。

3. 评析

本案中,H公司通过虚增在建工程转出资金至关联公司,同时通过虚构应收款项收回实施财务造假,被证监会深圳监管局认定为违反了《管理办法》第20条第1款的规定,构成《管理办法》第60条所述"未按照规定披露信息,或者所披露

---

① 现为2021年《非上市公众公司监督管理办法》第21条第1款。

② 现为2019年《证券法》第197条第1款,信息披露违法违规的行政处罚力度大幅提高。

的信息有虚假记载、误导性陈述或者重大遗漏”的违法行为，由此受到行政处罚。①

可见，公司管理人员通过在建工程，人为操纵利润、成本或虚增资产，披露虚假信息，未能真实、准确、完整地记录固定资产取得的信息，无法满足财务报告和信息披露的要求，可能使企业遭受外部处罚。由此，公司应当建立健全新增固定资产管理体系，避免出现“虚构虚增在建工程转出资金”“虚构应收款项”“作出虚假披露”等违规行为，给企业带来经济及名誉损失。

附录：固定资产管理合规要求

1.《民法典》

2.《建设工程质量管理条例》

3.《企业财务会计报告条例》(国务院令〔2000〕第287号)

4.《企业会计准则第4号——固定资产》(财会〔2006〕3号)

5.《企业会计准则第17号——借款费用》(财会〔2006〕3号)

二、固定资产检修与合规

固定资产检修是指为保持固定资产的正常运转和使用而恢复固定资产原有性能的行为。固定资产检修的主要目的在于恢复各固定资产的使用价值，延长其使用周期。企业应当建立固定资产检修制度，制订年度、月度固定资产检修计划，外委改建或大型维修项目需关注招标、施工安全保障、验收等环节的合规性，避免出现舞弊等违法行为，给企业带来法律纠纷和财产损失。

本部分的合规目标，首先，在于制订周密、可执行的年度及月度固定资产检修计划，履行安全生产保障义务。其次，严格把控固定资产大修项目外委流程，关注招标、施工安全保障、验收等环节的合规义务，规避各个流程上可能出现的舞弊风险。

流程项下合规风险包括以下3点。

① 中国证券监督管理委员会深圳监管局行政处罚决定书〔2021〕1号。

1. 年度固定资产检修计划

重要合规风险提示:

改建或大型维修项目未履行安全生产保障义务的风险。根据《安全生产法》及《建设项目安全设施“三同时”监督管理办法》之规定,生产经营单位实施金属冶炼的改建或大型维修项目依法应履行相应的安全生产保障义务。具体而言,包括:(1)安全评价,项目实施前在可行性研究时应当进行安全预评价,以及项目竣工后正式生产运行前进行安全验收评价;(2)安全设施设计审查,建设项目安全设施设计完成后,生产经营单位应当向安全生产监督管理部门申请进行审查;(3)建设工程“三同时”制度,建设项目的安全设施应当与主体工程同时设计、同时施工或者同时投入使用。违反前述规定,公司可能受到罚款甚至被责令停业整顿,相关项目可能被责令停工,影响项目进度,此外,相关责任人也可能受到行政处分。

2. 固定资产大修项目外委与实施

重要合规风险提示:

(1)外委改建或大型维修项目未进行招标的风险。根据《招标投标法》的规定,除自行建设的项目外,如改建或大型维修项目构成依法必须招标的工程项目,则必须依法进行招标。关于必须依法进行招标的项目的更多内容,参见“年度采购计划管理”下的“重要合规风险提示(1)”。

(2)外委改建或大型维修项目未履行安全生产保障义务的风险。根据《安全生产法》及《建设项目安全设施“三同时”监督管理办法》之规定,生产经营单位实施金属冶炼的改建或大型维修项目依法应履行相应的安全生产保障义务。在外委项目中,公司不仅应注意设计、施工单位须具备相应的资质,且公司有义务确保施工单位按照批准的安全设施设计施工,在施工单位未按照批准的安全设施设计施工的情况下,行政监督部门会对公司予以相应的行政处罚。

其他关于生产经营者改建或大型维修项目的安全生产保障义务的内容,参见“年度固定资产检修计划”下的“重要合规风险提示”。

(3)与建设工程施工有关的其他合规风险。改建或维修固定资产的工程项目应同时符合《建设工程质量管理条例》与《建设工程安全生产管理条例》等相关法律对建设工程施工管理的合规要求。具体内容,参见“工程建设管理与合规”下的“重要合规风险提示”。

3. 固定资产大修项目验收

重要合规风险提示：

(1)在建工程舞弊的风险。在外委改建或大型维修项目中，公司管理人员可能通过延迟结转固定资产或利用在建工程转移资金实施关联交易的方式实施财务舞弊。关于在建工程舞弊的具体内容，参见“在建工程转固定资产管理”下的“重要合规风险提示(3)”。

(2)外委建设工程中与交收、验收有关的合规风险。固定资产的交收，除适用《民法典》相关规定外，改建或维修固定资产的工程项目还应符合《建设工程质量管理条例》之要求。具体内容，参见“工程验收管理与合规”下的重要合规风险提示。

附录：固定资产检修合规要求

1.《安全生产法》

2.《招标投标法》

3.《建设项目安全设施“三同时”监督管理办法》

三、固定资产日常管理与合规

公司设立固定资产日常管理制度，其主要目的在于完善固定资产管理链条的各环节管理流程，以便更好地满足工作需要。如果对固定资产的调拨、对外租赁、盘点、投保、评估等日常流程维护不当或管理不善，可能造成公司资产使用效率低下或资产损失，进而导致企业缺乏竞争力、资产价值贬损，损害企业利益。

本部分的合规目标，首先，在于保证固定资产在调拨、对外租赁、盘点等环节安全合规，充分服务于企业生产经营活动。其次，公司应当对固定资产进行有效投保并定期评估增减值，确保固定资产能支撑公司健康持续运营。

流程项下合规风险主要包括以下6点。

1. 固定资产调拨

重要合规风险提示：

资产调拨的涉税风险。通常而言，资产调拨仅涉及使用权的转移，但某些特

殊情况下可能产生涉税风险,具体而言:

- 总分机构之间的资产调拨。根据《增值税暂行条例实施细则》之规定,设有两个以上机构并实行统一核算的纳税人,将货物从一个机构移送其他机构用于销售,除相关机构设在同一县(市)外,应当视同销售货物。同时,根据《国家税务总局关于企业所属机构间移送货物征收增值税问题的通知》,如果接受货物移送机构向购货方开具发票或向购货方收取货款,即构成前述“用于销售”,因此,在总分机构、分支机构之间进行资产调拨,公司应确保资产调拨过程中接受货物移送机构不将资产用于销售,否则将产生增值税纳税义务。

- 母子公司之间、子公司之间,或公司与集团内其他公司之间的资产调拨。由于母子公司、公司与集团内其他公司均属独立法人,因此根据《增值税暂行条例实施细则》(国税发〔1998〕第137号)之规定,如调拨构成捐赠将视同销售,产生增值税纳税义务。此外,根据《国家税务总局关于企业处置资产所得税处理问题的通知》(国税函〔2008〕828号),如果调拨资产发生所有权变动,将构成视同销售,产生企业所得税纳税义务。因此,在母子公司之间、子公司之间,或公司与集团内其他公司之间的资产调拨,公司应明确资产调拨和资产划转的区别,避免发生所有权移转,否则将同时产生增值税与企业所得税纳税义务。

2. 闲置固定资产对外租赁

重要合规风险提示:

(1)关联交易的涉税风险。母子公司、公司与集团内其他公司均属独立法人,根据《企业所得税法》之规定,企业与其关联方之间的业务往来,不符合独立交易原则而减少企业或者其关联方应纳税收入或者所得额的,税务机关有权按照合理方法调整。独立交易原则指关联方之间业务往来,应当符合独立方在类似情况下从事类似交易时可能建立的商业和财务关系。

此外,根据《国家税务总局关于完善关联申报和同期资料管理有关事项的公告》(国家税务总局公告2016年第42号),实行查账征收的居民企业向税务机关报送年度企业所得税纳税申报表时,应当就其与关联方之间的业务往来进行关联申报。因此,公司应确保与集团成员单位之间出租资产的定价符合独立交易原则,否则可能受到纳税调整。

（2）资产评估的要求。根据《企业国有资产评估管理暂行办法》（国务院国有资产监督管理委员会令〔2005〕第12号）之规定，各级国有资产监督管理机构履行出资人职责的企业及其各级子企业将整体资产或者部分资产租赁给非国有单位的，应当对相关资产进行评估。因此，公司在将闲置资产租赁给非国有单位的，应当进行资产评估，否则公司可能被行政监督部门责令整改，相关经济行为可能被请求确认无效，相关责任人可能被给予行政处分。

（3）租赁价格与租赁期限限制。根据《企业国有资产评估管理暂行办法》国有企业进行与资产评估相应的经济行为时，应当以经核准或备案的资产评估结果为作价参考依据；当交易价格低于评估结果的90%时，应当暂停交易，在获得原经济行为批准机构同意后方可继续交易。因此，公司在租赁资产时，应当以经核准或备案的资产评估结果为作价参考依据，并确保交易价格低于评估结果90%时取得批准。

3. 固定资产盘点管理

重要风险提示：

固定资产舞弊的风险。固定资产盘点操纵是固定资产舞弊的主要方式，固定资产盘点操纵包括隐瞒盘点盈亏情况、任意变动固定资产账面价值等。根据《企业财务会计报告条例》之规定，编制、对外提供不实财务会计报告，公司可能受到罚款，单位相关责任人可能受到行政处分。此外，固定资产盘点操纵也可能与公司管理人员侵占公司财产等不当行为有关。

4. 固定资产投保管理

重要合规风险提示：

（1）违反投保人告知义务的风险。根据《保险法》之规定，投保人负有义务就保险标的或者被保险人的有关情况提出的询问如实告知，因此，公司负有询问告知义务，须就被保险人的范围和内容如实告知相关情况，在未履行投保人告知义务的情况下，①如因“故意和重大过失”未履行如实告知义务，保险人有权解除合同；②“故意”的情况下，保险公司不承担赔付责任，不退还保费，并且不要求未如实告知事项与保险事故的发生有因果关系或具重大影响；③“重大过失”的情况下，保险人不承担赔付责任，但应退还保险费，并且要求对事故发生有严重影响。

(2)超出保险责任范围的风险。公司在为固定资产投保时应注意审查相应财产保险及附加险的保险责任范围及责任免除事项,对于不属于保险责任范围内或责任免除范围内的事故,保险人可拒绝赔偿或者拒绝给付保险金。因此,公司应根据实际需要订立包含相应保险责任范围的保险合同。

(3)重复保险、超额保险或未足额保险的风险。根据《保险法》之规定,重复投保的投保人有义务将重复保险的有关情况通知各保险人,且重复保险的各保险人赔偿保险金的总和不得超过保险价值。投保人和保险人约定保险金额超过保险价值的,超过部分无效。因此,公司重复保险、超额保险不能获得超过保险价值的赔付。相反,如果保险金额低于保险价值的,除合同另有约定外,保险人按照保险金额与保险价值的比例承担赔偿保险金的责任,因此,公司未足额保险的情况下,保险人将按照保险金额与保险价值的比例赔付。

(4)未及时通知与保全证据的风险。《保险法》规定投保人、被保险人或者受益人知道保险事故发生后,应当及时通知保险人,如果故意或者因重大过失未及时通知,致使保险事故的性质、原因、损失程度等难以确定的,保险人对无法确定的部分,不承担赔偿或者给付保险金的责任。此外,保险合同中一般约定有破坏事故现场、伪造证据作为责任免除事项,因此,保险事故发生后,公司应当及时通知保险人并保护事故现场。

(5)未保留对第三人权利的风险。根据《保险法》之规定,因第三者对保险标的的损害而造成保险事故的,保险人未赔偿保险金之前,被保险人放弃对第三者请求赔偿的权利的,保险人不承担赔偿保险金的责任。因此,如果因第三人原因导致发生保险事故,公司不应做出放弃对第三人请求赔偿的意思表示,否则可能导致无法获赔。

(6)保险标的残值的分配。根据《保险法》之规定,除非保险合同中有特别约定,保险事故发生后,保险人已支付了全部保险金额,并且保险金额等于保险价值的,受损保险标的的全部权利归于保险人;保险金额低于保险价值的,保险人按照保险金额与保险价值的比例取得受损保险标的的部分权利。因此,如果公司欲保留保险标的残值或保留处置保险标的残值的权利,应在保险合同中做出清楚明白的约定,否则,擅自处置保险标的残值将构成无权处分。

5. 固定资产减值评估

重要合规风险提示:

(1)计税基础不受减值影响。根据《企业所得税法实施条例》第 56 条之规定,企业持有各项资产期间资产增值或者减值,除国务院财政、税务主管部门规定可以确认损益外,不得调整该资产的计税基础。原则上,计提减值后,折旧的计税基础不应进行调整。因此,公司应注意会计处理和税法上的差异,当会计折旧和税法折旧产生差异时,及时进行当期的纳税调整,避免引起税收执法机构不必要的调查。

(2)违规计提固定资产减值的风险。违规计提固定资产减值是固定资产舞弊的方式之一,当公司管理人员操纵利润时或试图掩藏虚增资产行为时,可能同时进行固定资产减值准备的违规计提。根据《企业财务会计报告条例》之规定,编制、对外提供不实财务会计报告,公司可能受到罚款,单位相关责任人可能受到行政处分。

6. 转让资产评估

重要合规风险提示:

(1)未进行资产评估的风险。《国有资产评估管理办法》对国有资产占有单位应当进行国有资产评估的情形进行了规定。其中,当发生资产拍卖、转让时,除经国有资产管理行政主管部门批准可以不予评估外,必须进行资产评估。《企业国有资产评估管理暂行办法》对各级国有资产监督管理机构履行出资人职责的企业及其各级子企业涉及的国有资产评估的事项,进行了具体规定。根据《企业国有资产评估管理暂行办法》之规定:①以非货币资产对外投资;②资产转让、置换;③整体资产或者部分资产租赁给非国有单位;以及④以非货币资产偿还债务时,应当对相关资产进行评估。此外,国有资产评估实行核准制和备案制,国有资产监督管理机构下达的资产评估项目核准文件和经国有资产监督管理机构或所出资企业备案的资产评估项目备案表是企业办理产权登记、股权设置和产权转让等相关手续的必备文件。违反前述规定,应当进行资产评估而未进行评估或者应当办理核准、备案而未办理,公司可能被行政监督部门责令整改,相关经济行为可能被请求确认无效,相关责任人可能被给予行政处分。

(2)资产评估单位不具资质的风险。《企业国有资产评估管理暂行办法》要求企业聘请符合相应资质条件的资产评估机构从事国有资产评估活动,违反前述规定,公司可能被行政监督部门责令整改,相关经济行为可能被请求确认无效,相关责任人可能被给予行政处分。此外,相关委托合同亦可能被认定为违反效力性强制性规定的无效合同。

(3)妨碍资产评估的法律责任。《国有资产评估管理办法》及《企业国有资产评估管理暂行办法》要求企业如实提供相关资料,不得与资产评估机构串通作弊导致评估结果失实,违反前述规定,公司可能被行政监督部门责令整改,相关经济行为可能被请求确认无效,相关责任人可能被给予行政处分。

附录:固定资产日常管理合规要求

1.《企业所得税法》

2.《保险法》

3.《国有资产评估管理办法》

4.《企业所得税法实施条例》

5.《增值税暂行条例实施细则》

6.《企业国有资产评估管理暂行办法》

7.《国家税务总局关于企业处置资产所得税处理问题的通知》(国税函〔2008〕828号)

8.《国家税务总局关于企业所属机构间移送货物征收增值税问题的通知》(国税发〔1998〕第137号)

四、固定资产处置管理与合规

固定资产处置是固定资产管理中的重要环节,做好相关资产的处置管理,有利于提升资产利用率,减少资产损失,实现资产的保值增值。做好固定资产报废管理、评估转让等处置措施,使其符合相关国家法律法规及公司政策,避免在相关流程出现涉税、舞弊、滥用职权等违规风险,给公司造成不必要的经济损失和信誉损失。

本部分的合规目标,关键在于保证固定资产的报废管理、评估转让等处置行为合法合规,避免在固定资产处置环节出现相关工作人员滥用职权、侵占公司财产等违规行为，保障公司的整体经营健康发展。

流程项下合规风险

1. 固定资产报废申请及审批

重要合规风险提示：

未履行监督管理职责或滥用职权，违规报废造成固定资产损失，构成国有公司人员失职罪、滥用职权罪的风险。国有控股公司应当遵守《关于如何认定国有控股、参股股份有限公司中的国有公司、企业人员的解释》（法释〔2005〕10号）之规定，国有公司、企业委派到国有控股、参股公司从事公务的人员，以国有公司、企业人员论。前述人员因未履行内部监督职责，违规报废造成固定资产流失，即可能构成国有公司人员失职罪、滥用职权罪。

2. 固定资产转让

重要合规风险提示：

（1）公开进行资产转让的要求。根据《企业国有资产交易监督管理办法》之规定，一定金额以上的资产转让须在产权交易机构公开进行。

（2）重大固定资产转让决定程序违反公司章程的风险。公司战略可能属董事会拟定、股东会决定、党委会参与决策之事项，重大固定资产转让决定可能被视为关于资产处置的公司战略的一部分，因此重大固定资产转让可能需要分别由董事会会议、股东会会议决议之方式做成，超越公司章程所规定的权限做出的重大固定资产交易决定将构成无权代理。

（3）重大固定资产转让决定程序违反"三重一大"决策制度的风险。国有企业重大固定资产转让决定属于《关于进一步推进国有企业贯彻落实"三重一大"决策制度的意见》规定的重大事项，依法应当依照"三重一大"决策制度进行决策。公司领导人员违反"三重一大"决策制度的，属于《国有企业领导人员廉洁从业若干规定》中的违反决策程序决定企业生产经营的重大决策，可能遭警示谈话、调离岗位、降职、免职处理。

（4）固定资产转让前未进行资产评估的风险。根据《国有资产评估管理办法》及《企业国有资产评估管理暂行办法》的规定，固定资产转让符合应当进行资产评估情形的，须依法进行资产评估，应当进行资产评估而未进行评估或者应当办理核准、备案而未办理，公司可能被行政监督部门责令整改，相关经济行为可能被请求确认无效,相关责任人可能被给予行政处分。

(5)关联交易的涉税风险。母子公司、公司与集团内其他公司均属独立法人,根据《企业所得税法》之规定,企业与其关联方之间的业务往来,不符合独立交易原则而减少企业或者其关联方应纳税收入或者所得额的,税务机关有权按照合理方法调整。

(6)未履行监督管理职责或滥用职权,违规转让造成固定资产损失,构成国有公司人员失职罪、滥用职权罪的风险。国有公司、企业委派到国有控股、参股公司从事公务的人员,因未履行内部监督职责,违规转让造成固定资产流失,即可能构成国有公司人员失职罪、滥用职权罪。

(7)管理人员侵占公司财产的风险。公司管理人员可能借由违规转让公司资产谋利,根据《刑法》之规定,公司人员利用职务上的便利,侵吞、窃取、骗取或者以其他手段非法占有公司财物的,可能构成职务侵占罪,如其同时受委托负有监督、管理国有资产的职责,则可能构成贪污罪。

附录:固定资产处置管理合规要求

1.《刑法》

2.《企业国有资产交易监督管理办法》

第二节 全面预算管理与合规

一、经营计划管理与合规

经营计划是指根据经营战略决策方案有关目标的要求,对方案实施所需的各种资源,从时间和空间上所作出的统筹安排。如果各专项计划编制依据不充分,未能全面结合战略规划、宏观经济政策变化等要素进行审核,可能会导致企业经营偏离发展战略和目标,不利于公司发展。

本部分的合规目标,首先,在于确保预算编制符合企业发展战略和目标的要求。其次,合理编制预算,明确预算编制依据、程序和方法,确保预算编制与调整审核依据合理、程序适当、方法科学,避免盲目经营,提高公司经营效果和效率。

流程项下合规风险:各专项计划编制与审核

重要合规风险提示:

公司预算编制与调整程序违反“三重一大”决策制度的风险。国有企业财务预算方案属于《关于进一步推进国有企业贯彻落实“三重一大”决策制度的意见》规定的重大事项,依法应当依照“三重一大”决策制度进行决策。公司领导人员违反“三重一大”决策制度的,属于《国有企业领导人员廉洁从业若干规定》中的违反决策程序决定企业生产经营的重大决策,可能遭警示谈话、调离岗位、降职、免职处理。

附录:经营计划管理合规要求

《企业内部控制应用指引第 15 号——全面预算》(财会〔2010〕11 号)

二、全面预算编制与合规

全面预算是指企业以发展战略为导向,在对未来经营环境预测的基础上,确定预算期内经营管理目标。如果缺乏预算或预算编制不完整、审批程序不当,可能导致企业盲目经营、经营效率低下或资产遭受损失,造成经济损失与信誉损失。

本部分的合规目标,首先,在于确保预算编制与审批工作和程序符合公司的相关规章制度的要求,公司全面预算应当按照《公司法》等相关法律法规及公司章程的规定报经审议批准。其次,明确规范审批权限范围和流程,对重大不确定性因素进行说明,避免可能造成的公司资源浪费和管理效率低下。

流程项下合规风险:预算编制与审批

重要合规风险提示:

(1)公司预算编制与调整程序违反公司章程的风险。年度财务预算方案可能属董事会拟定、股东会决定之事项,因此公司年度预算方案程序上可能需要分别由董事会会议、股东会会议决议之方式做成,超越公司章程所规定的权限制订的年度预算方案将构成无权代理。

(2)预算编制不符合编制依据、程序的风险。各预算责任部门应当依照预算编制依据编制预算,年度预算应依照规定程序编制与审批。

(3)未对重大不确定性因素进行说明的风险。预算编制情况说明应该对可能影响预算实现的重大不确定性因素等进行详细说明。未对重大不确定因素进行详细说明,可能影响后续对预算的调整。

附录:全面预算编制合规要求

《企业内部控制应用指引第15号——全面预算》(财会〔2010〕11号)

三、预算执行、调整与合规

预算执行是指公司按照预算编制开展经营活动,预算调整是指经公司在预算执行中因特殊情况需要增加支出或者减少收入。做好预算执行、调整管理有利于企业预算计划达到实际管理效果,完成公司运营指标,推动促进实现企业的战略目标。

本部分的合规目标,首先,在于确保预算调整和执行符合企业内部规章制度的要求,预算指标分解落实到内部各部门、各环节和各岗位。其次,明确规定预算执行责任主体、预算资金支出的审批要求、预算执行情况的报告与预警机制等预算执行、调整的相关要求,确保预算得到严格执行。

流程项下合规风险:预算执行与调整

重要合规风险提示:

(1)未执行预算的风险。年度预算一经批复下达,即具指令性,各预算责任部门必须组织实施。无预算或审批手续不全的支出,不得申请支付,财务部门不予支付。

(2)销售费用、管理费用和投资支出预算超出年度预算的风险。对于销售费用、管理费用和投资支出预算,建议公司控制在年度预算下达指标范围内,不得超支。

(3)预算分析或执行偏差过大的风险。公司可以对预算执行偏差超过一定比例的部门和事项,制定相应的控制、问责或考核措施。

(4)预算未及时调整的风险。可能影响预算实现的重大不确定性因素出现时,有关部门应当提出预算调整申请。

附录：预算执行、调整合规要求

《企业内部控制应用指引第15号——全面预算》(财会〔2010〕11号)

第三节　资金管理与合规

一、资金计划管理与合规

资金计划是根据公司未来一定时期的采购、接受劳务、日常管理等，预计这一时期内货币资金的使用状况，并进行货币资金综合平衡的计划。如果未按规定编制、审批资金计划，或是计划执行过程中调度不合理、营运不畅，可能导致公司陷入财务困境或资金冗余，造成企业资金风险。

本部分的合规目标，首先，在于确保公司根据经营计划与筹资投资计划，编制资金预算计划。其次，公司应当严格执行资金预算，所有资金收付业务必须经财务部及相关负责人审核，资金的使用、调拨必须严格执行授权审批规定。

流程项下合规风险：年度资金计划管理

重要合规风险提示：

(1)未按要求提报资金计划的风险。预算编制应符合公司的规定。建议公司应当确定资金预算的责任主体，确定资金预算编制的职责与问责机制。

(2)未执行或未完全执行资金计划的风险。建议公司对资金预算执行值与预算值存在较大偏差的情况，明确处理措施。比如，要求进行分析说明或进行公司内部问责与考核。

二、收款管理与合规

收款管理的目的是加强财务管理，保障公司资金的安全，避免资金风险，保障公司权益。公司应当做好收款管理，完善银行收款、汇票管理等工作。如果收款管理操作和流程不合规，可能导致账务处理错误，造成公司账实不符或财务报告信息不准确，公司利益受损。

本部分的合规目标，首先，在于做好收款管理，防范以债顶账、以物顶账等合规风险，加速资金回笼，提高资金周转率。其次，保证银行收款的合规性，整合支票、汇票等票据信息，确保收付款数据的记录和披露符合相关程序及要求，减少坏账损失,防范财务危机。

(一)流程项下合规风险

1. 收款管理

重要合规风险提示:

(1)以债权顶账的风险。当双方达成合意以债权顶账时,视乎合同的具体内容和交易习惯并结合诚信原则,该顶账之合意可能属于债权转让、第三人代为履行或合意抵销。应当注意,根据S公司诉G信托有限公司合同纠纷案之判旨①,法院将根据合同条款所使用的词句以及结合相关条款的内容、合同的性质和目的并结合交易习惯及诚实信用原则对合同条款进行实质性的解释。因此,具体选择何种方式,公司应在合同中做出清楚明白的约定。关于债权转让、第三人代为履行或债务抵销所涉的风险有所不同,具体而言:

- 债权转让中的风险。通过债权转让顶账,即将对第三人所享有的债权,例如应收账款、借款、第三人的货物给付义务转让给相对人,借此清偿对相对人所负约定范围内之债务或作为约定范围内的对价。在债权转让的情形中,公司应注意:

第一,确保主债权可以转让,根据《民法典》第545条之规定,原则上可以转让的债权都可以转让,不过对于根据债权性质不得转让、按照当事人约定不得转让、依照法律规定不得转让的债权,不得转让。其中,对于约定不得转让的债权,就非金钱债权而言,如果债权人与债务人约定不得转让,仅在受让人属善意时方可取得债权;就金钱债权而言,受让人取得债权原则上不受债权人与债务人间不得转让约定的限制。因此,公司在顶账时应确认主债权可以转让;否则,在公司欲通过顶账受让债权时可能无法取得债权,在公司通过顶账清偿债务时可能构成违约。

第二,检视从权利是否可一并转让。债权的从权利是指与主债权相联系的,但自身并不能独立存在的权利。例如,通过抵押合同设定的抵押权、质押合同设定的质权、保证合同设定的保证债权、定金合同设定的定金债权等,都属于由主债权的从合同设定的从权利。违约金债权、损害赔偿请求权、留置权、债权解除

① 参见S公司诉G信托有限公司合同纠纷案,北京市东城区人民法院(2019)京0101民初4729号民事判决书。

权、债权人撤销权、债权人代位权等，则属于由主债权或者依照法律的规定产生的债权的从权利。通常而言，债权的从权利作为债权的一部分内容，债权人转让其债权的，附属于主债权的从权利也一并由受让人取得。即通常情况下，客户享有的从权利将一并转让，但是，如果债权的从权利是专属于债权人的权利，则不会发生同时转移的效果。此外，根据《民法典》第 696 条及《最高人民法院关于适用〈中华人民共和国民法典〉有关担保制度的解释》（法释〔2020〕28 号）第 39 条之规定，对于保证或担保物权，如果债权人与担保人间有特别约定禁止转让，亦不会发生同时转移的效果。因此，公司在顶账时应确认从权利可否一并转让；否则，在公司通过顶账受让债权时可能无法取得相应从权利，在公司通过顶账清偿债务时可能构成违约。

第三，及时通知债务人及保证人，根据《民法典》第 546 条及第 696 条之规定，债权转让时，应当通知债务人或保证人；否则，对债务人或保证人不发生效力。尽管现行规范并未明确规定由受让人通知债务人及保证人的效力，但根据 G 公司与 Y 厂金融不良债权追偿纠纷再审案之判旨①，原则上受让人之通知满足要求，但通知之内容必须令债务人或保证人“可以确认债权转让行为真实性”。此外，尽管前述案例也认可债权受让人可事后以起诉方式通知保证人债权转让事实，但这并不意味着债权受让人可一直拖延至最后起诉保证人。因为保证或担保物权还受担保期间的影响。因此，为避免不必要的风险，无论是公司通过顶账受让债权还是通过顶账清偿债务，应尽可能及时通知债务人及保证人。

第四，构成债权债务概括转让或构成债务加入的风险。在某些情况下，债权人与债务人可能互负债务，如果债权债务转让合同中载有表明公司欲同时承担相对人债务的条款，可能被视为债权债务的概括转让，或者被解释为公司欲加入与相对人共同承担债务。因此，如公司仅欲受让债权或清偿债务，不欲概括承受客户的债权债务或加入客户与其债务人间的债权债务关系，应当在债权债务转让合同中清楚明白地作出约定。

第五，检视债权上可能存在的抗辩事由，根据《民法典》第 548 条之规定，即使受让人取得债权，债务人对债权人的抗辩仍可适用于受让人。债务人可能享

---

① 参见 G 公司与 Y 厂金融不良债权追偿纠纷再审案，中华人民共和国最高人民法院（2016）最高法民申 3020 号民事裁定书。

有多种类型的抗辩:例如,不可抗力、诉讼时效届满等法定抗辩事由、债务人撤销权等在实际订立合同以后发生的债务人可据以对抗原债权人的事由,或者因原债权人的违约或作出免责的意思表示等原债权人的行为引起的债务人的抗辩权,以及债务人已经对原债权人清偿债务等债务人的行为所产生的可以对抗原债权人的抗辩事由。因此,公司在顶账时应确认债权上的抗辩;否则,在公司通过顶账受让债权时可能受到债务人抗辩的影响,在公司通过顶账清偿债务时可能构成违约。

• 第三人代为履行的风险。通过第三人代为履行顶账,即约定由第三人提供给付,以此清偿其对相对人所负约定范围内之债务或作为约定范围内的对价。应当注意,合同具有相对性,债权人只能向债务人主张权利,一旦发生违约情事,债权人原则上也只能向债务人主张违约责任。即在构成第三人代为履行的情况下,债权人原则上仅能够向债务人主张违约责任,无法直接向第三人主张权利。在J公司与R公司联营合同纠纷上诉案中①,判决指出合同中约定了由第三人代为履行部分债务,但并没有将原债务全部转让的情况下,第三人代为履行债务并没有实质变更原合同债权债务关系的主体地位。当债务不能完全得到履行时,债权人仍然只能基于原债权债务关系向原债务人请求实现债权。因此,在通过第三人代为履行顶账时,如公司接受第三人履行,应注意第三人不属合同相对人,无法直接向其主张权利的风险,如公司通过由第三人代为清偿债务,应确保第三人依照合同履行义务,第三人未履行义务或未完全履行,公司仍然构成违约。

• 合意抵销的风险。双方互负债务时,可通过合意抵销顶账,即与相对人达成合意,各以其约定范围内的债权充当债务的清偿,而使其债务与对方的债务在约定金额内相互消灭。由于法律原则上不对合意抵销的债务性质、履行期限、抵销程序做限制,因此公司与相对人合意抵销时,应当自行注意并审查双方的债务性质、履行期限并根据需要约定抵销程序。

(2)以物顶账的风险。当双方达成合意以物顶账时,属于对债之履行标的的变更或附条件变更,即双方变更、补充了原买卖合同的内容或达成了新的合同,约定给付特定的物,以此清偿其对相对人所负约定范围内之债务或作为约定范

---

① 参见J公司与R公司联营合同纠纷上诉案,最高人民法院(2005)民二终字第35号民事判决书。

围内的对价。在通常情况下,在债务清偿期届满后,或在买卖合同订立时直接加入以物顶账的约定,属意思自治的范围,公司自行注意并审查双方的债务性质、履行期限等即可。不过,在债务清偿期届满前达成的以物顶账约定,可能被部分法院视为流抵契约,依照《民法典》第401条之规定,债权人无法于清偿期届满时直接取得约定物的所有权,仅可就约定物优先受偿。例如,在J公司与杨某某民间借贷纠纷再审案中①,判决即认为当事人在债务清偿期届满前达成的以物抵债协议构成非典型的担保,债权人依照合同约定请求直接获得所有权,违反了禁止流抵的原则,因此不得直接请求取得所有权。不过,亦有最高人民法院相反判决认为债务清偿期限届满前,债务人与债权人对某特定物进行协商作价,达成如到期不能清偿债务,则以相当价值的该标的物抵销债务的以物抵债协议,不属流质契约,合法有效。

(3)通过顶账清偿债务的涉税风险。根据《企业所得税法》及《增值税暂行条例》之规定,公司通过以货物顶账清偿债务,应被视为销售货物与清偿债务两个行为。其中,因涉及货物销售,公司可能同时产生企业所得税纳税义务与增值税纳税义务,因此,在公司通过以货物顶账清偿债务时,应确保及时按税法规定确认收入或计征增值税销项税额,否则可能被税收执法机关认定为偷税追缴税款并处以行政处罚。

(4)未及时按规定送存现金并及时入账的风险。根据《现金管理暂行条例》及《现金管理暂行条例实施细则》(银发〔1988〕288号)之规定,开户单位收入的现金,一般应于当日送存银行,当日送存确有困难的,由开户银行确定送存时间,此外,单位的现金收入不得以个人储蓄方式存入,尽管《现金管理暂行条例》已删除相应罚则,但《现金管理暂行条例实施细则》仍未被央行废止,将单位的现金收入以个人储蓄方式存入仍可能导致公司受到罚款。

(5)歧视非现金结算的风险。根据《现金管理暂行条例》及《现金管理暂行条例实施细则》之规定,公司在销售活动中不得对现金结算给予比转账结算优惠待遇或只收现金拒收支票、银行汇票、本票。尽管《现金管理暂行条例》已删除相应罚则,但《现金管理暂行条例实施细则》仍未被央行废止,违反前述规定仍可能

---

① 参见J公司与杨某某民间借贷纠纷再审案,最高人民法院(2013)民提字第135号民事判决书。

导致公司受到罚款。

2. 银行收款

重要合规风险提示：

(1)支票欠缺必要记载事项或载有有害记载事项的风险。依照《票据法》之规定，支票的必要记载事项包括6项：①表明"支票"的字样，即表明该票据为支票之种类，而非本票或者是汇票；②无条件支付的委托，通常不一定要一模一样记载前述几个字，只要表明委托付款人付款是无条件的即可；③确定的支票的金额；④付款人的名称，应当注意，支票的付款人只可能是银行或者其他金融机构；⑤出票日期；⑥出票人的签章。欠缺必要记载事项的票据属无效票据。其中，根据《票据法》第85条之规定，支票于出票之时，可以不记载金额，而由出票人授权持票人补记。因此，原则上出票人可以签发未记载支票金额的支票，但是持票人在提示付款之时必须要在出票人之授权范围内进行补记。此外，对于法定的必要记载事项，不得对其做出意思相悖的记载，常见的有害记载事项即拒绝无条件支付的委托的记载内容，如载有"非经出票人同意，付款人不得付款"等内容，该类记载属有害记载事项，将导致相应票据无效。当公司受领的支票欠缺必要记载事项或载有有害记载事项时，支票无效，因此公司无法行使票据权利，只能依循基础关系寻求相应救济。

(2)未及时提示付款(转账)的风险。根据《票据法》第91条之规定，公司取得支票后应在开票之日起10日内向付款人提示付款，超出期限的，付款人可拒绝付款。因此，公司受领支票，应注意及时提示付款，否则相应银行或金融机构可能拒绝付款，造成公司须直接向出票人或前手追索。此外，根据《票据法》第17条之规定，持票人对支票出票人的权利，自出票日起6个月内不行使即消灭，如果公司未在6个月内向出票人请求付款，将造成公司丧失票据权利，只能依循基础关系寻求相应救济。

(3)背书不连续的风险。当公司通过背书转让而受领支票时，根据《票据法》第31条之规定，背书的连续是证明持票人取得票据权利合法性的依据，以背书转让的票据，背书应当连续。根据H公司J分行诉N银行K支行和L公司票据纠纷案之判旨[①]，持票人对其持有的背书不连续的票据，未能举证证明其以其

① 参见苏泽林主编：《审判监督指导》第1辑，人民法院出版社2007年版，第79~87页。

他合法方式取得票据的,不享有票据权利。因此,如果公司通过背书转让受领支票,应确保支票背书的连续性,否则除付款人可能拒绝付款外,如公司无法举证证明以合法方式取得票据,将造成公司丧失票据权利,只能依循基础关系寻求相应救济。

(4)支票因其他原因被拒绝付款的风险。除因超过票据权利时效或者因支票欠缺必要记载事项或载有有害记载事项导致票据无效外,支票尚可能因其他原因被拒绝付款,例如,当出票人签发的支票金额超过其付款时在付款人处实有的存款金额时,其签发的支票属空头支票,付款人可拒绝付款。此外,部分支票样式上可能设有“密码”一栏,尽管密码不属于《票据法》规定的必要记载事项,但付款人可能以未填写密码或密码不符为由拒绝付款。因此,公司应当注意,即使支票符合法定要件,仍存在被拒绝付款的可能,如被拒绝付款,应妥善保全相关说明并及时行使追索权。

(5)未及时依法行使追索权的风险。根据《票据法》之规定,支票被拒绝付款的情况下,持票人可向出票人、背书人或保证人行使追索权,但应注意以下问题:

- 追索权的行使期限。根据《票据法》第 17 条之规定,票据权利的期限为:对支票出票人的权利,为自出票日起 6 个月;对前手的追索权,为自被拒绝承兑或者被拒绝付款之日起 6 个月。超出期限而不行使的,票据权利消灭。

- 提供被拒绝付款的有关证明。根据《票据法》第 62 条及第 65 条之规定,持票人行使追索权时,应当提供被拒绝付款的有关证明。持票人不能出示拒绝证明、退票理由书或者未按照规定期限提供其他合法证明的,丧失对其前手的追索权。因此,公司应在被拒绝付款时要求付款人出具拒绝证明并妥善保全,否则可能丧失对前手的追索权。

- 及时书面通知的义务。根据《票据法》第 66 条及第 67 条之规定,持票人应当自收到被拒绝付款的有关证明之日起 3 日内,将被拒绝事由书面通知其前手,且通知应当记明支票的主要记载事项,并说明该支票已被退票。尽管未及时通知不影响公司行使追索权,但因延期通知给其前手或者出票人造成损失的,前手或出票人可请求公司赔偿损失。

- 行使追索权的范围。根据《票据法》第 70 条第 1 款之规定,持票人行使追索权可以请求被追索人支付的金额和费用包括:①被拒绝付款的支票金额;

②支票金额自到期日或者提示付款日起至清偿日止的利息;③取得有关拒绝证明和发出通知书的费用。

- 提供相关票据和文书的义务。根据《票据法》第 70 条第 2 款之规定,被追索人清偿债务时,持票人应当交出汇票和有关拒绝证明,并出具所收到利息和费用的收据。因此,公司应妥善保全相关票据及文书,并在被追索人清偿债务时及时提供相关票据及文书。

(6)远期支票的风险。目前交易上,常见记载实际签发票据日后之日期为发票日,通称"远期支票"。尽管《票据法》并未禁止远期支票,但公司作为持票人须承担发票人在实际发票日后票据信用变动之风险。

(7)票据关系与基础关系分离的影响。通常而言,公司受领支票,在法律上有一定的原因,如公司与客户买卖货物,客户签发支票用以支付货款,此时公司与客户间的买卖关系即基础关系,同理,公司据买卖关系而取得的请求客户支付货款的权利即基础关系中的权利。应当注意,票据关系与基础关系原则上是分离的,因此,即使公司因超过期限或票据无效而丧失票据权利,仍可依循基础关系而寻求救济,同理,由于票据关系与票据关系分离,在通过诉讼等途径解决纠纷时可能造成适用法律与管辖法院方面的不同,公司应结合实际情况选择最为合适的请求权基础。

3. 汇票收款

重要合规风险提示:

(1)汇票欠缺必要记载事项或载有有害记载事项的风险。依照《票据法》之规定,汇票得到必要记载事项包括 7 项:①表明"汇票"的字样;②无条件支付的委托;③确定的金额;④付款人名称;⑤收款人名称;⑥出票日期;⑦出票人签章。欠缺必要记载事项的票据属无效票据。其中,应当注意,汇票与支票不同,汇票中的金额及收款人名称不可由出票人授权补记。此外,对于法定的必要记载事项,不得对其做出意思相悖的记载,该类记载属有害记载事项,将导致相应票据无效,常见的有害记载事项即拒绝无条件支付的委托的记载内容,如载有"非经出票人同意,付款人不得付款"等内容。当公司受领的汇票欠缺必要记载事项或载有有害记载事项时,汇票无效,因此公司无法行使票据权利,只能依循基础关系寻求相应救济。

(2)未及时提示承兑的风险。对于定日付款或者出票后定期付款的汇票,公司可提示付款人承兑,不过,根据《票据法》第39条及第40条之规定,持票人应当自出票日起1个月内,且在汇票到期日前向付款人提示承兑。如果公司未按照前述规定期限提示承兑的,将丧失对前手的追索权。

(3)未及时提示付款的风险。根据《票据法》第53条之规定,对于见票即付的汇票,持票人应自出票日起1个月内向付款人提示付款;对于定日付款、出票后定期付款或者见票后定期付款的汇票,自到期日起10日内向承兑人提示付款。尽管依照《票据法》之规定公司原则上不会因迟延提示付款而丧失票据权利,但付款人或承兑人仍可能据此拒绝付款。此外,根据《票据法》第17条第1款第1项之规定,持票人对汇票出票人和承兑人的权利,自票据到期日起2年不行使即消灭,其中,对于见票即付的汇票,自出票日起2年不行使即消灭,如果公司未在相应期限内请求出票人或承兑人付款,将造成公司丧失票据权利,只能依循基础关系寻求相应救济。

(4)背书不连续的风险。当公司通过背书转让而受领汇票时,应当注意背书的连续是证明持票人取得票据权利合法性的依据,背书不连续可能造成汇票被拒绝承兑或被拒绝付款,甚至导致公司丧失票据权利。关于背书不连续的风险,参见"银行收款"下的"重要合规风险提示(3)"。

(5)汇票因其他原因被拒绝承兑或付款的风险。除因超过票据权利时效或者因支票欠缺必要记载事项或载有有害记载事项导致票据无效外,汇票尚可能因其他原因被拒绝承兑或被拒绝付款。例如,出票人与付款人之间的资金关系存在瑕疵,导致付款人拒绝承兑。因此,公司应当注意,即使汇票符合法定要件,仍存在被拒绝承兑或被拒绝付款的可能,如汇票被拒绝承兑或被拒绝付款,应妥善保全相关拒绝说明并及时行使追索权。

(6)未及时依法行使追索权的风险。根据《票据法》之规定,汇票被拒绝付款的情况下,持票人可向出票人、承兑人、背书人或保证人行使追索权,其中,根据《票据法》第17条第1款之规定,汇票票据权利的期限为:持票人对票据的出票人和承兑人的权利,为自票据到期日起2年;对见票即付的出票人和承兑人的权利,为自出票日起2年;对前手的追索权,为自被拒绝承兑或者被拒绝付款之日起6个月。超出期限而不行使的,票据权利消灭。其他与未及时依法行使追索权的风险的相关内容,参见"银行收款"下的"重要合规风险提示(5)"。

(7)票据关系与基础关系分离的影响。通常而言,票据关系与签发票据的法律原因所涉的基础关系相互分离,因此票据权利一般不影响基础关系上的权利,关于票据关系与基础关系分离的影响的更多内容,参见“银行收款”下的“重要合规风险提示(6)”。

(二)相关案例评析

J公司与杨某某民间借贷纠纷再审案①

1. 案情简介

2007年2月至5月,J公司分别与严某等5人签订3份借款合同,借款金额共计340万元,利率2.3%,并就案涉商铺以销售方式办理了备案登记。2007年6月27日,杨某某与J公司签订商品房买卖合同,约定杨某某向J公司购买商铺53间,价款340万元,J公司向杨某某开具了销售不动产统一发票,但发票原件由J公司持有。双方签订合同当日J公司将严某等5人的备案登记撤销,签订合同次日,双方对案涉商铺进行了备案登记,并由房产管理局出具了商品房备案证明。经查,杨某某支付的340万元,系依J公司指示汇入严某等5名J公司债权人的账户。此外,J公司于2008年1月8日将销售不动产统一发票原件在税务机关缴销。

2010年4月9日,杨某某以J公司为被告向广西壮族自治区来宾市中级人民法院提起诉讼,请求判令:(1)确认商品房买卖合同有效;(2)J公司交付案涉商铺,并支付违约金3,723,300元(计算到2009年9月1日);(3)J公司承担本案诉讼费用。②

2. 法院观点

最高人民法院再审审理认为,J公司与严某等5人的在先交易表明,J公司正是因不愿以340万元出售案涉商铺,才向杨某某借款,采借新债还旧债的方式达到保住商铺所有权的目的,故可认定J公司的真实意思是向杨某某借款而非出售商铺。杨某某将340万元直接打给严某等5人,且以该5人出具的《关于申请

---

① 参见最高人民法院民事判决书,(2013)民提字第135号。

② 参见梁曙明、刘牧晗:《借贷关系中签订房屋买卖合同并备案登记属于让与担保》,载《人民司法》2014年第14期。

撤销商品房备案登记的报告》作为办理备案登记手续的必备文件等事实可推知，其应知晓J公司的真实意思。且其提交的仅是发票复印件，尚不能认定商品房买卖关系。其亦始终未说明收取J公司61.1万元的原因和性质，考虑到民间借贷支付利息的一般做法，综合全案事实，在其未能证明双方存在其他经济往来的情况下，认定该61.1万元系借款利息更具可信度。综上所述，双方之间成立借贷关系，签订商品房买卖合同并办理商品房备案登记的行为，则系一种非典型担保。杨某某作为债权人，请求直接取得商铺所有权的主张，违反了禁止流质原则，不予支持。

3. 评析

在当事人一方主张系房屋买卖关系、另一方主张系借贷关系，且双方证据均有缺陷的情况下，应结合双方当事人提交的证据，探究合同签订时双方当事人的真实意思，判断法律关系的性质。在借贷关系成立的前提下，签订商品房买卖合同并办理备案登记的行为，足以构成一种非典型担保。本案中，在借贷关系成立的前提下，签订商品房买卖合同并办理备案登记的行为，足以构成一种非典型担保。当事人在债务清偿期届满前达成的以物抵债协议构成非典型的担保，在债权人实现担保债权时，对设定的担保财产，应当以拍卖或者变卖的方式受偿，债权人依照合同约定请求直接获得房屋所有权，违反了禁止流抵的原则。由此，杨某某作为债权人无法依据合同约定获得商铺所有权。①

可见，公司应当做好收款管理，避免出现以物顶账、以债顶账等履债风险，重视收款手续和流程的合规管理，确保收款业务符合国家法律法规，在合同签订过程中规范收款、担保等合同内容的意思表达，避免造成法律纠纷，降低企业经济损失和信誉损失。

附录：收款管理合规要求

1.《民法典》

2.《企业所得税法》

3.《票据法》

---

① 参见梁曙明、刘牧晗：《借贷关系中签订房屋买卖合同并备案登记属于让与担保》，载《人民司法》2014年第14期。

4.《增值税暂行条例》

5.《现金管理暂行条例》

6.《现金管理暂行条例实施细则》(银发〔1988〕288 号)

三、付款管理与合规

付款管理是公司根据实际情况,从资产安全和服务两方面考虑,加强公司资金管理和运作。如果付款程序不当,或应付账款核算不够及时准确,造成违规结算、错误汇兑、票据付款等合规风险,可能导致财务信息不真实、不完整,造成公司利益损失。

本部分的合规目标,首先,在于确保现金付款对象、范围、手续等付款内容满足国家法律法规规定及公司内部规章制度的要求。其次,票据汇款时应当审慎签发支票,规避债权顶账、以物顶账及相关涉税风险,确保付款业务真实完整地得到记录并恰当地反映于财务报告,保证账实相符。

(一)流程项下合规风险:付款管理

重要合规风险提示:

1. 超出规定范围和限额使用现金付款的风险。根据《现金管理暂行条例》及《现金管理暂行条例实施细则》之规定,现金仅能在《现金管理暂行条例》第 5 条所规定的范围及限额内使用。

2. 坐支现金的风险。从公司的现金收入中直接支付现金,即属坐支现金,《现金管理暂行条例》和《现金管理暂行条例实施细则》均禁止坐支现金。尽管《现金管理暂行条例》已删除相应罚则,但《现金管理暂行条例实施细则》仍未被央行废止,违反前述规定仍可能导致公司受到罚款。

3. 违规向个人银行结算账户付款的风险。根据《人民币银行结算账户管理办法》之规定,公司仅可在《人民币银行结算账户管理办法》第 39 条规定范围内将单位款项转入个人银行结算账户,且超过 5 万元的,应向银行提供相应证明。公司违反前述规定,可能受到中国人民银行处罚。

4. 错误汇兑的风险。在通过银行汇兑付款的情况中,通常而言,因需要公司填写载有准确收款人相关信息的汇兑凭证而较少出现填写错误导致错误汇兑的情况,但仍可能存在将钱款汇到无权受款人的银行账户的情况。尽管原则上在无权受款人支取钱款前,钱款的实际所有人是银行,但司法实践中通常自实质角度来理解得利,而将无权受款人视作得利人。根据《民法典》第985条之规定,得利人没有法律根据取得不当利益的,受损失的人可以请求得利人返还取得的利益。因此,公司可依循不当得利返还请求权请求无权受款人返还相应款项。

不过应当注意的是,不当得利返还请求权仅属普通债权,如果开户银行基于与无权受款人之间的合同约定或依照法律规定,将无权受款人账户内的钱款划扣,以实现其或第三人对无权受款人的债权时,可能无法排除银行依照法律规定的强制执行。此外,部分判决亦否认开户银行或第三人属于不当得利人。例如,在H公司、某银行股份有限公司Y支行不当得利纠纷再审案中①,判决认为汇款人和收款方之间的债权请求权,与收款方和银行间的债权,是相互独立的两个法律关系,银行的划扣行为与汇款人的损失之间不具有法律上的因果关系,不属于得利人。换言之,在此情况下,公司将亦无法通过对银行或第三人直接行使不当得利返还请求权追回钱款。

5.通过顶账清偿债务或作为对价的风险。当公司通过顶账清偿债务或作为对价时,应注意以债权顶账、以物顶账及相关涉税的风险。

6.票据付款的风险。公司通过票据付款时,应当谨慎签发盖有签章的支票,避免签发空头支票或与银行预留印鉴不符的支票。

(二)相关案例评析

H公司、某银行股份有限公司Y支行不当得利纠纷案②

1.案情简介

2018年6月4日,原告H公司误将124,100元划至Z公司名下的账户,由于Z公司在某银行股份有限公司Y支行贷款2笔,贷款总额249万元,根据遵义市中级人民法院(2017)黔03民终2086号民事判决书载明被告Z公司差欠被告某银行Y支行借款本金249万元,遵义市汇川区人民法院(2017)黔0303执1939号执行裁定书载明Z公司暂无财产供执行。Z公司与某银行股份有限公司签订

---

① 参见H公司、某银行股份有限公司Y支行不当得利纠纷再审案,贵州省高级人民法院(2019)黔民申4910号民事裁定书。

② 参见贵州省高级人民法院民事裁定书,(2019)黔民申4910号。

的借款合同8.1.2条约定:“借款人未按约定偿还本合同项下到期(包括被宣布提前到期)债务的,贷款人有权从借款人开立在贷款人或某银行其他分支机构的所有账户中扣收相应款项用以清偿,直至借款人在本合同项下的所有债务全部清偿为止”。故当原告将124,100元误划至Z公司账户后,该笔款项被某银行Y支行扣划。

原告H公司追索款项未果,遂诉至本院,请求二被告(Z公司和某银行股份有限公司Y支行)返还不当得利。

2.法院观点

一审法院认为,原告由于工作失误将124,100元汇入被告Z公司的账户,被告Z公司未到庭提供证据证实其获得上述款项具有合法依据。根据原《民法总则》第122条的规定,“因他人没有法律根据,取得不当利益,受损失的人有权请求其返还不当利益”①,被告Z公司收到该款没有合法依据,取得了不当利益,给原告造成损失,Z公司应当返还原告不当得利124,100元。被告某银行系基于借款合同的约定从Z公司的账户划扣该笔资金,有合法的根据,不构成不当得利,因此某银行Y支行不具有返还该笔款项的义务。因原告自身的失误导致该笔款项转入被告Z公司的账户,资金占用损失应当由原告自己承担。②

二审法院认为,H公司将124,100元款项错汇至Z公司,H公司的该给付行为没有法律上的给付原因,Z公司取得该124,100元构成不当得利,Z公司应予以返还。Z公司因经营需要向某银行Y支行贷款249万元,因Z公司逾期未还款,法院生效判决已判令Z公司向某银行Y支行偿还贷款本金249万元及利息。根据某银行Y支行与Z公司签订的《流动资金借款合同》约定,在Z公司逾期还款时,某银行Y支行有权从Z公司在某银行开设的账户中扣收款项用于清偿贷款。因此,在本案财产变动过程中,构成不当得利的受益方是Z公司。虽然某银行Y支行从Z公司账户内扣划124,100元后,其对Z公司的债权部分得以清偿,但某银行Y支行在扣划该124,100元时,并不知晓该款项是H公司错汇至Z公司账户内的款项,某银行与Z公司也并不存在恶意串通、损害H公司的情形。③

贵州省高级人民法院再审认为,本案中在Z公司逾期还款时,某银行Y支行

---

① 现为《民法典》第122条。

② 参见贵州省遵义市红花岗区人民法院民事判决书,(2018)黔0302民初6384号。

③ 参见贵州省遵义市中级人民法院民事判决书,(2019)黔03民终1798号。

从Z公司在某银行开设的账户中扣收款项用于清偿贷款合法有据。H公司财产受损的原因是其错误汇款行为导致,其权利可以通过向Z公司行使不当得利债权请求权得以救济。①

3.评析

本案中存在两次财产变动,第一次财产变动是H公司将124,100元错汇至Z公司名下,其产生的法律后果是H公司财产受损,而Z公司获利,因H公司的该给付行为没有法律上的给付原因,属于错误给付行为,故Z公司构成不当得利。第二次财产变动是某银行Y支行从Z公司账户内扣划124,100元,产生的法律后果是某银行Y支行对Z公司的债权实现124,100元,Z公司对某银行Y支行的债务减少124,100元,因某银行Y支行对Z公司享有债权,其扣划该124,100元的行为属于依照《流动资金借款合同》实现债权的行为,并不构成不当得利。由此表明,汇款人和收款方之间的债权请求权,与收款方和银行间的债权,是相互独立的两个法律关系,银行的划扣行为与汇款人的损失之间不具有法律上的因果关系。故某银行Y支行不构成不当得利,也不具有返还该笔款项的义务。②

可见,付款管理作为公司经营的重要环节之一,应当格外重视银行付款管理、错误汇兑、坐支现金等付款环节中的合规风险。如果付款程序不当或者资金支付违反国家法律法规和公司内部规章制度,可能出现重大差错、舞弊、欺诈等行为,造成公司利益损失,甚至可能导致受到处罚,造成资产和名誉损失。

附录:付款管理合规要求

1.《民法典》

2.《现金管理暂行条例》

3.《人民币银行结算账户管理办法》

4.《现金管理暂行条例实施细则》(银发〔1988〕288号)

四、银行账户管理与合规

银行存款账户,主要包括基本存款账户、一般存款账户、临时存款账户和专

---

① 参见贵州省高级人民法院民事裁定书,(2019)黔民申4910号。

② 参见贵州省遵义市中级人民法院民事判决书,(2019)黔03民终1798号。

项存款账户。公司应当重视银行账户管理，严格把控网银安全管理和账户对账等流程。如果银行账户开立、变更、撤销等环节出现合规风险，那么不仅不利于公司资金的合法、有效维护，甚至可能导致受到处罚造成资金损失。

本部分的合规目标，首先，在于确保银行账户的开设符合有关法律和规章制度的要求，确保银行账户的开立、审批、使用、核对、清理严格有效。其次，做好网银管理，严格按规定执行现金盘点和银行对账单的核对，确保能真实、完整、及时地反映银行账户开设情况。

流程项下合规风险主要包括以下 3 点。

1. 银行账户开立、变更、撤销的审批

重要合规风险提示：

(1) 违规开立银行账户的风险。根据《人民币银行结算账户管理办法》相关规定，企业的存款账户分为基本存款账户、一般存款账户、临时存款账户和专用存款账户四类，公司不得实施多头开立基本存款账户、违反规定在异地开立账户、违反相应用途的规定开立账户或者以伪造、变造证明文件欺骗银行开立银行结算账户等违规开立账户的行为。违反前述规定，公司可能受到中国人民银行罚款。

(2) 未及时通知变更开户资料的风险。根据《人民币银行结算账户管理办法》第 47 条之规定，单位的法定代表人或主要负责人、住址以及其他开户资料发生变更时，应于 5 个工作日内书面通知开户银行并提供有关证明。违反前述规定，未及时通知变更开户资料，公司可能受到中国人民银行罚款。

(3) 未及时申请撤销账户的风险。根据《人民币银行结算账户管理办法》第 49 条之规定，当存款人①被撤并、解散、宣告破产或关闭的，或②注销、被吊销营业执照的，应于 5 个工作日内向开户银行提出撤销银行结算账户的申请。违反前述规定，未及时申请撤销账户，公司可能受到中国人民银行罚款。

2. 网银安全管理

重要合规风险提示：

未落实网银安全管理的风险。银行账户网银开通、U 盾申请及补办须经公司财务主管部门审批或办理备案，且网银审批流程至少设置两级。此外，网银付款人、审核人、审批人 U 盾必须分离保管和使用，不得长期挂机，需定期更换 U 盾密码。未落实网银安全管理的风险,可能导致公司管理人员侵占公司财产。

3. 银行账户对账管理

重要合规风险提示:

未核对银行存款的风险。公司应定期核对银行存款日记账与银行对账单,如果存在长期或大量银行未达账项、银行对账单没有银行印章、无交易对方单位名称及摘要、相同金额的款项频繁借贷、与公司董事、监事、高级管理人员、股东或实际控制人有频繁的资金收支等情形下,表明可能存在公司管理人员侵占公司财产的行为。

附录:银行账户管理合规要求

《人民币银行结算账户管理办法》

五、现金管理与合规

企业现金流量管理水平往往是决定企业存亡的关键所在。提升企业现金管理水平,有利于合理控制营运风险,提升企业整体资金的利用效率,从而不断加快企业自身的发展。如果现金管理制度不健全或管理存在漏洞,对现金盘点、借款还款等环节缺乏管控,可能威胁企业现金资产安全,使企业遭受外部处罚。

本部分的合规目标,首先,在于确保现金盘点和日常管理符合国家法律、法规和公司内部规章制度的要求。其次,公司应当完善个人借款制度,规避公司管理人员侵占公司财产的风险,保证企业现金资产安全。最后,重视借款还款流程中的涉税问题,严格把控现金管理的各个流程,避免出现借款不善等风险行为。

(一)流程项下合规风险

1. 现金盘点管理

重要合规风险提示:

(1)超出限额留存现金的风险。库存现金限额,是指为保证各单位日常零星支付按规定允许留存的现金的最高数额。根据《现金管理暂行条例》及《现金管理暂行条例实施细则》之规定,库存现金限额由开户行根据开户单位的实际需要和距离银行远近等情况核定。库存现金限额一经核定,公司应当严格遵守,不得随意突破。如因生产和业务发展、变化需要增加或者减少库存现金限额的,应当向开户银行提出申请,由开户银行核定,单位不得擅自超出核定限额增加库存现金。尽管《现金管理暂行条例》已删除相应罚则,但《现金管理暂行条例实施细则》仍未被央行废止,违反前述规定仍可能导致公司受到罚款。

(2)未进行库存现金清查的风险。现金的清查包括出纳员每日的盘点核对和公司专人不定期的清查。对于清查结果,如果有挪用现金、以白条或不符合财务制度的凭据抵库的情况,及时予以纠正;对于超限额留存的现金及时送存银行;对于账款不符,应查明原因并及时处置。

2. 个人借款管理

重要合规风险提示:

(1)董事、监事、高级管理人员借款程序违反公司章程的风险。无论以何种方式做成,董事、监事、高级管理人员向公司借款都包含了与公司订立借款合同的过程。根据《公司法》规定,董事、监事、高级管理人员未经股东同意,不得与公司订立合同或者进行交易。应当注意,根据《公司法》之要求,董事、高级管理人员与公司订立合同,应符合公司章程的规定,公司应当注意不明确的章程规定可能引起的风险。董事、监事、高级管理人员向公司借款的程序违反公司章程时,公司对其所获收益享有归入权,如造成损失,公司亦可请求相关责任人赔偿损失。

此外,《公司法》第115条之规定公司不得直接或者通过子公司向董事、监事、高级管理人员提供借款。违反前述规定,董事、监事、高级管理人员与公司订立的合同可被请求确认无效。在K公司和姜某民间借贷纠纷二审案中①,判决则肯定《公司法》第115条可适用于有限责任公司。但是,在王某与被申请人H公司借款合同纠纷再审案中②,湖南省郴州市中级人民法院判决表示第115条的规定为《公司法》第四章股份有限公司的设立和组织机构的条款,该条款所说的公司应当为股份有限公司,有限责任公司不应适用该条款。

---

① 参见K公司和姜某民间借贷纠纷二审案,甘肃省兰州市中级人民法院(2018)甘01民终3196号民事判决书。

② 参见王某与被申请人H公司借款合同纠纷再审案,湖南省郴州市中级人民法院(2020)湘10民申106号民事裁定书。

(2)公司管理人员侵占公司财产的风险。公司管理人员利用职务便利,通过与公司订立借款合同的方式挪用或占有公司的财产的,有可能构成挪用资金罪或职务侵占罪。其中,如果公司管理人员仅暂时使用公司财产且对其没有非法占有目的的,则可能构成挪用资金罪;如果高管人员以非法占有的主观犯意侵占公司财产的,则可能构成职务侵占罪。此外,如果前述人员受委托而负有监管公司资产的职责,实施前述行为则可能分别构成挪用公款罪与贪污罪。

(3)借款管理不善的风险。国有公司、企业委派到公司从事公务的人员,以国有公司、企业人员论。前述人员因未履行内部监督职责,违规借款,造成公司资金损失,即可能构成国有公司人员失职罪、滥用职权罪。

3. 借款还款管理

重要合规风险提示:

员工借款的涉税风险。根据《企业所得税法实施条例》及《营业税改征增值税试点实施办法》(财税〔2016〕36 号)的相关规定,员工向企业借款可能涉及相关税款纳税义务之问题,具体而言:

- 无论是非用于生产经营的员工借款,还是用于生产经营的备用金等借款,如果向员工收取利息或违约金等费用,公司须依法确认收入。根据《企业所得税法实施条例》,借款利息或违约金分别属于利息收入与其他收入。因此,如果向员工收取利息或违约金等费用,公司应当须依法确认收入,否则可能被税收执法机关认定为偷税追缴税款并处以行政处罚。此外,尽管现行《营业税改征增值税试点实施办法》规定单位或者个体工商户为聘用的员工提供服务不属销售服务,但 2019 年 11 月 27 日所公布的《增值税法(征求意见稿)》中删除了单位或者个体工商户为聘用的员工提供服务属于非经营活动之规定,该法可能会在未来导致该等情形下须计提增值税。

- 如果企业无偿向员工提供借款,且该借款不属于生产经营中的合理的支出,如福利性借款,公司须依法确认收入。根据《企业所得税法实施条例》的规定,将劳务用于职工福利或者利润分配等用途的,应当视同提供劳务。同时,劳务收入包括从事金融保险服务取得的收入。因此,企业为员工提供的无偿福利性借款可能被认定为视同提供劳务,公司应当须依法确认收入,否则可能被税收执法机关认定为偷税追缴税款并处以行政处罚。

- 向员工提供借款,且借款年度终了未归还借款,公司须依法代扣、代缴个人所得税。根据《财政部、国家税务总局关于企业为个人购买房屋或其他财产征收个人所得税问题的批复》(财税〔2008〕83 号)规定,企业的员工向企业借款购买所有权登记在自己名下的房屋,且借款年度终了未归还借款,对企业其他人员取得的上述所得,应按照"工资、薪金所得"项目计征个人所得税。因此,对于前述情况,公司应当依法代扣、代缴个人所得税,否则可能被税收执法机关认定为偷税追缴税款并处以行政处罚。

(二)相关案例评析

K 公司和姜某民间借贷纠纷案[①]

1. 案情简介

K 公司成立于 2014 年 8 月 22 日,股东为王某某、成某。2016 年 3 月 1 日,K 公司的股权进行了工商变更登记,其股东变为成某(持股 40%)、姜某(持股 30%)、魏某(持股 30%),并选举被告姜某为 K 公司监事。与此同时,成某等人对 K 公司进行了清算,清算报告显示:K 公司的实际总投资为 936,025.90 元,股东按实缴出资比例分配净资产 936,026.38 元,其中王某某 477,373.45 元,成某 458,652.93 元。

2016 年 12 月 10 日,K 公司在公司会议室召开临时股东会会议,股东成某、魏某、姜某参加会议,形成 3 项决议,分别为 K 公司于 2016 年 2 月 29 日、9 月 14 日向股东姜某、魏某、成某提供借款 88,235.28 元、58,823.52 元、2941.2 元,共计 150,000 元。其中,K 公司与姜某签订了借款合同,双方在合同中确认 K 公司分两次向姜某出借人民币合计 88,235.28 元,并约定借款期限至 2018 年 3 月 1 日止。但 K 公司认为姜某至今未偿还上述款项,诉至法院。2016 年 12 月 10 日,K 公司由此向法院提起诉讼,依据该份借款合同要求姜某偿还借款 88,235.28 元并支付利息。

---

① 参见甘肃省兰州市中级人民法院民事判决书,(2018)甘 01 民终 3196 号。

2. 法院观点

一审、二审法院均认为,《公司法》第115条规定:“公司不得直接或者通过子公司向董事、监事、高级管理人员提供借款。”本案中,姜某受让王某某、成某部分股权后成为K公司的股东之一。其中,姜某并未直接向王某某支付股权转让款,而是由K公司于2016年2月29日、9月14日委托成某(K公司法定代表人)向王某某转账支付,虽然双方当事人于2016年12月10日签订了借款合同,但姜某系K公司监事,《公司法》禁止公司直接向监事提供借款,该合同的内容违反了上述效力性强制性的规定,该借款合同无效。以公司财产支付股东股权转让款的行为,违反法律关于维持公司财产恒定原则以及禁止利用关联交易将出资转出的规定,可能侵害公司利益及债权人的合法权益。故对于K公司现依据该份借款合同要求姜某偿还借款88,235.28元并支付利息的诉讼请求,不予支持。

3. 评析

根据《公司法》第115条的规定,关于公司不得直接或者通过子公司向董事、监事、高级管理人员提供借款之规定,法院认为可适用于有限责任公司。由此,本案中姜某作为K公司的监事,以公司财产支付股东股权转让款的行为,违反法律关于维持公司财产恒定原则以及禁止利用关联交易将出资转出的规定,所以其与K公司之间的借款合同无效。

可见,公司应当注重内部管理人员的个人借款行为管理,对关于现金管理的各个流程明确审批手续和权责分配,重点关注现金盘点、个人借款管理、借款还款管理等环节的合规风险,采取行之有效的现金管理制度,杜绝舞弊事件的发生,保障企业现金资产安全。

附录:现金管理合规要求

1.《刑法》

2.《公司法》

3.《企业所得税法实施条例》

4.《现金管理暂行条例》

5.《营业税改征增值税试点实施办法》

6.《现金管理暂行条例实施细则》(银发〔1988〕288号)

六、票据管理与合规

票据管理是指公司根据企业自身特点对票据的管理以票据种类、票据使用准则、票据统计核销、账册管理、印章管理等事项制定财务票据管理。财务部门票据管理人员应当正确执行票据的收取与开立流程,定期对票据进行盘点(如承兑、贴现追索及资质检查等内容),避免出现票据遗失、伪造或被盗用的风险,影响公司资金安全,甚至对公司造成经济损失。

本部分的合规目标,首先,在于确保公司票据的收取和使用符合有关法律和公司规章制度的要求。其次,加强与资金相关的票据的管理,明确各种票据的购买、保管、领用、背书转让、承兑、注销等环节的职责权限和处理程序,确保票据的购买、保管、使用、销毁等应有完整记录,使公司票据账实相符,避免发生无法承兑等情形。

(一)流程项下合规风险

1. 票据的收取与开立

重要合规风险提示:

(1)票据收取的相关风险。如果公司受领票据,应确保其载有必要记载事项,及时提示付款或承兑等。关于票据收取的相关风险的内容参见"银行收款""汇票收款"下的"重要合规风险提示"。

(2)签发盖有印鉴的空白支票的风险。根据《票据法》之规定,支票的金额与收款人名称均可补记,因此,持票人可能超越授权范围在开具盖有印鉴的空白支票记载相关内容,尽管无权补记构成票据伪造,依照《票据法》公司不对其变造事项负责,但通常而言公司较难提出证据证明相关事实,因此为避免风险,公司应谨慎处理盖有印鉴的空白支票。

(3)签发空头支票或者签发与其预留的签章不符的支票。《票据法》及《票据管理实施办法》禁止签发空头支票或者签发与其预留的签章不符的支票,公司应确保在签发支票或其他结算凭证支付款项时,必须保证存款户有足够的存款余额或保证金,以及确认支票上的出票人的签章与在银行预留签章一致。违反前述规定,公司可能被中国人民银行处以罚款。此外,如公司到期未及时付款或清偿相关债务的,可能被认定为票据诈骗罪,票据诈骗罪可成立单位犯罪,如构成本罪,相关责任人最高可能被处以无期徒刑并处罚金,公司可能被处罚金。

2. 票据的作废、更换与遗补

重要合规风险提示:

(1)未及时挂失止付的风险。根据《票据法》之规定,票据丧失,失票人可以及时通知票据的付款人挂失止付,如公司未及时通知挂失止付,则持票人向付款人提示付款、付款人依法向持票人付款的,付款人不承担责任。

(2)未及时申请公示催告的风险。根据《民事诉讼法》之规定,持票人因票据被盗、遗失或者灭失,可以申请公示催告,通过法院的除权判决宣告票据失效,并可依据除权判决向付款人请求支付。根据《票据法》之规定,失票人通知票据付款人挂失止付应当在3日内向人民法院申请公示催告或另行提起诉讼,并由法院向付款人发出止付通知;付款人或者代理付款人自收到挂失止付通知书之日起12日内没有收到人民法院的止付通知书的,自第13日起,持票人提示付款、付款人依法向持票人付款的,付款人不再承担责任。因此,如公司在挂失止付后未及时申请公示催告,则持票人在相应期限后向付款人提示付款并依法向持票人付款的,付款人不承担责任。

3. 票据承兑

重要合规风险提示:

(1)未及时提示承兑的风险。对于定日付款或者出票后定期付款的汇票,根据《票据法》第39条及第40条之规定,持票人应当自出票日起一个月内,且在汇票到期日前向付款人提示承兑。如果公司未按照前述规定期限提示承兑的,将丧失对前手的追索权。

(2)承兑附有条件的风险。根据《票据法》第43条之规定,付款人承兑汇票不得附有条件;否则即视为拒绝承兑,因此公司应确保承兑人承兑汇票的记载是无条件的。

(3)公司承兑汇票的风险。根据《票据法》第44条之规定,付款人承兑汇票后,应当承担到期付款的责任。因此,如公司作为付款人承兑汇票,即须承担到期付款的责任。此外,受票据关系的无因性影响,即使公司与出票人或前手之间存在抗辩事由,公司原则上亦无法以自己与出票人或者与持票人的前手之间的抗辩事由对抗持票人。

4.票据贴现

重要合规风险提示:

(1)有追索权票据贴现的风险。在公司与票据受让人所订立的贴现合同中,如果包含了票据被拒绝承兑或被拒绝付款,票据受让人可向公司行使追索权的约定,即为有追索权票据贴现。对于有追索权票据贴现,如票据到期被拒绝承兑或被拒绝付款,则票据受让人可对公司行使追索权。

(2)作为背书人的风险。如果公司在票据贴现同时将票据背书转让,则公司将成为票据背书人,根据《票据法》相关规定,如票据到期拒绝承兑或被拒绝付款,则由出票人、背书人、承兑人和保证人对持票人承担连带责任,持票人可以不按照汇票债务人的先后顺序,对其中任何一人、数人或者全体行使追索权。因此,公司将票据背书转让后,如票据被拒绝承兑或被拒绝付款,仍可能被后手或持票人行使追索权。此外,即使公司进行无追索权票据贴现,如公司同时将票据背书转让予贴现人,公司与贴现人之间的合同约定不可对抗后手或持票人的追索权,公司在背书转让时记载无追索权事项之内容,亦属无效。

(3)贴现人不具资质的风险。根据《全国法院民商事审判工作会议纪要》,票据贴现属于国家特许经营业务,合法持票人向不具有法定贴现资质的当事人进行"贴现"的,该行为应当认定无效,贴现款和票据应当相互返还。因此,公司应确保贴现人具有相应资质,否则相关法律行为可能被确认为无效。

(4)违规票据融资的风险。在票据贴现过程中,有可能出现公司与第三人开具无真实交易背景的银行承兑汇票,而后通过银行贴现获得融资的情形,该行为即属典型的违规票据融资,尽管现行法律未设定违规票据融资的行政责任,但通常而言该行为被贴现合同所禁止,公司可能须承担相应违约责任。此外,如公司到期未及时付款的,可能被认定为票据诈骗罪,票据诈骗罪可成立单位犯罪,如构成本罪,相关责任人最高可能被处以无期徒刑并处罚金,公司可能被处罚金。

(二)相关案例评析

D公司与P公司J支行票据利益返还请求权纠纷案[①]

1.案情简介

原告D公司于2012年4月24日收到由W公司背书转让的银行承兑汇票一张,该汇票由T公司签发,付款行为被告(现变更为P公司J支行)。由于原告公司财务部门搬迁及财务人员疏忽大意,于2014年11月17日委托某银行股份有限公司L市某支行收款。被告以超过票据到期日二年,票据权利消灭为由拒绝付款。后原告请求被告返还票据金额相当的利益300,000元,被告出具了一份三方协议,要求原告及T公司共同加盖公章、财务章及法人章后统一返还原告与票据金额相当的利益300,000元。后原告电话联系T公司法定代表人董某某,其称T公司已破产,公章、财务章都没有了,无法在协议上盖公司章。经原告在全国企业信用信息公示系统查询得知T公司系正常存续状态。

原告由此向法院起诉,要求被告向原告支付银行承兑汇票金额300,000元。

2.法院观点

法院认为,本案是一起票据利益返还请求权纠纷。本案中,汇票记载事项虽有瑕疵,但均已经过相关背书人的书面补正,现原告持有汇票原件,且原告系汇票上记载的最后被背书人,故应认定原告是汇票的合法持有人和权利人。根据《票据法》第17条、第18条之规定,持票人对票据承兑人的权利,自票据到期日起2年;持票人因超过票据权利时效或者因票据记载事项欠缺而丧失票据权利的,仍享有民事权利,可以请求承兑人返还其与未支付的票据金额相当的利益。本案所涉汇票的到期日为2012年9月27日,票据权利虽因原告未在2年内(2013年12月28日前)行使而丧失,但此后原告仍享有民事权利,原告依法可主张被告返还与未支付票据金额相当的利益,因此,对于原告要求被告支付300,000元的主张,本院予以支持。另外,本案系因原告自身原因导致票据权利丧失,被告在本案中并无过错,故被告虽应返还相应的票据利益,但由此造成的诉讼费用应由原告自行负担。

---

① 参见浙江省嘉兴市南湖区人民法院民事判决书,(2016)浙0402民初498号。

3.评析

本案表明，未在期限内请求出票人或承兑人付款将导致持票人丧失票据权利。持票人因超过票据权利时效或者因票据记载事项欠缺而丧失票据权利的，仍享有民事权利，可以请求承兑人返还其与未支付的票据金额相当的利益。

可见，持票人的承兑权利和承兑人的给付义务要求是相对应的。在公司的票据管理中，财务部门应当熟悉了解票据的购买、保管、领用、背书转让、承兑、注销等流程，定期对票据进行盘点审核，确保票据使用与管理均经过严格审批，避免出现重大差错、舞弊、欺诈等合规风险，保障公司资金安全。

附录：票据管理合规要求

1.《刑法》

2.《民事诉讼法》

3.《票据法》

4.《票据管理实施办法》

5.《支付结算办法》

七、筹资管理与合规

筹资管理是指企业根据其生产经营、对外投资和调整资本结构的需要，通过筹资渠道和资金市场，运用筹资方式，经济有效地筹集为企业所需的资金的财务行为。如果筹融资方案不合理，借款审批与还款流程出现问题，可能导致方案缺乏可执行性，无法为融资决策提供可靠的依据，甚至造成决策失误。

本部分的合规目标，首先，在于确保资金的筹融资流程、手续等方案内容符合国家法律、法规和公司内部规章制度的要求。其次，重点关注借款事项的审批与执行，合法合规进行借贷款融资，有效利用财务杠杆，降低筹资成本。最后，公司严格把控做好借款偿还审批流程，确保资产安全，提高企业运营效率。

流程项下合规风险主要包括以下3点：

1. 年度筹资方案管理

重要合规风险提示：

筹资方案制定程序违反公司章程的风险。融资等重大事项可能属董事会拟定、股东会决定、党委会参与决策之事项，因此公司融资决策可能需要分别由董事会会议、股东会会议决议之方式做成，超越公司章程所规定的权限做出的筹资、融资方案将构成无权代理。

2. 借款事项审批与执行

重要合规风险提示：

(1)借款决定未经集团公司批准的风险。公司筹融资业务(债务性)和融资担保事项在集团公司统一管理下开展。未经公司相关部门和管理人员的批准，不得开展筹融资和担保业务。因此，公司借款前应取得集团公司批准。

(2)对外借款决定程序违反“三重一大”决策制度的风险。国有公司对外借款决定可能属于《关于进一步推进国有企业贯彻落实“三重一大”决策制度的意见》规定的重大事项，依法应当依照“三重一大”决策制度进行决策。公司领导人员违反“三重一大”决策制度的，属于《国有企业领导人员廉洁从业若干规定》中的违反决策程序决定企业生产经营的重大决策，可能遭警示谈话、调离岗位、降职、免职处理。

(3)金融借款目的不符合产业政策的风险。《促进产业结构调整暂行规定》(国发〔2005〕40 号)规定对于对属于《产业结构调整指导目录》中的限制类及淘汰类的新建项目，各金融机构不得发放贷款。公司应确保金融借款的目的符合产业政策，否则相关借款可能不获金融机构批准。

(4)未按约定使用贷款的风险。根据《贷款通则》(中国人民银行令〔1996〕第 2 号)之规定，借款人应当按借款合同约定用途使用贷款，如果公司违反合同约定的贷款目的，公司被贷款人提前终止授信并被加收利息。此外，如公司将金融机构信贷资金高利转贷他人，还可能构成高利转贷罪，高利转贷罪可成立单位犯罪，构成本罪的，相关责任人最高可能被处以 7 年以下有期徒刑并处罚金，公司可能被处罚金。

(5)未如实提供贷款人要求的资料的风险。根据《贷款通则》第 19 条之规定，借款人有义务如实提供贷款人要求的资料并配合贷款人的审查。如果公司提供不实资料，以欺骗手段取得银行或者其他金融机构贷款，可能构成骗取贷款罪，贷款诈骗罪可成立单位犯罪，构成本罪的，相关责任人最高可能被处以 7 年以下有期徒刑并处罚金，公司可能被处罚金。如公司到期未及时付款或清偿相关债务的,可能被认定为构成贷款诈骗罪,构成本罪的,相关责任人最高可能被处无期徒刑并处罚金。

(6)合同的监督措施的风险。在金融借款合同中,可能包含一系列监督措施,如约定借款资金的托管、重大事项应事先告知并征得贷款人同意、限制抵押物转让等。公司应充分注意金融借款合同中的此类条款并采取相应措施,避免构成违约。此外,依照《贷款通则》之规定,公司有义务接受贷款人对其使用信贷资金情况和有关生产经营、财务活动的监督,违反前述规定可能导致公司被贷款人提前终止授信。

3. 借款偿还

重要合规风险提示:

借款决定未经集团公司批准的风险。公司筹融资业务(债务性)和融资担保事项约定解除权的风险。在金融借款合同中可能包含出借人某些约定的解除权条款,如赋予贷款人在公司部分违约情况下即可解除合同的权利或者重大事项未经贷款人同意的解除权,公司应充分注意金融借款合同中的此类条款并采取相应措施,否则贷款人可能提前解除合同。

附录:筹资管理合规要求

1.《刑法》

2.《促进产业结构调整暂行规定》(国发〔2005〕40 号)

3.《贷款通则》(中国人民银行令〔1996〕第 2 号)

八、担保管理与合规

建立健全担保管理制度,有利于规范公司担保行为,切实防范经营风险。公司对外担保应当遵循合法、审慎的态度,严格控制担保风险。如果担保业务违反国家法律、法规和企业内部规章制度的规定,担保执行与监控不严谨,可能导致公司受到外部处罚,或遭受经济损失和信誉损失。

本部分的合规目标,首先,在于确保对外担保业务符合国家法律、法规和企业内部规章制度的要求,确保担保内容明确清晰,严格把关担保业务的审批流程。其次,重点关注担保业务的执行与监控,保证担保业务相关数据能满足财务报告和信息披露的程序及要求。

流程项下合规风险主要包括以下2点：

1. 对外担保管理

重要合规风险提示：

(1)对外担保决定程序违反公司章程的风险。担保、抵押等重大事项可能属董事会拟定、股东会决定、党委会参与决策之事项，因此公司融资决策可能需要分别由董事会会议、股东会会议决议之方式做成，超越公司章程所规定的权限做出的对外担保将构成无权代理。

(2)对外借款决定程序违反"三重一大"决策制度的风险。公司对外担保决定可能属于《关于进一步推进国有企业贯彻落实"三重一大"决策制度的意见》规定的重大事项，依法应当依照"三重一大"决策制度进行决策。公司领导人员违反"三重一大"决策制度的，属于《国有企业领导人员廉洁从业若干规定》中的违反决策程序决定企业生产经营的重大决策，可能遭警示谈话、调离岗位、降职、免职处理。

(3)担保范围、保证期限、担保实现顺序约定不明的风险。公司在对外提供担保时，应当清楚明确地规定保证范围，依照《民法典》之规定，担保范围约定不明的情况下，担保范围包括主债权及其利息、违约金、损害赔偿金、保管担保财产和实现担保物权或实现债权的费用。如公司提供保证，则在约定不明的情况下，保证期间为主债务履行期限届满之日起6个月。如果公司对外提供担保时，担保实现顺序约定不明，则债务人自己提供物的担保的，债权人应当先就该物的担保实现债权；公司提供物的担保的，债权人可以就物的担保实现债权，也可以请求公司承担保证责任。

(4)不同担保方式的风险。公司在对外提供担保时，可供选择的方式主要包括保证、抵押以及质押。不同的担保方式可能令公司承担不同的风险：

- 保证指保证人和债权人约定，当债务人不履行到期债务或者发生当事人约定的情形时，保证人履行债务或者承担责任。其中，保证可进一步分为一般保证与连带保证，前者指保证合同中约定债务人不能履行债务时，由保证人承担保证责任；后者指保证人和债务人对债务承担连带责任。鉴于连带保证下公司将对债务承担连带责任，如公司不欲提供连带保证，应明确作出债务人应当先承担责任的约定。

- 抵押指为担保债务的履行,担保人不转移不动产的占有,将该不动产抵押给债权人,债务人不履行到期债务或者发生当事人约定的实现抵押权的情形,债权人有权就该财产优先受偿。由于抵押权属物权,公司提供抵押时无法约定担保期限,抵押权与主债权同时存在,即只要主债权存在,抵押权就存在,公司就要承担担保责任。

- 质押指为担保债务的履行,担保人将其动产或权利移交债权人占有,债务人不履行到期债务或者发生当事人约定的情形,债权人有权就该财产优先受偿。同抵押权类似,质押无法约定担保期限。此外,由于质押需要移转占有、交付权利凭证或办理质押登记,公司将在质押期限内无法使用相应财产。

2. 担保执行与监控

重要合规风险提示:

(1)反担保范围、保证期限、担保实现顺序约定不明的风险。公司与被担保人签订的反担保合同,属于公司与被担保人间委托担保合同的从合同,因此,在约定不明的情况下,担保的主债权为委托担保合同中约定主债权。

(2)怠于行使代位权与撤销权的风险。在被担保人为公司提供反担保时,公司可行使债权人的保全合同的权利,依照《民法典》相关规定,债务人怠于行使其债权或者与该债权有关的从权利,影响债权人的到期债权实现的,债权人可以向人民法院请求以自己的名义代位行使债务人对相对人的权利。例如,被担保人对第三人享有债权已届清偿期限但怠于履行的,如可能影响公司的到期债权实现,公司可向人民法院请求以自己的名义代位行使被担保人对被担保人的债务人的权利。此外,债务人以放弃其债权、放弃债权担保、无偿转让财产等方式无偿处分财产权益,或者恶意延长其到期债权的履行期限,影响债权人的债权实现的,债权人可以请求人民法院撤销债务人的行为。因此,如果被担保人恶意转移财产,公司可通过行使撤销权撤销相应法律行为。如果怠于行使上述权利导致被担保人转移财产,那么可能导致公司遭受损失。

(3)保管质物的义务。根据《民法典》之规定,如被担保人提供质物,公司有义务保管质物,不得擅自处分,保管不善致使质押财产毁损、灭失或擅自处分造成被担保人损害的,公司可能被请求承担赔偿责任。

附录：担保管理合规要求

《民法典》

九、财务印鉴管理与合规

财务印鉴包括财务部门公章、财务专用章、发票专用章、企业法定代表人印章以及其他财务印章等。规范公司财务印鉴的管理，有利于加强对财务事项的监控力度，防范财务管理风险。规范财务印鉴的使用审批手续，确保印鉴保管及使用经过恰当授权审批，为公司规避相关的财务法律纠纷。

本部分的合规目标，首先，在于确保财务印鉴刻制、销毁经过恰当的授权审批。其次，确保财务印鉴使用经过授权，且使用记录完整。最后，加强财务印鉴的管理，不得由一个人保管支付款项所需的全部印章，避免财务印章遭无权使用。

流程项下合规风险：印鉴的使用审批

重要合规风险提示：

财务印章被无权使用构成表见代理的风险。根据《民法典》之规定，无代理权人（无权印章使用人）虽然作出无权代理行为，却因为本人的行为而在表面上产生代理权存在的外观，造成相对人信赖无权代理人有代理权，此时本人（公司）对相对人负责，该无权代理行为对本人发生效力。鉴于财务专用章可用于支付结算等相关活动文书的签章，财务印章被无权使用可能在一定情况下被认为构成表见代理，此时公司须承担无权使用人法律行为的相应效果，因此，公司应谨慎处理印鉴的使用审批，避免财务印章遭无权使用。

附录：财务印鉴管理合规要求

《民法典》

第四节　投资管理与合规

一、投资规划计划与合规

投资规划是指公司的现金流在不同时间、不同投资对象上进行配置，以获取与风险相对应的最有收益的过程。投资规划是公司规划中的重要组成部分,公司应当根据实际情况,编制符合相关规定和程序的中长期等年度投资计划,做好投资计划的前、中、后期的论证、审批、执行和评估等流程,以支撑公司整体战略规划的落地实施。

本部分的合规目标,首先,在于确保投资业务、投资计划的编制与审批符合国家相关法律、法规和企业内部规章制度的规定,严格把控投资手续的论证、评估、审批环节。其次,加强对企业境内外投资项目的监管和过程控制,优化公司产业布局和经营结构。最后,投资业务的记录应当真实完整,满足信息披露相关要求,确保投资项目有效运营。

(一)流程项下合规风险

1. 年度投资计划管理

重要合规风险提示:

(1)未编制年度投资计划的风险。国有企业应当参照《中央企业投资监督管理办法》的规定,按照公司发展战略和规划编制年度投资计划,并与公司年度财务预算相衔接,年度投资规模应与合理的资产负债水平相适应。公司的投资活动应当纳入年度投资计划,未纳入年度投资计划的投资项目原则上不得投资,确需追加投资项目的应调整年度投资计划。

(2)年度投资计划编制不符合程序的风险。年度投资计划方案可能属董事会拟定、股东会决定之事项,因此公司年度投资计划程序上可能需要分别由董事会会议、股东会会议决议之方式做成,超越公司章程所规定的权限制定的年度投资计划将构成无权代理。

(3)未进行投资前论证的风险。国有企业应当参照《中央企业投资监督管理办法》的规定,根据公司发展战略和规划,按照公司主业、非主业投资比例及新兴产业投资方向,选择、确定投资项目,做好项目融资、投资、管理、退出全过程的研究论证。对于新投资项目,应当深入进行技术、市场、财务和法律等方面的可行性研究与论证,其中股权投资项目应开展必要的尽职调查,并按要求履行资产评估或估值程序。

(4)国有企业对外投资未进行资产评估的风险。首先,以非货币财产对外投资的,应当进行对该非货币性资产进行评估。其次,根据《企业国有资产评估管理暂行办法》之规定，收购非国有单位的资产，如收购他人的股权等，亦应当进行对该股权或资产评估。需注意的是，根据L公司与徐某某股权转让纠纷上诉案之要旨①，《企业国有资产评估管理暂行办法》属于部门规章，违反其规定，未对收购的非国有单位资产进行评估的，属于违反管理性强制性规定，不影响合同的效力。

（5）国有企业受让上市公司股份未经核准的风险。国有企业通过证券交易系统增持、协议受让、认购上市公司发行股票等未导致上市公司控股权转移的事项，应当经国家出资企业审核批准，其他情形应当经国有资产监督管理机构审核批准。国家出资企业、国有资产监督管理机构批准公司受让上市公司股份时，会审核以下文件：①国有股东受让上市公司股份的内部决策文件；②国有股东受让上市公司股份方案，内容包括但不限于：国有股东及上市公司的基本情况、主要财务数据、价格上限及确定依据、数量及受让时限等；③可行性研究报告；④股份转让协议（适用于协议受让的）、产权转让或增资扩股协议（适用于间接受让的）；⑤财务顾问出具的尽职调查报告和上市公司估值报告（适用于取得控股权的）；⑥律师事务所出具的法律意见书；⑦国家出资企业、国有资产监督管理机构认为必要的其他文件。公司应当确保上述文件完整、准确和无误。

（6）投资了负面清单内的项目的风险。根据《中央企业投资项目负面清单（2017年版）》（国资发规划〔2017〕13号），中央企业禁止投资的项目包括：①不符合国家产业政策的投资项目；②未按规定履行完成必要的审批程序的投资项目；③不符合经国资委审核的企业发展战略和规划的投资项目；④不符合企业投资决策程序和管理制度的投资项目；⑤未明确融资、投资、管理、退出方式和相关责任人的投资项目；⑥项目资本金低于国家相关规定要求的投资项目；⑦超过国资委认定的非主业投资比例的非主业投资项目；⑧投资预期收益低于5年期国债利率的商业性投资项目；⑨国资委债务风险管控企业推高企业负债率的投资项目；⑩非房地产主业中央企业新购土地开展的商业性房地产投资项目。

（7）国有企业未进行投资后的项目评估工作的风险。如果国有企业投资项目被列入项目后评价年度计划，公司应当认真编写项目自我总结评价报告，积极

---

① 参见L公司诉徐某某股权转让纠纷案，上海市第一中级人民法院（2017）沪01民终14282号民事判决书。

配合开展调查工作,准确完整地提供项目前期及实施阶段的各项正式文件。文件包括:①项目前期文件:政府国资委的批复文件、项目建议书(或项目申请报告)、环境影响评价报告、项目可行性研究报告、项目评估报告及相关的批复文件;②项目实施文件:初步设计文件、开工报告、招投标文件、主要合同、工程概算调整报告、监理报告、竣工验收报告及其相关的批复文件与资料;③其他资料:项目运行和企业生产经营情况、财务报表以及其他相关资料等;与项目有关的审计报告、稽查报告和统计资料等。项目后评价工作中聘请中介机构人员的报酬及相关费用由项目实施单位承担。公司应该做好投资项目后的自我评价报告,并确保各项正式文件完整和齐全。

(8)国有企业在股权投资中应当特别注意的事项。根据《关于中央企业加强参股管理有关事项的通知》,国有企业在股权投资时,应当特别注意以下风险:①不得为规避主业监管要求,通过参股等方式开展中央企业投资项目负面清单规定的商业性房地产等禁止类业务。②不得选择与参股投资主体及其各级控股股东领导人员存在特定关系(指配偶、子女及其配偶等亲属关系,以及共同利益关系等)的合作方。③不得以约定固定分红等"名为参股合作、实为借贷融资"的名股实债方式开展参股合作。④参股投资决策权向下授权应作为重大事项经党委(党组)研究讨论,由董事会或经理层决定,授权的管理层级原则上不超过两级。⑤对满5年未分红、长期亏损或非持续经营的参股企业股权,要进行价值评估,属于低效无效的要尽快处置,属于战略性持有或者培育期的要强化跟踪管理。⑥对风险较大、经营情况难以掌握的股权投资,要及时退出。⑦不得对参股企业其他股东出资提供垫资。⑧严格控制对参股企业提供担保,确需提供的,应严格履行决策程序,且不得超股权比例提供担保。⑨不得将字号、经营资质和特许经营权等提供给参股企业使用。⑩中央企业及各级子企业领导人员在参股企业兼职,应根据工作需要从严掌握,一般不越级兼职,不兼"挂名"职务。确需兼职的,按照管理权限审批,且不得在兼职企业领取工资、奖金、津贴等任何形式的报酬和获取其他额外利益;任期届满连任的,应重新报批。参股经营投资主体及其各级控股股东领导人员亲属在参股企业关键岗位任职,应参照企业领导人员任职回避有关规定执行。

(9)股权受让未经标的公司其他股东过半数同意、侵害标的公司其他股东优先购买权的风险。公司受让标的有限公司(以下简称标的公司)股东的股权时,应当经标的公司其他股东过半数同意。标的公司的其他股东同意转让的,享有同等条件下的优先购买权。如果未经标的公司其他股东过半数同意,或侵害标的公司其他股东优先购买权,虽然合同效力在实践中存在争议,但标的公司股东无法履行股权转让义务,可能导致公司无法及时有效地受让股权。因此,建议公司在股权投资时,检查相关书面文件,确认标的公司股东转让股权事宜已经其他股东过半数同意且均已放弃优先购买权。

(10)增资投资未经标的公司股东会决议通过的风险。标的公司以增加注册资本的形式接受公司投资的,应当注意:①如果标的公司的公司章程对增加注册资本有其他规定,增资应当符合标的公司章程的规定;②如果标的公司的公司章程对增加注册资本没有其他规定,根据《公司法》的规定,增加注册资本应当经股东会代表2/3以上表决权的股东通过;③标的公司新增资本时,标的公司股东有权优先按照实缴的出资比例认缴出资。因此,公司应当尽基本的形式审查义务,核查标的公司是否通过了相关的股东会决议或履行了章程所规定的程序,股东是否放弃优先认购新增资本。公司未尽上述基本的形式审查义务的,可能导致合同无效,从而无法约束标的公司完成增资程序。

(11)其他风险。除了前述风险外,国有企业还应当注意以下风险:①投资并购过程中授意、指使中介机构或有关单位出具虚假报告;②未按规定履行决策和审批程序,决策未充分考虑重大风险因素,未制订风险防范预案;③违反规定以各种形式为其他合资合作方提供垫资,或通过高溢价并购等手段向关联方输送利益;④投资合同、协议及标的企业公司章程等法律文件中存在有损国有权益的条款,致使对标的企业管理失控;⑤违反合同约定提前支付并购价款;⑥投资并购后未按有关工作方案开展整合,致使对标的企业管理失控;⑦投资参股后未行使相应股东权利,发生重大变化未及时采取止损措施。国有企业存在前述情形的,可能存在违反《中央企业违规经营投资责任追究实施办法(试行)》相关规定的风险。

(二)合规风险其他提示

公司可能进行境外投资。对于境外投资,除了上述投资事宜应当注意的风险外,还应当注意以下额外的或与境内投资不同的风险:

1. 未在商务主管部门核准或备案的风险。根据《境外投资管理办法》,企业境外投资的核准和备案,由商务主管部门负责。这里的境外投资,是指在中华人民共和国境内依法设立的企业通过新设、并购及其他方式在境外拥有非金融企业或取得既有非金融企业所有权、控制权、经营管理权及其他权益的行为,强调对境外企业的"股权类"投资。

- 公司境外投资涉及敏感国家和地区、敏感行业的,实行核准管理。公司其他情形的境外投资,实行备案管理。实行核准管理的国家是指与我国未建交的国家、受联合国制裁的国家。实行核准管理的行业是指涉及出口我国限制出口的产品和技术的行业、影响一国(地区)以上利益的行业。

- 对属于备案情形的境外投资,由公司报商务主管部门备案。公司通过"管理系统"按要求填写并打印《境外投资备案表》,加盖印章后,连同企业营业执照复印件报商务主管部门备案。

2. 未在发展改革部门核准或备案的风险。根据《企业境外投资管理办法》,中华人民共和国境内企业(以下简称投资主体)开展境外投资,应当在发展改革部门履行境外投资项目核准、备案等手续,报告有关信息,配合监督检查;投资主体未取得有效核准文件或备案通知书的,外汇管理、海关等有关部门依法不予办理相关手续,金融企业依法不予办理相关资金结算和融资业务。

- 实行核准管理的范围,是投资主体直接或通过其控制的境外企业开展的敏感类项目。前述所称的敏感类项目包括:涉及敏感国家和地区的项目;涉及敏感行业的项目。所谓敏感国家和地区包括:与我国未建交的国家和地区;发生战争、内乱的国家和地区;根据我国缔结或参加的国际条约、协定等,需要限制企业对其投资的国家和地区;其他敏感国家和地区。所谓的敏感行业包括:武器装备的研制生产维修;跨境水资源开发利用;新闻传媒;根据我国法律法规和有关调控政策,需要限制企业境外投资的行业。

- 实行备案管理的范围是,投资主体直接开展的非敏感类项目,也即涉及投资主体直接投入资产、权益或提供融资、担保的非敏感类项目。前述所称非敏感类项目,是指不涉及敏感国家和地区且不涉及敏感行业的项目。

3. 国有企业投资了境外投资负面清单内的项目的风险。根据《中央企业境外投资项目负面清单(2017 年版)》,以下各项是境外投资禁止的项目:(1)未按规定履行完成必要的审批程序的境外投资项目。(2)不符合经国资委审核的企业发展战略和规划的境外投资项目。(3)不符合企业投资决策程序和管理制度的境外投资项目。(4)投资预期收益率低于投资所在国 10 年期国债利率的商业性境外投资项目。(5)项目资本金低于国家相关规定的境外投资项目。(6)单项投资额大于中央企业合并报表净资产50%的境外投资项目。(7)未明确融资、投资、管理、退出方式和相关责任人的境外投资项目。(8)国资委债务风险管控企业推高企业负债率的境外投资项目。(9)国资委债务风险管控"特别监管企业"的境外投资项目。

4. 境外投资外汇有关规定。根据《国家外汇管理局关于进一步简化和改革直接投资外汇管理政策的通知》(汇发〔2015〕13号)的规定,原则上取消直接投资项目下外汇登记核准。公司可直接到新设企业注册地银行办理境内直接投资项目下和境外投资项目下相关外汇登记。

5. 境外投资的其他风险。国有企业境外投资,除上述风险外,还应当注意以下风险:(1)未按规定建立企业境外投资管理相关制度,导致境外投资管控缺失;(2)未按规定进行风险评估并采取有效风险防控措施对外投资或承揽境外项目;(3)违反规定采取不当经营行为,以及不顾成本和代价进行恶性竞争。国有企业存在前述情形的,可能存在违反《中央企业违规经营投资责任追究实施办法(试行)》相关规定的风险。

(三)相关案例评析

覃某某原持有G公司与林某股权转让协议纠纷上诉案[①]

1. 案情简介

原告覃某某原持有G公司100%的股权,后被告林某以400万元的价格购买了覃某某持有的70%股权成为该公司股东,此后林某持有桂松公司70%股权,覃某某持有30%股权。2011年8月24日,被告林某与第三人李某某签订了股权转让协议书,约定李某某以3000万元购买林某持有的桂松公司的70%股权。同年8月26日,原告覃某某在百色市中级人民法院审理的原告和被告二人股东出资纠纷一案的庭审中曾表示愿意购买被告林某的70%股权。同年8月31日,被告林某在《右江日报》上以公告形式声明拟转让其在G公司的70%股份,征询原告

① 参见广西壮族自治区百色地区(市)中级人民法院民事判决书,(2012)百中民二终字第39号。

覃某某是否愿意购买。同年9月29日,原告覃某某同样以公告形式在《右江日报》上回复林某愿意购买。其后,覃某某多次向林某表示了购买的意愿。但覃某某不同意以3000万元的价格购买林某的股权,而是要求对G公司现有资产进行评估,按照G公司现有财产的实际价值来确定股权价格。而后双方就股权转让的价格意见分歧过大,不能达成一致意见,林某认为原告覃某某没有开出与第三人同等的3000万元的价格,覃某某不是在同等条件下行使优先购买权,不同意将股权转让给覃某某。第三人李某某遂依据其与林某的股权转让协议书受让G公司70%股份,申请工商部门办理股东变更登记,并要求召开新股东大会。

原告覃某某反对未果,向广西壮族自治区田东县人民法院提起诉讼,主张林某将股权转让给李某某侵害其优先购买权,请求法院确认二人签订的股权转让协议无效,并由其行使优先购买权。①

2. 法院观点

法院一审、二审均认为,被告林某与第三人李某某签订的股权转让协议书无效;确认在被告林某转让其拥有的G公司70%股权时,原告覃某某同等条件下享有优先购买权。根据2005年《公司法》第72条第2款的规定,股东向股东以外的人转让股权,应当经其他股东过半数同意。股东应就其股权转让事项书面通知其他股东征求同意,其他股东自接到书面通知之日起满30日未答复的,视为同意转让。其他股东半数以上不同意转让的,不同意的股东应当购买该转让的股权;不购买的,视为同意转让。第3款规定,经股东同意转让的股权,在同等条件下,其他股东有优先购买权。② 本案中,G公司作为仅有林某和覃某某两名股东的公司,在股权转让时依法应就其转让事项书面通知另一股东。然而,被告林某在没有书面征求原告覃某某并在原告明确表示不同意购买的情况下,于2011年8月24日与第三人李某某签订了股权转让协议书,该股权转让行为违反了《公司法》第72条第3款的规定。此时原告覃某某尚未知晓被告林某已与第三人李某某签订转让股权协议,2011年8月26日,覃某某表示愿意购买林某的股权。直至2011年8月31日,林某才在《右江日报》上发布公告征询原告覃某某意见。而后覃某某在2011年9月29日,即法律规定的期限内在《右江日报》上

① 参见罗福生、邓梅君:《侵害股东优先购买权的股权转让协议无效》,载《人民司法》2014年第24期。

② 现为2018年《公司法》第73条,下同。

公告表示反对林某转让70%股权给李某某,自己愿意购买,随后多次以不同方式表示愿意购买。因此,2011年8月24日被告林某与第三人李某某签订的股权转让协议书无效。①

法院二审认为,林某在报纸上公告股权转让事项,向覃某某通报其转让股权的意向,覃某某知道后表示愿购买,其主张行使优先购买权。林某与李某某签订股权转让协议时,未将转让股权的条件通知覃某某,并给覃某某必要的时间行使优先购买权,侵害了覃某某的优先购买权。故二审判决结果为:驳回上诉,维持原判。

3. 评析

本案判罚表明,侵害股东优先购买权的股权转让协议无效。根据《公司法》的规定,股东向股东以外的人转让其股权时,其他股东在购买价款和其他股权转让条件相同的前提下,可以优于第三人受让该股权。本案中,林某与李某某签订股权转让协议时,未将转让股权的条件通知覃某某,并给覃某某必要的时间行使优先购买权,侵害了覃某某的优先购买权。

可见,投资管理过程中,有限责任公司应当关注股东投资过程中的同意权和优先购买权,侵犯股东同意权和优先购买权的合同可能存在一定的法律风险,给公司造成负面影响,不利于公司的投资经营活动。

附录:投资规划计划合规要求

1.《公司法》

2.《企业国有资产法》

3.《中央企业违规经营投资责任追究实施办法(试行)》

4.《上市公司国有股权监督管理办法》

5.《中央企业投资监督管理办法》

6.《企业境外投资管理办法》

7.《境外投资管理办法》(2014年)

8.《国资委关于中央企业加强参股管理有关事项的通知》(国资发改革规〔2019〕126号)

---

① 参见广西壮族自治区田东县人民法院民事判决书,(2011)东民二初字第402号。

9.《中央企业投资项目负面清单(2017 年版)》(国资发规划〔2017〕13 号)

10.《中央企业境外投资项目负面清单(2017 年版)》(国资发规划〔2017〕14 号)

11.《国家外汇管理局关于进一步改进和调整直接投资外汇管理政策的通知》(2015 年修正)(汇发〔2015〕20 号)

二、固定资产投资立项与合规

固定资产投资项目就是建造和购置固定资产的经济活动的项目。固定资产投资是公司投资管理的重要环节之一,如果固定资产投资立项缺乏可行性研究或者可行性研究流于形式导致决策不当,可能导致难以实现预期效益或项目失败。

本部分的合规目标,首先,在于确保固定资产投资业务符合国家相关法律、法规和企业内部规章制度的规定,做好在建工程投资立项管理,对固定资产投资业务开展可行性研究,规范固定资产业务的投资流程。其次,对固定资产投资方案要进行战略性和经济性评估,确保固定资产投资的决策过程科学规范。

(一)流程项下合规风险:在建工程投资立项管理

重要合规风险提示:

1. 固定资产投资项目决策程序不符合规定的风险。公司进行固定资产投资项目,须根据相关法律法规和公司章程履行决策程序。否则,可能存在违反《中央企业违规经营投资责任追究实施办法(试行)》相关规定的风险。

2. 固定资产投资项目未进行核准或备案的风险。国家对关系国家安全、涉及全国重大生产力布局、战略性资源开发和重大公共利益等固定资产投资项目,实行核准管理;其他项目,应当备案。未按照规定进行核准或备案的,公司、直接负责的主管人员和其他直接责任人员可能将遭受行政处罚。

3. 未履行项目变更和调整报批手续的风险。根据《企业投资项目核准和备案管理条例》,已核准项目的建设地点,或者建设规模、建设内容等有较大变更的,公司应当向核准机关提出变更申请;已备案项目信息发生较大变更的,企业应当及时告知备案机关。未及时变更核准或备案信息,公司可能遭受行政处罚。

4. 其他风险。除上述风险外,公司还应当注意以下风险:(1)购建项目未按规定招标，干预、规避或操纵招标；(2)项目管理混乱，致使建设严重拖期、成本明显高于同类项目；(3)违反规定开展列入负面清单的投资项目；负面清单，可参照《中央企业投资项目负面清单(2017年版)》和《中央企业境外投资项目负面清单(2017年版)》。违反前述规定，可能存在违反《中央企业违规经营投资责任追究实施办法(试行)》相关规定的风险。

(二)相关案例评析

D公司、J市工业和信息化局信息电讯行政管理(信息、电讯)行政案[①]

1. 案情简介

2018年6月4日，被告J市科技和工业信息化局(以下简称J市科工信局)作出《关于D公司停产整顿的通知》(以下简称《停产通知》)，要D公司(以下简称D公司)"立即停止连铸连轧生产线工艺生产作业，拆除相关设备，待技术改造完成验收后再组织生产"。

2018年6月10日，J市科工信局作出《关于加快违规设施设备拆除进度的紧急通知》(以下简称《紧急通知》)，要求原告"加快对违规设施设备的拆除进度，于6月12日24时前将中频炉、连铸生产线及电弧炉进行彻底拆除"。D公司遂按《紧急通知》的要求拆除了相关设备。原告认为被告实施的违法行政行为，造成原告的正常生产经营瘫痪，企业濒临破产，故向人民法院提起行政诉讼，请求判如所请。

另查明，因机构改革，J市科技和工业信息化局更名为J市工业和信息化局。

2. 法院观点

一审、二审法院认为，原告起诉要求确认被告对原告实施的强制拆除行为违法没有事实根据，被告对原告的诉讼请求不属于人民法院行政诉讼的受案范围。2018年6月4日，J市科工信局作出《停产通知》和《紧急通知》，实际上，《紧急通知》是对《停产通知》所作出的一种督促行为，没有为原告设立新的义务，根据《最高人民法院关于适用〈中华人民共和国行政诉讼法〉的解释》第1条第2款第

① 参见四川省绵阳市中级人民法院行政裁定书，(2020)川07行终17号。

10 项之规定,对公民、法人或者其他组织权利义务不产生实际影响的行为,不属于人民法院行政诉讼的受案范围。而在当事人起诉行政强制拆除案件中,当事人只能针对行政机关作出强制决定书和执行强制决定的事实行为申请法律救济,提起行政诉讼。D 公司在庭审中承认其设施设备均是原告自行拆除,故强制拆除的行为不存在,原告起诉要求确认被告对原告实施的强制拆除行为违法没有事实根据,不符合《行政诉讼法》第 49 条第 3 项之规定。

3. 评析

《行政强制法》第 35 条规定"行政机关作出强制决定前,应当事先催告当事人履行义务。催告应当以书面形式作出"。本案中,J 市工业和信息化局对其作出"要求对相关设施设备进行彻底拆除"的《紧急通知》的形式和性质符合该条的规定,属于第 35 条的程序性催告文书,是行政机关正式作出行政强制决定书的前置告知行为,是一种提醒和催告性质,不具备设定和实际改变当事人权利和义务的直接效果。D 公司由于存在项目建设批建不符合违规新增钢铁产能等问题,J 市工业和信息化局对其作出程序性催告文书,《紧急通知》作为行政机关作出行政强制决定前的程序性告知行为,由于尚未产生实际改变当事人权利、义务关系的最终作用,未对当事人产生实际影响,应属不可诉的程序性行政法律文书。①

D 公司收到行政催告的案例内容表明,私自建设产业政策禁止的违规项目,会被给予停产停业等行政处罚,带来极高的法律风险和财产损失。可见,在固定资产投资立项活动中,公司应当首要关注固定资产投资是否符合国家法律法规及相关政策的标准,并在此基础上对相关固定资产投资方案进行多方面评估和考量,严格把控相关决策流程,避免出现手续、流程不合规导致投资失控、决策不当等风险,把对固定资产投资的管理目标牢牢地放在合规合法的框架体系中,确保企业有序经营。

附录:固定资产投资立项合规要求

1.《企业投资项目核准和备案管理条例》

2.《中央企业违规经营投资责任追究实施办法(试行)》

---

① 四川省绵阳市中级人民法院行政裁定书,(2020)川 07 行终 17 号。

3.《企业投资项目核准和备案管理办法》

第五节　财务管理与合规

一、会计核算管理与合规

会计核算管理是指对会计对象的经济业务进行完整、连续、系统的记录和计算,为经营管理提供必要的财务信息,一般包括设置会计科目、复式记账、填制和审核凭证、登记账簿等多项操作。如果会计核算管理中任一环节出现问题,则可能导致财务系统账实不符,影响公司正常的经营决策分析。

本部分的合规目标,首先,在于确保企业的会计政策和程序满足国家法律、法规和相关监管机构的要求;其次,不断完善会计科目、会计凭证等企业会计管理体系建设,确保企业财务信息能够被真实、准确、完整地处理,满足财务报告和信息披露的要求。

流程项下合规风险主要包括以下 3 点:

1. 会计政策选择与变更管理

重要合规风险提示:

(1)滥用会计政策、会计估计变更的风险。根据《企业会计制度》及《企业会计准则第 28 号——会计政策、会计估计变更和差错更正》(财会〔2006〕3 号)之规定,会计政策之变更仅在:①法律、行政法规或者国家统一的会计制度等要求变更;②会计政策变更能够提供更可靠、更相关的会计信息的情形下方可以进行。如公司进行会计估计变更,其依据应当真实、可靠。滥用会计政策、会计估计变更除构成会计差错须更正外,财政部门可能依照《会计法》第 42 条对公司进行行政处罚,公司及相关责任人可能受到罚款,会计人员可能被限制执业。此外,如果滥用会计政策或会计估计变更导致少计收入或多计支出,可能被税收执法机构认定为偷税,公司可能被重新核定并追缴税款、滞纳金并受到罚款。

(2)未披露会计政策、会计估计变更相关信息的风险。根据《企业会计制度》及《企业会计准则第 28 号——会计政策、会计估计变更和差错更正》之规定,发生会计政策与会计估计变更后,公司应依循《企业会计准则第 28 号——会计政策、会计估计变更和差错更正》第 15 条及第 16 条之规定在附注中披露相关信息,违反前述规定,财政部门可能依照《会计法》第42条对公司进行行政处罚,公司及相关责任人可能受到罚款,会计人员可能被禁止执业;如前述信息属于重要事实,相关部门可能依照《企业财务会计报告条例》第40条之规定对公司及相关责任人处罚款。

2. 会计科目和会计账套新增、变更申请与审批

重要合规风险提示:

(1)未依法设置会计账簿或私设会计账簿的风险。根据《会计法》相关规定,公司有义务设置会计账簿且不得私设会计账簿,违反前述,财政部门可能对公司进行行政处罚,公司及相关责任人可能受到罚款,会计人员可能被限制执业。

(2)不当使用会计科目的涉税风险。公司应当依照会计制度和会计准则设置和使用会计科目,不当设置可能导致相关支出无法被抵扣,造成经济损失,如果因不当设置、使用会计科目导致少计收入或多计支出,可能被税收执法机构认定为偷税,公司可能被重新核定并追缴税款、滞纳金并受到罚款。

3. 会计凭证编制与复核

重要合规风险提示:

(1)未按照规定填制、取得原始凭证或者填制、取得的原始凭证不符合规定的风险。根据《会计法》相关规定,对《会计法》第10条所规定之经济业务事项进行会计核算时必须填制或者取得原始凭证。违反前述规定,财政部门对公司进行行政处罚,公司及相关责任人可能受到罚款,会计人员可能被禁止执业。

(2)伪造、变造、擅自变更会计凭证的风险。根据《会计法》之规定,会计凭证必须符合国家统一的会计制度的规定,原始凭证记载的各项内容均不得涂改;原始凭证有错误的,应当由出具单位重开或者更正,更正处应当加盖出具单位印章。原始凭证金额有错误的,应当由出具单位重开,不得在原始凭证上更正。因此,擅自变更原始凭证可能构成变造会计凭证。伪造、变造或者擅自变更会计凭证,财政部门可能依照《会计法》第43条之规定对公司进行行政处罚,公司及相关责任人可能受到罚款,会计人员可能被禁止执业。

附录：会计核算管理合规要求

1.《会计法》

2.《会计基础工作规范》

3.《企业会计准则第28号——会计政策、会计估计变更和差错更正》（财会〔2006〕3号）

4.《企业会计制度》

二、债权债务管理与合规

债权债务管理制度作为财务管理中的核心环节之一，是公司生命线的保障。确保各项债权的回收及按时偿还，有利于减少坏账的发生。债权一般分为应收及预付款和其他收款，债务则包括公司贷款、应付账款、未付款的采购件等。如果公司的债权债务管理没有明确的规章制度规划和约束，可能会给公司资金管理造成较大风险，不利于公司的长期稳定发展。

本部分的合规目标，首先，在于确保应收账款与应付账款业务符合国家法律、法规以及公司有关规章制度，减少履约风险和税收合规风险。其次，加强应收账款与收款管理，加速资金回笼，提高资金周转率，减少坏账损失，防范财务风险。最后，正确核算应付账款，确保付款业务完整地得到记录并恰当地反映于财务报告，保证账实相符。

（一）流程项下合规风险

1.应收账款对账与分析管理

重要合规风险提示：

未保全证据的风险。根据《民事诉讼法》之规定，公司对自己提出的主张，有责任提供证据，在与客户对应收账款对账过程中所形成的《应收账款征询函》《应收账款承诺函》《对账确认书》等对账文书属证明债权存在及债权金额的重要书证，如公司不慎遗失、毁损相关文书，可能导致公司在诉讼或其他纠纷解决程序中难以举证，处于不利地位。

2.清欠管理

重要合规风险提示：

（1）怠于行使权利导致诉讼时效期间届满的风险。应收账款属普通金钱债权,根据《民法典》第188条之规定,其时效期间为3年,怠于行使权利导致诉讼时效期间届满将导致债务人可提出不履行义务的诉讼时效抗辩。此外,尽管催告属向义务人提出履行请求可引起诉讼时效中断,但公司所发出的催告中应明确包含请求履行债务的意思,并确保催告可到达债务人处。

(2)即使诉讼时效未届满,但公司仍受《民法典》第7条所规定的诚信原则约束。根据徐某与C公司房屋租赁合同纠纷案之判旨[①],如长期未主张相关请求,属于违背诚实信用原则的矛盾行为。因此,即使诉讼时效未届满,公司也应当及时做出行使权利的意思表示。尤其是在债务人已履行通知义务或处于纠纷解决程序中的情况下,公司应当及时提出相关权利请求,否则可能构成矛盾行为导致相关请求无法被支持。

3. 应收账款坏账核销

重要合规风险提示:

确认应收账款损失的涉税风险。根据《企业资产损失所得税税前扣除管理办法》(国家税务总局公告2011年第25号)及《国家税务总局关于企业所得税资产损失资料留存备查有关事项的公告》(国家税务总局公告2018年第15号)之规定,公司确认资产损失时,应确保资产损失相关的证据齐全,包括具有法律效力的外部证据和特定事项的企业内部证据。公司在确认应收账款损失时,应取得符合《企业资产损失所得税税前扣除管理办法》第22条规定之证据。违反前述规定,可能导致税收执法机关税务检查时缺少相应资产损失凭证,公司可能被重新核定并追缴税款、滞纳金并受到罚款。

(二)相关案例评析

徐某与C公司房屋租赁合同纠纷案[②]

1. 案情简介

2012年3月15日,徐某与C公司签订《房屋租赁合同》,约定徐某将上海市

---

① 参见C公司与徐某等房屋租赁合同纠纷上诉案,上海市第二中级人民法院(2014)沪二中民二(民)终字第392号民事判决书。

② 参见上海市普陀区人民法院民事判决书,(2019)沪0107民初2351号。

武宁路227、231号一楼1104商铺(以下简称1104商铺)出租给C公司作为经营用房。嗣后,因C公司拖欠租金,徐某起诉至法院要求解除合同,退还商铺,支付租金、违约金等。审理期间,徐某未坚持要求C公司返还商铺。上海市普陀区人民法院于2014年8月25日作出(2013)普民四(民)初字第3015号民事判决,判决1104商铺的《房屋租赁合同》于2014年2月21日解除,C公司应支付2013年7月8日至2014年2月21日的租金27,384元,并按租赁合同约定的同期租金标准支付自2014年2月22日起至返还商铺之日止的使用费及违约金7500元等。判决生效后,因1104商铺由他人使用,使用费处于持续发生状态,徐某只对租金、违约金申请执行。执行期间,双方就涉及1104、1123商铺判决项下的租金、违约金达成和解协议,内容为C公司支付徐某65,000元。此后徐某得知,上海市普陀区人民法院于2016年12月16日作出(2016)沪0107民初4677号民事判决,判决L公司腾退1104号商铺在内的场地给C公司,并向C公司支付使用费。但是,C公司一直未将1104商铺返还给徐某,且未支付使用费。

故原告徐某现要求被告C公司返还1104商铺,并依据《房屋租赁合同》第8.4条支付违约金。第三人实际占用商铺且不支付费用,应承担连带责任。

2. 法院观点

根据2001年《最高人民法院关于民事诉讼证据的若干规定》第74条规定:"诉讼过程中,当事人在起诉状、答辩状、陈述及其委托代理人的代理词中承认的对己方不利的事实和认可的证据,人民法院应当予以确认,但当事人反悔并有相反证据足以推翻的除外。"本案中,徐某于(2016)沪0107民初18532号案件的诉状中,已明确表示于2016年1月19日收回1104商铺。徐某仅称C公司未按合同约定的交房条件返还商铺,无其他证据,不足以推翻其之前已收回系争商铺的相关陈述。故徐某再次起诉要求返还1104商铺,本院不予支持。逾期退房违约金在前几次诉讼中徐某均未作为诉讼请求提出,徐某也未表示放弃追究,故对C公司辩称徐某违反一事不再理原则的意见,本院不予采纳。

(2013)普民四(民)初字第3015号案件中,徐某考虑到系争商铺与其他商铺打通整体转租给他人,故未向C公司提出返还系争商铺的诉讼请求,亦未主张逾期退房违约金。时隔多年,徐某要求C公司承担逾期退房的违约金,属于矛盾行为,有违诚实信用原则,本院难以支持。此外,如前所述,逾期退房应截至2016年1月19日徐某强制收回房屋之日,本次诉讼前徐某未向C公司主张逾期退房违约金,且无中止、中断、延长诉讼时效的事由,故徐某本次起诉已超过诉讼时效,C公司等提出的诉讼时效的抗辩可予采纳。综上所述,本院对徐某要求C公司返还系争商铺、支付逾期退房违约金的诉讼请求不予支持。

3.评析

本案表明,徐某因未在诉讼中作为诉讼请求提出,亦长期怠于主张相关请求,属于违背诚实信用原则的矛盾行为,故其要求返还商铺、支付退房违约金的诉讼请求被法院驳回。

由本案可见,公司作为市场经营活动的主体之一,应当重视债权债务管理,及时行使权利。如果在经营活动中发生"应收账款未及时登记台账""未及时与客户核对账务""账龄较长的应收账款未进行清缴"等风险行为,可能使应收账款或长期应收账款无法收回,导致公司周转资金不足,进而整体利益受损,不利于企业正常的生产经营。

附录:债权债务管理合规要求

1.《民法典》

2.《民事诉讼法》

3.《税收征收管理法》

4.《国家税务总局关于企业所得税资产损失资料留存备查有关事项的公告》(国家税务总局公告2018年第15号)

5.《企业资产损失所得税税前扣除管理办法》(国家税务总局公告2011年第25号)

三、财务报告编制与合规

财务报告编制是反映公司财务状况的重要材料之一。按期对相关财务指标进行同比、环比、同行业分析,有利于及时深入了解企业经营情况,为经营层提供决策依据。如果财务报告未能充分利用,信息资源浪费,不利于揭示经营管理中的问题,可能导致企业财务和经营风险失控。

本部分的合规目标,首先,在于保证财务报告的编制符合国家法律、法规以及企业内部相关规章制度的要求,减少财务合规风险。其次,保证财务报告能够公允地反映企业的财务状况和经营成果,控制其他实体公司的企业应当做好下属公司财务报表管理。最后，确保公司财务报告真实、准确、完整，符合披露程序和要求。

流程项下合规风险

1. 财务决算前的资产清查、减值测试和债权债务核实

重要合规风险提示：

在编制年度财务会计报告前，未依法全面清查资产、核实债务的风险。依照《企业财务会计报告条例》第20条之规定，企业在编制年度财务会计报告前，应全面清查资产、核实债务，违反前述规定，财政部门可能依照《企业财务会计报告条例》第39条对公司进行行政处罚，公司及相关责任人可能受到罚款，会计人员可能被吊销从业资格。

2. 期末关账管理

重要合规风险提示：

提前或者延迟结账日结账的风险。《企业财务会计报告条例》第19条规定有相应的结账日，公司应在规定的结账日进行结账。提前或者延迟结账，财政部门可能依照《企业财务会计报告条例》第39条对公司进行行政处罚，公司及相关责任人可能受到罚款，会计人员可能被吊销从业资格。

3. 下属公司财务报表管理

重要合规风险提示：

(1)违规合并报表的风险。控制有其他实体公司应当根据《企业会计准则第33号——合并财务报表》(财会〔2014〕10号)相关规定，在控制范围内编制合并报表，违规未合并或超范围合并属违反编制依据编制财务报表，财政部门可能依照《企业财务会计报告条例》第39条对公司进行行政处罚，公司及相关责任人可能受到罚款，会计人员可能被吊销从业资格。如导致重要事实不实，相关部门可能依照《企业财务会计报告条例》第40条之规定对公司及相关责任人处罚款，会计人员可能被吊销会计从业资格证书。

(2)未统一会计政策与会计期间的风险。控制有其他实体公司应当依照《企业会计准则第33号——合并财务报表》相关规定，公司与公司控制的实体应统一会计政策与会计期间。如不一致的，应当按照母公司的会计期间对子公司财

务报表进行调整;或者要求子公司按照母公司的会计期间另行编报财务报表。因此,公司应当要求被控制的实体与公司统一会计政策与会计期间。

4. 财务报告的审计

重要合规风险提示:

年度财务会计报告未经审计的风险。根据《公司法》第164条之规定,公司的年度财务会计报告应经会计师事务所审计。因此,公司编制的年度财务会计报告须送外部会计师事务所审计。

附录:财务报告编制合规要求

1.《公司法》

2.《企业财务会计报告条例》(国务院令〔2000〕第287号)

3.《会计基础工作规范》

4.《企业会计准则第33号——合并财务报表》(财会〔2014〕10号)

5.《企业会计制度》(财会〔2000〕25号)

四、关联方管理与合规

关联方是指一方控制、共同控制另一方或对另一方施加重大影响,以及两方或两方以上同受一方控制、共同控制或重大影响的情形。公司注重关联方管理的目的在于保证公司与关联方之间的关联交易符合公平、公正、公开的原则,确保关联交易行为不损害公司和全体股东的利益。如果企业的关联交易未经过审核,可能导致关联交易违反国家法律法规,使企业遭受外部处罚、经济损失和信誉损失。

本部分的合规目标,首先,在于确保关联交易符合国家法律、法规和公司内部规章制度的要求,避免关联交易合规风险。其次,按照公平公正的定价原则和交易方式实现关联交易,杜绝利润转移。最后,确保所有关联交易均经适当权限的审批,使关联交易的记录和披露符合披露程序及要求。

流程项下合规风险

1. 关联交易的申请与审批

重要合规风险提示:

(1)关联交易程序违规的风险。《公司法》禁止公司的控股股东、实际控制人、董事、监事、高级管理人员不得利用其关联关系损害公司利益。此外，根据《企业会计准则第 36 号——关联方披露》（财会〔2006〕3 号）第 3 条之规定，一方控制、共同控制另一方或对另一方施加重大影响，以及两方或两方以上同受一方控制、共同控制或重大影响的，即构成关联方。《企业国有资产法》禁止国有控股公司以不公平的价格与关联方进行交易。违规进行关联交易的风险，具体而言：

- 对于董事、监事、高级管理人员而言，根据《公司法》规定，董事、监事、高级管理人员未经股东会同意不得与公司进行交易。违反前述规定，公司可对董事、监事、高级管理人员进行关联交易所获收益行使归入权，如造成损失的，公司可请求赔偿损失。此外，根据《关于如何认定国有控股、参股股份有限公司中的国有公司、企业人员的解释》之规定，国有公司、企业委派到国有控股、参股公司从事公务的人员，以国有公司、企业人员论。前述人员如以明显高于市场的价格向自己的亲友经营管理的单位采购商品或者以明显低于市场的价格向自己的亲友经营管理的单位销售商品或向自己的亲友经营管理的单位采购不合格商品的，可能构成为亲友非法牟利罪。如前述人员因滥用职权或怠于履行监管职责，致使违规关联交易造成公司财产损失的，可能构成国有公司人员失职罪、滥用职权罪。

- 对于控制股东、实际控制人而言，根据《公司法》第 21 条之规定，如其利用关联关系与公司进行交易，造成损失的，公司可请求赔偿损失。

- 对于其他关联方而言，根据《企业国有资产法》第 44 条之规定，公司不得无偿向关联方提供资金、商品、服务或者其他资产，不得以不公平的价格与关联方进行交易。此外，公司董事会对公司与关联方的交易作出决议时，该交易涉及的董事不得行使表决权，也不得代理其他董事行使表决权。违反前述规定，相关责任人可能受到行政处分。

（2）关联交易的涉税风险。根据《企业所得税法》第 41 条之规定，公司与关联方交易的转让定价属不合理的，转让价格可能受到税收执法机关调整。

2. 关联方交易方的管理

重要合规风险提示：

未依法披露关联方及关联交易的风险。根据《企业会计制度》相关规定，除非在合并报表中一并披露，否则公司应披露关联方及关联交易的相关信息。如违反前述规定,财政部门可能依照《企业财务会计报告条例》第39条对公司进行行政处罚,公司及相关责任人可能受到罚款,会计人员可能被吊销从业资格。如导致重要事实不实,相关部门可能依照《企业财务会计报告条例》第40条之规定对公司及相关责任人处罚款,会计人员可能被吊销会计从业资格证书。

附录:关联方管理合规要求

1.《刑法》

2.《企业所得税法》

3.《公司法》

4.《企业国有资产法》

5.《企业会计制度》(财会〔2000〕25号)

五、发票管理与合规

发票管理是为了加强对发票各个流程的把控,做好财务监督,保障公司经济收入,维护公司资金秩序。如果发票开立依据不明确、发票的使用与开具未经适当审批,可能导致取得无效发票、舞弊、欺诈等财务风险,影响公司资金安全。

本部分的合规目标,首先,在于确保公司发票的形式、使用及报送等事项符合有关法律和公司规章制度的要求。其次,加强发票的管理,明确增值税等各种发票的购买、保管、领用、背书转让、注销等环节的职责权限和处理程序。最后,发票的购买、保管、使用、销毁等应有完整记录,防止空白票据的遗失和被盗用。

流程项下合规风险:增值税发票管理

重要合规风险提示:

(1)未开具发票、开具发票形式不符规定的风险。依《发票管理办法》相关规定,公司销售商品对外发生经营业务收取款项,公司原则上即应当向客户开具发票,此外,开具发票时,应当照规定的时限、顺序、栏目,全部联次一次性开具发票并加盖发票专用章,应开具发票而不开具,或开具发票形式不符规定的,公司可能被没收违法所得并被处以罚款。

(2)未报送开票数据的风险。根据《发票管理办法》第23条之规定,公司应按期向主管税务机关报送开具发票的数据。违反前述规定,未报送开票数据,公司可能被没收违法所得并被处以罚款。

(3)虚开发票的风险。《发票管理办法》禁止开具与实际经营业务情况不符的发票,违反前述规定,公司除可能受到罚款外,根据《刑法》之规定,尚可能构成虚开增值税专用发票罪,本罪可成立单位犯罪,除相关责任人最高可能被处无期徒刑并处罚没财产外,公司可能被处罚金。

(4)未妥善保管发票的风险。根据《发票管理办法》第29条之规定,公司应当按照税务机关的规定存放和保管发票,不得擅自损毁,违反前述规定,公司可能受到罚款。对于公司受领的发票,根据《税收征收管理法》相关规定公司应妥善保管。违反前述规定,可能导致税收执法机关税务检查时缺少相应会计凭证或会计凭证被伪造、变造,公司可能被税收执法机关重新核定并追缴税款、滞纳金并受到罚款。

(5)将不符规定的发票入账的风险。根据《发票管理办法》及《税收征收管理法》的相关规定,不符合规定的发票,不得作为财务报销凭证。如公司明知发票与实际经营情况不符仍入账,可能构成偷税,税务机关可追缴税款、滞纳金并作出行政处罚。即使公司善意取得虚开的增值税专用发票,税务机关仍可不予抵扣进项税款或者不予出口退税,并追缴已经抵扣的进项税款或者取得的出口退税。

附录:发票管理合规要求

1.《刑法》

2.《税收征收管理法》

3.《发票管理办法》

六、财务人员工作交接与合规

财务人员工作交接是财务工作中的闭环行为之一。如果财务人员离职、离岗未及时办理交接,可能导致财务工作出现偏差或者档案文件流失。

本部分的合规目标,关键在于确保财务人员工作交接业务符合法律法规与公司内部制度的规定,避免在交接流程中出现问题,导致公司财务管理出现纰漏。

流程项下合规风险:财务人员工作交接管理

重要合规风险提示:

(1)交接前工作未完成的风险。会计人员办理移交手续前,必须及时做好以下工作:①已经受理的经济业务尚未填制会计凭证的,应当填制完毕。②尚未登记的账目,应当登记完毕,并在最后一笔余额后加盖经办人员印章。③整理应该移交的各项资料,对未了事项写出书面材料。④编制移交清册,列明应当移交的会计凭证、会计账簿、会计报表、印章、现金、有价证券、支票簿、发票、文件、其他会计资料和物品等内容;实行会计电算化的单位,从事该项工作的移交人员还应当在移交清册中列明会计软件及密码、会计软件数据磁盘(磁带等)及有关资料、实物等内容。

(2)财务人员工作交接未监交的风险。公司财务人员工作调动或离职,应当与接管人员办清交接手续。一般会计人员交接,由所在会计机构负责人、会计主管人员负责监交;会计机构负责人、会计主管人员交接由上级会计机构或集团公司财务主管部门负责监交。

(3)未按移交清册逐项核对点收的风险。移交人员在办理移交时,要按移交清册逐项移交;接替人员要逐项核对点收:①现库存现金、有价证券必须与财务账面及备查明细保持一致。不一致时,移交人员必须限期查清。②会计凭证、会计账簿、财务会计报告和其他会计资料必须完整无缺;电子证书和用户账号功能正常;如有短缺或损毁,必须查清原因,并在移交清册中注明,由移交人员负责。③银行存款账户余额要与银行对账单核对,如不一致,应当编制银行存款余额调节表调节相符,各种财产物资和债权债务的明细账户余额要与总账有关账户余额核对相符;必要时,要抽查个别账户的余额,与实物核对相符,或者与往来单位、个人核对清楚。④移交人员经管的票据、印章、银行账户印鉴卡、网银U盾等实物,信息系统的操作方法等,必须交接清楚。

附录:财务人员工作交接合规要求

1.《会计法》

2.《会计基础工作规范》

七、会计档案管理与合规

会计档案是指公司在进行会计核算等过程中接收或形成的,记录和反映单位经济业务事项的会计资料。建立完善会计档案的收集、整理、保管、利用和鉴定销毁等管理制度,保证会计档案的真实、完整、安全,有利于提升公司财务管理的完整性。

本部分的合规目标,首先,在于确保会计档案管理符合国家法律、法规和企业内部规章制度的要求。其次,保证会计档案出借、保管、销毁等管理规范有序,实现标准化管理。

流程项下合规风险:会计档案管理

重要合规风险提示:

1. 会计资料应当归档而未归档的风险。下列会计资料应当进行归档:(1)会计凭证,包括原始凭证、记账凭证;(2)手工记账单位的会计账簿,包括总账、明细账、日记账、固定资产卡片及其他辅助性账簿;(3)财务会计报告,包括月度、季度、半年度、年度财务会计报告;(4)其他会计资料,包括银行存款余额调节表、银行对账单、纳税申报表、银行贷款相关资料、会计档案移交清册、会计档案保管清册、会计档案销毁清册、会计档案鉴定意见书及其他具有保存价值的会计资料。

2. 仅以电子形式保存的会计档案不符合规定的风险。同时满足下列条件的,形成的属于归档范围的电子会计资料方可仅以电子形式保存,形成电子会计档案:(1)形成的电子会计资料来源真实有效,由计算机等电子设备形成和传输;(2)使用的会计核算系统能够准确、完整、有效接收和读取电子会计资料,能够输出符合国家标准归档格式的会计凭证、会计账簿、财务会计报表等会计资料,设定了经办、审核、审批等必要的审签程序;(3)使用的电子档案管理系统能够有效接收、管理、利用电子会计档案,符合电子档案的长期保管要求,并建立了电子会计档案与相关联的其他纸质会计档案的检索关系;(4)采取有效措施,防止电子会计档案被篡改;(5)建立电子会计档案备份制度,能够有效防范自然灾害、意外事故和人为破坏的影响;(6)形成的电子会计资料不属于具有永久保存价值或者其他重要保存价值的会计档案。未符合上述要求的,公司可能遭受行政处罚。

3. 会计档案出借的程序不符合规定的风险。会计档案一般不得对外借出。

确因工作需要且根据国家有关规定必须借出的,应当严格履行各单位财务负责人、单位负责人签字并加盖单位公章审批程序。未严格履行出借程序的,相关人员可能遭受公司内部处罚,公司可能遭受行政处罚。

4. 会计档案保管期限不符合规定的风险。会计档案的保管期限分为永久、定期两类。定期保管期限一般分为10年和30年。会计档案的保管期限,从会计年度终了后的第一天算起。

5. 会计档案销毁程序不符合规定的风险。单位应当定期对已到保管期限的会计档案进行鉴定,并形成会计档案鉴定意见书。经鉴定,仍需继续保存的会计档案,应当重新划定保管期限;对保管期满,确无保存价值的会计档案,可以销毁。可以销毁的会计档案,应当按照以下程序销毁:(1)单位档案管理机构编制会计档案销毁清册,列明拟销毁会计档案的名称、卷号、册数、起止年度、档案编号、应保管期限、已保管期限和销毁时间等内容;(2)单位负责人、档案管理机构负责人、会计管理机构负责人、档案管理机构经办人、会计管理机构经办人在会计档案销毁清册上签署意见;(3)单位档案管理机构负责组织会计档案销毁工作,并与会计管理机构共同派员监销。监销人在会计档案销毁前,应当按照会计档案销毁清册所列内容进行清点核对;在会计档案销毁后,应当在会计档案销毁清册上签名或盖章。电子会计档案的销毁还应当符合国家有关电子档案的规定,并由单位档案管理机构、会计管理机构和信息系统管理机构共同派员监销。

附录:会计档案管理合规要求

1.《会计法》

2.《会计档案管理办法》

八、税务管理与合规

建立健全公司税务管理体系,有利于规范税务管理流程,合理控制税务风险,防范税务违法行为。如果公司发生“税费核算及缴纳情况未及时自查”“税务档案保管不当”等情况,那么极有可能导致无法及时发现并整改问题,进而出现税务合规性风险,最终受到监管部门的处罚。

本部分的合规目标,首先,确保企业按照国家税收法律、法规及相关规章制度的要求进行税务管理。其次,贯彻落实税收优惠减免办理与备案、税务核算与监察、税务档案管理等管理抓手，保证税务核算、缴纳、记录和披露真实、准确、完整。

流程项下合规风险主要包括以下5点：

1. 重大经营事项税务策划

重要合规风险提示：

（1）不当税务筹划构成财务造假的风险。根据《会计法》及《税收征收管理法》之规定，公司应按照国家统一的会计制度的规定填制或编制会计凭证、会计账簿、财务会计报告和其他会计资料，公司在税务筹划时应确保不采取违规编制会计账簿、财务会计报告和其他会计资料的方式进行。违反前述规定，公司及相关责任人可能受到罚款，会计人员可能被限制执业。

（2）不当税务筹划构成偷税的风险。根据《税收征收管理法》之规定，纳税人（扣缴义务人）伪造、变造、隐匿、擅自销毁账簿、记账凭证，或者在账簿上多列支出或者不列、少列收入，或者进行虚假的纳税申报，不缴或者少缴应纳税款的，是偷税。公司在税务筹划时应避免采取可能构成偷税的交易安排、会计处理或进行虚假纳税申报，违反前述规定，公司可能被重新核定并追缴税款、滞纳金并受到罚款。此外，纳税人采取欺骗、隐瞒手段进行虚假纳税申报或者不申报，逃避缴纳税款数额较大并且占应纳税额10%以上的，还可能构成逃税罪。

（3）不准确使用或混淆税目导致适用高税率或多计计税基础的风险。根据《企业所得税法》及《增值税暂行条例》等相关法律规定，公司应准确使用相关税目，如不准确使用或混淆税目，可能将适用高税率或多计计税基础，造成公司应纳税额虚高。

2. 税费核算与缴纳

重要合规风险提示：

（1）未及时依法进行纳税申报的风险。根据《税收征收管理法》之规定，纳税人、扣缴义务人必须依照法律、行政法规规定或者税务机关依照法律、行政法规的规定确定的申报期限、申报内容如实办理纳税申报，报送纳税申报表、财务会计报表以及税务机关根据实际需要要求纳税人报送的其他纳税资料。未及时进行纳税申报，公司可能被处以罚款，未如实进行纳税申报，公司可能被重新核定并追缴税款、滞纳金并受到罚款。此外，纳税人采取欺骗、隐瞒手段进行虚假纳税申报或者不申报,逃避缴纳税款数额较大并且占应纳税额10%以上的,还可能构成逃税罪。

(2)未及时依法足额缴纳、预缴税款的风险。根据《税收征收管理法》之规定,纳税人、扣缴义务人应按照法律、行政法规规定或者税务机关依照法律、行政法规的规定确定的期限,缴纳或者预缴税款。违反前述规定,在规定期限内不缴或者少缴应纳税款的,公司将被税收执法机关采取强制执行措施追缴税款、滞纳金并处以罚款。

3.税收优惠减免办理与备案

重要合规风险提示:

(1)未利用税收优惠政策的风险。公司应充分关注地方或行业税收优惠政策或其他优惠政策及相关费用抵扣政策,及时申请相关资格或将相关材料报送备案,违反前述规定,可能导致公司无法享受相关税收优惠,相关单位及个人可能受到公司内部考核。

(2)未留存税收优惠事项相关资料的风险。根据《税收征收管理法》相关规定,公司应及时归集、妥善保存享受税收优惠事项有关的合同、协议、凭证、证书、文件、账册、说明等资料,并依照不同的税收优惠事项保存相应的年限,企业未能按照税务机关要求提供留存备查资料,或者提供的留存备查资料与实际生产经营情况、财务核算情况、相关技术领域、产业、目录、资格证书等不符,如导致税收执法机关税务检查时缺少相应会计凭证,公司可能被税收执法机关认定为偷税而重新核定并追缴税款、滞纳金并受到罚款。

4.税务核算监督监察

重要合规风险提示:

未协助税收执法机关检查的风险。根据《税收征收管理法》第56条之规定,纳税人、扣缴义务人必须接受税务机关依法进行的税务检查,如实反映情况,提供有关资料,不得拒绝、隐瞒。违反前述规定,可能导致公司被处以罚款。

5.税务档案管理

重要合规风险提示:

未留存账簿、记账凭证、完税凭证及其他有关资料。根据《税收征收管理法》

第 24 条之规定，纳税人、扣缴义务人必须按照国务院财政、税务主管部门规定的保管期限保管账簿、记账凭证、完税凭证及其他有关资料。违反前述规定，公司可能被处以罚款，如导致税收执法机关税务检查时缺少相应会计凭证，公司将被重新核定并追缴税款、滞纳金并受到罚款。

附录：税务管理合规要求

1.《刑法》

2.《个人所得税法》

3.《企业所得税法》

4.《会计法》

5.《税收征收管理法》

6.《增值税暂行条例》

九、成本管理与合规

成本管理是指企业生产经营过程中各项成本核算、成本分析、成本决策和成本控制等一系列科学管理行为的总称。公司做好成本管理，有利于促进增产节支、加强经济核算，改进企业管理，提高整体管理水平。如果企业整体经营成本管控能力差，可能导致经济效益流失、企业出现亏损。

本部分的合规目标，首先，在于确保工程项目成本支出符合国家法律、法规及企业内部会计制度的要求。其次，落实企业成本管理战略，控制成本支出，确保企业财务信息真实、准确、完整。最后，加强成本控制工作，实施全过程成本动态管理，提升企业经营效益。

流程项下合规风险主要包括以下 3 点：

1. 成本核算管理

重要合规风险提示：

不当成本核算的涉税风险。根据《企业所得税法》第 8 条之规定，企业实际发生的与取得收入有关的、合理的支出，包括成本、费用、税金、损失和其他支出，准予在计算应纳税所得额时扣除。因此，未准确核算可能导致确认收入时结转的产品成本不准确，核算成品过低可能导致企业应纳税所得额虚高；核算成本过低时,公司可能被重新核定并追缴税款、滞纳金并受到罚款。

2. 成本分析管理

重要合规风险提示:

未按规定提报成本分析数据的风险。建议公司完善内部规定,要求在规定期间内提报成本分析数据。

3. 成本评价与考核管理

重要合规风险提示:

未按计划进行成本评价的风险。建议公司完善内部规定,要求按计划进行成本评价,规范公司成本管理。

附录:成本管理合规要求

1.《企业所得税法》

2.《税收征收管理法》

3.《企业产品成本核算制度(试行)》(财会〔2013〕17号)

重点提示

1. 公司财务领域存在的合规风险类型有哪些?

2. 公司的固定资产管理方面存在哪些具体风险点?

第六章　公司知识产权相关合规风险识别类型

第一节　研究开发与合规

一、研发计划管理与合规

研发项目计划是研发项目组织根据研发项目目标，对研发项目实施工作所进行的各项活动作出周密安排。做好研发计划管理，有利于保证研发项目在合理的时间内，用尽可能低的成本完成尽可能高的质量。如果研发计划不合理，可能会造成研发产品滞后的风险，阻碍企业科技进步和战略目标的实现。

本部分的合规目标，首先，在于制订适合公司战略发展的研发计划，更快提升企业的研发水平，增强企业开发项目及产品在市场中的竞争力和品牌认知度。其次，公司要注重规范化管理科技研发业务，提高企业科技创新能力、推动企业科技进步及战略目标的实现，以应对复杂多变的竞争环境。

（一）流程项下合规风险：年度研发计划管理

重要合规风险提示：

研发计划未经充分论证，可能导致潜在的失败风险、经济风险和法律风险。具体如下：

- 研究失败的风险。技术开发通常源于产品创新中核心及关键技术的突破性创新要求、现有技术的优化及改进,解决产品尚存在的技术问题。问题提出后,首先需进行必要性、可行性及经济性论证。通过初步的需求分析、交付的技术要求、行业内技术竞争分析、现有相关文献的检索分析,以科学地确定技术实现方式,是自主开发、合作开发还是委托开发,以最大化地降低技术开发过程中原本较高的不确定性和失败的风险,以及投入后无法取得逾期研究成果的经济风险。

- 发明或实用新型不满足取得专利权的要求的风险。如果公司的研究成果想要以取得发明或实用新型的专利权为保护措施,发明或实用新型,应当具备新颖性、创造性和实用性:(1)新颖性,是指该发明或者实用新型不属于现有技术;也没有任何单位或者个人就同样的发明或者实用新型在申请日以前向国务院专利行政部门提出过申请,并记载在申请日以后公布的专利申请文件或者公告的专利文件中;(2)创造性,是指与现有技术相比,该发明具有突出的实质性特点和显著的进步,该实用新型具有实质性特点和进步;(3)实用性,是指该发明或者实用新型能够制造或者使用,并且能够产生积极效果。因此,公司应当对研究成果的新颖性、创造性和实用性作充分论证。

- 外观设计不满足取得专利权的要求的风险。如果公司的研究成果想要以取得外观设计的专利权为保护措施,外观设计应当:(1)不属于现有设计(指申请日以前在国内外为公众所知的设计);也没有任何单位或者个人就同样的外观设计在申请日以前向国务院专利行政部门提出过申请,并记载在申请日以后公告的专利文件中;(2)与现有设计或者现有设计特征的组合相比,应当具有明显区别;(3)不得与他人在申请日以前已经取得的合法权利相冲突。因此,公司应当对研究成果是否满足前述要求作充分论证。

- 研究成果不满足商业秘密保护的要求的风险。商业秘密,是指不为公众所知悉、具有商业价值并经权利人采取相应保密措施的技术信息、经营信息等商业信息。如果公司的研究成果想要以商业秘密的形式进行保护,那么在研究计划制订的论证阶段,应当特别注意对商业价值的分析论证;商业价值包括:研究开发成本、实施该项商业秘密的收益、可得利益、可保持竞争优势的时间等因素。

(二)相关案例评析

J公司与赵某某等侵犯商业秘密纠纷上诉案[①]

1. 案情简介

被告赵某某曾为原告J公司(以下简称原告)员工,现为被告Q公司法定代表人。被告Q公司与部分曾与原告有业务联系的客户存在业务往来。2008年8月5日晚,被告赵某某通过互联网登录原告邮箱,删除了该邮箱内的电子邮件,为此被告赵某某被N市公安局某分局处以拘留5日的行政处罚。

原告认为,被告赵某某盗取原告邮箱内的客户资料等商业秘密后,将邮箱内的内容全部删除,及被告Q公司在经营中使用了盗取的客户资料的行为,构成对原告商业秘密的侵犯,造成原告直接损失达8万元。原告故起诉至法院,请求法院判令两被告停止侵犯原告的商业秘密权并赔偿原告损失8万元。[②]

2. 法院观点

浙江省宁波市北仑区人民法院经审理认为,本案原告提供的证据只能表明被告赵某某删除了其邮箱中的邮件,及被告Q公司和曾与原告有业务关系的部分客户存在业务往来,但不能证明被告赵某某删除的邮件中拥有何种经营信息或技术信息及该信息的内容、范围,也不能证明原告对相关客户信息采取了具体有效的保密措施,从而使该信息符合商业秘密保护的法定要件。因此在原告未能证明其商业秘密存在的情况下,亦无法认定两被告构成侵权。

浙江省宁波市中级人民法院二审法院认为,上诉人不能证明其对所称的客户名单采取了合理的保护措施,其所称的客户名单不符合商业秘密的构成要件;也不能证明赵某某删除的邮件包含了上述客户名单、Q公司利用不正当手段获取客户名单并与相关客户开展经营。上诉人认为赵某某、Q公司共同侵犯商业秘密的诉讼请求依据不足,法院不予支持。

3. 评析

本案为侵犯商业秘密纠纷,原告作为权利主张人,首先应固定其主张的商业

---

① 参见浙江省宁波市中级人民法院民事判决书,(2009)浙甬知终字第3号。

② 参见宋妍、陈广秀:《商业秘密构成要件的认定》,载《人民司法》2010年第8期。

秘密的范围或秘密点,并须证明诉争技术信息或商业信息符合商业秘密的构成要件。根据原《最高人民法院关于审理不正当竞争民事案件应用法律若干问题的解释》第 14 条的规定,当事人指称他人侵犯其商业秘密的,应当对其拥有的商业秘密符合法定条件、对方当事人的信息与其商业秘密相同或者实质相同,以及对方当事人采取不正当手段的事实负举证责任。关于商业秘密的构成要件,《反不正当竞争法》第 9 条第 4 款规定,商业秘密是指不为公众所知悉、具有商业价值并经权利人采取相应保密措施的技术信息、经营信息等商业信息。根据该规定,商业秘密是以权利人自己采取保密措施为前提进而获得法律保护的一种权利,权利人并不具备排他的独占权,只是禁止他人采用不正当的手段或者违反合同的约定获取、披露、使用、允许他人使用;商业秘密作为一项法定权利,只有在法律规定商业秘密保护制度时,才存在商业秘密的法律保护;也只有具备法定条件的技术信息和经营信息才可能称为商业秘密。由此,本案原告主张其客户信息构成商业秘密,则必须证明其客户信息同时具备价值性、实用性和保密性。①

由此,公司应当明确商业秘密的构成及判定,在研发计划管理过程中制订适合公司战略发展的研发计划,增强公司产品的核心竞争力,抢占市场,推动企业逐步实现战略目标。

附录:研究计划管理合规要求

1.《专利法》

2.《反不正当竞争法》

3.《企业内部控制应用指引第 10 号——研究与开发》(财会〔2010〕11 号)

4.《最高人民法院关于审理侵犯商业秘密民事案件适用法律若干问题的规定》(法释〔2020〕7 号)

二、立项管理与合规

立项管理流程分为三个阶段:立项建议阶段、评审阶段和项目筹备阶段。立项管理作为一项决策行为,其目标是“做正确的事情”。由此,企业应当采纳符合企业最大利益的立项建议,杜绝不符合最大利益的立项建议被采纳,如果立项过

① 参见宋妍、陈广秀:《商业秘密构成要件的认定》,载《人民司法》2010 年第 8 期。

程未经科学论证或论证不充分,可能导致创新不足或资源浪费。

本部分的合规目标,首先,应当根据实际需要,结合研发计划,提出研究项目立项申请,开展可行性研究,编制可行性研究报告,避免法律风险。其次,建立研发项目管理制度和技术标准,建立信息反馈制度和研发项目重大事项报告制度。最后,研发相关各部门应当根据公司业务发展需要,编制研发项目的相关文件。

(一)流程项下合规风险:项目立项管理

重要合规风险提示:

1. 研发项目未经充分论证,可能导致潜在的失败风险、经济风险、法律风险,以及不能通过知识产权加以保护的风险。具体包括:研究失败的风险、不满足取得专利权的要求的风险以及不满足商业秘密保护的要求的风险。更多内容,可参见“年度研发计划管理”下的“重要合规风险提示”。

2. 研发项目侵犯第三人知识产权的风险。公司应在研究开始前确保欲开发的技术、在开发过程中会使用到的技术等是否涉及公司或合同相对方以外第三人的知识产权,如涉及则应取得第三人的许可或避免使用该技术。否则,公司可能构成侵犯第三人知识产权,除可能受到行政主管部门没收违法所得及给予行政处罚外,被侵权人可请求赔偿损失。

3. 自主研发的风险。公司在决定研发方式时,可能采取自主研发的方式。此种方式的合规风险,具体如下:

- 职务发明创造的权利归属约定不明或与公司规定相冲突的风险。《专利法》第 6 条规定,执行本单位的任务或者主要是利用本单位的物质技术条件所完成的发明创造为职务发明创造。职务发明创造申请专利的权利属于该单位;但是,如果单位与发明人或者设计人订有合同,对申请专利的权利和专利权的归属作出约定的,从其约定。如果公司与发明人对研发项目专门订立了合同,应当约定研发成果的知识产权归属于公司,避免与公司规定相冲突。

- 职务发明创造的发明人署名权和优先受让权的风险提示。如上所述,除非另有约定,职务发明创造申请专利的权利属于公司,但应当注意的是,发明人或者设计人有权在专利文件中写明自己是发明人或者设计人。根据《民法典》第 847 条的规定,职务发明创造的发明人或设计人,在公司转让职务发明创造时,享有同等条件下优先受让的权利。因此,公司在转让职务发明创造时,应当注意保护发明人或设计人的优先受让的权利。

4. 技术开发合同的风险。公司在决定研发方式时,可能采取签订技术开发合同的方式。技术开发合同包括委托开发合同和合作开发合同。技术开发合同的风险具体如下:

- 未采取书面形式的风险。根据《民法典》第 851 条第 3 款的规定,技术开发合同应当采取书面形式。未采取书面形式的,可能导致合同不生效的法律后果。
- 研发内容约定不明确的风险。公司应当在合同中对合同标的描述准确、详细,对合交付的内容,建议采取客观的可量化的标准,以便判断是否适当地履行了合同义务。
- 技术秘密成果的使用权、转让权、收益的分配办法约定不明确的风险。在未申请知识产权保护之前,研发成果可能属于技术秘密成果。在签订合同时,应当对技术秘密成果的使用权、转让权以及收益的分配办法进行明确约定;否则,双方当事人均有权使用和转让;受托方转让时,委托方没有优先受让的权利,这将对委托方造成重大的风险。
- 对保密义务未约定或约定不明的风险。技术开发本身要求技术合作各方分享敏感性或保密性知识和信息,因此,应当对技术秘密成果及研发过程中涉及的敏感信息的保密义务进行约定,约定的对象不仅包括合同相对方,也包括公司能够获悉技术秘密和信息的职员或其他相关人员,避免技术秘密或信息的泄露。
- 在技术应用落地时开发一方的协助义务未明确约定的风险。技术研发成果以应用和商业量产为目标。作为开发一方,在委托或合作开发一方以应用技术成果实现产品商业量产的目的时,开发一方应当参与上述环节,作为合同对价的义务内容;否则,公司要么陷入合同再磋商的环节而延缓技术成果的落地;要么前期因技术开发一方因不受落地环节合同义务制约,在开发阶段仅关注技术而不考虑落地,实用性受到较大的影响等情况,最终影响公司商业目的实现。
- 委托开发合同专利申请权不明确的风险。委托开发合同,是指当事人一方仅提供资金、设备、材料等物质条件或者承担辅助协作事项,另一方进行研究开发工作。《民法典》第 859 条规定:"委托开发完成的发明创造,除法律另有规定或者当事人另有约定外,申请专利的权利属于研究开发人。研究开发人取得专利权的,委托人可以依法实施该专利。"因此,公司在签订委托开发合同时,应当明确约定该研发项目所取得的一切知识产权归公司所有，受托方单位的完成人享有署名权，但对外公开发表应事先征得公司书面同意。

- 合作开发合同专利申请权不明确的风险。根据L公司技术合作开发合同纠纷案之要旨①，技术合作开发合同以共同出资、合作研究、共享成果、共担风险为特征。《民法典》第860条第1款规定："合作开发完成的发明创造，申请专利的权利属于合作开发的当事人共有；当事人一方转让其共有的专利申请权的，其他各方享有以同等条件优先受让的权利。但是，当事人另有约定的除外。"因此，公司在签订合作开发合同时，应当明确约定合作开发技术成果的专利申请权的归属。

- 未明确技术开发合同的性质的风险。如上所述，技术开发合同包括委托开发合同和合作开发合同，其合同性质不一样，会影响对当事人的权利义务、风险分配和研发成果权利归属的判断。具体包括：合作开发合同具有当事人共同出资、合作研究、共享成果、共担风险的特征，需要双方分工参与、协作配合研究开发工作；除另有约定，研究失败的风险一般由双方共同承担，研发成果的专利申请权由双方共同享有。委托开发合同，则是一方出资、另一方负责研究开发；除另有约定，研究失败的风险由双方合理分配，研发成果的专利申请权由开发方享有。

- 建议在合同中约定开发方技术缺陷提示和适时产品跟踪服务的义务。产品正式全面接受市场检验，随时可能发生因地域不同或用户使用差别等情况下引发的产品问题。为最大化防止产品出现问题引发客户索赔，建议在技术开发合同签订环节，同样是基于技术开发一方对开发技术成果的了解程度，以及在开发技术上专业优势，明确约定技术开发一方在产品投产进入市场后合理期内，向公司承担主动技术缺陷提示和适时产品跟踪服务义务。

- 研发失败的风险分配不合理的风险。《民法典》第858条第1款的规定："技术开发合同履行过程中，因出现无法克服的技术困难，致使研究开发失败或者部分失败的，该风险由当事人约定；没有约定或者约定不明确，依据本法第五百一十条的规定仍不能确定的，风险由当事人合理分担。"因此，首先，公司应当

---

① 参见L公司技术合作开发合同纠纷案，广东省深圳市龙岗区人民法院(2018)粤0307民初6736号民事裁定书。

在合同中明确约定研发失败时的风险分配方案。如果由公司承担研发失败的风险,那么即使受托方研发失败无法交付研发成果,公司仍要承担支付合同价款的义务。

• 建议在合同中约定公司享有解除权的情形:(1)国内外市场出现了同类或类似或先进于本技术开发项目的技术或产品配套产业发生了变化;(2)关键技术难以或长时间难以突破,超出了制造企业作为技术一方企业开发成本。

• 建议在合同中根据研发测试周期在合同中约定的合理的解除权行使期限。根据《民法典》第564条之规定,当事人没有约定解除权行使期限,自解除权人知道或者应当知道解除事由之日起1年内不行使,或者经对方催告后在合理期限内不行使的,该权利消灭。即在未特别约定情况下,解除权的行使期限为自解除权人知道或者应当知道解除事由之日起1年。鉴于研发成果交付后,公司尚可能需要对产品进行试制、检验、鉴定、推广测试或申请专利等,因此,为避免出现超出解除权行使期限的情况,公司应根据研发测试周期在合同中约定合理的解除权行使期限。

• 构成非法技术垄断的风险。根据《最高人民法院关于审理技术合同纠纷案件适用法律若干问题的解释》(法释〔2020〕19号)之规定,限制当事人一方在合同标的技术基础上进行新的研究开发或者限制其使用所改进的技术,或者双方交换改进技术的条件不对等,包括要求一方将其自行改进的技术无偿提供给对方、非互惠性转让给对方、无偿独占或者共享该改进技术的知识产权构成非法技术垄断。因此,在技术开发合同中做出如要求对方无偿或以不合理的低价转让或许可在技术开发合同的标的技术基础上独立开发、改进的新技术的约定条款均可能构成非法技术垄断而无效。

(二)相关案例评析

刘某某与何某技术转化合同纠纷上诉案①

1. 案情简介

原告刘某某是"汽油酒精混合燃料汽化器"(专利号ZL200520097566.7)和

① 参见湖北省高级人民法院民事判决书,(2010)鄂民三终字第14号。

“用于电喷汽车的汽油酒精混合燃料控制装置”（专利号 ZL200620095724. X）实用新型专利权人。2008 年 7 月 18 日，刘某某通过证人金某介绍并见证，与范某某签订《技术入股协议书》，由刘某某提供专利技术，范某某提供资金，共同转化专利技术为产品投入市场。后范某某介绍刘某某认识了被告何某，2008 年 9 月 3 日，刘某某、何某等人共同出资成立了“Z 公司”。2008 年 8 月，何某购买了桑塔纳牌 SVW7180LEI 轿车 1 辆；2008 年 9 月 12 日，刘某某在 W 市公安局交通管理局办理了车辆行驶登记。何某在购车后，即将该车交给刘某某，2008 年 9 月 5 日到 9 月 20 日，刘某某使用其专利技术对该车进行了改装。2008 年 10 月 28 日，范某某在上述与刘某某签订的《技术入股协议书》上签署“该协议作废”字样。此后，涉案桑塔纳牌轿车一直由刘某某控制和管理。2009 年 9 月 4 日，刘某某认为何某拒绝支付改装、调试、试验车辆所发生费用的行为，侵犯了其合法权益，故将其诉至法院，要求何某支付因改装、调试、试验车辆等产生的各类费用 53, 937 元；确认刘某某对涉案车辆享有留置权。

2. 法院观点

二审法院认为，范某某与刘某某之间的《技术入股协议书》并未实际履行，而实际履行购车义务支付调试费、差旅费的是何某。刘某某也接受何某购买的涉案车辆，并利用自己的专利技术对该车进行了改装、调试、试验。原《合同法》第 36 条规定：“法律、行政法规规定或者当事人约定采用书面形式订立合同，当事人未采用书面形式但一方已经履行主要义务，对方接受的，该合同成立。”①故何某与刘某某之间形成了事实上的合同关系。这样一个合同关系显然不是借用关系，而是符合技术转化合同全部要件的技术转化合同关系。刘某某与何某之间形成了事实上的技术转化合同关系，双方对权利、义务以及合同风险的分担问题均未约定。原《合同法》第 338 条第 1 款规定：“在技术开发合同履行过程中，因出现无法克服的技术困难，致使研究开发失败或者部分失败的，该风险责任由当事人约定。没有约定或者约定不明确，依照本法第六十一条的规定仍不能确定的，风险责任由当事人合理分担。”②在技术合同中风险责任约定不明时，采用的是公平合理分担原则。因此，结合本案实际履行的具体情况，在没有证据证明当

---

① 现为《民法典》第 490 条第 2 款。

② 现为《民法典》第 858 条第 1 款。

初约定是由何某来支付改装、调试、试车等费用的情况下，双方为履行合同均有损失，对于各自的损失，应由各自承担。

3. 评析

本案表明，在技术合同中风险责任约定不明时，采用的是公平合理分担原则。当事人双方为履行合同均有损失，对于各自的损失，应由各自承担。

由此，公司在立项管理流程中，应当在项目研发过程中重点关注导致潜在的失败风险、经济风险、法律风险，以及不能通过知识产权加以保护等风险，采纳符合公司最大利益的立项建议。在合同签订过程中，对相关风险作出清晰约定，以保障公司利益。

附录：立项管理合规要求

1.《专利法》

2.《民法典》

3.《反不正当竞争法》

4.《企业内部控制应用指引第10号——研究与开发》(财会〔2010〕11号)

三、组织实施管理与合规

公司的项目过程管理职责清晰、权责合理分配，将有利于提升项目管理效率。在项目实施过程中，及时监控项目进程，对实际与计划产生的偏差上报并纠正，有利于阶段性研发成果的确认，进而加快项目进度，高质量运用企业资源，促进企业健康发展。

本部分的合规目标，在于应当确保研发项目经费预算合理、使用合规；建立科技开发费用报销制度，明确费用支付标准及审批权限，完善开发经费入账管理程序；合理设计项目实施进度计划和组织结构，跟踪项目进展；明确研发项目选取模式，明确投资、分工、权利义务、研究成果产权归属。

四、项目验收管理与合规

研发项目进入验收阶段后，公司应当组织相关方和专家对各类型项目的研发成果进行鉴定和验收，或者按照相关合同规定对成果进行鉴定和验收，充分鉴定验收成果，确保新技术能够正常应用和推广，以实现公司的经济效益。

本部分的合规目标，在于研发各部门在研发成果完成后应当编制相关的研究项目报告，明确技术开发合同中验收条件；注重验收专家组的独立性和中立性，找专业评审或外部专家进行书面评审验收，确保研发项目及时验收。

流程项下合规风险：项目验收管理

重要合规风险提示：

1. 技术开发合同中技术验收标准不明确的风险。技术验收标准的约定应当清晰明确；在引用技术指标时，应注意对文号、发布时间、生效时间一并引用，完整表述，慎用简称。需要细化或变更的，应以书面方式将变更或细化后的技术验收标准确认下来。

2. 技术开发合同中验收条款约定不明确的风险。技术开发合同中应当尽可能明确检验的时间、地点、方法、公司的检验期间以及对方答复的时间等。如果研发项目涉及分阶段交付的，可以参照《民法典》第 621 条之规定，约定公司的检验期间、发现问题的处理方式等。

3. 研发项目相关资料未妥善保存导致难以验收的风险。首先，组织验收时，需要提交项目实施效果证明材料及附件材料、清单等材料，公司应当在研发过程中妥善保存，避免验收困难的情形发生。其次，在技术开发合同中，技术研发有失败或开发方违约的风险，公司应当妥善保存研发过程中开发方交付的阶段性成果或材料，进行证据留存。

4. 验收专家组缺乏独立性和中立性的风险。公司应当确保验收专家组的独立性和中立性，保证研发成果的有效和评价的公允。

附录：项目验收管理合规要求

《企业内部控制应用指引第 10 号——研究与开发》（财会〔2010〕11 号）

五、研发成果管理与合规

公司做好研发成果管理，有利于正确评价科技成果的质量与水平，加速科技成果转化，促进公司技术进步。如果公司未制定相关制度来明确科研项目后管理体系，缺乏对研发成果的保护，致使相关技术秘密等信息外泄，可能导致公司丧失技术优势，不利于公司市场占有率的提升。

本部分的合规目标,在于公司对各类技术资料应确保完整、齐全,并及时进行归档,以避免技术机密信息丢失或外泄;加强公司科技研发成果的转化和保护,促进企业生产经营发展、保护企业利益。

(一)流程项下合规风险:技术成果管理

重要合规风险提示:

1.专利权保护的风险。公司申请专利权来保护研发成果的,应当注意以下风险:

- 专利权申请被驳回的风险。首先,申请专利权应当满足实质条件,比如发明和实用新型,应当具备新颖性、创造性和实用性等。在研发成果取得专利申请之前,不得对研发成果进行评价、评估、评奖、产品销售等可能导致技术发明公开而丧失新颖性的活动。其他具体内容,可参见本章“年度研发计划管理”下的“重要合规风险提示”中的相关内容。其次,申请专利应当满足形式要件。其中;(1)申请发明或者实用新型专利的形式要件包括:应当提交请求书、说明书及其摘要和权利要求书等文件;请求书应当写明发明或者实用新型的名称,发明人的姓名,申请人姓名或者名称、地址,以及其他事项;说明书应当对发明或者实用新型作出清楚、完整的说明,以所属技术领域的技术人员能够实现为准;必要的时候,应当有附图。摘要应当简要说明发明或者实用新型的技术要点;权利要求书应当以说明书为依据,清楚、简要地限定要求专利保护的范围。(2)申请外观设计专利的:应当提交请求书、该外观设计的图片或者照片以及对该外观设计的简要说明等文件;申请人提交的有关图片或者照片应当清楚地显示要求专利保护的产品的外观设计。更详细的形式要求,可参见《专利法实施细则》第二章的规定。不符合前述要求的,专利申请存在被驳回的风险。

- 申请国外专利未进行保密审查的风险。任何单位或者个人将在中国完成的发明或者实用新型向外国申请专利的,应当事先报经国务院专利行政部门进行保密审查;否则,将遭受行政处罚或构成刑事犯罪。

- 专利权保护范围不明确的风险。发明或者实用新型专利权的保护范围以其权利要求的内容为准,说明书及附图可以用于解释权利要求的内容。外观设计专利权的保护范围以表示在图片或者照片中的该产品的外观设计为准,简要说明可以用于解释图片或者照片所表示的该产品的外观设计。因此,公司在申请专利权时,应当特别注意说明书、附图,或者图片、照片的选择,保证权利范围全面、无遗漏。

- 专利权被强制许可的风险。公司的专利权可能被强制许可的情况包括:(1)国有企业事业单位的发明专利,对国家利益或者公共利益具有重大意义的,国务院有关主管部门和省、自治区、直辖市人民政府报经国务院批准,可以决定在批准的范围内推广应用,允许指定的单位实施。(2)下列情形之一的,国务院专利行政部门根据具备实施条件的单位或者个人的申请,可以给予实施发明专利或者实用新型专利的强制许可:专利权人自专利权被授予之日起满3年,且自提出专利申请之日起满4年,无正当理由未实施或者未充分实施其专利的;或者专利权人行使专利权的行为被依法认定为垄断行为,为消除或者减少该行为对竞争产生的不利影响的。(3)在国家出现紧急状态或者非常情况时,或者为了公共利益的目的,国务院专利行政部门可以给予实施发明专利或者实用新型专利的强制许可。

- 专利权保护期限到期的风险。发明专利权的期限为20年,实用新型专利权的期限为10年,外观设计专利权的期限为15年,均自申请日起计算。保护期限到期,专利进入公共领域,公司不再享有专利权。公司应当按期缴纳年费。未按照规定缴纳年费的,专利权保护期限提前终止。此外,专利权终止后,继续在产品包装上标注专利标识仍可能构成假冒专利,公司应充分注意专利权到期产品的包装或说明,以避免受到专利行政部门行政处罚。

- 专利申请违反公司相关规定和政策的风险。科技成果未及时申请专利造成严重后果的,对已取得专利权但未采取有效保护而丧失的,或者公司员工将职务发明创造申请为个人专利或以他人名义申请专利的,可能将被公司追究责任。

2. 技术秘密保护的风险。公司以技术秘密(商业秘密)的方式来保护研发成果的,应当注意以下风险:

- 保密义务人员的范围。公司可以根据下列因素判断是否需要与相关职员签订保密协议:(1)职务、职责、权限;(2)承担的本职工作或者单位分配的任务;(3)参与和技术秘密有关的生产经营活动的具体情形;(4)是否保管、使用、存储、复制、控制或者以其他方式接触、获取技术秘密及其载体。公司应当与可能接触、获取技术秘密及其载体的职工或相关人员签订保密协议。

• 未采取保密措施的风险。技术公司有义务对技术秘密采取合理的保密措施,否则可能面临无法被作为技术秘密进行法律保护的风险。保密措施是否合理应当根据技术秘密及其载体的性质、技术秘密的商业价值、保密措施的可识别程度、保密措施与技术秘密的对应程度以及权利人的保密意愿等因素进行判断。具体而言,公司可采取的保密措施包括但不限于:(1)签订保密协议或者在合同中约定保密义务。保密协议中,应当明确保密内容和范围、双方的权利与义务、协议期限、违约责任;(2)通过章程、培训、规章制度、书面告知等方式,对能够接触、获取商业秘密的员工、前员工、供应商、客户、来访者等提出保密要求;(3)对涉密的厂房、车间等生产经营场所限制来访者或者进行区分管理;(4)以标记、分类、隔离、加密、封存、限制能够接触或者获取的人员范围等方式,对商业秘密及其载体进行区分和管理;(5)对能够接触、获取商业秘密的计算机设备、电子设备、网络设备、存储设备、软件等,采取禁止或者限制使用、访问、存储、复制等措施;(6)要求离职员工登记、返还、清除、销毁其接触或者获取的商业秘密及其载体,继续承担保密义务。

• 为公众所知悉的风险。技术秘密保护要求技术秘密不为所属领域的相关人员普遍知悉和容易获得。下列情形可能属于公众知悉:(1)该信息在所属领域属于一般常识或者行业惯例的;(2)该信息仅涉及产品的尺寸、结构、材料、部件的简单组合等内容,所属领域的相关人员通过观察上市产品即可直接获得的;(3)该信息已经在公开出版物或者其他媒体上公开披露的;(4)该信息已通过公开的报告会、展览等方式公开的;(5)所属领域的相关人员从其他公开渠道可以获得该信息的。因此,公司应当避免可能导致技术秘密为公众所知悉的公开披露、公开报告会、展览等活动。应当特别注意的是,如果可以通过产品看出其中所涉及的技术秘密,建议公司申请专利予以保护。

• 竞业限制协议订立、履行和义务人违约行为处理的风险。公司为保护技术秘密,还可能在劳动合同或保密协议中约定竞业限制条款。首先,约定竞业限制条款的,公司应当注意以下订立和履行的风险:(1)竞业限制协议的适格主体。根据《劳动合同法》第 24 条第 1 款的规定,竞业限制的适格主体包括三类:高级管理人员、高级技术人员、其他负有保密义务的人员。《劳动合同法》对于如何界定这三类主体未作具体规定。对于“高级管理人员”的具体定义,可参考《公司法》第 216 条;而对于“高级技术人员”“其他负有保密义务的人员”,法律没有明确定义，实务中主要结合劳动者的职务岗位、工作内容等综合判定。例如，在T公司与夏某劳动争议案中①，深圳法院认为夏某作为公司人力资源经理，并不掌握公司的商业秘密或其他与知识产权相关的保密事项，竞业限制约定应属无效。而在吕某与N公司竞业限制纠纷上诉案中②，宁波法院认为虽然吕某是普通员工，但其与公司之间关于保守商业秘密义务的约定可以证明吕某系"负有保密义务的人员"，即竞业限制的适格主体，进而认可了竞业限制协议的效力。(2)补偿金违反规定的风险。根据《最高人民法院关于审理劳动争议案件适用法律问题的解释(一)》(法释〔2020〕26号)第36条的规定，每月补偿金不得低于劳动者在劳动合同解除或者终止前十二个月平均工资的30%，也不得低于劳动合同履行地最低工资标准。(3)补偿金给付不符合约定的风险。根据《最高人民法院关于审理劳动争议案件适用法律问题的解释(一)》第38条的规定，公司未支付补偿金满三个月，且劳动者在此期间履行了竞业限制义务，则劳动者可以解除竞业限制约定，并可主张企业支付相应期间内的竞业限制补偿金。(4)公司规章制度中规定了竞业限制义务，这一规定对劳动者没有约束力。在沈某与H公司劳动争议上诉案中③，法院认为《员工手册》中关于竞业限制的规定不是H公司要求沈某履行竞业限制义务的约定，即企业通过规章制度形式确立的竞业限制义务对劳动者不具有拘束力。因此，公司应当与特定劳动者个别订立竞业限制协议，并且竞业限制的约定必须具体、明确。

(二)相关案例评析

沈某与H公司劳动争议上诉案④

1. 案情简介

沈某于2012年5月22日入职H公司，双方签订有期限自当日起至2013年

① 参见T公司与夏某劳动争议案，广东省深圳市中级人民法院(2016)粤03民终2173号民事判决书。

② 参见吕某与N公司竞业限制纠纷上诉案，浙江省宁波市中级人民法院(2016)浙02民终1259号民事判决书。

③ 参见沈某与H公司劳动争议上诉案，北京市第一中级人民法院(2014)一中民终字第07989号民事判决书。

④ 参见北京市第一中级人民法院民事判决书，(2014)一中民终字第07989号。

5月31日止的劳动合同书,其中试用期为2012年5月22日至7月31日,约定沈某的岗位为人事经理,双方并签订薪资补充说明。2012年12月1日至12月21日,沈某存在无故旷工的行为,H公司以此为由提出解除劳动。2013年2月1日,沈某收到公司发出的解除劳动合同通知书。

故沈某向法院提起诉讼,要求公司支付其基本生活费、经济补偿金、保密费、竞业限制补偿金、未休年假工资共计154,795.61元。

2. 法院观点

一审、二审法院均驳回沈某的全部诉讼请求。

二审法院驳回沈某的全部诉讼请求:2012年12月21日至2013年2月1日沈某因自身原因未向H公司提供劳动的事实已为发生法律效力的判决确认,沈某要求H公司支付该期间生活费的上诉请求本院不予支持。此外,H公司与沈某《员工保密协议》中约定保密义务并约定报酬或工资中已包含保密费,不再重复支付。用人单位支付给劳动者竞业限制补偿金的前提是双方有竞业限制的约定。另外,《员工手册》中关于竞业限制的规定不是H公司要求沈某履行竞业限制义务的约定,不能作为沈某要求H公司支付竞业限制补偿金的依据,故沈某要求H公司支付竞业限制补偿金的上诉请求本院不予支持。职工享受累计工作满1年,方可享受带薪年休假。沈某无法证明其在该公司累计工作已满1年,故其要求H公司支付未休年假工资的上诉请求不能成立。

3. 评析

本案判决表明,用人单位支付给劳动者竞业限制补偿金的前提是双方有竞业限制的约定。《员工手册》中关于竞业限制的规定不是H公司要求沈某履行竞业限制义务的约定,即企业规章制度中对竞业限制义务的规定不能作为离职员工要求公司支付竞业限制补偿金的有效依据。

可见,公司应当与相关涉密人员签订合法、合规的竞业禁止条款,对于技术保密型研发成果实施有效的保护,注重对研发成果的保护,做好研发过程中的涉密资料保密工作,及时办理专有技术申请手续,避免因为专利受理前保密工作不到位而对研发成果造成保护不当,导致公司经济受损。

附录：研发成果管理合规要求

1.《专利法》

2.《专利法实施细则》

3.《国务院国有资产监督管理委员会关于印发〈中央企业商业秘密保护暂行规定〉的通知》(国资发〔2010〕41号)

4.《企业内部控制应用指引第10号——研究与开发》(财会〔2010〕11号)

5.《最高人民法院关于审理侵犯商业秘密民事案件适用法律若干问题的规定》(法释〔2020〕7号)

第二节　无形资产管理与合规

一、无形资产购置管理与合规

无形资产购置是指商业企业从外单位或个人购入的无形资产,如外购商标权、著作权等。设置无形资产管理体系,有利于提升公司在市场中的核心竞争力。如果无形资产购置计划、申请、验收、入账等环节不合理、不全面,可能导致不合理、不必要购置行为,造成公司资源浪费,影响公司经营管理。

本部分的合规目标,在于制订合法、合规的无形资产购置计划,做好无形资产的权属登记与产权评估等流程的管控,保证无形资产的合规、有效利用;加强对无形资产购置中核验与入账环节的把控,确保准确核算无形资产价值,做好产权登记,避免出现权属纠纷,提升企业经济效益与效率。

(一)流程项下的合规风险

1. 无形资产购置计划

重要合规风险提示:

(1)知识产权的转让或出质未经登记或核准的风险。知识产权(包括专利权、著作权和商标权,下同)在转让或出质时,应当履行一定登记或核准的程序,具体包括:

- 转让或出质专利权的,均应当登记。转让专利申请权或者专利权的,当事人应当向国务院专利行政部门登记,由国务院专利行政部门予以公告。同时,以专利权出质的,由出质人和质权人共同向国务院专利行政部门办理出质登记。

公司外购或出质专利权未经登记的,不发生权利转让或出质的效力。

- 商标权转让应当核准,商标权出质应当登记。转让注册商标的,转让人和受让人应当签订转让协议,并共同向商标局提出申请。转让注册商标经核准后,予以公告。同时,以注册商标专用权出质的,出质人与质权人应当共同向商标局提出质权登记申请。商标权转让未经核准或出质未经登记的,不发生转让或出质的效力。

- 著作权转让可以登记,著作权出质应当登记。作者等著作权人可以向国家著作权主管部门认定的登记机构办理作品登记。根据W公司与林某某著作权权属、侵权纠纷案之要旨,①作品登记是自愿登记、形式审查,并非实质审查,也不是作品权属唯一确定的凭证,在对作品权属发生争议时,需要著作权人进一步举证证明其著作权利的基础合法有效。另外,以著作权中的财产权出质的,由出质人和质权人依法办理出质登记;未经登记的,质权不发生效力。为全面保护公司财产的考虑,无论是取得或者出质著作权,均建议公司进行著作权登记。

(2)使用了不得作为商标使用的标志的风险。下列标志不得作为商标使用:①同中华人民共和国的国家名称、国旗、国徽、国歌、军旗、军徽、军歌、勋章等相同或者近似的,以及同中央国家机关的名称、标志、所在地特定地点的名称或者标志性建筑物的名称、图形相同的;②同外国的国家名称、国旗、国徽、军旗等相同或者近似的,但经该国政府同意的除外;③同政府间国际组织的名称、旗帜、徽记等相同或者近似的,但经该组织同意或者不易误导公众的除外;④与表明实施控制、予以保证的官方标志、检验印记相同或者近似的,但经授权的除外;⑤同"红十字""红新月"的名称、标志相同或者近似的;⑥带有民族歧视性的;⑦带有欺骗性,容易使公众对商品的质量等特点或者产地产生误认的;⑧有害于社会主义道德风尚或者有其他不良影响的。县级以上行政区划的地名或者公众知晓的外国地名,不得作为商标。但是,地名具有其他含义或者作为集体商标、证明商标组成部分的除外;已经注册的使用地名的商标继续有效。此外,商标中有商品的地理标志(标示某商品来源于某地区,该商品的特定质量、信誉或者其他特征,主要由该地区的自然因素或者人文因素所决定的标志),而该商品并非来源于该

① 参见W公司与林某某著作权权属、侵权纠纷案,黑龙江省大庆市中级人民法院(2020)黑06民初255号民事判决书。

标志所标示的地区,误导公众的,不予注册并禁止使用;但是,已经善意取得注册的继续有效。

(3)使用了不得注册为商标的标志而无法注册商标的风险。以下标志虽然可以使用,但无法注册商标,存在难以保护公司权益风险,建议公司不予使用:①仅有本商品的通用名称、图形、型号的;②仅直接表示商品的质量、主要原料、功能、用途、重量、数量及其他特点的;③其他缺乏显著特征的。前述所列标志经过使用取得显著特征,并便于识别的,可以作为商标注册。此外,以三维标志申请注册商标的,仅由商品自身的性质产生的形状、为获得技术效果而需有的商品形状或者使商品具有实质性价值的形状,不得注册。

(4)公司作为技术秘密受让人未履行保密义务的风险。公司如果作为技术秘密的被许可人,应当按照合同约定承担保密义务,采取合理的保密措施。

(5)划拨取得土地使用权的情形。下列建设用地,经县级以上人民政府依法批准,可以以划拨方式取得:①国家机关用地和军事用地;②城市基础设施用地和公益事业用地;③国家重点扶持的能源、交通、水利等基础设施用地;④法律、行政法规规定的其他用地。此外的土地使用权,公司应当以出让方式取得。

(6)土地使用权出让合同未与市、县人民政府自然资源主管部门签订的风险。开发区管理委员会作为出让方与公司签订的土地使用权出让合同无效。因此,公司签订土地使用权出让合同,必须和市、县人民政府自然资源主管部门签订。

(7)以出让方式取得土地使用权未缴纳土地出让金、签订书面出让合同的风险。土地使用权出让,应当签订书面出让合同。土地使用者必须按照出让合同约定,支付土地使用权出让金;未按照出让合同约定支付土地使用权出让金的,自然资源主管部门有权解除合同,并可以请求违约赔偿。

(8)转让或受让土地使用权不符合转让或受让条件的风险。转让土地使用权的,应当符合下列条件:①按土地使用权出让合同规定的期限和条件投资开发、利用土地。根据陈某某、史某某、梁某某等建设用地使用权转让合同纠纷案之要旨[①],此规定属于管理性强制性规定,违反该规定不影响合同效力,但可能导致无法履行合同而违约;②签订转让合同;③依照规定办理过户登记。土地使用

---

① 参见陈某某、史某某、梁某某等建设用地使用权转让合同纠纷案,河南省高级人民法院(2020)豫民终1196号民事裁定书。

权转让的,其地上建筑物、其他附着物所有权随之转让。

(9)土地使用权转让未及时办理登记的风险。土地使用权转让,如果公司作为受让方,未及时办理登记,可能存在出让方一地数卖而公司无法取得土地使用权的风险。此时,判断土地使用权归属的顺序为:①已经办理土地使用权变更登记手续的受让方,请求转让方履行交付土地等合同义务的,应予支持;②均未办理土地使用权变更登记手续,已先行合法占有投资开发土地的受让方请求转让方履行土地使用权变更登记等合同义务的,应予支持;③均未办理土地使用权变更登记手续,又未合法占有投资开发土地,先行支付土地转让款的受让方请求转让方履行交付土地和办理土地使用权变更登记等合同义务的,应予支持;④合同均未履行,依法成立在先的合同受让方请求履行合同的,应予支持。如果公司作为出让方,未及时办理登记,可能存在违约的风险。

(10)购置无形资产前未进行产权评估的风险。国有资产占有单位应当根据《国有资产评估管理若干问题的规定》之规定,当公司通过以下 3 种方式取得无形资产前应进行资产评估:①收购非国有资产;②与非国有单位置换资产;③接受非国有单位以实物资产偿还债务。此外,根据《企业国有资产评估管理暂行办法》,公司在④接受非国有单位以非货币资产出资前应当进行资产评估。违反前述规定,否则公司可能被行政监督部门责令整改,相关经济行为可能被请求确认无效,相关责任人可能被给予行政处分。

2. 无形资产验收与入账管理

重要合规风险提示:

(1)无形资产购置合同验收条款约定不明的风险。无形资产购置合同应当对验收标准、验收方式、验收检验期间和异议处理方式等条款作明确约定。具体有关验收的内容,可参考“项目验收管理”下“重要合规风险提示”1、2 以及“大宗原材料质量异议处理”下的“重要合规风险提示(1)”。

(2)未办理企业国有资产产权登记。根据《国家出资企业产权登记管理暂行办法》之规定,国家出资企业拥有实际控制权的境内外各级企业及其投资参股企业,应当纳入产权登记范围。因此,除非属于①为了赚取差价从二级市场购入的上市公司股权,或者②为了近期内(1 年以内)出售而持有的其他股权,否则当公司因收购、投资入股、接受以股抵债等经济行为发生而取得企业股权的,应当及时进行企业国有资产产权登记。

(二)相关案例评析

W公司与林某某著作权权属、侵权纠纷案①

1. 案情简介

原告W公司成立于2001年7月,法定代表人李某某。蓝某(北京)品牌策划有限公司成立于2008年6月2日,法定代表人刘某,经营范围包括设计、制作、代理、发布广告;图文设计及其他业务。D公司成立于2004年2月11日,法定代表人林某某,经营范围包括生物工程技术研究及服务;食品、保健食品、化妆品的研发、生产、销售;营养健康咨询及其他业务。

2009年2月10日,因经营需要,甲方W公司与乙方蓝某(北京)品牌策划有限公司签订《广告设计业务合作合同》一份,合同约定:委托蓝某(北京)品牌策划有限公司进行新品牌全案策划设计及其他产品单品包装设计,费用合计为80,000元,验收方式为乙方最终向甲方提交光盘2套,所有设计成果的著作权等知识产权属于甲方所有,由乙方设计所有品牌系统方案等作业,著作权由甲方完全享有。蓝某公司于合同签订后,与W公司沟通磋商,于2009年对W公司进行了品牌形象设计,创作完成了案涉的"聖上壹品"美术作品。其后,W公司取得了该作品的著作权,并在该公司的大米产品、广告推广、品牌宣传、企业形象等方面实际使用该美术作品,形成了一定的影响力及价值。

被告林某某于2018年5月29日经重庆市版权局审核取得《作品登记证书》1份,上面记载:登记号为渝作登字-2018-F-10005850,作品名称圣上壹品,作品类别为美术,作者林某某,著作权人林某某,创作完成日期1998年10月12日,首次发表/出版/制作日期1998年11月26日。林某某分别于2019年、2020年经国家知识产权局审核取得了第27941251号商标注册证、第37399560号商标注册证、第37375917号商标注册证、第30070653号商标注册证、第30070845号商标注册证、第29330592号商标注册证6个商标注册证,该6个商标注册证核定使用商品/服务项目均不包括大米及大米制品。

① 黑龙江省大庆市中级人民法院民事判决书,(2020)黑06民初255号。

由此,原告 W 公司向法院提出诉讼请求:(1)依法确认《圣上壹品》美术作品的著作权归原告所有;(2)判令被告立即停止侵犯原告享有涉案作品著作权(包括署名权、复制权和作品信息网络传播权)的行为;(3)判令被告赔偿原告经济损失 10,000 元。

2. 法院观点

一审法院认为,本案为著作权权属、侵权纠纷,原告 W 公司诉请确认案涉美术作品的著作权归其所有,并要求被告林某某停止侵权,赔偿损失,对本案涉及的主要问题本院具体评析如下:

关于案涉的"聖上壹品"美术作品的权属问题。案涉作品作为美术作品,属于著作权的客体,依法应予以保护。本案中 W 公司与蓝某公司签订广告设计业务合作合同,由蓝某公司依照合同约定创作完成并交付了案涉的美术作品,依照合同约定及庭审中蓝某公司的认可,该美术作品的著作权归 W 公司所有。W 公司自 2009 年起,在该公司的大米产品、广告推广等方面长期广泛的实际使用了该美术作品,形成了一定的影响力及价值。综合全案的证据和原被告双方的意见,从 W 公司提供的案涉"聖上壹品"美术作品的创作动机、创作过程、后续的实际使用情况等证据材料可以证明案涉的"聖上壹品"美术作品是由 W 公司委托创作完成,享有著作权。林某某因举证不足,应承担相应的不利后果。

虽然本案中,原告、被告双方均取得了《作品登记证书》,且林某某取得证书的时间早于 W 公司,但依据《作品自愿登记试行办法》的规定,作品登记证书只是为解决著作权纠纷提供初步证据,作品实行自愿登记,作品无论是否登记,作者或其他著作权人依法取得的著作权不受影响。作品登记是自愿登记、形式审查,并非实质审查,也不是作品权属唯一确定的凭证,在对作品权属发生争议时,需要著作权人进一步举证证明其著作权利的基础合法有效。

关于 W 公司主张停止侵权及损失和维权费用问题。如前所述,因案涉的"聖上壹品"美术作品著作权属于 W 公司,故林某某不得在该美术作品上署名,以该美术作品的作者名义进行使用,也不得未经著作权人的同意享有复制权和信息网络传播权。对于损失和维权费用,考虑林某某擅自使用原告的作品侵犯了原告的著作权,W 公司雇请律师进行维权支出的律师费用 26,000 元,以及该美术作品的艺术价值、经济价值,林某某侵权的动机、具体情节、后果等,本院综合酌定林某某赔偿对 W 公司侵权造成的经济损失及为制止侵权行为所支付的合理费用共计 3 万元整。

3. 评析

根据《著作权法》第 19 条的规定，受委托创作的作品，著作权的归属由委托人和受托人通过合同约定。本案表明，作者或其他著作权人依法取得的著作权不受作品登记证书的影响。作品登记不是作品权属唯一确定的凭证，在对作品权属发生争议时，需要著作权人进一步举证证明其著作权利的基础合法有效。若作者或其他著作权人无法作出有效举证，法院会通过综合如创作动机、创作过程、后续的实际使用情况等多项证据材料，来判断著作权的归属。

因此，公司应当对相关无形资产的创作动机、创作过程、实际使用情况等材料做好记录与整理，重视内部无形资产的登记和核准程序。在对外购置无形资产时，做好相关计划的严格审核与记录，确保该无形资产权属清晰，避免损害公司经济利益的不利情形，降低因无形资产购置管理等环节控制不严而引发法律诉讼的风险。

附录：无形资产购置管理合规要求

1.《专利法》

2.《民法典》

3.《著作权法》

4.《城市房地产管理法》

5.《土地管理法》

6.《商标法》

7.《城镇国有土地使用权出让和转让暂行条例》

8.《著作权法实施条例》

9.《计算机软件保护条例》

10.《企业国有资产评估管理暂行办法》

11.《国有资产评估管理若干问题的规定》

12.《企业内部控制应用指引第 8 号——资产管理》(财会〔2010〕11 号)

13.《最高人民法院关于审理涉及国有土地使用权合同纠纷案件适用法律问题的解释》(2020 年修正)(法释〔2020〕17 号)

二、无形资产日常管理与合规

公司设立无形资产日常管理制度,其主要目的在于完善无形资产管理链条的各环节管理流程。如果无形资产盘点清查、增减值评估和许可合同约定等环节不明确或管理不到位,可能导致无形资产权属认定不清,使用过程出现涉税、舞弊等违规情况,不利于无形资产管理,损害企业利益。

本部分的合规目标,首先,在于加强对品牌、商标、专利、专有技术、土地使用权等无形资产的盘点、备案与管理,避免在相关环节发生产权登记管理不善、舞弊、涉税等合规风险。其次,定期对专利、专有技术等无形资产进行评估,确保相关资产的合理利用。

(一)流程项下合规风险

1. 无形资产盘点

重要合规风险提示:

无形资产舞弊的风险。无形资产盘点操纵是无形资产舞弊的主要方式,无形资产盘点操纵包括变动无形资产使用寿命或将其认定为使用寿命不确定、虚增无形资产、将费用资本化虚增无形资产账面价值等。根据《企业财务会计报告条例》之规定,编制、对外提供不实财务会计报告,公司可能受到罚款,单位相关责任人可能受到行政处分。此外,无形资产盘点操纵亦可能与公司管理人员侵占公司财产等不当行为有关。

2. 无形资产摊销管理

重要合规风险提示:

违规摊销的涉税风险。公司应确保在无形资产的使用寿命内系统合理摊销,根据《税收征收管理法》之规定,在账簿上多列支出不缴或者少缴应纳税款的,是偷税。违规摊销造成超标准列支摊销金额的,可能被认定为偷税,公司可能被追缴税款、处以罚款。

3. 无形资产减值与处置管理

重要合规风险提示:

(1)无形资产关联交的涉税风险。母子公司、公司与集团内其他公司均属独立法人,根据《企业所得税法》之规定,企业与其关联方之间的业务往来,不符合独立交易原则而减少企业或者其关联方应纳税收入或者所得额的,税务机关有权按照合理方法调整。独立交易原则指关联方之间业务往来,应当符合独立方在类似情况下从事类似交易时可能建立的商业和财务关系。因此,根据独立交易原则,公司与关联方之间转让或者受让无形资产使用权而收取或者支付的特许权使用费,应当与无形资产为企业或者其关联方带来的经济利益相匹配。其中,对于无形资产的关联交易,应特别注意以下事项:

- 以经济所有权为实质。通常而言,多数无形资产的在相应主管部门的登记或注册人即为法律意义上的所有权人,不过,对于无形资产而言,税务机关对关联交易转让定价的考量更多关注的是无形资产的经济所有权,其中,根据《特别纳税调查调整及相互协商程序管理办法》(国家税务总局公告 2017 年第6号)之规定,经济所有权的认定可能考虑4个方面的要素:①交易主体在专利权、非专利技术等无形资产开发、价值提升、维护、保护、应用和推广过程中所作的价值贡献;②前述价值贡献的程度与获得的收益是否匹配;③对于仅拥有无形资产所有权而未对无形资产价值作出贡献的主体,不得参与收益分配;以及④对于在无形资产形成和使用过程中,仅提供资金而未实际执行相关功能和承担相应风险的主体,应当仅获得合理的资金成本回报。

此外,根据《国家税务总局关于完善关联申报和同期资料管理有关事项的公告》(国家税务总局公告 2016 年第42号)相关规定,实行查账征收的居民企业向税务机关报送年度企业所得税纳税申报表时,应当就其与关联方之间的业务往来进行关联申报。

因此,公司应确保与集团成员单位之间转让无形资产的定价符合独立交易原则,否则可能受到纳税调整。

(2)无形资产转让前未进行资产评估的风险。根据《国有资产评估管理办法》及《企业国有资产评估管理暂行办法》,无形资产转让符合应当进行资产评估情形的,须依法进行资产评估,应当进行资产评估而未进行评估的,公司可能被行政监督部门责令整改,相关经济行为可能被请求确认无效,相关责任人可能被给予行政处分。

(3)公开进行资产转让的要求。根据《企业国有资产交易监督管理办法》之规定，一定金额以上的资产转让须在产权交易机构公开进行。违反前述规定，相关责任人或单位除可能受到公司内部考核处分外，造成国有资产损失的，还应承担赔偿责任。

（二）合规风险其他提示

1. 知识产权许可合同未备案的风险。

• 专利权和商标权许可合同应当备案。专利权人与他人订立的专利实施许可合同，应当自合同生效之日起 3 个月内向国务院专利行政部门备案。同时，许可他人使用其注册商标的，许可人应当将其商标使用许可报商标局备案，由商标局公告。商标使用许可未经备案不得对抗善意第三人。因此，为全面保护公司财产的考虑，建议公司对专利权或商标权专有许可使用合同进行备案。

• 著作权专有许可使用（独占许可）合同可以备案。为全面保护公司财产的考虑，建议公司对著作权独占许可合同进行备案。

• 许可合同未经备案不影响合同效力，但不能对抗善意第三人。根据 H 公司、F 公司侵害商标权纠纷案之要旨①，此处的“善意第三人”是指对于商标使用许可合同项下的商标权权能具有现实利益关系的人，如商标权的受让人、质权人、其他被许可人等，但不包括侵权人。

2. 知识产权许可合同对许可方式约定不明的风险。公司许可他人使用公司享有的知识产权时，应当注意许可的方式，不同的许可方式对应着不同的权利义务，公司应当在合同中清晰约定。

• 知识产权许可方式分为普通许可、排他许可和独占许可。普通许可，是指在合同约定的时间和地域范围内，知识产权人（许可人）授权多家被许可人使用其智力成果，且许可人自己也保留对该智力成果的使用权。排他许可，是指在合同约定的时间和地域范围内，知识产权权利人（许可人）只授权一家被许可人使用其智力成果，许可人保留对该智力成果的使用权，但任何其他第三人均不享有使用权。独占许可，是指在合同约定的时间和地域范围内，知识产权权利人（许可人）只授权一家被许可人使用其智力成果，许可人和任何第三人均不享有

---

① 参见 H 公司、F 公司侵害商标权纠纷案，河南省高级人民法院（2021）豫知民终 122 号民事判决书。

使用权。

- 转许可约定不明的风险。公司是否允许被许可人进行转许可,是否允许转被许可人再次进行转许可,公司应当在合同中明确约定。

3. 专利权管理不善的其他风险。除上述知识产权的共同风险外,专利权管理还有特别需要注意的其他风险。具体包括:

- 专利实施许可合同未约定被许可人的保密义务的风险。专利实施许可合同的许可范围可能包括尚未公开的技术秘密。对此部分,公司如果作为许可人,应当在合同中约定被许可人的保密义务,防止技术秘密泄露。

- 未履行专利实施许可合同附随义务的风险。公司如果作为许可人,不仅应当按照约定许可被许可人实施专利,还应当履行相关附随义务,包括交付实施专利有关的技术资料、提供必要的技术指导等。

- 专利权保护期限到期的风险。发明专利权的期限为20年,实用新型专利权的期限为10年,外观设计专利权的期限为15年,均自申请日起计算。保护期限到期,专利进入公共领域,公司不再享有专利权。公司应当按期缴纳年费。未按照规定缴纳年费的,专利权保护期限提前终止。

4. 技术转让、许可使用合同构成技术垄断的风险。根据《最高人民法院关于审理技术合同纠纷案件适用法律若干问题的解释》之规定,限制当事人一方在合同标的技术基础上进行新的研究开发或者限制其使用所改进的技术,或者双方交换改进技术的条件不对等,包括要求一方将其自行改进的技术无偿提供给对方、非互惠性转让给对方、无偿独占或者共享该改进技术的知识产权构成非法技术垄断。因此,在技术转让、许可合同中作出如要求对方无偿或以不合理的低价转让或许可在技术开发合同的标的技术基础上独立开发、改进的新技术的约定条款均可能构成非法技术垄断而无效。

5. 商标权管理不善的其他风险。除上述知识产权的共同风险外,商标权管理还有特别需要注意的其他风险。具体包括:

- 损害他人现有的在先权利或以不正当手段抢先注册他人已经使用并有一定影响的商标的风险。根据《最高人民法院关于审理商标授权确权行政案件若干问题的规定》(2020年修正)(法释〔2020〕19号)第20～22条的规定,在先权利包括具有一定知名度的姓名、字号、企业简称以及著作权、作品的名称和作品中的角色等。同时,根据第23条,"一定影响"可以通过举证在先商标有一定的持续使用时间、区域、销售量或者广告宣传来予以证明。公司损害他人现有的在先权利或以不正当手段抢先注册他人已经使用并有一定影响的商标的,已注册的商标可能被宣告无效;造成他人损失的,还应当承担赔偿责任。

• 将“驰名商标”用于商业使用或广告宣传的风险。如果公司的商标被认定为“驰名商标”,公司不得将“驰名商标”字样用于公司的商品、商品包装或者容器上,或者用于广告宣传、展览以及其他商业活动中。否则,公司将遭受行政处罚。

• 商标权保护期限到期而未续展的风险。注册商标的有效期为 10 年,自核准注册之日起计算。注册商标有效期满,需要继续使用的,商标注册人应当在期满前12 个月内按照规定办理续展手续;在此期间未能办理的,可以给予6 个月的宽展期。每次续展注册的有效期为 10 年,自该商标上一届有效期满次日起计算。期满未办理续展手续的,注销其注册商标。

• 擅自变更注册商标信息的风险。商标注册人在使用注册商标的过程中,自行改变注册商标、注册人名义、地址或者其他注册事项的,由地方工商行政管理部门责令限期改正;期满不改正的,由商标局撤销其注册商标。

• 商标连续 3 年不使用而被撤销的风险。注册商标成为其核定使用的商品的通用名称或者没有正当理由连续 3 年不使用的,存在被他人申请撤销商标的风险。

6. 著作权管理不善的风险。除上述知识产权的共同风险外,著作权管理还有特别需要注意的其他风险。具体包括:

• 在技术开发合同中未约定著作权归属的风险。设计图纸、技术图纸、实验报告或手稿等属于著作权保护的范畴。在与其他单位签订技术开发合同(包括委托开发合同和合作开发合同)时,除应当明确约定研发成果或专利申请权的归属外,还应当注意对研发过程中产生或交付的技术图纸等的著作权的归属进行明确约定。

• 作品超过发表权或期限或财产权利保护期限的风险。法人或者非法人组织的作品、著作权(署名权除外)由法人或者非法人组织享有的职务作品,其发表权的保护期为 50 年,截至作品创作完成后第 50 年的 12 月 31 日。著作权的财产权利的保护期为 50 年,截至作品首次发表后第 50 年的 12 月 31 日,但作品自创作完成后50年内未发表的,法律不再保护。

- 委托创作的作品的权利归属约定不明的风险。受委托创作的作品,著作权的归属由委托人和受托人通过合同约定。合同未作明确约定或者没有订立合同的,著作权属于受托人。因此,公司应当在委托合同中明确约定著作权归属于公司。应当注意的是,合作作品由合作作者共同享有,合作双方不能约定作品的著作权,因此公司应当注意签订合同时明确合同的性质,是委托合同还是合作合同。

7. 技术秘密管理不善的风险。

- 未采取合理的保密措施的风险。公司在对技术秘密进行管理时,应当注意对其采取合理的保密措施,与能够接触或获取技术秘密的相关人员签订保密协议和竞业限制协议。

- 技术秘密使用许可合同未约定许可人是否可以申请专利权的风险。技术秘密使用许可合同的许可人负有保密义务,但该保密义务是否限制许可人申请专利,当事人可以约定。约定不明的,许可人有权申请专利。公司作为技术秘密许可人时,应当清楚约定公司是否有权以该技术秘密申请专利。

8. 土地使用权管理不善的风险。公司对土地使用权进行管理的过程中,应当注意以下风险:

- 未按照合同约定开发利用经营土地的风险。土地使用者应当按照土地使用权出让合同的规定和城市规划的要求,开发、利用、经营土地。未按合同规定的期限和条件开发、利用土地的,可能构成违约并支付违约金,并遭受行政处罚甚至被无偿收回土地使用权。

- 擅自变更土地用途的风险。土地使用者需要改变土地使用权出让合同约定的土地用途的,必须取得出让方和市、县人民政府城市规划行政主管部门的同意,签订土地使用权出让合同变更协议或者重新签订土地使用权出让合同,相应调整土地使用权出让金。

- 出让土地使用权到期未续期的风险。土地使用权出让合同约定的使用年限届满,土地使用者需要继续使用土地的,应当至迟于届满前1年申请续期,除根据社会公共利益需要收回该幅土地的,应当予以批准。经批准准予续期的,应当重新签订土地使用权出让合同,依照规定支付土地使用权出让金。土地使用权出让合同约定的使用年限届满,土地使用者未申请续期或者虽申请续期但依照前款规定未获批准的,土地使用权由国家无偿收回。

(三)相关案例评析

S公司、W市自然资源和规划局资源行政管理:其他(资源)二审行政案①

1. 案情简介

2007年12月30日,原D县国土资源局与S公司签订《D县国有土地使用权出让合同(工业)》及《〈国有土地使用权出让合同〉补充条款〈工业建设项目〉》。出让合同签订后,S公司办理了国有土地使用权登记,并进行了动工建设,但未完成项目竣工验收。鉴于S公司存在竣工违约行为,W市自然资源和规划局D县分局(以下简称D县资规分局)于2019年3月8日作出《缴纳违约金通知书》,要求S公司7日内缴纳竣工违约金126.489万元。S公司拒绝签收通知书,D县资规分局于2019年4月22日在D区人民政府官方网站上公告送达缴纳通知,并于同年7月22日作出温洞自规法字[2019]3号行政决定书,决定对S公司收取竣工违约金126.489万元,限其收到本行政决定书7日内缴纳。S公司不服,起诉请求确认该行政决定无效。

2. 法院观点

一审法院认为,原D县国土资源局与S公司签订的《D县国有土地使用权出让合同(工业)》及《〈国有土地使用权出让合同〉补充条款〈工业建设项目〉》符合行政协议本质特征,属于行政协议范畴。案涉出让合同系双方真实意思表示,合法有效。在S公司未按照协议约定履行义务的情况下,D县资规分局以行政决定书的形式向其收取竣工违约金,并无不当。本案中,S公司至今未完成竣工验收事实清楚,W市资规局根据协议约定向其收取违约金,符合法律规定及合同约定。由于被诉行政决定不存在法律规定的确认无效情形,S公司要求确认协议无效,理由不足,应不予支持。

二审法院认为,根据双方当事人陈述和查明的事实,本案主要争议焦点在于被诉行政决定是否合法。被诉行政决定系因双方在案涉合同的履行中发生争

① 参见浙江省温州市中级人民法院行政判决书,(2020)浙03行终681号。

议，原D县国土资源局为责令S公司按照该合同的约定支付违约金而作出，故S公司对被诉行政决定提起本案诉讼，系因行政协议的履行发生的纠纷，属于行政诉讼受案范围。此外，S公司对案涉合同系双方经合意签订以及约定的违约金内容均无异议，原D县国土资源局在S公司违约且经催告仍拒不按约定支付违约金的情况下，根据《最高人民法院关于审理行政协议案件若干问题的规定》第24条的规定单方作出被诉行政决定，责令S公司限期依约支付违约金，亦无不当。

3. 评析

本案中，上诉人S公司未完成竣工验收事实清楚，被上诉人W市资规局作为与其签订相关土地所有权合同的甲方，根据协议约定因其竣工等违约行为向其收取违约金，开出行政处罚，符合法律规定及合同约定。法院认为W市自然资源和规划局在上诉人违约且经催告仍拒不按约定支付违约金的情况下，作出"被诉行政决定，责令上诉人限期依约支付违约金"的行政行为有效，S公司在土地使用权经营管理中存在合规风险，受到相应的行政处罚。

由此，公司应当注重对无形资产的日常管理，对土地使用权、专利权、商标权、著作权、技术秘密等知识产权和相关权属合同的内容进行严格把控和审核，避免出现约定不明、管理不善等风险。此外，无形资产日常管理应当符合国家法律、法规和公司内部规章制度的规定，严格信守合同约定，避免遭受外部处罚，减少法律纠纷，降低企业经济损失和信誉损失。

附录：无形资产日常管理合规要求

1.《民法典》

2.《著作权法》

3.《城市房地产管理法》

4.《土地管理法》

5.《商标法》

6.《企业所得税法》

7.《城镇国有土地使用权出让和转让暂行条例》

8.《企业国有资产交易监督管理办法》

9.《著作权法实施条例》

10.《计算机软件保护条例》

11.《专利法实施细则》

12.《企业国有资产评估管理暂行办法》

13.《企业内部控制应用指引第 8 号——资产管理》(财会〔2010〕11 号)

14.《企业会计准则第 6 号——无形资产》(财会〔2006〕3 号)

15.《企业会计准则第 8 号——资产减值》(财会〔2006〕3 号)

16.《最高人民法院关于审理涉及国有土地使用权合同纠纷案件适用法律问题的解释》(法释〔2020〕17 号)

重点提示

1. 公司知识产权领域存在的合规风险类型有哪些?

2. 公司的无形资产在“购置”和“日常管理”环节该如何预防并降低相关合规风险?

第七章　公司市场运作相关合规风险识别类型

第一节　合同管理与合规

一、合同前期管理与合规

合同前期管理包括合同对象调查、合同谈判等内容。通过前期调查合同对方资信，有利于充分保障公司合同权利，规避商业陷阱。在合同谈判流程中应当制定完善的谈判策略，努力解决合作双方的分歧，达成互惠互利的双赢结果。如果合同管理缺乏前期调查与谈判，将不利于公司合作业务的顺利开展与进行。

本部分的合规目标，首先，应当确保合同双方当事人资质、合同内容及签订流程等事项符合国家法律、法规和公司内部规章制度的要求。其次，记录谈判过程中的重要事项和参与谈判人员的主要意见并妥善保存。最后，对于影响重大、涉及较高专业技术或法律关系复杂的合同，应当组织法律、技术、财会等专业人员参与谈判，必要时可聘请外部专家参与相关工作，避免法律风险。

（一）流程项下合规风险

1. 合同对象调查

重要合规风险提示：

（1）合同签订前，未审查相对方有关资质的风险。

在某些特定领域,合同的相对方需要具备特定资质方可履行合同;公司未尽到审慎的核查义务的,可能会承担连带责任或遭受相对方违约的风险。比如,在建筑工程施工领域,根据《施工合同司法解释(一)》和《保障农民工工资支付条例》的规定,在公司作为发包方与承包方签订建筑施工合同时,承包方如果未取得建筑业企业资质或者超越资质等级的,后果为:①建筑工程施工合同无效;②欠付农民工工资的,由发包人(公司)清偿。

(2)合同签订前,未审查合同相对方签订人员是否具有权限或授权的风险。合同签订前,公司应当合理审查合同相对方的签订人员是否具有签订合同的权限或授权;具有授权的,应当审查授权委托书。未尽合理审查的,可能无法构成表见代理,从而使公司的损失难以通过追究合同相对方的方式追回。比如,有人员甲声称是A公司员工且具有授权,与公司签订合同;若公司未合理审查甲的授权情况,可能导致公司在履行完合同后,无法向A公司追偿同时也难以找到人员甲进行追偿的情形。

2. 合同谈判管理

重要合规风险提示:

违反先合同义务而承担缔约过失责任的风险。《民法典》第500条规定,当事人在订立合同过程中有下列情形之一,造成对方损失的,应当承担赔偿责任:(1)假借订立合同,恶意进行磋商;(2)故意隐瞒与订立合同有关的重要事实或者提供虚假情况;(3)有其他违背诚信原则的行为。该条规定的是违反先合同义务而承担缔约过失责任的情形,主要指在合同磋商过程中,一方当事人未尽到通知、协助、告知、照顾和保密等义务而造成对方当事人人身或财产的损失而需要承担的责任。

(二)相关案例评析

B公司、刘某某劳务合同纠纷案[①]

1. 案情简介

"六月风和"项目工程由B公司承包施工,B公司将架子工的施工工程承包

① 参见辽宁省锦州市中级人民法院民事判决书,(2021)辽07民终1415号。

给了不具备资质的王某某，双方签订了承包合同，约定价格为19元/平方米。王某某承包后，雇佣原告刘某某等人施工。约定刘某某每个工日的工资为260元。施工过程中由工程项目部每月核对工程量，然后由B公司直接向施工工人的银行卡转入部分工资。原告自2019年8月参加施工，2020年7月5日被告王某某为原告写下欠条，言明尚欠工资16,340元。2020年10月16日，被告王某某向原告支付工资3000元，现仍尚欠13,340元工资没有支付。本案在诉讼过程中，原告申请追加B公司为本案被告，要求B公司与王某某共同承担给付工资的责任。

2. 法院观点

一审、二审法院均认为，被告王某某应当按约定向原告支付工资。被告王某某雇佣原告施工，双方已形成劳务关系。现原告已完成架工施工，撤离工地，被告（追加）B公司作为建设工程承包人将架工工程分包给不具备资质的王某某，对于王某某招用的包括原告在内的劳动者，依法应当承担用工主体责任，即应当向王某某招用的包括原告在内的劳动者承担支付工资的责任。故本院对原告的诉讼请求予以支持。故判决被告王某某、被告（追加）B公司向原告刘某某支付工资13,340元。

根据《保障农民工工资支付条例》第36条的规定，建设单位或者施工总承包单位将建设工程发包或者分包给个人或者不具备合法经营资格的单位，导致拖欠农民工工资，由建设单位或者施工总承包单位清偿。本案中，双方均认可上诉人将"六月风和"工程中的架子工程承包给王某某个人，导致拖欠农民工工资，由建设单位或者施工总承包单位清偿。

3. 评析

本案表明，建设单位或者施工总承包单位将建设工程发包或者分包给个人或者不具备合法经营资格的单位，导致拖欠农民工工资的，由建设单位或者施工总承包单位清偿。可见，公司或个人在签订合同前，需要重点关注合同对象是否具有相关资质，确保合同权利得以保障，对合同内容相关信息进行谈判达成合意后再签署订立有效合同，确保合同的内容符合公司利益。

附录：合同前期管理合规要求

《民法典》

二、合同模板管理与合规

合同模板管理在于制定规范化、标准化的合同体系，避免合同失误与纠纷，提高公司业务开展与运行效率。如果合同条款违反国家法律法规规定，合同模板不统一或允许合同模板随意变更，则可能导致合同效力出现瑕疵或者引发诉讼纠纷，造成企业经济及名誉损失。

本部分的合规目标，首先，应当确保合同模板符合法律法规的要求，避免格式条款不成为合同内容、无效等风险。其次，合同模板应由业务承办部门起草、法务人员审核，重大合同或法律关系复杂的特殊合同模板由法律人员参与起草。国家或行业有合同示范文本的，可以优先选用，但对涉及权利义务关系的条款应当进行认真审查，并根据实际情况进行适当修改。

(一)流程项下合规风险：合同模板发布

重要合规风险提示：

1. 格式条款无法成为合同内容的风险。公司采用标准格式合同时，如果合同条款存在免除或者减轻本公司责任等与对方有重大利害关系的条款的，公司应当采取合理的方式提示对方注意，并按照对方的要求，对该条款予以说明。否则，该条款不成为合同内容。另外，根据《关于适用〈中华人民共和国合同法〉若干问题的解释(二)》[①]第6条的规定，合理的提示方式包括：足以引起对方注意的文字、符号、字体等特别标识。

2. 格式条款无效的风险。(1)具有《民法典》“第一编第六章第三节”规定的情形；(2)造成对方人身损害和因故意或者重大过失造成对方财产损失的免责条款；(3)提供格式条款一方不合理地免除或者减轻其责任、加重对方责任、限制对方主要权利；(4)提供格式条款一方排除对方主要权利。主要权利，一般指宪法规定的基本权利和法律赋予当事人的其他权利。

---

① 该司法解释虽失效，但仍有重要参考意义。

（二）相关案例评析

罗某与C公司房屋租赁合同纠纷案[①]

1. 案情简介

2019年4月25日，原告由其祖父罗某代其与被告C公司签订了《A1014号商铺租赁合同》，双方在合同中还就营业房的装修及租赁期满后附着物的处理、营业房的出借、转租及其他事项进行了约定。

2019年4月27日，原告罗某因各种原因向被告提出退租，被告表示由其在免租装修期间租出去后同意原告退租，原告遂将该商铺钥匙交还给了被告，但被告未能在免租装修期间将该商铺租赁给他人经营。2019年11月30日，被告打印了一份《退铺申请》，原告代理人罗某在前述《退铺申请》尾部申请人处签名捺印，被告经办人司某某于2019年12月4日在《退铺申请》上签字确认，被告负责人林某某于2019年12月4日在《退铺申请》下方签署了"该铺已转租，同意退铺，1～6月租金人民币15,000元整（租金、押金、物业合计）"。

2019年12月6日，被告通过银行转账方式向原告的祖父罗某账户退款了15,000.00元。嗣后，被告再未向原告退款。为此，原告诉至法院并提出如前诉讼请求。

2. 法院观点

法院认为，原告、被告2019年4月25日签订的《商铺租赁合同》，系双方当事人的真实意思表示，不违反法律、行政法规的强制性规定，合法有效。本案中，原告在签订《商铺租赁合同》的第3日即2019年4月27日向被告提出退租的申请，被告明确表示由其在免租装修期间租出去后同意原告退租，且原告在该日将案涉商铺钥匙交还给了被告，因被告未能在该期间将案涉商铺租赁给他人，直至2019年11月才由被告代为转租，原告代理人罗某在2019年11月30日由被告打印的《退铺申请》上的申请人栏签名捺印，视为原告认可本案《商铺租赁合同》自2019年11月30日解除，本案《商铺租赁合同》经双方协商一致解除，法院予以确认。故对于原告要求被告退还其租金、物业费、经营保证金、电费及电能表卡押

---

① 参见湖北省利川市人民法院民事判决书，(2020)鄂2802民初2522号。

金共计 9909.02 元的请求,法院予以支持;超过部分不予支持。

此外,被告辩称本案《商铺租赁合同》经双方协商一致解除时,被告只退还原告所交的各种费用 15,000.00 元,其余费用系由原告承担的违约金。因本案《退铺申请》由被告提供,该《退铺申请》加重了原告责任,排除了原告的主要权利,属于格式条款,应为无效,且被告未提供其他证据证明其在与原告协商一致解除本案《商铺租赁合同》时只退还原告所交的各种费用共计 15,000.00 元和原告应承担本案《商铺租赁合同》所约定的违约责任的事实,因此,被告的辩称意见和理由不能成立,法院不予采纳。①

3. 评析

本案表明,提供格式条款一方不合理地免除或者减轻其责任、加重对方责任、限制对方主要权利、排除对方主要权利,格式条款无效。可见,公司在起草合同模板时,应当确保合同内容和格式符合国家相关法律法规的标准,避免出现"格式条款"等合同内容上的合规风险。如果合同条款违反国家法律法规规定,将导致合同效力出现瑕疵或者引发诉讼纠纷,造成企业经济及名誉损失。

附录:合同模板管理合规要求

《民法典》

三、合同审核及签订与合规

合同的审核及签订是合同发生效力不可或缺的重要环节。合同的文本结构和条款内容应当逻辑严谨、严密准确,公司应当进行有效的合同登记管理,确保合同受到全流程的审批,确保合同的效力是双方合意且符合公司利益,避免出现超越权限签订合同以引发法律纠纷的情况。

本部分的合规目标,首先,应当规范合同管理制度及管理模式,依据公平公正及诚实信用原则订立合同,依法有效监督、管理,保证履约顺利进行,维护企业合法权益。其次,确保合同经过相应的法务审核,以避免不利的条款产生法律风险。最后,确保合同经过严格有效的审批,以避免因未经审批或越权审批,可能出现重大差错、舞弊等损害公司利益。

---

① 参见湖北省利川市人民法院民事判决书,(2020)鄂 2802 民初 2522 号。

(一)流程项下合规风险

1. 合同文本拟定与审核

重要合规风险提示:

(1)公司对外签订合同的人员不具有权限或授权的风险。正式对外订立的合同,应当由企业法定代表人或由其授权的代理人签名并加盖有关印章。授权签署合同的,应当签署授权委托书。公司应当建立合同专用章保管制度;未经授权的人员使用合同专用章对外签订合同,可能对公司构成表见代理,合同的权利义务由公司承担。

(2)合同未经内部审核、批准程序的风险。合同审核应严格按照合同经办单位、相关业务部门或单位、财务部门、公司法律顾问、合同(合同专用章)管理部门顺序依次进行审核。各个部门审核合同相应部分。其中,如果需签订增资协议,还应当经股东会决议通过增资方案。

(3)须报经有关主管部门批准或备案的合同文本而未履行相应程序的风险。需要经有关主管部门审查或备案的合同,应当履行相应程序。需要审查的合同包括但不限于:注册商标转让合同、(改变土地用途的)土地使用权出让合同等。需要备案的合同包括但不限于:房屋租赁合同、专利实施许可合同等。

(4)先履行后签订合同的风险。虽然合同可以以口头方式成立生效,但口头约定的合同内容难以证明,一旦发生纠纷,公司将存在举证困难的风险。因此,除非遇到突发事件等特殊情况,应当坚决避免履行在先、签订书面合同在后的情况发生。

(5)加盖合同专用章时未审核相关文件的风险。合同审批后,合同管理部门应核查合同、合同会签审批表、中标通知书等文件是否齐全,齐全者方可加盖合同专用章。无中标通知书的,应提供会议纪要或公司主要领导审批记录等。

(6)合同内容无效的风险。下列合同无效:①无民事行为能力人签订的合同无效。②行为人与相对人以虚假的意思表示订立的合同无效。③合同内容违反法律、行政法规的强制性规定的,合同无效。但是,该强制性规定不导致该民事法律行为无效的除外。④合同内容违背公序良俗的,合同无效。⑤行为人与相对人恶意串通,损害他人合法权益的合同无效。另外,格式条款也存在无效或不进入合同本文的情形,可参见“合同模板发布”下的“重要合规风险提示”。

2. 合同印章管理

重要合规风险提示:

合同印章保管不善而构成表见代理的风险。公司应当妥善保管合同专用章。合同专用章保管不善,无授权人员用合同专用章与第三人签订合同,可能对公司构成表见代理,公司需承担该合同下的全部权利义务及法律后果。

(二)相关案例评析

J公司诉F公司等确认合同无效纠纷案[①]

1. 案情简介

J公司与F公司以及S集团(本案中指a公司、b公司、c公司、d公司、e公司共6公司)存在商业合作关系。J公司因与S集团买卖大豆发生争议,双方在国际油类、种子和脂类联合会仲裁过程中于2005年6月26日达成《和解协议》。2005年10月10日,国际油类、种子和脂类联合会根据该《和解协议》确认S集团应向J公司支付1337万美元。2006年5月,J公司向福建省厦门市中级人民法院申请承认和执行第3929号仲裁裁决。2007年6月26日,厦门市中级人民法院经审查后裁定对该仲裁裁决的法律效力予以承认和执行。该裁定生效后,J公司申请强制执行。

2006~2009年,F公司、T公司、H公司签署相关买卖合同,对F公司名下的国有土地使用权及地上建筑物、设备等固定资产实施购买,具体如下:

(1)T公司于2006年6月15日以2500万元价款购买F公司的上述国有土地使用权,F公司当日从该账户汇出1300万元、1200万元两笔款项至S集团旗下a公司账户,用途为往来款。T公司于6月19日取得上述国有土地使用权证。

(2)H公司于2008年2月21日,与T公司签订买卖合同,约定向其购买上述土地使用权及地上建筑物、设备等,总价款为2669万元,并于2008年3月取得上述国有土地使用权证。H公司仅于2008年4月7日向T公司付款569万元,此后未付其余价款。

---

① 参见最高人民法院民事判决书,(2012)民四终字第1号。

经查，T 公司、F 公司、a 公司及 S 集团旗下其他公司的直接或间接控制人均为王某某等家亲属关系。且 H 公司成立后并未进行实际经营。

2009 年 9 月 16 日，Z 公司购买 H 公司 80% 的股权，在股权转让协议中约定合同多方需履行因“红豆事件”而产生的所有责任和义务等相关内容的“合同义务”。最终 Z 公司于 11 月 18 日取得 H 公司 80% 的股权。同年 10 月 15 日，Z 公司取得 T 公司 80% 的股权，并将 T 公司更名为 Q 公司。

由于 F 公司已无可供执行的财产，导致无法执行，J 公司遂向福建省高级人民法院提起诉讼，请求：确认 F 公司与 Q 公司签订的《国有土地使用权及资产买卖合同》无效；确认 Q 公司与 H 公司签订的国有土地使用权及资产《买卖合同》无效；判令 H 公司、Q 公司将其取得的合同项下财产返还给财产所有人。

2. 法院观点

福建省高级人民法院于 2011 年 10 月 23 日作出（2007）闽民初字第 37 号民事判决书，确认 F 公司与 T 公司之间的国有土地使用权及资产买卖合同、T 公司与 H 公司之间的买卖合同无效；判令 H 公司于判决生效之日起 30 日内向 F 公司返还因上述合同而取得的国有土地使用权，Q 公司于判决生效之日起 30 日内向 F 公司返还因上述合同而取得的房屋、设备。宣判后，F 公司、Q 公司、H 公司提起上诉。最高人民法院于 2012 年 8 月 22 日作出（2012）民四终字第 1 号民事判决书，判决驳回上诉，维持原判。①

最高人民法院认为，本案源于债权人 J 公司认为债务人 F 公司与关联企业 T 公司、H 公司之间关于土地使用权以及地上建筑物、设备等资产的买卖合同，因属于原《合同法》第 52 条第 2 项“恶意串通，损害国家、集体或者第三人利益”的情形而应当被认定无效②，并要求返还原物。

首先，F 公司、T 公司在签订和履行《国有土地使用权及资产买卖合同》的过程中，由于其实际控制人之间系亲属关系。因此，可以认定在签署以及履行转让 F 公司国有土地使用权、房屋、设备的合同过程中，T 公司对 F 公司及 S 集团因“红豆事件”被仲裁裁决确认对 J 公司形成 1337 万美元债务的事实是清楚的。

其次，《国有土地使用权及资产买卖合同》订立于 2006 年 5 月 8 日，其中约

---

① 参见吴光侠、高晓力：《〈瑞士嘉吉国际公司诉福建金石制油有限公司等确认合同无效纠纷案〉的理解与参照——恶意串通逃债的行为无效》，载《人民司法》2015 年第 18 期。

② 现为《民法典》第 154 条：“行为人与相对人恶意串通，损害他人的民事法律行为无效。”

定T公司购买F公司资产的价款为2569万元,并未根据相关会计师事务所的评估报告作价。一审法院根据F公司2006年5月31日资产负债表认定,《国有土地使用权及资产买卖合同》中约定的购买F公司资产价格为不合理低价是正确的。在明知债务人F公司欠债权人J公司巨额债务的情况下,T公司以明显不合理低价购买F公司的主要资产,足以证明其与F公司在签订《国有土地使用权及资产买卖合同》时具有主观恶意,属恶意串通,且该合同的履行足以损害债权人J公司的利益。

此外,从H公司的股权变化的过程中可以看出,其是在已知"F公司对J公司的债务"的前提下与T公司签订《买卖合同》的,且该公司约定购买相关资产的价款与T公司从F公司购入该资产的约定价格相差不大。H公司除已向T公司支付569万元外,其余款项未付。据此认定H公司与T公司签订《买卖合同》时恶意串通并足以损害债权人J公司的利益。

综上所述,F公司与T公司签订的《国有土地使用权及资产买卖合同》、T公司与H公司签订的《买卖合同》,属于恶意串通、损害J公司利益的合同。根据原《合同法》第52条第2项的规定,均应当认定无效。

3.评析

对于无效合同的处理,人民法院一般根据原《合同法》第58条"合同无效或者被撤销后,因该合同取得的财产,应当予以返还;不能返还或者没有必要返还的,应当折价补偿。有过错的一方应当赔偿对方因此所受到的损失,双方都有过错的,应当各自承担相应的责任"的规定①,判令取得财产的一方返还财产。本案涉及的两份合同均被认定无效,两份合同涉及的财产相同,其中国有土地使用权已经从F公司经T公司变更至H公司名下,在没有证据证明本案所涉房屋已经由T公司过户至H公司名下、所涉设备已经由T公司交付H公司的情况下,取得国有土地使用权的H公司、取得房屋和设备的T公司应当分别就各自取得的财产返还给F公司。

可见,公司应当严格把控合同审核手续与流程,避免出现"合同文本结构不严谨""条款内容不完善、不合规""表述不严密准确""恶意串通损害国家及他人利益"等合规风险,所有合同均需经过适当审批,确保签订的合同符合公司利益,

① 现为《民法典》第157条。

以降低公司发生财务损失和法律诉讼的风险。

附录：合同审核及签订合规要求

1.《民法典》

2.《企业国有资产法》

3.《企业国有资产交易监督管理办法》

四、合同履行管理与合规

合同履行管理包括合同的执行、变更、中止等内容。做好合同履行管理，有利于提高公司的合同风险控制能力，确保合同的履行高效有序，降低合同履行过程中的风险。如果合同的订立、签署和履约缺乏有效的管理，可能导致合同谈判失误、权责不清等问题，影响企业生产经营的顺利进行。

本部分的合规目标，在于确保对合同履行应进行跟踪管理，以避免违约、不能履约、延迟履约等导致合同不能如约履行的风险；确保对合同变更、修改等按照审批权限进行审核，避免变更、修改等行为产生不利的合同条款。

(一)流程项下合规风险

1. 合同纠纷管理

重要合规风险提示：

(1)不安抗辩权的行使不符合规定的风险。公司如果是应当先履行债务的当事人，有确切证据证明对方有下列情形之一的，可以中止履行：①经营状况严重恶化；②转移财产、抽逃资金，以逃避债务；③丧失商业信誉；④有丧失或者可能丧失履行债务能力的其他情形。如果没有确切证据而中止履行的，公司可能承担违约责任。公司行使不安抗辩权，应当及时通知对方。对方提供适当担保的，应当恢复履行。中止履行后，对方在合理期限内未恢复履行能力且未提供适当担保的，视为以自己的行为表明不履行主要债务，公司可以解除合同并可以请求对方承担违约责任。

(2)合同未全面履行而导致的违约风险。合同的全面履行，不仅包括履行合同的主要义务，还包括履行合同的附随义务，附随义务是指基于诚实信用原则而产生的义务，包括通知、协助、保密义务等。

(3)违约责任承担。合同履行过程中存在违约行为的,违约方应当承担违约责任。

(4)履行不能的情形。一般情况下,承担违约责任不影响继续履行,且金钱债务不存在不能履行的情形。但是,非金钱债务,存在无法履行的情形,公司无法请求对方履行:①法律上或者事实上不能履行(如特定标的物毁损灭失);②债务的标的不适于强制履行或者履行费用过高(如标的物落入河中,打捞的成本高于合同价格);③债权人在合理期限内未请求履行。

(5)对方违约后公司未采取合理措施防止损害扩大的风险。《民法典》第591条规定,当事人一方违约后,对方应当采取适当措施防止损失的扩大;没有采取适当措施致使损失扩大的,不得就扩大的损失请求赔偿;当事人因防止损失扩大而支出的合理费用,由违约方负担。因此,如果公司未采取适当措施防止损失扩大,对扩大的损失公司无权请求赔偿。

(6)仲裁或法院的选择。公司订立合同时,对于纠纷解决方式,既可以选择仲裁也可以选择法院;当事人约定争议可以向仲裁机构申请仲裁也可以向人民法院起诉的,仲裁协议无效,但一方向仲裁机构申请仲裁,另一方未在规定期间内提出异议的除外。法院的优势在于费用较低,但判决书及诉讼情况会公开,诉讼程序时间较长;仲裁的优势在于保密(仲裁程序及判决书不公开)、高效,但仲裁费用较高。公司可以根据实际情况选择法院诉讼或仲裁机构仲裁。

2. 合同变更与终止(解除)管理

重要合规风险提示:

(1)情势变更的情形。合同成立后,满足以下要件的,构成情势变更:①合同的基础条件发生了当事人在订立合同时无法预见的重大变化;②该重大变化不属于商业风险;③继续履行合同对于当事人一方明显不公平。满足前述要件的,受不利影响的当事人可以与对方重新协商。在合理期限内协商不成的,当事人想要变更或者解除合同,应当向人民法院或者仲裁机构提出请求。

(2)解除合同构成违约的风险。合同解除的分为法定解除和约定解除。更多关于解除权的内容,可参见"大宗原材料质量异议处理""重要合规风险提示(2)"中的相关内容。公司在未前述情形下解除合同的,可能构成违约。比如,对方迟延履行主要债务的,公司不能直接解除合同,而应当先合理催告,在合理期间内对方仍不履行的，方可解除合同。

（3）不可抗力的范围。发生不可抗力致使不能实现合同目，当事人可以解除合同，根据不可抗力的影响，部分或者全部免除当事人的责任。不可抗力，指不能预见、不能避免并且不能克服的客观情况，主要包括以下几种情形：①自然灾害、如台风、洪水、冰雹；②政府行为，如征收、征用；③社会异常事件，如罢工、骚乱。

（4）公司行使解除权超过期限的风险。约定了合同解除权的行使期间的，公司应当在该期间内行使。没有约定的，自公司知道或者应当知道解除事由之日起 1 年内不行使，或者经对方催告后在合理期限内不行使的，该权利消灭。

（5）行使解除权未通知对方的风险。公司依法主张解除合同的，应当通知对方。合同自通知到达对方时解除；通知载明对方债务人在一定期限内不履行债务则合同自动解除，债务人在该期限内未履行债务的，合同自通知载明的期限届满时解除。公司未通知对方，不发生合同解除的法律效果。

（二）相关案例评析

张某某、A 公司挂靠经营合同纠纷案①

1. 案情简介

2014 年 9 月 27 日，原告张某某与被告 A 公司分别签订《货运车辆道路运输联营协议》和《货运租赁协议书》。协议签订后，原告张某某驾驶总质量为 1.65 吨的轻型封闭货车从事运输经营活动。2019 年 9 月 28 日至 2020 年 9 月 28 日原告张某某拖欠被告运输管理费 2020 元。2020 年 3 月 30 日，被告为涉案车辆投保 2020 年 3 月 31 日至 2021 年 3 月 30 日的交强险 1395 元、商业三者险 2077 元，共计 3472 元。

另查，2018 年 12 月 24 日，交通运输部办公厅发布的交办运函〔2018〕2052 号通知规定，自 2019 年 1 月 1 日起，各地交通运输管理部门不再为总质量 4.5 吨及以下普通货运车辆配发道路运输证；自 2019 年 1 月 1 日起，对于总质量 4.5 吨及以下普通货运车辆从事普通货物运输活动的，各地交通运输管理部门不得对该

① 参见辽宁省沈阳市中级人民法院民事判决书，（2021）辽 01 民终 17 号。

类车辆、驾驶员以“无证经营”和“未取得相应从业资格证件,驾驶道路客货运输车辆”为由实施行政处罚。

由此,张某某向一审法院起诉请求:解除原、被告之间签订的车辆挂靠协议书;判决被告返还给原告抵押金4000元及利息;要求被告退还原告从2019年1月1日到9月27日的管理费1530元。

A公司向一审法院反诉请求:判决张某某给付该车欠公司管理费、强制保险、商业险费用共5492元;判决张某某处理车辆违法记录共14分,共计3250元。

2. 法院观点

一审、二审法院均认为,原告、被告双方订立的挂靠合同因政策变动,符合法定解除条件。但因其签订的《货运车辆道路运输联营协议》和《货运租赁协议书》合法有效,故原告张某某将车辆挂靠在被告处从事运输经营,需按合同约定及时向被告缴纳管理费及保险费。

一审法院指出,原告、被告双方签订《货运车辆道路运输联营协议》的目的是为涉案车辆办理运输证用于运营。根据交办运函〔2018〕2052号通知,案涉车辆不需要配发道路运输证即可运营,故双方订立挂靠合同的目的已经无法实现,符合法定解除条件。故原告张某某要求与被告解除挂靠合同的主张,本院依法准许。被告应配合原告张某某办理车辆转移登记手续,所发生的费用应由原告张某某承担。关于被告反诉要求原告张某某给付管理费2020元,强制保险1395元,第三者保险2077元问题。原告、被告之间签订的《货运车辆道路运输联营协议》和《货运租赁协议书》合法有效,对双方当事人具有约束力。原告张某某将车辆挂靠在被告处从事运输经营,未能按合同约定及时向被告缴纳管理费及保险费,属违约行为。故判决:解除原告张某某与被告A公司之间于2014年9月27日签订的《货运车辆道路运输联营协议书》;被告A公司协助原告张某某办理相关车辆转移登记到原告张某某名下的手续,所产生的费用由原告承担;原告张某某给付被告A公司管理费2020元、保险费3472元。

二审法院认为,根据双方合同约定,直至车辆按政府规定年限报废,甲方收回全部营运手续。本案涉案车辆强制报废期为2026年11月14日。A公司在强制报废期间内为其缴纳车辆保险行为属于履行合同相关义务行为,同时也是为了自身防范经营风险,在合同相对方未明确要求车辆停运的情况下,该缴纳行为并无不当。双方对出现车辆提前达到报废标准的情况协商不成的,亦应请求人民法院或者仲裁机构变更或者解除合同。故判决维持一审原判，张某某应当支付合同履行期间的管理费及保险费。

3. 评析

本案的判决表明，在情势变更情形下，协商不成的，应请求人民法院或者仲裁机构变更或者解除合同，否则合同仍然有效。虽然由于政策调整，张某某车辆无须挂靠在A公司名下。但根据法律法规的规定，双方合同并不能因此自动解除或单方解除，应由双方协商解除，或请求人民法院等机构变更或解除合同。

可见，公司应当重视合同履行中的合规风险，如果合同变更或终止不符合相关法律及公司制度规定，可能导致解除或变更无效，损害公司及个人利益。合同的订立、签署和履约需要采取有效的管理，避免出现“合同谈判失误”“权责不清”“索赔不畅”等合规风险，影响企业生产经营的顺利进行。

附录：合同履行管理合规要求

《民法典》

五、合同后续管理与合规

合同后续管理包括合同履行、合同档案管理等内容，是合同管理的闭环路径之一。对合同履行实施有效验收，妥善保管合同，建立合同档案，监控合同的全面履行，有利于对合同履行过程中的风险点进行梳理和总结，实现合同的查阅、追溯，保障公司业务的健康稳定发展。

本部分的合规目标，在于逐步建立体系化合同资料和档案的管理平台，实现资源共享，提高企业整体合约管理水平，保证合同数据库信息的真实、准确、完整，符合企业合同档案管理及信息披露的要求；健全合同管理考核与责任追究制度。对合同订立、履行过程中出现的违法违规行为，应当追究有关机构或人员的责任。

流程项下合规风险：合同档案管理

重要合规风险提示：

合同、来往信函等文件保管不善导致举证困难的风险。在民事诉讼中，举证原则为“谁主张、谁举证”。公司应当对交易过程中产生的书面合同、往来信函、签收单、运输单、收款凭证等文件进行收集和归档,以证明自身义务的完整履行,避免在后续纠纷中出现举证困难的风险。

第二节　信息化管理与合规

一、信息化规划、计划管理与合规

企业信息化工作是我国信息化建设和发展的重要领域。做好信息化规划,制定公司信息化的系统架构并对信息化的目标和内容进行整体规划,有利于发展企业信息技术应用,满足企业经营需要。如果信息化建设计划缺失或不符合公司经营战略目标,那么可能造成盲目建设、信息孤岛、业务支持不足、投资低效等负面影响。

本部分的合规目标,首先,合理规划和实施信息化建设,促进企业战略目标的实现。其次,建立信息系统相关资产的管理制度,保证资产安全。最后,提高信息化的管理水平和技术水平,满足生产经营业务需求,提高企业综合竞争力。

流程项下合规风险信息化建设发展规划管理:

重要合规风险提示:

未制定内部安全保护规范制度的风险。根据《网络安全法》第 10 条之规定,建设、运营网络或者通过网络提供服务,应当依照法律、行政法规的规定和国家标准的强制性要求,采取技术措施和其他必要措施,保障网络安全、稳定运行。是以,无论是公司内部的管理系统,还是互联网信息系统,都作为网络系统受《网络安全法》约束。公司有义务制定内部安全管理制度和操作规程,确定网络安全负责人,落实网络安全保护责任,违反前述规定,公司可能被责令整改并受到罚款。

附录:信息化规划、计划管理合规要求

《网络安全法》

二、信息系统开发管理与合规

信息系统开发管理是企业信息化过程中的重要组成部分。公司信息系统的开发、编写、测试、验收、上线等环节应当严格遵守国家法律法规及相关政策。如果未对信息系统进行管理验收,可能导致开发功能无法完全满足需求,进而不能有效提高相关人员工作效率,使系统开发目的未能实现。

本部分的合规目标,首先,结合公司发展战略,开发和选择科学合适、安全性高的信息系统。其次,确保信息系统开发、变更和维护流程清晰合理,符合国家法律法规及相关政策。最后,信息系统的相关机构设置和人员配备应当科学合理,重大信息系统开发与使用事项应履行审批程序。

流程项下合规风险

1. 系统开发项目方案管理

重要合规风险提示:

未落实网络安全等级保护的风险。根据《网络安全法》第 21 条之规定,公司负有网络安全等级保护义务,网络安全等级保护规范要求网络运营者应当依法开展网络定级备案、等级测评和自查等工作;制定内部安全管理制度和操作规程,确定网络安全负责人,落实网络安全保护责任;采取防范计算机病毒和网络攻击、网络侵入等危害网络安全行为的技术措施;采取监测、记录网络运行状态、网络安全事件的技术措施,并按照规定留存相关的网络日志不少于 6 个月;采取数据分类、重要数据备份和加密等措施。因此,公司应确保系统符合网络安全等级保护的要求,如公司不履行网络安全保护义务的,主管部门可责令改正、给予警告并处以罚款。

2. 系统开发供应商选择管理

重要合规风险提示:

网络产品、服务不符国家强制标准的风险。根据《网络安全法》第 22 条之规定,公司有义务选择符合相关国家标准强制性要求的信息产品或服务,公司应确保系统开发供应商提供的产品、服务符合强制性标准,违反前述规定,公司可能被责令整改并受到罚款。

附录:信息系统开发管理合规要求

《网络安全法》

三、信息系统维护与合规

信息系统维护是指为适应系统的环境和其他因素的各种变化,保证系统正常工作而对系统所进行的修改,包括系统功能的改进和解决系统在运行期间发生的问题。如果系统运行维护和安全措施不到位,可能导致信息泄露或毁损,系统无法正常运行。

本部分的合规目标,在于确保建立访问安全制度,关注用户账号及权限管理,对操作权限、信息使用、信息管理等内容应当有明确规定;确保对信息系统外包服务进行及时有效监控。

流程项下合规风险:用户账号及权限管理

重要合规风险提示:

未留存用户身份信息的风险。根据《网络安全法》第24条之规定,网络运营者为用户办理网络接入、域名注册服务,办理固定电话、移动电话等入网手续,或者为用户提供信息发布、即时通讯等服务,在与用户签订协议或者确认提供服务时,应当要求用户提供真实身份信息。用户不提供真实身份信息的,网络运营者不得为其提供相关服务。是以,若公司作为网络运营者开展经营和服务活动,为用户办理网络接入、移动电话等终端设备入网手续时,应当要求用户提供真实身份信息。如公司不履行用户身份留存义务的,主管部门可责令改正、给予警告并处以罚款。

附录:信息系统维护合规要求

《网络安全法》

重点提示

1. 公司市场运作领域存在的合规风险类型有哪些?

2. 公司的信息化管理过程中需要注意哪些具体合规风险点?

第八章　公司人事及法务相关合规风险识别类型

第一节　人力资源管理与合规

一、人才招聘、配置管理与合规

做好人才的招聘、配置管理，保证公司的人才需求与人才引进相匹配，完善内部人才结构和人才储备，有利于为公司实现长远战略和持续经营提供稳定的人才支撑。如果员工招(选)聘工作制度不健全或效率低下，那么企业综合管理水平的提高将受到影响。

本部分的合规目标，首先，确保员工的招(选)聘程序、岗位设置及管理符合国家法律、法规以及企业内部相关规章制度的要求。其次，合理设置岗位，促进部门工作绩效提高。最后，规范员工招(选)聘工作，提高企业的工作效率和管理水平；完善员工招(选)聘的程序，提高招(选)聘员工质量，满足企业对人才资源的需求，为企业发展提供人才支撑与保证。

(一)流程项下合规风险

1. 员工招聘实施

重要合规风险提示：

国有企业招聘高校毕业生不符合规定的风险。国有企业招聘高校毕业生，应当注意以下要求：(1)制定本单位公开招聘应届高校毕业生的制度;(2)招聘应届高校毕业生要公开发布招聘信息;(3)不得设置民族、种族、性别、宗教信仰等歧视性条件,不得设置与岗位要求无关的条件,不得将院校作为限制性条件。工作地点位于省会及以下城市的国有企业招聘应届高校毕业生,不得将户籍作为限制性条件;(4)与应聘者有夫妻关系、直系血亲关系、三代以内旁系血亲或近姻亲关系的国有企业负责人不得参与招聘工作。国有企业具体负责组织招聘工作的人员,在招聘过程中涉及与应聘者有上述亲属关系或存在其他可能影响招聘公正情形的,也应当回避;(5)要在本单位网站或其他公共媒体对招聘结果进行公示。公司违反上述规定的,公司及相关负责人可能遭受纪律处分或行政处罚。

2. 试用期管理

重要合规风险提示:

(1)试用期约定不符合规定的风险。①试用期的期限。劳动合同期限3个月以上不满1年的,试用期不得超过1个月;劳动合同期限1年以上不满3年的,试用期不得超过2个月;3年以上固定期限和无固定期限的劳动合同,试用期不得超过6个月。以完成一定工作任务为期限的劳动合同或者劳动合同期限不满3个月的,不得约定试用期。试用期包含在劳动合同期限内。劳动合同仅约定试用期的,试用期不成立,该期限为劳动合同期限。②试用期的工资。劳动者在试用期的工资不得低于本单位相同岗位最低档工资或者劳动合同约定工资的80%,并不得低于用人单位所在地的最低工资标准。③试用期的次数。公司与同一劳动者只能约定1次试用期。

(2)试用期劳动合同解除的风险。在试用期中,用人单位不得解除劳动合同,除非劳动者存在以下情形:①在试用期间被证明不符合录用条件的;②严重违反用人单位的规章制度的;③严重失职,营私舞弊,给用人单位造成重大损害的;④劳动者同时与其他用人单位建立劳动关系,对完成本单位的工作任务造成严重影响,或者经用人单位提出,拒不改正的;⑤因《劳动合同法》第26条第1款第1项规定的情形致使劳动合同无效的;⑥被依法追究刑事责任的;⑦劳动者患病或者非因工负伤,在规定的医疗期满后不能从事原工作,也不能从事由用人单位另行安排的工作的;⑧劳动者不能胜任工作,经过培训或者调整工作岗位,仍不能胜任工作的。另外,用人单位在试用期解除劳动合同的,应当向劳动者说明理由。

3. 劳动合同签订

重要合规风险提示:

(1)未签订书面劳动合同的风险。建立劳动关系必须订立书面劳动合同。首先,未订立书面劳动合同的:①公司自用工之日起超过1个月不满1年未与劳动者订立书面劳动合同的,应当向劳动者每月支付2倍的工资(起算时间为用工之日起满1个月的次日,截止时间为补订书面劳动合同的前1日),并与劳动者补订书面劳动合同;劳动者不与用人单位订立书面劳动合同的,用人单位应当书面通知劳动者终止劳动关系,并依照《劳动合同法》第47条的规定支付经济补偿。②自用工之日起满1年未与劳动者订立书面劳动合同的,自用工之日起满1个月的次日至满1年的前1日应当依照《劳动合同法》第82条的规定向劳动者每月支付2倍的工资,并视为自用工之日起满1年的当日已经与劳动者订立无固定期限劳动合同,且应当立即与劳动者补订书面劳动合同。其次,不签订书面劳动合同,不必然影响劳动关系的认定。根据原劳动和社会保障部《关于确立劳动关系有关事项的通知》(劳社部发〔2005〕12号),公司招用劳动者未订立书面劳动合同,但同时具备下列情形的,劳动关系成立:①用人单位和劳动者符合法律、法规规定的主体资格;②用人单位依法制定的各项劳动规章制度适用于劳动者,劳动者受用人单位的劳动管理,从事用人单位安排的有报酬的劳动;③劳动者提供的劳动是用人单位业务的组成部分。

(2)劳动合同不具备必备条款的风险。劳动合同应当以书面形式订立,并具备以下条款:①劳动合同期限;②工作内容;③劳动保护和劳动条件;④劳动报酬;⑤劳动纪律;⑥劳动合同终止的条件;⑦违反劳动合同的责任。不具备必备条款的,公司可能遭受行政处罚。

(3)劳动合同无效的情形。以下劳动合同无效或者部分无效:①以欺诈、胁迫的手段或者乘人之危,使对方在违背真实意思的情况下订立或者变更劳动合同的;②用人单位免除自己的法定责任、排除劳动者权利的;③违反法律、行政法规强制性规定的。公司存在以上情形,致使劳动合同无效的,劳动者可以解除劳动合同并要求公司给予补偿金。

(4)应当订立无固定期限劳动合同的情形。有下列情形之一,劳动者提出或者同意续订、订立劳动合同的,除劳动者提出订立固定期限劳动合同外,应当订立无固定期限劳动合同:①劳动者在该用人单位连续工作满10年的;②用人单位初次实行劳动合同制度或者国有企业改制重新订立劳动合同时,劳动者在该用人单位连续工作满10年且距法定退休年龄不足10年的;③连续订立二次固定期限劳动合同,且劳动者没有《劳动合同法》第39条和第40条第1项、第2项规定的情形,续订劳动合同的。公司违反本法规定不与劳动者订立无固定期限劳动合同的,自应当订立无固定期限劳动合同之日起向劳动者每月支付2倍的工资。

(5)未与可能接触或获取技术秘密或商业秘密的人员签订保密协议或竞业限制协议的风险。公司应当与可能接触或获取技术秘密或商业秘密的人员签订保密协议或竞业限制协议。

4.员工内部竞聘管理

重要合规风险提示:

(1)内部竞聘程序不符合规定的风险。国有企业内部竞聘,应当遵循审批、报名、资格审核、笔试、面试以及结果公布的程序。

(2)内部竞聘存在"托关系、走门路"的风险。国有企业内部竞聘工作应坚决杜绝"托关系、走门路"等违规行为,组织面试和考察时应当注意相关人员的回避。

5.解除劳动合同

重要合规风险提示:

(1)公司可以解除劳动合同且不用支付补偿金的情形。劳动者有下列情形之一的,用人单位可以解除劳动合同:①在试用期间被证明不符合录用条件的;②严重违反用人单位的规章制度的;③严重失职,营私舞弊,给用人单位造成重大损害的;④劳动者同时与其他用人单位建立劳动关系,对完成本单位的工作任务造成严重影响,或者经用人单位提出,拒不改正的;⑤因以欺诈、胁迫的手段或者乘人之危,使公司在违背真实意思的情况下订立或者变更劳动合同致使劳动合同无效的;⑥被依法追究刑事责任的。另外,⑦劳动者提前30日以书面形式通知用人单位解除劳动合同的,公司亦不用支付补偿金。

(2)公司可以解除合同但需要支付补偿金的情形。①用人单位提出并与劳动者协商一致解除劳动合同。②以下情况,用人单位提前 30 日以书面形式通知劳动者本人或者额外支付劳动者 1 个月工资后,可以解除劳动合同:劳动者患病或者非因工负伤,在规定的医疗期满后不能从事原工作,也不能从事由用人单位另行安排的工作的;劳动者不能胜任工作,经过培训或者调整工作岗位,仍不能胜任工作的;劳动合同订立时所依据的客观情况发生重大变化,致使劳动合同无法履行,经用人单位与劳动者协商,未能就变更劳动合同内容达成协议的。③公司依据企业破产法进行重整时经济性裁员。④固定期限合同期满(例外:用人单位维持或者提高劳动合同约定条件续订劳动合同,劳动者不同意续订)。⑤公司被依法宣告破产、被吊销营业执照、责令关闭、撤销或者用人单位决定提前解散而导致劳动合同终止。

(3)公司单方解除劳动合同未告知工会的风险。用人单位单方解除劳动合同,应当事先将理由通知工会。用人单位违反法律、行政法规规定或者劳动合同约定的,工会有权要求用人单位纠正。用人单位应当研究工会的意见,并将处理结果书面通知工会。

(4)劳动者解除合同且公司需要支付补偿金的情形。公司有下列情形之一的,劳动者可以解除劳动合同,且公司应当支付补偿金:①未按照劳动合同约定提供劳动保护或者劳动条件的;②未及时足额支付劳动报酬的;③未依法为劳动者缴纳社会保险费的;④用人单位的规章制度违反法律、法规的规定,损害劳动者权益的;⑤公司因《劳动合同法》第 26 条第 1 款规定的情形致使劳动合同无效的;⑥用人单位以暴力、威胁或者非法限制人身自由的手段强迫劳动者劳动的,或者用人单位违章指挥、强令冒险作业危及劳动者人身安全的;⑦法律、行政法规规定劳动者可以解除劳动合同的其他情形。

(5)公司不得解除劳动合同而解除的风险。劳动者有下列情形之一的,公司不得依照《劳动合同法》第 40 条、第 41 条的规定解除劳动合同:①从事接触职业病危害作业的劳动者未进行离岗前职业健康检查,或者疑似职业病病人在诊断或者医学观察期间的;②在本单位患职业病或者因工负伤并被确认丧失或者部分丧失劳动能力的;③患病或者非因工负伤,在规定的医疗期内的;④女职工在孕期、产期、哺乳期的;⑤在本单位连续工作满 15 年,且距法定退休年龄不足 5 年的;⑥法律、行政法规规定的其他情形。

(6)公司违法解除劳动合同支付赔偿金的风险。公司违反《劳动合同法》的规定解除或者终止劳动合同,劳动者要求继续履行劳动合同的,用人单位应当继续履行;劳动者不要求继续履行劳动合同或者劳动合同已经不能继续履行的,用人单位应当支付赔偿金,赔偿金的数额为2倍的补偿金。

(7)补偿金的计算方式。经济补偿按劳动者在本单位工作的年限,每满1年支付1个月工资的标准向劳动者支付。6个月以上不满1年的,按1年计算;不满6个月的,向劳动者支付半个月工资的经济补偿。月工资是指劳动者在劳动合同解除或者终止前12个月的平均工资。

劳动者月工资高于用人单位所在直辖市、设区的市级人民政府公布的本地区上年度职工月平均工资3倍的,向其支付经济补偿的标准按职工月平均工资3倍的数额支付,向其支付经济补偿的年限最高不超过12年。

(8)相关证据未留存的风险。因公司作出的开除、除名、辞退、解除劳动合同、减少劳动报酬、计算劳动者工作年限等决定而发生的劳动争议,公司负举证责任。因此,公司作出前述决定时,应当留存相关证据,否则将承担举证不利的后果。

(二)相关案例评析

孙某诉K公司劳动合同纠纷案①

1.案情简介

K公司经过面试考察决定聘用孙某,于2012年7月27日向孙某送交了一份打印形成的书面录用信。落款处打印有CEO Joy Cafe Bar。嗣后,孙某在录用信的确认回执中签名确认。孙某于2012年8月1日正式在K公司上班。

2012年12月30日,孙某自K公司离职后,向仲裁委提出申请,要求K公司支付2012年9月1日至12月30日未签订书面劳动合同的双倍工资差额。劳动仲裁委经审理认为,录用信因欠缺必备条款,不能视作书面劳动合同,遂支持了孙某关于双倍工资差额的请求。

K公司不服,以仲裁裁决适用法律错误为由向上海市第一中级人民法院申请撤销。K公司认为录用信以书面的形式约定了双方劳动合同所应具备的主要

① 参见上海市第一中级人民法院民事判决书,(2013)沪一中民三(民)撤字第242号。

条款。K公司因为疏忽未按照录用信所述再签订劳动合同并不妨碍录用信的效力。录用信虽无劳动合同之名，但本质却与劳动合同无异。故仲裁委未将录用信认定为书面劳动合同，据此裁决K公司承担双倍工资责任属于适用法律错误。

2. 法院观点

上海市第一中级人民法院经审理认为，建立劳动关系，应当订立书面劳动合同。录用信虽然具备《劳动合同法》第17条规定的部分条款，但K公司出具给劳动者的录用信上没有用人单位的印章或法定代表人、负责人的签名，与劳动合同中双方当事人签章作出接受合同条款的意思表示之特征不符。而且，录用信载明一旦劳动者确认并接受聘用通知，将签订正式的劳动合同，这表明录用信只是一种建立劳动关系的意向，并不属于书面劳动合同。仲裁委员会在查明事实的基础上裁决K公司支付未签订劳动合同双倍工资差额，适用法律正确。根据上述分析，确认K公司申请撤销仲裁裁决的理由不成立，故判决驳回K公司撤销仲裁裁决的申请。

3. 评析

本案主要阐述了未订立书面劳动合同的风险。录用信等文件是否应视作劳动合同，应从公权力可否有效介入的角度，综合内容的拘束力和对主体的拘束力进行判断。内容的拘束力，要求劳动合同须具备反映劳动力交换的核心要素，且合约双方应赋予所订书面文件以劳动合同的法效意思；对主体的拘束力，则要求劳动合同具备意思表示渠道的可溯性、主体的可识别性。不具备上述拘束力的录用信等文件不应视作书面劳动合同。①

可见，公司应当做好人才招聘、配置管理，重视招聘流程中的招聘、面试、合同签订等流程合法、合规运营，避免劳动用工风险。

附录：人才招聘、配置管理合规要求

1.《劳动法》

2.《劳动合同法》

3.《劳动合同法实施条例》

4.《人力资源和社会保障部关于国有企业招聘应届高校毕业生信息公开的

---

① 参见徐文进：《缺乏拘束力的录用信不应视作书面劳动合同》，载《人民司法》2013年第18期。

意见》(人社部发〔2014〕79号)

5.《企业内部控制应用指引第3号——人力资源》(财会〔2010〕11号)

6.原劳动和社会保障部《关于确立劳动关系有关事项的通知》(劳社部发〔2005〕12号)

7.《最高人民法院关于审理劳动争议案件适用法律问题的解释(一)》(法释〔2020〕26号)

二、国有企业干部管理与合规

如果国有企业干部选拔任用程序不合理、考察不严格,那么可能导致选拔干部资格不符合岗位要求,不利于公司管理层的合理运行与发展。

本部分的合规目标,关键在于保证国有企业真实、全面地发现公司的优秀人才,并给予适当的激励;建立健全晋级程序符合公司规章制度;确保晋级结果符合公司用人原则,与总体计划相一致。

流程项下合规风险:干部选拔任用

重要合规风险提示:

1.干部选拔任用程序不规范的风险。根据中共中央《党政领导干部选拔任用工作条例》,国有企业在选拔任用干部时,应当通过民主推荐、组织考察、征求意见、公示等程序。根据中共中央办公厅印发《干部选拔任用工作监督检查和责任追究办法》(2019年修订),公司在选拔任用干部时,应当注意:(1)干部管理权限由党委(党组)履行干部选拔任用责任,按照民主集中制和党委(党组)议事规则、决策程序讨论决定干部任免事项。(2)坚持好干部标准和树立正确用人导向,坚持德才兼备、以德为先。(3)按照机构规格和职数、资格条件、工作程序选拔任用干部;深入考察,认真查核,对人选严格把关;严格执行交流、回避、任期、退休、干部选拔任用请示报告等制度规定;严格落实干部管理监督制度。(4)选拔任用领导干部应当向干部监督机构了解情况,干部监督机构负责人列席研究讨论干部任免事项会议。认真执行干部选拔任用工作纪实制度,建立自查制度,每年对干部选拔任用工作情况进行1次自查。(5)认真查核和处理群众举报反映的问题,定期开展分析研判,及时研究提出工作意见。(6)执行干部选拔任用工作"一报告两评议"。党委(党组)每年应当结合全会或者领导班子和领导干部年度总结考核，报告干部选拔任用工作情况，接受对年度干部选拔任用工作和所提拔任用干部的民主评议。

2. 干部选拔任用未进行事前报告的风险。国有企业在干部选拔任用工作中，有下列情形之一，应当在事前向上级组织（人事）部门报告：(1)机构变动或者主要领导成员即将离任前提拔、调整干部的；(2)除领导班子换届外，一次集中调整干部数量较大或者一定时期内频繁调整干部的；(3)因机构改革等特殊情况暂时超职数配备干部的；(4)党委和政府及其工作部门个别特殊需要的领导成员人选，不经民主推荐，由组织推荐提名作为考察对象的；(5)破格、越级提拔干部的；(6)领导干部秘书等身边工作人员提拔任用的；(7)领导干部近亲属在领导干部所在单位（系统）内提拔任用，或者在领导干部所在地区提拔担任下一级领导职务的；(8)领导干部因问责引咎辞职或者被责令辞职、免职、降职、撤职，影响期满拟重新担任领导职务或者提拔任职的；(9)各类高层次人才中配偶已移居国（境）外或者没有配偶但子女均已移居国（境）外人员、本人已移居国（境）外的人员（含外籍专家），因工作需要在限制性岗位任职的；(10)干部达到任职或者退休年龄界限，需要延迟免职（退休）的；(11)其他应当报告的事项。违反前述规定的，相关负责人可能将被追究党纪责任。

附录：国有企业干部管理合规要求

1. 中共中央《党政领导干部选拔任用工作条例》

2. 中共中央办公厅《干部选拔任用工作监督检查和责任追究办法》

三、员工日常管理与合规

做好员工的日常管理与激励，促进员工的合理流动和岗位交流，有利于拓展员工发展空间，为员工职业生涯发展提供条件，从而激发员工的工作积极性。如果公司内部员工选、育、用、留各环节日常管理手段混乱，可能导致员工与岗位职责适配度不高，进而使公司整体业务开展异常，不利于公司持续经营。

本部分的合规目标，首先，保证公司对劳动者的任用、调动、考勤和薪酬等日常管理符合法律法规和公司内部规章的规定。其次，确保劳务用工合法合规。最后，建立科学合理的人员调动与审批机制，保证企业的人力资源得到有效配置，从而促进企业经营发展。

(一)流程项下合规风险

1. 考勤管理

重要合规风险提示:

(1)职工工作时长不符合规定的风险。根据《劳动法》的规定,劳动者每日工作时间不超过8小时、平均每周工作时间不超过44小时。由于生产经营需要,经与工会和劳动者协商后可以延长工作时间,一般每日不得超过1小时;因特殊原因需要延长工作时间的,在保障劳动者身体健康的条件下延长工作时间每日不得超过3小时,但是每月不得超过36小时。同时,应当保证劳动者每周至少休息1日。违反规定延长劳动者的工作时间的,公司可能遭受行政处罚。

(2)"加班费"支付不符合规定的风险。有下列情形之一的,公司应当按照下列标准支付高于劳动者正常工作时间工资的工资报酬:①安排劳动者延长工作时间的,支付不低于工资的150%的工资报酬;②休息日安排劳动者工作又不能安排补休的,支付不低于工资的200%的工资报酬;③法定休假日安排劳动者工作的,支付不低于工资的300%的工资报酬。

(3)公司涉及劳动者切身利益的规章制度不符合实质和程序要件的风险。公司在制定、修改或者决定有关劳动报酬、工作时间、休息休假、劳动安全卫生、保险福利、职工培训、劳动纪律以及劳动定额管理等直接涉及劳动者切身利益的规章制度或者重大事项时,要同时符合实质要件和程序要件。实质要件指规章制度的内容要合法且合理。程序要件指规章制度至少或者必须遵守两个必要程序:一是规章制度方案提出和商定程序;二是规章制度公示和告知程序。用人单位提出的规章制度,必须要经过职工代表大会或者全体职工讨论通过,或者与工会或者职工代表平等协商后确定。公司涉及劳动者切身利益的事项包括但不限于:考勤管理、绩效管理、培训管理、违规违纪员工处理等。公司应确保此类规章制度已符合实质要件和程序要件,否则存在对劳动者不产生法律约束力的风险;此时,公司以劳动者严重违反公司规章制度为由解除双方劳动合同,缺乏制度依据,构成违法解除。

2. 员工档案查阅、借阅、移交管理

重要合规风险提示:

(1)人事档案查阅借阅未经审批或相关程序的风险。根据《企业职工档案管理工作规定》的规定，人事档案的查阅借阅应经审批或相关程序：①一般而言，任何个人不得查阅或借用本人及亲属（包括父母、配偶、子女及兄弟姐妹等）的档案；因工作需要从人事档案中出具证明材料的，要明确提出复制材料明细，经公司人力资源管理部门批准后方可查阅、复制和出具相关材料证明。②非人事档案管理人员查阅人事档案时，由查阅者填写档案查阅申请表，经本部门或单位领导审核，公司人力资源管理部门审批后方可查阅。③档案除特殊情况外一般不借出查阅。如须借出查阅时，应事先填写借阅申请书，经本部门或单位领导审核，公司人力资源管理部门批准后方可借出。档案归还时，及时在借出登记表上核销。借期（7个工作日）到期还需继续借阅的，办理续借手续。违反前述规定的，公司可能遭受行政处罚，相关人员可能遭受公司内部处分。

（2）人事档案传递不符合规定的风险。公司员工因辞职、终止合同、除名等，档案由公司人力资源管理部门代管，代管期为30天（《企业职工档案管理工作规定》规定的代管期限为1个月）代管期内收到"人事档案转递通知单"的，按"人事档案转递通知单"的项目填写，按要求封装盖章，以邮政机要文件发送。代管期未收到转递档案通知单的，档案由人力资源管理部门保管。代管期满后由人力资源管理部门负责转递到当地劳动管理部门保管。

3. 劳务用工管理

重要合规风险提示：

（1）公司劳务派遣岗位不符合规定的风险。劳务派遣用工是补充形式，只能在临时性、辅助性或者替代性的工作岗位上实施。临时性工作岗位是指存续时间不超过6个月的岗位；辅助性工作岗位是指为主营业务岗位提供服务的非主营业务岗位；替代性工作岗位是指用工单位的劳动者因脱产学习、休假等原因无法工作的一定期间内，可以由其他劳动者替代工作的岗位。

（2）公司劳务派遣比例不符合规定的风险。被派遣劳动者数量不得超过公司用工总量的10%。违反前述规定的，公司可能遭受行政处罚。

（3）公司违反对劳务派遣员工的义务的风险。公司应当对劳务派遣员工履行下列义务：①执行国家劳动标准，提供相应的劳动条件和劳动保护；②告知被派遣劳动者的工作要求和劳动报酬；③支付加班费、绩效奖金，提供与工作岗位相关的福利待遇；④对在岗被派遣劳动者进行工作岗位所必需的培训；⑤连续用工的,实行正常的工资调整机制。另外,⑥用工单位不得将被派遣劳动者再派遣到其他用人单位。

(4)未对劳务派遣员工实行同工同酬的风险。被派遣劳动者享有与公司的劳动者同工同酬的权利。公司应当按照同工同酬原则,对被派遣劳动者与本单位同类岗位的劳动者实行相同的劳动报酬分配办法。公司无同类岗位劳动者的,参照公司所在地相同或者相近岗位劳动者的劳动报酬确定。劳务派遣单位与被派遣劳动者订立的劳动合同和与公司订立的劳务派遣协议,载明或者约定的向被派遣劳动者支付的劳动报酬应当符合前述规定。

(5)违法退回劳务派遣员工的风险。劳务派遣员工存在以下情形的,公司不得依据《劳动合同法》第40条第3项、第41条规定将被派遣劳动者退回劳务派遣单位;派遣期限届满的,应当延续至相应情形消失时方可退回:①从事接触职业病危害作业的劳动者未进行离岗前职业健康检查,或者疑似职业病病人在诊断或者医学观察期间的;②在本单位患职业病或者因工负伤并被确认丧失或者部分丧失劳动能力的;③患病或者非因工负伤,在规定的医疗期内的;④女职工在孕期、产期、哺乳期的;⑤在本单位连续工作满15年,且距法定退休年龄不足5年的;⑥法律、行政法规规定的其他情形。否则,公司可能将遭受行政处罚。

(二)相关案例评析

W公司L分店等与郑某某解除劳动合同纠纷案①

1. 案情简介

W公司L分店(以下简称WL分店)系W公司的分支机构。郑某某于1998年10月26日入职WL分店,双方已签订书面劳动合同,最后一期劳动合同期限为自2008年2月21日开始的无固定期限劳动合同,工作岗位为营运部主管。2013年3月22日,WL分店以郑某某存在工作时间多次离岗、违反购物政策购买菊花茶、委托他人购买整理箱的行为,严重违反用人单位规章制度为由,通知郑某某解除双方劳动关系。郑某某于2013年4月7日向深圳市宝安区劳动人事争议仲裁委员会提起仲裁,请求WL分店和W公司支付其:(1)2013年2月1至22

① 参见广东省深圳市中级人民法院民事判决书,(2013)深中法劳终字第5434号。

日的工资2580元;(2)非法解除劳动关系赔偿金145,000元;(3)2012年3月22日至2013年3月22日的年休假工资3784元;(4)1998年10月26日至2013年3月22日加班工资86,092.5元。深圳市宝安区劳动人事争议仲裁委员会作出深宝劳人仲(新安)案[2013]137号仲裁裁决书,裁决WL分店和W公司支付郑某某违法解除劳动关系赔偿金132,617元,驳回郑某某其他仲裁请求。双方均不服该仲裁裁决结果,遂诉至法院。

2. 法院观点

一审、二审法院认为,WL分店解雇郑某某的依据不足,应依法支付郑某某违法解除劳动关系赔偿金。首先,郑某某和WL分店之间的劳动关系明确,双方的劳动权利义务依法应受劳动法律法规调整。其次,庭审过程中法院确认双方对郑某某违规购买商品的事实均无异议。根据WL分店提交的《员工手册》和《员工购物规定》等内部规章制度,员工违规购买商品的行为"将会受到相应的纪律处分,严重者将直接导致解雇"。法院认为,解除劳动关系是用人单位对员工最严厉的处罚措施之一,郑某某违规购买商品属实,但其并不存在经教育后仍不改正的情形,其行为根据上述规章制度也不足以达到解雇的严重程度。综上所述,WL分店解雇郑某某的依据不足,应依法支付郑某某违法解除劳动关系赔偿金,且赔偿金的计算年限应从郑某某入职之日起开始计算。根据《公司法》相关规定,公司分支机构不具有独立法人资格,其民事责任应由W公司承担。

二审法院认为,WL分店解除与郑某某劳动合同属于用人单位以劳动者严重违反规章制度为由单方解除劳动合同。用人单位规章制度自行作出的严重违反规章制度的规定,效力并不等同于《劳动合同法》第39条关于严重违反用人单位规章制度的规定。WL分店认定郑某某承认的违反员工购物规定的行为和占用工作时间服药的事实即属于严重违反规章制度而直接解除劳动合同,并非正当行使用人单位权利的行为。《最高人民法院关于审理劳动争议案件适用法律问题的解释(一)》(法释〔2020〕26号)第44条规定:"因用人单位作出开除、除名、辞退、解除劳动合同、减少劳动报酬、计算劳动者工作年限等决定而发生劳动争议的,由用人单位负举证责任。"WL分店据以认定郑某某违反规章制度的事实,郑某某承认了违反员工购物规定,而对占用时间服药予以了解释。WL分店认为郑某某占用工作时间服药未经向上级请假或告知,但并未举证予以证明,因对于郑某某因病痛需要服药治疗的客观事实可以确认,不宜认定郑某某有严重违反规章制度的故意。郑某某承认的违反员工购物规定的行为以及合理解释的占用时间服药的事实,根据WL分店的《员工手册》、《道德操守规范》和《员工购物规定》3份规章制度,并不必定认定为严重违反规章制度可予以最严厉处理即解除劳动合同的情形;根据《劳动合同法》的规定,更不足以认定属于严重违反用人单位规章制度的情形。因此,WL分店关于郑某某的行为属于规章制度规定的严重违反规章制度情形的主张,不符合《劳动合同法》第39条第2项的规定,属于违法解除劳动合同,其上诉主张本院不予支持。

3.评析

本案中,WL分店解除与被上诉人劳动合同属于用人单位以劳动者严重违反规章制度为由单方解除劳动合同。《劳动合同法》第39条规定的用人单位单方解除劳动合同情形属于法定事由,对于严重违反规章制度的认定,不仅是违反用人单位规章制度严重程度的事实问题,也是是否属于严重违反规章制度的法律解释和适用问题。从本案中可以看出,用人单位规章制度自行作出的严重违反规章制度的规定,效力并不等同于《劳动合同法》第39条关于严重违反用人单位规章制度的规定。WL分店认定郑某某承认的违反员工购物规定的行为和占用工作时间服药的事实即属于严重违反规章制度而直接解除劳动合同,而不是根据违反规章制度情形分别予以处分直至最严重者解除劳动合同,并非正当行使用人单位权利的行为。由此表明,劳动者的行为是否属于"严重违反规章制度",法院会从合理性角度审查,并有可能否定公司规章制度的效力。①

可见,识别、分析和评估员工日常管理环节中的合规风险,首先应当确定公司相应规章制度合法有效。用人单位在与劳动者解除劳动合同时,应当意识到"解除劳动关系"的不应只以公司的规章制度为唯一标准。当发生法律纠纷时,法院会从合理性的角度,重新确认"严重违反规章制度"的法律解释和适用问题。公司应当制定合法、合规的规章制度,避免出现相关法律纠纷,造成财产和名誉损失。

附录:员工日常管理合规要求

1.《劳动法》

2.《劳动合同法》

① 广东省深圳市中级人民法院民事判决书,(2013)深中法劳终字第5434号。

3.《劳动合同法实施条例》

4.《劳务派遣暂行规定》(中华人民共和国人力资源和社会保障部令第22号)

5.《企业职工档案管理工作规定》

6.《最高人民法院关于审理劳动争议案件适用法律问题的解释(一)》(法释〔2020〕26号)

7.《国务院关于改革国有企业工资决定机制的意见》(国发〔2018〕16号)

四、员工退出管理与合规

员工退出管理是员工管理中的关键一环。如果员工退出程序不规范、缺乏有序的管理,可能违反国家法律、法规,扰乱企业生产经营的顺利进行,甚至引发劳动纠纷,给企业带来经济及名誉损失。

本部分的合规目标,首先,确保员工退出管理符合国家法律、法规和企业内部规章制度的要求。其次,规范员工退出管理的工作流程,保证企业生产经营活动的有序进行。最后,确保及时更新员工信息,保证企业人力资源管理信息库的真实、准确和完整。

(一)流程项下合规风险

1. 员工离职管理

重要合规风险提示:

(1)特殊工种岗位和接触职业病危害岗位的员工离职前未进行职业健康检查的风险。被确诊为患职业病或具有疑似职业病的,或未进行离职前职业健康检查的,公司不得依照《劳动合同法》第40条、第41条的规定解除或终止劳动合同。同时,在本单位因工负伤并被确认丧失或者部分丧失劳动能力的,公司亦不得依照《劳动合同法》第40条、第41条的规定解除劳动合同。

(2)对于竞业限制协议的员工未按约定支付补偿金的风险。对于签订了竞业限制协议的员工,公司应该每月按约定给付工资。

2. 员工离职手续办理

重要合规风险提示:

(1)未支付经济补偿金的风险。如果公司存在解除劳动合同时需给付员工补偿金的情形,公司应当给付补偿金。公司需给付补偿金的情形及补偿金的计算方式,可参见“解除劳动合同”下“重要合规风险提示”(2)、(4)和(7)。

(2)违反服务期约定的违约金不符合规定的风险。劳动者违反服务期约定的,应当按照约定向用人单位支付违约金。但是,违约金的数额不得超过用人单位提供的培训费用。用人单位要求劳动者支付的违约金不得超过服务期尚未履行部分所应分摊的培训费用。公司在员工离职时,如果存在员工违反服务期约定而需要员工支付违约金的情形,违约金应当符合前述规定。

(二)相关案例评析

L公司与孙某某、颜某某劳务合同纠纷案[①]

1.案情简介

被告孙某某、颜某某于2009年7月实际到原告L公司A分公司从事电解工作,双方开始建立劳动关系。2012年7月21日,原告与二被告订立书面劳动合同,约定工作期限为3年。2014年5月,原告公司决定停产,安排二被告去B分公司工作,二被告因故未前往工作。原告公司遂于2014年6月25日发出〔2014〕146号文件,以旷工为由,决定解除与二被告的劳动合同,并不予支付二被告的经济补偿金。二被告认为原告违反法律规定解除劳动合同,向陇西县劳动人事争议仲裁院申请劳动仲裁。2015年4月27日,陇西县劳动人事争议仲裁院作出陇劳人仲案(2015)6号仲裁裁决书,裁决:“一、解除申请人孙某某、颜某某与被申请人L公司之间的劳动合同。二、被申请人L公司支付申请人孙某某2009年7月至2014年5月的经济补偿金14,376.27元;支付申请人颜某某2009年7月至2014年5月的经济补偿金16,656.02元。”

2015年5月11日,原告向法院提起诉讼,要求判定原告不予支付二被告解除劳动合同的经济补偿金和由二被告承担本案诉讼费用。审理中,经法院主持调解,双方未能达成协议。

2.法院观点

一审、二审法院均认为,合法的劳动关系受法律保护,原告L公司作为用人

---

① 参见甘肃省定西市中级人民法院民事判决书,(2016)甘11民终25号。

单位可以解除劳动合同，但应当向二被上诉人支付经济补偿金。因劳动合同订立时所依据的客观情况发生重大变化，致使劳动合同无法履行，经用人单位与劳动者协商，未能就变更劳动合同内容达成协议的，用人单位可以解除劳动合同，但应当向劳动者支付经济补偿金。二被告因原告L公司A分公司决定停产，被安排到B分公司工作，二被告因故未前往工作，要求留原公司工作，双方未就变更劳动合同达成协议，原告以二被告旷工为由单方面解除劳动合同，违反法律规定。现因劳动合同客观情况发生重大变化，致使劳动合同无法履行，双方劳动关系应予以解除，原告应当向被告孙某某支付2009年7月至2014年5月的经济补偿金14,376.27元；向被告颜某某支付2009年7月至2014年5月的经济补偿金16,656.02元。

3. 评析

本案表明，因劳动合同订立时所依据的客观情况发生重大变化，致使劳动合同无法履行，经用人单位与劳动者协商，未能就变更劳动合同内容达成协议的，用人单位可以解除劳动合同，但应当向劳动者支付经济补偿金。同时，用人单位与劳动者未就变更劳动合同达成合意的情况下，单方面解除劳动合同，构成违法解除劳动合同。

可见，员工退出管理作为人力资源管理的重要组成部分，公司应当关注员工的离职手续和流程规范，在进行工作调动时注意劳动合同的约定及其风险，如果出现“违法解除劳动合同”“未按照相关法律规定支付经济补偿金”等合规风险，可能引发劳动纠纷，对企业造成负面影响，不利于树立良好的社会形象。

五、员工培训管理与合规

员工培训体系的设置与管理能够在企业内部建立深层次的学习循环，提升员工的学习力，进而不断提升公司的核心竞争力。如果培训需求分析和计划执行不准确、不到位，那么可能导致员工培训管理缺乏科学性，影响培训效果和培训质量，不利于企业人才培育。

本部分的合规目标，首先，规范员工培训管理工作，建立良好的人才培育机制，避免员工培训中的法律风险。其次，合理地利用企业资源，提高培训质量、促进员工知识更新，进而提升整体团队的服务效能，更好地为企业生产经营服务。

(一)流程项下合规风险:培训计划实施

重要合规风险提示:

1. 服务期协议的违约金约定不符合规定的风险。签订了企业出资培训专项协议的员工服务期未满因个人原因终止、解除劳动合同的,公司要求该员工支付的违约金的数额不得超过用人单位提供的培训费用,也不得超过服务期尚未履行部分所应分摊的培训费用。

2. 服务期未满劳动者解除劳动合同且不需要支付违约金的情形。公司存在《劳动合同法》第38条规定的情形的,劳动者解除劳动合同时服务期未满,不属于违反服务期的约定,公司不得要求劳动者支付违约金。

3. 服务期未满公司可以主动解除劳动合同且劳动者需支付违约金的情形。有下列情形之一,公司与劳动者解除约定服务期的劳动合同的,劳动者应当按照服务期协议的约定向用人单位支付违约金:(1)劳动者严重违反用人单位的规章制度的;(2)劳动者严重失职,营私舞弊,给用人单位造成重大损害的;(3)劳动者同时与其他用人单位建立劳动关系,对完成本单位的工作任务造成严重影响,或者经用人单位提出,拒不改正的;(4)劳动者以欺诈、胁迫的手段或者乘人之危,使用人单位在违背真实意思的情况下订立或者变更劳动合同的;(5)劳动者被依法追究刑事责任的。

(二)相关案例评析

王某与某培训机构劳动合同纠纷案[①]

1. 案情简介

王某于2017年7月17日入职某培训机构从事英语老师工作,2017年7月24日双方订立了书面劳动合同,同日某培训机构与王某签订了一份培训服务期协议,约定王某应当在该机构最少服务3年,主要培训内容为培训机构处的制度与章程、课程体系、课前课中课后准备、教师教案编写及模板、基本教学技能培训、不同教材课型分析等。2018年1月30日,王某向该培训机构提交辞职报告,

---

① 参见常州市劳动人事争议仲裁院:《劳动人事争议十大典型案例》,载微信公众号"常州人社"2019年12月10日,https://mp.weixin.qq.com/s/8sjlfwky5jHfv0–HjFiVhQ。

该培训机构同意王某辞职，王某正常工作至2018年2月28日。此后该培训机构认为对王某进行了培训，并支付了1万元的培训费，而且双方签订了服务期协议并约定了违反服务期的违约金，王某提前离职属于违约。故该培训机构申请劳动仲裁，要求王某支付违约金。

2. 仲裁委员会观点

根据《劳动合同法》的规定，用人单位为劳动者提供专项培训，可以与劳动者约定一定时长的服务期，也可以约定违反服务期的违约金。《劳动法》第68条规定，用人单位应当建立职业培训制度，按照国家规定提取和使用职业培训经费，根据本单位实际，有计划地对劳动者进行职业培训。从事技术工种的劳动者，上岗前必须经过培训。从该培训机构为王某提供的培训项目来看，该培训机构所主张的培训性质上不属于《劳动合同法》中所规定的专项培训，而是属于《劳动法》所规定的职业培训。因此该培训机构与王某约定服务期与违约金应属无效，对某培训机构的仲裁请求不予支持。

3. 评析

用人单位按照《劳动法》规定提取职业培训经费用于劳动者日常的职业培训，是用人单位的法定义务，不能适用《劳动合同法》第22条的规定。本案中，入职培训等职业培训不属于专项培训，不得约定服务期和违约金。此外，即使用人单位依据《劳动法》第68条第2款"从事技术工种的劳动者，上岗前必须经过培训"的规定，为劳动者支付了上岗培训费用，亦无权要求与劳动者订立服务期协议，并以此要求劳动者支付违约金。

可见，公司对员工培训的理解首先应当符合国家相关法律法规的要求，避免出现信息认知偏差，明确培训的法律性质。此外，公司应当提前制订员工培训计划，确保培训规划满足公司长远员工培养需求，认真执行培训计划的组织实施，多方面提升培训效果，为企业培养更多高质量人才。

附录：员工培训管理合规要求

1.《劳动合同法》

2.《劳动合同法实施条例》

六、员工福利管理与合规

福利是员工的间接报酬,一般包括健康保险、带薪假期或退休金等形式。公司建立具有吸引力和竞争性的福利体系,有利于吸引人才,充分激励员工工作积极性。如果员工福利制定不合理,那么可能导致人力成本过高或公司人才黏性不足,不利于团队稳定,还可能构成合规风险,进而影响公司整体运行与发展。

本部分的合规目标,在于确保企业员工福利管理工作满足国家相关法律、法规和监管机构的要求;规范员工社会保险管理体系,保障企业和员工的合法权益;员工社会保险被正确地缴纳和支付,并及时、准确、完整地记录和反映于企业财务信息中,满足财务报告和信息披露的要求。

(一)流程项下合规风险:员工福利方案管理

重要合规风险提示:

(1)社会保险缴纳不齐全的风险。公司应当为全部在册职工足额缴纳社保,包括基本养老保险、基本医疗保险、工伤保险、失业保险和生育保险。否则,公司可能遭受行政处罚。

(2)带薪年休假未落实的风险。在公司工作满 12 个月的职工,享有带薪年休假的权利。公司确因工作需要不能安排职工休年休假的,经职工本人同意,可以不安排职工休年休假。对职工应休未休的年休假天数,公司应当按照该职工日工资收入的 300% 支付年休假工资报酬。[计算未休年休假工资报酬的日工资收入按照职工本人的月工资除以月计薪天数(21.75 天)进行折算,不包含加班工资]公司安排职工休年休假,但是职工因本人原因且书面提出不休年休假的,公司可以只支付其正常工作期间的工资收入。

(3)解除劳动合同时未支付未休年休假工资报酬的风险。公司与职工解除或者终止劳动合同时,当年度未安排职工休满应休年休假的,应当按照职工当年已工作时间折算应休未休年休假天数并支付未休年休假工资报酬,但折算后不足 1 整天的部分不支付未休年休假工资报酬。折算方法为:(当年度在本单位已过日历天数 ÷ 365 天) × 职工本人全年应当享受的年休假天数 - 当年度已安排年休假天数。公司未支付未休年休假工资报酬的,可能被责令改正,并支付赔偿金。

(4)女职工特别保护未落实的风险。公司应当按照《女职工劳动保护特别规定》的要求,落实对女职工的保护。关于女职工保护的更多内容,可参见“职业健康安全管理体系评审”下的“重要合规风险提示(2)”。

(二)相关案例评析

付女士与某航空公司生育保险待遇纠纷案[①]

1.案情简介

付女士于2011年6月入职某航空公司,担任出纳一职,双方签订3年期固定期限劳动合同,合同中约定付女士的月基本工资为1800元,加上岗位工资每月共计6000元,付女士在职期间航空公司未为其缴纳生育保险。

2012年9月付女士怀孕,之后一直坚持工作,只是有时按照医院的要求进行产前检查,但每次产检航空公司都将此算作事假,并扣发付女士相应的事假工资。2013年6月5日付女士剖宫产生育一女,产假期间航空公司一直按照付女士基本工资1800元的标准每月向其支付工资。付女士于2014年6月3日提起仲裁,请求航空公司支付产检和产假期间工资差额。

2.仲裁委观点

仲裁委审理后认为,依据《女职工劳动保护特别规定》第6条的规定,女职工依法享有产前检查的权利,怀孕女职工如在劳动时间内进行产前检查,所需时间应计入劳动时间,且用人单位应为怀孕女职工适时地提供方便,女职工在劳动时间进行产前检查的,按出勤对待,不能按病假、事假、旷工处理,故航空公司应支付付女士产检期间克扣的工资。由于航空公司没有为付女士缴纳生育保险,因此付女士产假期间工资应由航空公司承担,工资标准参照她正常出勤的月工资水平。

本案中,航空公司在付女士产假期间以每月基本工资1800元的工资标准向她支付产假工资,不符合相关法律规定,所以航空公司应补足付女士产假期间的

---

① 参见《北京市劳动人事争议仲裁委员会发布2014年度十大劳动争议典型案例》,载北大法宝网2015年6月24日,https://www.pkulaw.com/pal/a3ecfd5d734f711d267fd69f1ddafe2ef54322e31c560720bdfb.html。

工资差额。

3. 评析

我国法律对于女职工特别是处在孕期、产期和哺乳期(以下简称三期)内的女职工有一系列的特别保护措施。除了上述《女职工劳动保护特别规定》外,《劳动合同法》也规定,处在三期内的女职工,用人单位不得依据本法第40条和第41条解除劳动合同。劳动合同期限届满而女职工尚处在三期内的,劳动合同应顺延至三期期满。由此,女工做产检休产假,其间工资应当照发。如果女职工严重违反用人单位的规章制度,或者营私舞弊给用人单位造成重大损害的,用人单位有权依法解除劳动合同。

员工福利管理是公司维护员工关系的抓手之一。公司应当注重员工关系管理的各个环节,为员工制订合理合法的福利方案,避免"社会保险缴纳不齐全""带薪年休假未落实""女职工特别保护未落实"等合规风险,规范劳动保障管理工作,保障企业及员工的合法权益。

附录:员工福利管理合规要求

1.《劳动法》

2.《社会保险法》

3.《女职工劳动保护特别规定》

4.《职工带薪年休假条例》

5.《企业职工带薪年休假实施办法》(中华人民共和国人力资源和社会保障部令第1号)

第二节　法务管理与合规

一、法律事务管理与合规

法律事务管理的目的在于确保公司各项经营活动开展的合法性。公司建立健全法律风险防范机制和法律监督机制,规范公司的法律事务管理工作,有利于促进公司依法决策、依法经营管理。如果对重大经营活动缺少有效的法律审查,可能造成企业资产流失,损害企业及股东利益。

本部分的合规目标,首先,在于规范重大经营活动的法律审查管理,促进企业生产经营健康发展。其次,通过重大经营活动法律审查,避免或减少企业资产损失,保护企业利益。

流程项下合规风险包括以下 2 点:

1. 规章制度法律审核

重要合规风险提示:

公司重要的规章制度未经法务主管部门审核的风险。公司涉及劳动者切身利益的规章制度,要同时符合实质要件和程序要件。实质要件指规章制度的内容要合法且合理。程序要件指,规章制度至少或者必须遵守两个必要程序:一是规章制度方案提出和商定程序;二是规章制度公示和告知程序。公司的规章制度不得违反法律、行政法规的强制性规范。因此,公司制定相关规章制度,应当经公司法务主管部门审核,防止规章制度内容违反法律和行政法规,或者内容不合理、程序存在瑕疵。

2. 重要决策法律审核

重要合规风险提示:

(1)法务主管部门未参与公司重要决策和经济活动的风险。涉及公司的分立、合并、破产、解散、投融资、担保、产权转让、改制、重组、承包、租赁等重大经济活动,公司相关部门必须事先通知法务主管部门,法务主管部门参与上述活动并出具相应的法律意见。前述重大决策或重大经济活动涉及众多法律事项,法务主管部门未参与的,可能面临程序违法、内容违法或者订立不利于公司利益的条款的风险。

(2)合同的磋商和订立未有法务主管部门参与和审核的风险。合同的磋商、订立,应当有法务人员参与,合同应当经法务主管部门审核,以防止合同磋商和订立过程中出现的风险,包括但不限于违反先合同义务、未审核合同相对方资质、合同无效或者存在对公司利益不利的条款的风险。

二、法律诉讼(仲裁)管理与合规

诉讼和仲裁是公司采用法律手段解决纠纷的常用方式。公司建立健全法律诉讼(仲裁)管理制度,有利于及时、恰当地处理法律纠纷案件,降低企业利益损失。如果公司对法律诉讼处理不及时,对法律纠纷证据缺乏有效的收集及管理,最终导致公司在法律诉讼中处于不利位置。

本部分的合规目标,首先,在于确保案件管理过程遵守国家相关法律、法规及企业内部规章制度的要求。其次,确保案件处理及时、策划充分、程序合法,避免或减少企业损失,维护企业合法利益。最后,完善案件管理考核体系,确保案件管理考核公正、合理。

流程项下合规风险:诉讼仲裁案件处理

重要合规风险提示:

法务人员参与诉讼或仲裁未获得授权委托的风险。法务人员参加诉讼或仲裁,需获得法定代表人的授权方可进行。否则,法务人员将构成无权代理。

三、授权管理与合规

授权是组织运作的关键。公司作为市场活动中的重要组成部分,应当合理把握集中决策与适当分权的平衡。通过对公司重要管理者进行权力分解,有利于明确职责权能的划分,提升公司整体运行效率。如果授权管理出现漏洞,那么可能导致权限混乱、权责不明、无权代理等现象的发生,影响企业正常经营。

本部分的合规目标,首先,确保授权管理符合国家法律法规和企业内部规章制度要求。其次,规范中长期授权和单项授权等授权管理体系,促进企业经营管理体系化、规范化发展。

(一)流程项下合规风险

1. 中长期授权

重要合规风险提示:

(1)授权委托书未及时收回的风险。授权事项结束或授权终止时,应当及时回收授权委托书。发生以下情形时,法务主管部门应当收回授权委托书:①授权委托书虽在授权期限内,但被授权人工作岗位发生变动;②授权委托书损坏、修改或涂染;③被授权人与所在单位解除、终止劳动合同或达到法定退休年龄并办理退休手续;④公司法定代表人撤回全部或部分授权委托;⑤法务主管部门认定的其他情形。未及时收回授权委托书的,被授权人在授权委托书载明范围内进行的活动,可对公司构成表见代理,其法律后果由公司承担。

(2)授权申请人或被授权人员违反公司规定的风险。授权申请人或被授权人员不得有下列情形:①未如实提供授权委托申请材料;②授权委托书终止或变更后未及时向法务主管部门交回授权委托书;③未妥善保管授权委托书;④超出授权委托书授权委托范围;⑤未经同意转授权;⑥授权委托书失效后,仍进行该委托事项。有前述情形的,授权申请人或被授权人员应当受到公司内部追责,严重者将承担民事或刑事责任。

2. 单项授权

重要合规风险提示:

(1)法务主管部门未审核相关材料文件的风险。法务主管部门审核授权事项时,应当审核授权事项相关的证明材料(包括公司文件、会议纪要、领导批示等能反映授权事项由来的相关材料)。未审核证明材料,可能存在被骗取授权的风险。

(2)代理人作出违法行为时公司未制止的风险。《民法典》第 167 条规定,代理人知道或者应当知道代理事项违法仍然实施代理行为,或者被代理人知道或者应当知道代理人的代理行为违法未作反对表示的,被代理人和代理人应当承担连带责任。因此,公司应当严密管理被授权人的活动,如果知悉被授权人进行违法活动,应当及时表示反对并制止;否则,公司可能对该违法行为承担连带责任。

(3)自己代理和双方代理的风险。自己代理,是指代理人以公司的名义与自己实施民事法律行为。双方代理,是指代理人以公司的名义与自己同时代理的其他人实施民事法律行为。建议公司审慎允许或追认自己代理和双方代理,否则可能出现道德风险损害公司利益。

(4)对执行公司工作任务人员的职权范围的限制无法对抗善意相对人的风险。执行公司工作任务的人员,就其职权范围内的事项,以公司的名义实施的民事法律行为,对公司发生效力。公司对执行工作任务的人员的职权范围的限制,不得对抗善意相对人。

(二)相关案例评析

D公司、H公司买卖合同纠纷案[①]

1.案情简介

2012年至2013年,原告D公司多次向被告H公司承包的某工程项目供应商品混凝土5454.84方,供货小票共计433张,其中绝大多数小票都由被告李某1的儿子李某2签收。2013年12月2日,经对账,李某2在对账单上签字确认欠原告货款556,745元,并代签被告李某2的名字。2015年10月15日,被告H公司以背书转让承兑汇票的方式向原告支付50万元,原告员工范某在该对账单上注明还款40万元。

故D公司向法院起诉,请求:(1)判令被告立即向原告支付货款156,745元及利息;(2)判令由被告承担本案的诉讼费、保全费、保函费。

2.法院观点

一审、二审法院均认为,被告李某1"雇佣儿子李某2签收货单、签署对账单"的行为后果依法应当由被告H公司承担。本案中原告所提供的对账单、银行承兑汇票及生效的判决书能够相互印证,可以证明原告向涉案工程项目供应商品混凝土和被告H公司欠其货款的事实。被告H公司委托李某1为项目经理,负责工程质量、安全、进度、采购事宜。被告李某1雇佣其子李某2在项目现场收料,被告李某1的行为后果依法应当由被告H公司承担。被告李某1作为案涉工程的项目经理,李某2受雇于李某1,其签收货单、签署对账单的行为足以使原告有理由相信其有代理权,因此被告H公司应当承担支付货款的责任。故判决:被告H公司支付原D公司56,745元及利息。

3.评析

根据原《民法总则》第170条的规定,执行法人或者非法人组织工作任务的人员,就其职权范围内的事项,以法人或者非法人组织的名义实施民事法律行为,对法人或者非法人组织发生效力。[②] 第172条规定:"行为人没有代理权、超

① 参见河南省郑州市中级人民法院民事判决书,(2021)豫01民终8665号。

② 现为《民法典》第170条。

越代理权或者代理权终止后，仍然实施代理行为，相对人有理由相信行为人有代理权的，代理行为有效。”①由此，本案中被告H的项目经理李某1儿子李某2的签收行为使原告有理由相信其有代理权，公司应承担该行为所对应支付货款的责任。

可见，公司应当重视生产经营过程中的授权管理，如果未对公司法人的授权活动进行严密审查，无法确保申请授权事项属于公司合法、合规的经济活动，且无法保证申请人所属职位与其申请事项相符，容易导致违规授权从而给公司带来法律纠纷与经济损失。

附录：授权管理合规要求

《民法典》

重点提示

1. 公司人事及法务方面存在的合规风险类型有哪些？

2. 公司人力资源管理工作中存在哪些具体合规风险点？有哪些可以提前预防并降低合规风险的措施？

---

① 现为《民法典》第172条。

第九章　企业合规风险管理

“合规管理”，是指以有效防控合规风险为目的，以企业及其全体员工的经营管理行为为对象，开展包括制度制定、风险识别、合规审查、风险应对、责任追究、考核评价、合规培训等有组织、有计划的管理活动。第二章着重论述风险识别与评估以及业务流程的主要合规风险类型。本章将着重论述合规管理制度、合规管理组织，以及包括责任追究、考核评价、培训沟通等在内的合规管理的保障机制。

第一节　合规管理制度

一、合规管理制度的概念和意义

“企业合规管理制度是企业与员工在生产经营活动中需要共同遵守的行为指引、规范和规定的总称，是企业合规管理的核心内容。合规管理制度相当于企业的‘内部立法’。”[①]合规管理制度的内容一般包括企业合规的目标和原则、合规管理组织的构成及职责、合规行为的具体准则、合规风险管理的流程与内容、合规运行和保障的体制机制、合规文化建设的目标和方法，以及业务和职能

① 参见刘相文等：《中国企业全面合规体系建设实务指南》，中国人民大学出版社2019年版，第81页。

部门开展活动的工作指引和细则等。

实践中,合规体系建设较为成功的公司都制定了一系列的合规管理制度。中兴通讯对标《反贿赂管理体系标准 ISO 37001》并结合自身实际,发布了《反贿赂合规政策》《反贿赂合规手册》、各专项管理规范(如礼品及款待、商业伙伴、采购交易等)及其工作指引。[①] 西门子股份有限公司制定的合规管理制度包括《商业行为准则》《内部合规调查行为准则》《商业伙伴合规手册》《供应商和第三方中间人行为准则》《保持商业诚信》《西门子内部合规标准》等。中国石油天然气集团公司制定的合规管理制度包括《诚信合规手册》《合规管理办法》《员工守则》《职工处分规定》等。

企业无论是开展业务,还是进行管理,都是通过制度来实现的,合规管理活动尤其如此。合规管理制度具有以下重要意义:

第一,合规管理制度是开展合规体系建设的制度基础。企业合规体系建设是自上而下的,其中最重要的一环就是企业高层对合规工作的支持和认可。没有企业高层对合规工作的支持,合规工作将因为失去制度依据而无法开展。合规管理制度作为公司管理制度中的一种,一般先由有关部门起草修订,后经企业最高管理人批准发布,这标志着企业最高管理人和企业高层对合规建设工作在企业制度层面上的支持和认可,也是后续开展合规体系建设工作的重要依据。因此,合规管理制度是企业合规建设的基础内容,构成了合规管理组织和其他员工开展和参与合规建设工作的制度基础和保障。

第二,合规管理制度为合规体系建设指明了方向和目标,明确了合规义务和工作准则。并不是每一个员工都掌握法律知识、具备法律背景,他们往往难以掌握和跟踪最新的法律法规以及行业准则,也较难清晰把握商业道德的准确边界,因此很多情况下并不知道应当按照何种合规义务去开展工作。合规管理制度能够明确表达公司价值观,根据法律法规及行业准则确定合规义务,明确公司期待的商业道德,并明确员工应当遵守的行为准则,使所有员工及商业伙伴都能准确知道如何做才能符合法律法规的规定与自身的合规义务,最终实现公司的合规目标。

第三,合规管理制度是履行合规义务的重要证据。企业合规的目标在于通

---

① 参见姜先良:《企业合规与律师服务》,法律出版社 2021 年版,第 159 页。

过合规体系建设来实现企业责任和员工责任的切割,从而有效预防、识别和防范合规风险。合规管理制度作为合规体系建设的一部分,表达了公司的合规文化,彰显了公司的合规决心,体现了公司预防违规行为和合法合规经营的态度,表明公司没有违法违规的意志。在员工出于个人考虑而开展违法违规活动的时候,合规管理制度就是公司合规经营的证据,表明员工的违法行为只是其个人行为而非企业行为,从而有效实现企业和员工责任的分离。在郑某等侵犯公民个人信息案中①,各被告人均以其行为是雀巢公司行为、本案应属单位犯罪为由上诉至甘肃省兰州市中级人民法院。在案件审理过程中,雀巢公司在引用合规抗辩事由时,就将《雀巢合规宪章》《雀巢指示》《关于与卫生保健系统关系的图文指引》等制度文件作为证据,证明雀巢公司禁止向医务专业人员提供金钱或物质的奖励。法院审理后认为"雀巢公司政策、员工行为规范等证据证实,雀巢公司禁止员工从事侵犯公民个人信息的违法犯罪行为,各上诉人违反公司管理规定,为提升个人业绩而实施犯罪为个人行为",从而支持了雀巢公司合规抗辩。

二、合规管理制度的体系和内容

合规管理制度是合规管理体系的制度保障。合规管理制度应当融入企业核心价值观,为企业和员工提供行为指引和规范。合规管理制度是企业的"内部法律",因此也应当像法律规范体系一样体系化。不同层级的、从抽象到具体的、相互关联和支撑的一系列合规管理制度文件,涵盖了总体目标、具体要求和操作流程,构成了合规管理制度的体系。

一般而言,从抽象到具体,可以从四个层面上构建合规管理制度的体系:合规行为准则、合规管理制度、专项合规管理制度、工作指引与细则。

(一)合规行为准则

企业合规行为准则是企业合规管理制度体系的纲领性、指导性文件,以最简明扼要的语言指明了公司的合规目标、基本价值观和合规经营方针,规定了员工应当遵守的基本合规要求。其他的合规管理制度和程序等文件,都要在行为准则的基础上制定和补充,因此在合规管理制度体系里具有至上的、独一无二的

① 参见郑某等侵犯公民个人信息案,甘肃省兰州市中级人民法院(2017)甘01刑终89号刑事裁定书。

地位。

在适用范围上,企业行为准则适用于公司、全体员工以及代表(代理)公司或以公司名义从事各项工作的人员。一般而言,企业行为准则还会要求企业的控股公司通过法定程序执行行为准则的规定,鼓励并建议相关合作、参股公司也通过法定程序执行行为准则的规定。在签署劳动合同时,会有相关条款要求劳动者遵守作为劳动合同附件的企业行为准则;在劳动合同签订时尚未制定行为准则的,也会在后续通过合规承诺书等方式要求全体公司员工承诺遵守公司行为准则。

在内容上,合规行为准则包括但不限于企业合规理念、目标、内涵、适用范围、合规行为标准、违规的处理方式和后果等。合规行为标准一般会涵盖公司与员工、质量和健康安全环保、对外交易、政府与社区,以及财务、资产与信息等方面,对其作出一般性和原则性的规定。

在制定方法上,因为合规行为准则面对的是全体员工,建议用通俗易懂的语言写成,以便所有人都可以轻松理解其原理和意图。

(二)合规管理制度

企业应加强合规管理制度顶层设计,根据企业行为准则制定合规管理制度等纲领性文件。合规管理制度应当明确合规管理的工作原则、组织体系、管理职责、制度建设、运行机制和保障机制等内容,是落实企业合规管理各项措施的基础和依据。

在制定方法上,合规管理制度涉及企业内部组织体系和管理职责的调整和变化,要融入企业的日常经营管理活动并与其他制度有效衔接起来,建议企业在制定时与各部门及有关人员充分沟通、协商,听取各方意见和建议,一方面能让公司各部门及有关人员深入理解合规要求和合规价值,另一方面能使合规管理部门更好地了解其他业务职能部门的实际需求和运作流程,使合规管理制度得到各方遵守,合规工作有序展开,合规要求高效落实。

(三)专项合规管理制度

企业应根据合规行为准则、合规管理基本制度制定关于具体领域的合规管理专项制度,作为企业决策、经营管理、日常运行的重要依据。企业应在合规风险识别评估的基础上,梳理现有制度并增加合规管理相关要求。对于通过合规风险评估识别发现存在制度空白领域的,应及时制定合规管理专项制度或对公司相关制度中加以修订。

专项合规管理制度针对的具体领域一般包括：反腐败反贿赂、数据保护、反垄断、反洗钱、出口管制等领域。以中兴通讯为例，中兴通讯针对反贿赂领域，专门发布了《反贿赂合规政策》和《反贿赂合规手册》，构建了中兴公司反贿赂管理体系的八大基本要素，包括：第一，高层重视合规管理；第二，健全合规组织；第三，充分的资源投入；第四，系统的风险评估；第五，反贿赂合规政策体系；第六，有效的流程管控；第七，全方位的培训和沟通；第八，持续的监督与改进。①

（四）工作指引与细则

企业应结合业务实际，根据行为准则、合规管理办法、专项管理办法等要求，按照合规管理要求制度化、制度流程化、流程信息化的内部控制理念，根据合规要求制定工作指引与细则，将合规要求融入各项业务流程和内部控制中，建立内部控制日常管控和长效管理机制。应明确各部门在内部控制机制中的责任，对合规风险控制进行监督。

第二节　合规管理组织

一、合规管理组织概述

在建立了完善的合规管理制度之后，企业需要建立完善的合规管理组织，去执行和落实合规管理制度的各项要求和措施。“合规管理组织系统是企业实施合规管理以及建设企业合规管理体系的组织载体。建立独立、高效、协调合作的企业合规管理组织系统，是企业合规管理体系的重要组成部分，是企业有效进行合规管理、依法治企的组织保障。”②因此，在企业合规建设中，搭建合规管理组织系统是合规建设开始实施的第一要务。

国际标准 ISO 37301：2021《合规管理体系　要求及使用指南》（Compliance Management Systems—Requirements with Guidance for Use）在第 5.3 条“角色、职责和机构”（Roles, responsibilities and authorities）中规定，企业承担合规职责的合规管理组织包括：治理机构（governing body）、最高管理者（top management）、合

---

① 参见陈瑞华：《中兴公司的专项合规计划》，载《中国律师》2020 年第 2 期。

② 参见郭青红：《企业合规管理体系实务指南》，人民法院出版社 2019 年版，第 68 页。

规团队（compliance function）、管理层（management）以及公司全体员工（all personnel）。

在我国，《中央企业合规管理办法》第二章规定了八个层级的企业合规组织并确定了其合规管理职责，包括董事会，经理层，企业主要负责人，合规委员会，合规管理负责人，首席合规官，合规管理牵头部门，业务部门，以及纪检监察机构和审计、巡视巡察、监督追责等相关部门。

《企业境外经营合规管理指引》第三章主要从两个大的方面来规范企业合规组织的架构。首先，合规治理结构包括三个层级，即决策（决策层）、管理（高级管理层）和执行（各执行部门及境外分支机构）。其次，合规管理机构包括合规委员会、合规负责人、合规管理部门。

笔者认为，合规管理组织至少包括以下层级和机构：(1)作为决策层的董事会；(2)作为管理层的合规管理委员会、经理层以及合规负责人；(3)作为执行层的合规管理部门、合规管理专项部门以及其他合规管理参与部门。

根据深圳市司法局起草的《深圳企业合规管理体系认证标准（征求意见稿）》，合规管理组织体系应在企业章程中有所安排，明确企业决策层、管理层与执行层合规管理职责。决策层应做好合规管理权力配置，监督合规管理体系的有效运行；管理层应分配充足的资源，建立、制定、实施、评价、维护和改进合规管理体系。企业应建立合规管理负责人统领，合规管理部门、合规管理专项部门、合规管理参与部门共同协作合规管理模式。企业各部门、各单位应承担合规管理职责，执行合规管理制度和程序，落实合规责任。以下将结合相关法律法规以及标准文件对合规管理组织的结构和职责进行具体阐述。

二、合规管理组织的架构和职责

（一）管理者职责

企业各层级管理人员，包括决策层、管理层和执行层的管理人员，要发挥核心作用，承担合规管理责任，以身作则地做好合规表率。既要接受员工的合规监督，还要指导和监督下属员工的商业行为合规。

（二）决策层：董事会

公司董事会是合规管理组织的决策层。一般而言，董事会应履行的合规管理职责包括：(1)批准企业合规管理的规划、基本制度和年度报告；(2)推动企业合规管理体系有效运行;(3)决定合规管理负责人的任免与薪酬;(4)听取合规管理负责人就重大合规事项的汇报;(5)决定合规管理部门的设置和职能;(6)研究决定合规管理的有关重大事项;(7)按照权限决定有关违规人员的处理事项。

(三)管理层:合规管理委员会、经理层和合规负责人

1. 合规管理委员会

董事会应设立专门合规管理委员会或明确其他专门委员会承担合规管理委员会职责,协助董事会履行合规管理职责。一般而言,合规管理委员会负责合规管理的组织领导和统筹协调工作,应履行的主要职责包括:(1)规划合规管理体系建设工作;(2)听取合规管理工作汇报;(3)研究合规管理重大事项并提出指导意见;(4)指导、监督及评价合规管理工作;(5)统筹协调重大合规风险事件的处理;(6)其他重大事项。

2. 经理层

经理层指公司的高级管理人员。一般而言,经理层应履行的合规管理职责包括:(1)根据董事会决定,建立健全合规管理组织架构;(2)批准合规管理具体制度规定;(3)批准合规管理计划,采取措施确保合规制度得到有效执行;(4)明确合规管理流程,确保合规要求融入业务领域;(5)及时制止并纠正不合规的经营行为,按照权限对违规人员进行责任追究或提出处理意见;(6)经董事会授权的其他事项。

3. 合规负责人

一般而言,合规负责人应当是公司的高级管理人员,负责合规管理部门的工作。公司可以任免专职的合规负责人,也可由法律事务负责人或风险防控负责人等担任合规负责人。合规负责人由公司董事长提名,由公司董事会聘任或解聘,向合规管理委员会报告工作,或者由合规管理委员会主任委员提名,由合规管理委员会聘任或解聘,向合规管理委员会报告工作。

合规负责人应保持独立性,不得分管其他部门。一般来说,其主要履行以下合规管理职责:(1)制订企业合规管理建设规划和工作计划,制订年度合规管理费用预算和人员编制计划;(2)领导合规管理工作,组织、指导、督促合规部门履行合规职责,对合规管理部门的工作进行考核,统筹管理合规管理人员的任免、薪酬及奖惩;(3)协调合规管理与企业各项业务之间的关系;(4)应对监管机构、司法机关等部门的问询与审查;(5)向董事会及合规管理委员会汇报合规管理重大事项。

(四)执行层:合规管理部门、合规管理专项部门以及合规管理参与部门

1.合规管理部门

合规部门作为合规管理牵头部门,负责筹划、组织和协调企业合规管理建设工作。一般而言,合规管理部门应履行的主要职责包括:(1)负责企业合规管理体系建设,制订企业合规管理建设实施方案;(2)组织制订、修订企业合规管理基本制度和专项制度,总结梳理合规管理相关工作标准程序;(3)推动合规管理工作贯彻落实;组织编报合规管理年度报告;(4)持续关注重大法律法规等变化,组织协调公司层面重点领域合规风险识别、评估工作;(5)组织协调开展专项合规工作,参与公司重大事项决策、重要规章制度、重大合同的法律合规审查;(6)设定合规培训计划指标,组织、协助业务单位、人力资源部门、培训部门开展合规培训;(7)组织开展合规检查工作,督促违规整改和持续改进,参与违规事件处置;(8)参与企业合规管理考核、评价工作;指导所属企业开展合规管理工作;(9)参与合规管理工作经费预算审核与统筹。

2.合规管理专项部门

合规管理专项部门指企业内部的职能部门,包括董事会日常工作部门、战略规划部门、法务部门、财务部门、内控部门、审计部门、安全环保质量监督部门、人力资源部门、党委组织部门、纪检监察部门、党群工作部门等。

合规管理专项部门应履行的合规管理职责包括:(1)制定、完善与本合规管理专项部门职能相关的合规管理制度、工作流程和控制措施;(2)负责本部门职责范围内的日常合规管理工作;(3)负责本部门行使相关的合规性职能;(4)开展合规风险识别,组织合规审查,必要时向合规管理部门咨询;(5)做好本职责范围内的合规培训和合规审查;(6)有关法律法规和公司规章制度规定的其他合规管理职责。

3.合规管理参与部门

企业所有业务部门,包括分支机构(分公司、子公司)的业务部门,既是合规管理参与部门,也是本业务领域合规主责部门。

一般而言,合规管理参与部门应履行的合规管理职责包括:(1)负责具体落实和实施企业合规政策;(2)开展合规风险识别和隐患排查,发布合规预警,并按程序及时向合规管理专项部门和合规管理部门通报合规风险事项;(3)负责本部门的合规性业务,根据公司制度和流程接受合规审查;(4)组织开展本业务领域合规培训,并完备合规培训记录档案;(5)接受或组织开展本业务领域合规监督检查,协助或配合监督部门开展违规查处并及时整改;(6)协助开展本业务领域合规管理制度建设、合规风险识别评估和管控应对、合规审查、合规培训、沟通反馈合规风险信息、编写合规管理报告等日常合规管理工作。

第三节　合规管理机制

企业建立了完善的合规管理制度、合规管理组织之后,我们不能让制度流于纸面,不能让组织没有抓手。合规管理如果没有良好的保障机制,合规工作将无法得到有效落实,合规管理将无法发挥应有作用。

合规管理的保障机制一般包括:合规培训、沟通、合规审查、咨询与举报、调查与惩戒、考核机制、持续改进,以及形成企业合规文化。以下将结合相关法律法规以及标准文件对合规管理机制进行具体阐述。

一、合规培训

《中央企业合规管理办法》第 30 条规定:"中央企业应当建立常态化合规培训机制,制定年度培训计划,将合规管理作为管理人员、重点岗位人员和新入职人员培训必修内容。"《企业境外经营合规管理指引》第 16 条规定:"企业应将合规培训纳入员工培训计划,培训内容需随企业内外部环境变化进行动态调整。境外经营相关部门和境外分支机构的所有员工,均应接受合规培训,了解并掌握企业的合规管理制度和风险防控要求。决策层和高级管理层应带头接受合规培训,高风险领域、关键岗位员工应接受有针对性的专题合规培训。合规培训应做好记录留存。"合规培训是企业合规管理保障机制的重要一环。合规培训有利于提高企业员工合规专业能力,增强合规意识,促进形成良好的合规氛围与文化,推动合规工作高效有序落实,加快提升合规经营管理水平。

企业应建立常态化合规培训机制,将合规培训纳入员工培训计划,贯穿员工职业全过程,包括入职培训、在职培训等,定期开展合规培训。

企业应针对与员工职位与职责相关的义务和合规风险制定不同的培训计划

与培训内容,必要时应以对员工知识和能力的评估为基础,进行有针对性的合规培训。企业采取的培训方式应当有利于参训人员理解和掌握。

合规培训的内容可以是行为准则、法律法规、行业典型案例、合规事件等。培训内容应当实用,与员工的日常工作相关,可以将相关行业、组织或部分的情况作为案例。培训内容应当足够灵活,涉及各种技能,以满足企业和员工的不同需求。同时,企业要根据外部监管环境变化与合规义务变化,不断更新合规培训内容,满足企业的合规需求。当发生以下情况时,企业应当进行合规再培训:(1)员工角色或职责发生变化;(2)合规政策、程序等合规管理制度发生变化;(3)企业或部门组织结构发生改变;(4)合规义务,尤其是法律法规规定或相关方要求发生变化;(5)企业的活动、生产的产品或提供的服务发生改变;(6)从监视、审核、评审、投诉以及利益相关方反馈的过程中发现的问题。

合规培训还应当得到有效评估。企业应结合合规培训内容制定合规培训测试题目,检测培训对象对合规培训的掌握程度与培训效果。对于合规培训,还应当做好记录,签到、培训材料、测试资料等文件应当做好归档保存。

二、沟通机制

合规管理沟通机制包括对外沟通机制和内部沟通机制两部分。

企业对外而言,企业应结合自身合规管理要求,制订合规沟通方案,与监管机构、商业合作伙伴等利益相关方进行合规沟通,及时了解监管机构的监管要求和行业趋势动态,促进企业与利益相关方的理解和良好互动,推定企业合规管理及时有效落实。国家标准 GB/T 35770－2022《合规管理体系　要求及使用指南》第 A.7.4 条规定,组织宜分配适当的资源和具有相关知识的人以协调和促进与监管的互动。

企业内部而言,企业应建立合规沟通机制,保障合规管理组织的沟通联络渠道,对管理、执行上遇到的问题及时反馈交流。比如,合规管理委员会应当定期召开会议,讨论合规管理工作中的重要事项。合规负责人应当与合规管理委员会有通畅的汇报渠道,并定期汇报合规工作情况。合规管理部门应当定期或不定期召开和其他部门合规联络员的会议,安排和协调合规工作,讨论处理合规工作中遇到的问题。沟通机制还应当包括违规报告制度。《中央企业合规管理办法》第 22 条第 1 款规定:“中央企业发生合规风险,相关业务及职能部门应当及时采取应对措施,并按照规定向合规管理部门报告。"

三、合规审查机制

企业应在合规管理制度中建立健全合规审查机制。企业应根据已识别的合规风险点,建立公司内控系统中的相应控制点,将合规审查作为业务流程中的一个环节,特别是作为规章制度制定、重大事项决策、重要合同签订、重大项目运营等经营管理行为的必经程序,并落实合规审查中提出的有关建议。有关审查资料应确保留存。

四、咨询、举报、调查与惩戒

企业应建立合规咨询渠道。任何员工在商业行为中对涉及合规的问题感到疑虑时,可以及时向合规管理部门进行咨询。

合规举报是指企业员工以匿名的方式,对企业经营活动中存在的合规风险隐患或已发生的违规问题,根据一定的途径和步骤向合规部门报告的活动。合规举报机制的执行并不是为员工施加进行举报的义务,而是赋予全体员工对所有并不合规行为进行举报的权利。员工享有举报的权利这一点本身就可以对全体员工产生震慑效应,进而形成对全体员工行为的无形约束。① 首先,企业应建立畅通便捷的举报渠道,包括举报信箱、热线电话、邮箱等。企业合规管理综合部门应指派专人对举报信息进行收集和管理。其次,企业可以建立举报奖励制度,鼓励员工对违规问题进行举报,提高举报机制的有效性。再次,企业应当建立举报人保护制度,采取保护措施对举报人的相关信息予以严格保密。最后,企业还应当制定反报复措施,对任何打击报复举报人的行为实行零容忍,保障举报人的安全。

合规管理部门应就举报线索展开调查,建立调查管理机制。调查要保障被调查对象的合法权益。调查可以是内部调查,也可以外聘第三方开展调查。合规管理部门根据事项的复杂程度与严重程度,可邀请企业法务部门、企业审计、巡视、纪检监察、外部法律专家、律师等参与调查。政府执法开展调查时,公司有

---

① 参见刘相文等:《中国企业全面合规体系建设实务指南》,中国人民大学出版社2019年版,第141页。

关部门和人员应配合执法机关展开调查活动，并向执法机关如实提供相关情况。

企业应建立内部纪律处分机制，明确惩戒标准，原则上应建立由人力资源部门、合规管理部门、法律部门等共同组成的纪律处分小组，对违反企业合规管理规定的员工进行惩戒。企业应根据人事制度规定，依法合规作出纪律处分，甚至依法移送司法机关处理。

五、合规考核

《中央企业合规管理办法》第25条第2款规定："中央企业应当建立所属单位经营管理和员工履职违规行为记录制度，将违规行为性质、发生次数、危害程度等作为考核评价、职级评定等工作的重要依据。"合规考核是贯彻落实合规管理工作要求、约束各方积极高效开展合规工作的重要方式。没有合规考核，就像法律规范缺少了法律效果要件，难以保障合规管理工作有效地开展。

企业应明确各部门及管理者的合规责任，设置可量化的合规责任评价指标，定期或不定期开展合规责任履行情况评价与检查。企业应结合对部门、员工的季度或年度综合考核，考评部门和员工合规职责履行情况，考核结果与各部门绩效、员工职务晋升、工资绩效等相挂钩。

六、持续改进

持续改进是贯穿合规管理全过程的机制。不仅企业本身在发展变化，而且企业面临的外部环境同样日新月异。因此，合规管理不仅是一个静态的方式方法，还是一个依据情境动态变化的过程。

首先，"企业的合规风险是时时存在、动态变化的，因此，面对内部和外部的变化，企业必须在合规风险方面建立持续改进机制并付诸实施"。① 我国国家标准GB/T 35770－2017《合规管理体系指南》第3.6条规定，发生以下情形时，宜对合规风险进行周期性再评估：(1)新的活动、产品或服务，或者现有活动、产品或服务发生改变；(2)企业结构或战略发生改变；(3)重大的外部变化，如金融经济环境、市场条件、债务和客户关系；(4)合规义务改变；(5)发生不合规的其他情形。

---

① 参见李玉华：《有效刑事合规的基本标准》，载《中国刑事法杂志》2021年第1期。

其次,企业还应当定期对合规管理体系进行评估,并根据评估结果持续改进合规管理工作。《中央企业合规管理办法》第21条规定:“中央企业应当将合规审查作为必经程序嵌入经营管理流程,重大决策事项的合规审查意见应当由首席合规官签字,对决策事项的合规性提出明确意见。业务及职能部门、合规管理部门依据职责权限完善审查标准、流程、重点等,定期对审查情况开展后评估。”

企业应随着业务、经营环境、客户性质、法律法规及适用行业标准的变化,定期评估合规风险以及合规管理体系运行的有效性,以确保合规管理体系良好运行,评审结果要向管理层、合规管理委员会、董事会报告。企业的上级主管部门、行业组织与国家合规促进机构等可以作为外部评审机构,开展企业合规管理评审工作。在评审结束后,外部评审单位应向被评审企业提供合规报告、合规监测结果,并就合规管理体系的构建与实施情况,提出相应的改进意见和建议。

当出现违规事件时,企业应进行根源性原因分析,剖析不当行为发生的原因,制定防止类似事件再次发生的补救措施。企业应结合违规事件与合规管理体系评审结果,持续改进和完善相关制度,强化合规管理工作,提升企业合规管理水平。

七、合规文化

《中央企业合规管理办法》第31条规定:“中央企业应当加强合规宣传教育,及时发布合规手册,组织签订合规承诺,强化全员守法诚信、合规经营意识。”第32条指出:“中央企业应当引导全体员工自觉践行合规理念,遵守合规要求,接受合规培训,对自身行为合规性负责,培育具有企业特色的合规文化。”

国家标准GB/T 35770－2017《合规管理体系指南》第6.3.2.3条对促进企业合规文化发展的重要因素作了说明:(1)一系列已发布的清晰的价值观;(2)管理层积极实施和遵守价值观;(3)无论职位,处理相似情形时一视同仁;(4)在监视、辅导和指导过程中以身作则;(5)对潜在员工进行适当的就业前评估;(6)在入职培训或新员工训练中强调合规和组织价值观;(7)持续进行合规培训,包括更新培训内容;(8)持续就合规问题进行沟通;(9)建立绩效考核体系,考虑对合规行为的评估,并将合规表现与工资挂钩,以实现合规关键绩效措施和结果;(10)对合规管理业绩和结果予以明确认可;(11)对故意或因疏忽而违反合规义务的情况给予即时和适当的惩罚;(12)在组织战略和个人角色之间建立清晰的联系,反映出合规是实现组织结果所必不可少的;(13)对合规进行公开和适当的沟通。

合规文化的形成,则体现在以下方面的实现程度:(1)所有上述事项均得到充分实施;(2)利益相关方,尤其是员工,相信上述事项已得到充分实施;(3)员工充分了解与其自身活动和所在业务部门活动相关的合规义务;(4)组织各层按要求针对不合规进行"自主"补救,并采取相应措施;(5)合规团队所扮演的角色及其目标得到重视;(6)员工有能力且受到鼓励向相应的管理层提出其合规疑虑。

重点提示

1. 什么是合规管理制度?

2. 如何理解合规管理组织? 其架构与职责有哪些?

3. 企业想做好企业合规的闭环必然需要制定合规管理保障机制,合规管理机制包含哪些内容?

第十章　企业风控、内控与合规融合进路

第一节　风控、内控和合规的概述

一、风控、内控和合规的概念

风控、内控、合规共同作为企业内部与风险相关的管理手段，这三个概念既相互关联，又有所区别，在理论和实操中常常容易混淆。随着企业经营管理的发展，风控、内控和合规在实务中呈现明确权责、相互融合的趋向，以帮助企业不断提升对风险的认知与管理，降低风险损失。

（一）风控

风险控制，又称风控，在实务中基本是对风险管理的别称①，主要指风险管理者采取各种措施和方法，消灭或减少风险事件发生的各种可能性，或风险控制者减少风险事件发生时造成的损失，从而保证组织正常、有序、发展的活动总称。美国反虚假财务报告委员会下属的发起人委员会（Committee of Sponsoring Organizations of the Treadway Commission，COSO）2017年发布的修订版《企业风险管理框架》（Enterprise Risk Management，COSO-ERM）第2条中将企业风险管理定义为“组织在创造、保

---

① 参见陈泽、吕镇庭、陈立彤：《风控、内控与合规的辩证关系》，载微信公众号“合规”2021年3月3日，https://mp.weixin.qq.com/s/AL1E0XaXNQa-1flq2KAa-w。

持和实现价值的过程中，结合战略制定和执行，赖以进行管理风险的文化、能力和实践”。[①]《中央企业全面风险管理指引》(国资发改革〔2006〕108号)第4条对“风险管理”进行了定义，指“企业围绕总体经营目标，通过在企业管理的各个环节和经营过程中执行风险管理的基本流程，培育良好的风险管理文化，建立健全全面风险管理体系，包括风险管理策略、风险理财措施、风险管理的组织职能体系、风险管理信息系统和内部控制系统，从而为实现风险管理的总体目标提供合理保证的过程和方法”。针对风险控制，企业应根据不同业务特点确定风险偏好和风险承受度，即企业愿意承担哪些风险，明确风险的最低限度和不能超过的最高限度，并据此确定风险的预警线及相应采取的对策。确定风险偏好和风险承受度，要正确认识和把握风险与收益的平衡，防止和纠正忽视风险，片面追求收益而不讲条件、范围，认为风险越大、收益越高的观念和做法；同时，也要防止单纯为规避风险而放弃发展机遇。

(二)内控

内部控制，又称内控，是指企业内部的控制运作，以保护资产的安全、完整，确保有关法律法规和规章制度的贯彻执行等而制定和实施的一系列控制方法、措施和程序。《中央企业全面风险管理指引》第6条指出：“内部控制系统，指围绕风险管理策略目标，针对企业战略、规划、产品研发、投融资、市场运营、财务、内部审计、法律事务、人力资源、采购、加工制造、销售、物流、质量、安全生产、环境保护等各项业务管理及其重要业务流程，通过执行风险管理基本流程，制定并执行的规章制度、程序和措施”。企业制定内控措施，一般至少包括以下内容：(1)建立内控岗位授权制度。对内控所涉及的各岗位明确规定授权的对象、条件、范围和额度等，任何组织和个人不得超越授权做出风险性决定；(2)建立内控报告制度。明确规定报告人与接受报告人，报告的时间、内容、频率、传递路线、负责处理报告的部门和人员等；(3)建立内控批准制度。对内控所涉及的重要事项，明确规定批准的程序、条件、范围和额度、必备文件以及有权批准的部门和人员及其相应责任；(4)建立内控责任制度。按照权利、义务和责任相统一的原则，明确规定各有关部门和业务单位、岗位、人员应负的责任和奖惩制度；(5)建立内

---

① 参见《全面解析COSO最新版〈企业风险管理框架〉(二合一)》，载微信公众号“大风控”2017年9月29日，https://mp.weixin.qq.com/s/nfvUkeKexG1GdllR4s60bg。

控审计检查制度。结合内控的有关要求、方法、标准与流程,明确规定审计检查的对象、内容、方式和负责审计检查的部门等;(6)建立内控考核评价制度。具备条件的企业应把各业务单位风险管理执行情况与绩效薪酬挂钩;(7)建立重大风险预警制度。对重大风险进行持续不断的监测,及时发布预警信息,制定应急预案,并根据情况变化调整控制措施;(8)建立健全以总法律顾问制度为核心的企业法律顾问制度。大力加强企业法律风险防范机制建设,形成由企业决策层主导、企业总法律顾问牵头、企业法律顾问提供业务保障、全体员工共同参与的法律风险责任体系。完善企业重大法律纠纷案件的备案管理制度;(9)建立重要岗位权力制衡制度,明确规定不相容职责的分离。主要包括:授权批准、业务经办、会计记录、财产保管和稽核检查等职责。对内控所涉及的重要岗位可设置一岗双人、双职、双责,相互制约;明确该岗位的上级部门或人员对其应采取的监督措施和应负的监督责任;将该岗位作为内部审计的重点等。

(三)合规

在《合规管理体系指南》中,合规被定义为"履行组织的全部合规义务"。在《中央企业合规管理办法》第3条中合规被定义为"企业经营管理行为和员工履职行为符合国家法律法规、监管规定、行业准则和国际条约、规则,以及公司章程、相关规章制度等要求"。虽然国际/国家标准与指引就合规定义的表述有异,但遵从了合规是对合规义务的履行或遵守这个基本逻辑。① 企业合规是指履行遵守法律法规等强制性要求和自愿性承诺要求的全部义务。《中央企业合规管理办法》在对"合规管理"定义的时候,提到对合规风险的防控——"本办法所称合规管理,是指企业以有效防控合规风险为目的,以提升依法合规经营管理水平为导向,以企业经营管理行为和员工履职行为为对象,开展的包括建立合规制度、完善运行机制、培育合规文化、强化监督问责等有组织、有计划的管理活动"。企业不合规一定会有发生风险的可能性和与之对应的结果,做好合规管理,是确保企业规避合规风险,推进有序发展的重要环节。

二、风控、内控和合规的关系

根据定义,企业中的风控、内控和合规都与风险管控有着密不可分的联系,

---

① 参见陈泽、吕镇庭、陈立彤:《风控、内控与合规的辩证关系》,载微信公众号"合规"2021年3月3日,https://mp.weixin.qq.com/s/AL1E0XaXNQa-1flq2KAa-w。

其在企业中的作用都在于确保企业开展高效有序的经营活动。为了更好地理解和区分风控、内控和合规的关系，下文将分别阐述风控、内控相对合规之间的共同点和区别。

(一)风控和合规

根据COSO制定的《企业风险管理框架》第2条的定义来看，其表达了以下核心内容：(1)企业的风险管理是一个过程，其本身并不是一个目的，而是实现目的的一种方式；(2)风险管理受人的影响，它不只是企业的政策、调查和表格，还涉及一个企业各个层次员工；(3)风险管理也适用于企业战略制定过程；(4)企业风险管理应在整个企业范围内应用，在每一个经营层面和每一个单位内应用，并应以一种企业总体的风险组合的观点来看待；(5)风险管理的设计应有助于确认会对企业造成潜在影响的事项并确保在企业风险偏好的范围内管理企业的风险；(6)风险管理仅为企业的管理者和董事会提供合理的保证；(7)企业风险管理的目标是帮助企业一类或几类单独并相互重叠的目标的实现。这一概念包括公司和其他企业管理风险的几个基本概念，并可以应用于各种组织、行业和部门，为定义企业风险管理的有效性奠定基础。

合规包括企业遵守强制性要求和对自我高标准的承诺要求，是企业必须遵守的底线。发达国家对"合规"的定义主要有三层。第一层是企业要在生产经营过程中，遵守公司总部所在国和经营所在国的法律规定及监管规定；第二层是企业经营要遵循企业内部规章制度，包括企业商业行为准则的规章；第三层是企业员工要遵守良好的职业操守和道德规范等。① 一旦出现不合规导致的风险和结果，将给企业带来严重的负面影响。

总的来说，"风控"更多偏向于减少企业战略制定与执行的风险、偏向于改善企业内部环境、防止企业利益损失；"合规"更多偏向于减少企业的综合风险、偏向于企业的"内外兼修"、偏向于防止企业法律风险及信誉损失。② 无论是风控还是合规，都是针对风险管理或管控的一种管理活动。随着法律法规的不断完善，企业内外部环境对其商业行为及其合规管理提出了更高的规范性要求，风控与合规之间对于风险类型的划分和管控也会逐步清晰，加强企业对多重风险的

① 参见杨翔：《如何正确理解合规与风控》，载《新产经》2018年第11期。

② 参见杨翔：《如何正确理解合规与风控》，载《新产经》2018年第11期。

识别、分析和评估,做好多流程防控。

(二)内控和合规

COSO 认为内部控制有如下目标:(1)经营的效率和效果(基本经济目标,包括绩效、利润目标和资源、安全);(2)财务报告的可靠性(与对外公布的财务报表编制相关的,包括中期报告、合并财务报表中选取的数据的可靠性);(3)符合相应的法律法规。该报告提出内部控制是用以促进效率,减少资产损失风险,帮助保证财务报告的可靠性和对法律法规的遵从。

在《关于加强中央企业内部控制体系建设与监督工作的实施意见》(国资发监督规〔2019〕101 号)中“优化内控体系”部分提到,“建立健全以风险管理为导向、合规管理监督为重点,严格、规范、全面、有效的内控体系。……将风险管理和合规管理要求嵌入业务流程,促使企业依法合规开展各项经营活动,实现‘强内控、防风险、促合规’的管控目标,形成全面、全员、全过程、全体系的风险防控机制,切实全面提升内控体系有效性,加快实现高质量发展”。企业需要及时将法律法规等外部监管要求转化为企业内部规章制度,持续完善企业内部管理制度体系。在具体业务制度的制定、审核和修订中嵌入统一的内控体系管控要求,明确重要业务领域和关键环节的控制要求和风险应对措施。将违规经营投资责任追究内容纳入企业内部管理制度中,强化制度执行刚性约束。可见,内控与合规在企业风险管控上都发挥了不可或缺的作用。内控需要同时考虑外部法规和内部制度,在业务与流程合规的基础上,对关键流程的风险进行识别、分析与评估,降低风险损失。

与合规相比,内控更重视风险控制的过程,内控的流程、节点及控制措施的识别与设计要做到准确、务实、有效。内控的目标不光是控制风险,企业内部经营效率效果评价、流程优化乃至企业文化都属于内控范畴。如果没有建立合规的内部控制程序和流程,那么就会缺乏对遵守合规等多方要求的控制,不利于做好风险防控的闭环。

(三)风控、内控和合规的联系

控制风险是风控、内控、合规的共同目标。做好风控、内控与合规的前提,需要企业能对风险进行精准的识别、分析与评价。

风控主要针对企业在经营运行过程中的内外部风险,合规主要关注的是企业对履行遵守合规义务的合规风险,而内控则是风控、合规在风险管理中的闭环实践行为，是实现风控与合规的手段。实务中，还需要把风险控制措施与业务紧密关联起来，做好风险穿透、主动管理、集体管理，将风控、内控、合规进行有效融合，将合规风险纳入风险管理的范畴，根据合规要求制定工作指引或操作手册，通过设置相应的信息化系统和管控流程，以将合规要求嵌入内部控制的各个环节中，实现合规管理目标，推动企业在市场经济中获得更好的发展。

第二节　风控、内控与合规的融合

一、风控与合规的融合：风险数据库

如上所述，风控和合规有着包含与被包含的关系。风控关注的风险应当包括合规风险，风控的诸多原理也可应用在合规风险管理当中，风险数据库的融合就是二者相互联系融合的例子之一。

一般而言，风险管理关注以下五大风险：战略风险、运营风险、财务风险、市场风险和法律风险。运营风险，又包括多种风险，如安全风险、采购风险、销售风险等。合规风险可以根据具体的风险类型进行分类，首先将合规风险融入五大风险中，再根据合规风险涉及的具体业务领域，分为安全合规风险、采购合规风险或销售合规风险等。在对合规风险进行描述时，可根据风险涉及的具体法律法规，对风险发生情况进行描述。

对风险进行评估时，风控会对根据风险评估体系，一般采取风险坐标图法，对风险的发生可能性和影响程度两个指标进行评分。合规风险的评估，如第二章所述，也可以采取该方法。

风险可能性是指某一风险在未来（一般为未来1年）发生的可能性。具体而言，依据GB/T 27921－2011《风险管理　风险评估技术》，发生可能性可以分为以下5个分值：

- 1分——发生的可能性极低（发生的概率在10%以下）；
- 2分——极少数情况下才会发生（发生概率在10%～30%）；
- 3分——某些情况下会发生（发生概率在30%～70%）；
- 4分——较多情况下会发生（发生概率在70%～90%）；
- 5分——常常会发生（发生概率在90%以上）。

风险影响程度是指风险会对公司经营目标和发展目标产生影响的大小，风

险发生对公司造成的影响可能体现在其中的一个或几个方面，影响程度分为5个等级，分别赋予1分至5分，表示影响依次加强。具体而言：

- 1分——影响程度轻微，影响程度低或量小，范围不大或数量不大；
- 2分——影响程度较小，对于企业在争取完成其策略性计划和目标，只造成较小影响（0.1%）以下的税前利润；
- 3分——影响程度中等，对于企业在争取完成其策略性计划和目标的过程在一定程度上造成阻碍；
- 4分——影响程度严重，对于企业争取完成其计划和目标造成重大影响；
- 5分——影响程度非常严重，令企业失去继续运营的能力。

在对影响程度进行评分时，还需要根据不同的风险目标，设置不同的度量指标，对影响程度的5个分值进行具体化和量化。如在战略风险中，风险目标是"实现预期的投资回报"，则对该风险目标的影响程度的度量指标是"投资回报率"，根据投资回报率的不同，影响程度的分值会有不同。

对合规风险的影响程度进行评分时，要根据企业的规模大小、所处行业等实际情况，设置具体而有针对性的度量指标分值。表10－1是对合规风险的影响程度的度量指标制定评分标准的参考。

表10－1 合规风险影响程度度量指标评分标准（参考）

序号	风险类别	度量指标			影响程度				
		指标类型	指标定义	指标类型	1（轻微）	2（较小）	3（中等）	4（严重）	5（非常严重）
1	合规风险	行政处罚	行政处罚是指在不考虑限期不改正或存在加重情节的情况下，因违反相关行政法规而导致的处罚	定性	行政机关责令限期改正、警告或处2000元以下罚款	处2000元及以上、5万元以下的罚款	处5万元及以上、10万元以下罚款或处行政拘留10日以下	处10万元及以上的罚款、暂扣或者吊销许可证、暂扣或者吊销执照或行政拘留10日及以上	责令停产停业

对风险的发生可能性和影响程度进行评分后，根据二者的评分，在风险矩阵

图上确定该风险的等级，本方法已在第二章详述，此处不再赘述。

对已识别的合规风险进行评估后，就要确定风险应对策略和风险管理责任部门。风险应对策略包括：风险接受、风险降低、风险规避和风险转移，企业可根据具体情况和风险忍受程度，确定风险应对策略。风险责任管理部门，则是产生该风险并有责任控制该风险的部门。

最后，合规风险数据库应融入公司风险数据库中。

二、内控与合规的融合：合规体系融合

内控是实现合规目标的重要手段之一。企业应当制定工作指引或操作指引，将合规要求嵌入工作流程和工作环节中，用流程管控实现合规目标。

一般而言，根据业务流程或工作环节中涉及的职责，内控会对每个流程环节中的风险进行识别与描述，然后设定关键控制点，描述控制措施，并规定责任部门、责任岗位、输出文件、控制方式、控制频率和制度依据。

将合规管理融入内控，需要根据合规义务清单，在该流程或环节识别出可能的合规风险，对合规风险进行描述，规定该风险的风险控制点、风险控制方式、责任部门和岗位，并列出该合规风险所涉及的合规义务（包括法律法规和内部规章等）以及相关案例。

比如，在董事会工作管理的环节里，存在董事会决议无效、可撤销和不成立的合规风险。根据法律法规的司法解释的规定，该风险的控制点在于：(1)内容违反法律、行政法规的董事会决议无效；(2)董事会的会议召集程序、表决方式违反法律、行政法规或者公司章程，或者决议内容违反公司章程的将导致董事会决议可撤销；(3)公司未召开董事会而直接作出决议的，（依据《公司法》第37条第2款或者公司章程规定可以不召开股东会而直接作出决定，并由全体股东在决定文件上签名、盖章的除外）将导致董事会决议不成立；(4)公司事会未对决议事项进行表决将导致股东会、董事会决议不成立；(5)出席会议的人数或者股东所持表决权不符合《公司法》或者公司章程规定将导致董事会决议不成立；(6)会议的表决结果未达到《公司法》或者公司章程规定的通过比例的将导致董事会决议不成立。合规义务包括：(1)《公司法》第37、39、40～43、47、48条；(2)公司内部规章制度的相关规定。风险控制措施应当根据企业部门职责与分工等具体情况设置，把合规审查融入控制措施里，如董事会的决议内容和董事会会议的召开程

序应当经合规管理委员会或董事会办公室审查并出具合规意见,在信息系统里设置相应的环节。

合规管理内在地要求将合规要求融入日常经营管理的过程中,嵌入每个流程和环节里,以达到风险防控的合规目标。通过将合规管理与风险管理、内部控制相融合,企业能够将合规风险纳入企业整体风险管理范围内,确定合规风险的等级和应对措施,在具体流程和环节里以内部控制的方式,确定合规风险的控制点和控制措施,确定相应实施合规风险识别预警和合规审查机制的责任部门和责任岗位,达到合规、风控和内控的有机融合,最大限度地防范和应对合规风险。

重点提示

1. 风控、内控与合规都与企业所要面对的风险相关,它们之间的联系和区别是什么?

2. 为了更好地实现企业风险管理,如何融合企业风控、内控与合规?

后　记

自取得北京大学法学博士学位并在深圳大学获得教职以来，我一直在深圳大学从事教学和科研工作，并在近年来以兼职律师的身份从事企业合规相关业务。本书是我在教学、科研及法律实践过程中，对相关问题总结与思考的阶段性成果。“企业合规”命题及其一系列问题在中国学界以及实务界得到关注，并且不断涌现新的问题以及相应的新的理论，是学术繁荣的一个重要标识。作为一名法学人，能参与企业合规的讨论并形成自己的研究成果，是莫大的幸事。

本书的写作过程殊为不易。首先从内容本身而言，企业合规不仅涉及刑事合规，而且是跨学科、多领域的合规，对学术素养、专业功底和跨领域视角的切换能力带来不小的挑战。就自身而言，由于我同时承担深圳大学法学院和深圳大学合规研究院的教学及科研工作，本书的写作对我的学术精力以及时间分配能力提出不小的考验。而且作为后学者，我关注着各位学界前辈和同仁在此领域耕耘，形成和发表了一系列理论深度和实践回应程度兼备的优秀成果，再写本书时是有压力的；最后，作为一名兼职律师，通过帮助企业从无到有建立其合规体系，我认识到企业合规理论和相关实践之间，仍存在较大障碍，需我辈继续努力。

压力往往与动力并存。在深圳大学法学院和深圳大学合规研究院的教学工作是愉快的,也是教学相长的。在作为兼职律师为企业提供合规相关的法律服务的过程中,我亦时常灵光乍现,使埋头写作的我总有"山重水复疑无路,柳暗花明又一村"的感觉。企业合规理论给我带来的,不仅有学科知识的巩固,而且有学科知识的更新,包括对于刑事诉讼中合规激励机制的重新认识。基于自己学术水平以及学科背景的考量,我选择"企业合规风险管理"这一课题进行研究,并关注着业界实务的新动向。感谢学界前辈的提携支持。

感谢深圳大学合规研究院的倾力支持。深圳大学合规研究院成立于 2020 年 5 月,由深圳市纪委监委、深圳市司法局与深圳大学三方共建,是全国第一个由党委政府参与建设的合规研究智库。深圳大学合规研究院的目标是建成一流合规研究智库,合规人才培养先行示范基地和合规社会服务典范。本书即笔者在深圳大学合规研究院的教学及学术研究工作中产生的成果。感谢深圳大学校本教材项目的支持,希望本书能为合规教育贡献绵薄之力。

深圳大学合规研究院的叶海波教授当面多次给我指点,对本书从内容到标题都提出过十分中肯且有价值的意见。我的北大同学,现于企业中从事合规相关实务工作的刘博文博士也在本书成稿过程中提供了不少合理建议。我的导师郭自力教授和师兄焦旭鹏教授,不仅在学术上对我给予指点,在生活中也对我十分关心。王新教授曾以我名字中的"远"字勉励我继续勤奋研究、坚持不懈,在学术道路上宁静致远,贡献出自己的成果。借写后记的机会特别感谢王新教授的厚爱。经师易遇,人师难遭,学界同仁切切偲偲,使我受益良多。感谢法律出版社陈妮编辑、刘会泽编辑、刘雪莲编辑,没有你们的帮助,本书的出版不会如此顺利。另外,感谢我的研究生祁傲翔、叶力嘉同学,感谢逯晨雨、覃旭、罗庚,对本书在收集、整理资料及成稿过程中的贡献和对我本人的帮助。再次感谢各位师友对我学术道路以及人生道路的引导和支持!

也希望我能在企业合规风险理论的探索中风正帆悬,继续作出能对实际问题有些许裨益的贡献。莫辞达曙殷勤望。

乔　远

2023 年 3 月 2 日

于深圳